셀프 수퍼비전을 통한

상담기술 훈련 2판

-초보상담사를 대상으로-

이수현 · 최인화 공저

학지사

2판 머리말

『셀프 수퍼비전을 통한 상담기술 훈련』을 출판한 지 5년이 되었습니다. 걱정과 설렘으로 발간한 책이 지난 5년간 상담현장에서 꾸준히 활용되어 2판을 출간하게 된 점에 대해 독자들에게 진심으로 감사의 마음을 전하고 싶습니다. 부족한 부분이 있지만 그럼에도 현장에서 도움이 되었다고 말씀해 주시고 격려해 주신 여러 선생님과 상담사분께 진심으로 감사드립니다.

1판에서는 상담 수련생들이 현장에서 고민하는 문제들을 스스로 해결할 수 있는 참고서 역할을 생각하며 책을 썼다면 2판에서는 좀 더 실용성을 높이기 위해 노력하였습니다. 2판에서 특별히 초점을 둔 부분은 상담기술별 연습문제와 대안반응을 제시하여 활용도를 높이고자 한 것입니다. 상담기술 연습을 위해 연습문제를 새롭게 구성하였고, 프로토콜을 기반으로 상담사가 할 수 있는 최선의 반응을 기술하고자 했습니다. 그러나 교재에 기술한 반응들이 정답은 아니며 각 상담기술을 활용하기 위한 목적으로 제시한 반응이라는 점을 염두에 두시고 활용하시길 부탁드립니다.

상담사의 개입에 따라 내담자의 반응이 달라지기 때문에 내담자의 반응 전후에 상응하는 상담사 대안반응을 제시하는 것이 쉽지 않았습니다. 교재에 실린 대안반응은 상담사가 상담 맥락에서 할 수 있는 적절한 반응들이라고 생각되는 것들을 기술하였습니다. 그러나 상담사가 어떤 개입을 사용하느냐에 따라 내담자의 반응이 달라지기 때문에 상상력을 발휘해서 대안반응을 연습해 보시기 바랍니다. 또한 교재에서 제시한 대안반응은 정답이 아니며 더 적합하고 좋은 반응들이 많이 있을 수 있기 때문에 동료들과 함께 스터디하면서 좋은 반응들을 만들어 가는 데 이 교재를 활용하시길 바랍니다.

추가적으로 2판에서는 1판에서 좀 더 설명이 필요하다고 생각하는 부분들에 대한 내용을 채웠고 사례를 보충하거나 추가함으로써 치료과정에 대한 이해를 높이고자 노력했습니다. 또한 제12장 조언하기 기술을 새롭게 추가하였으며, 상담과정과 상담기술에 대한 셀프 모니터링을 할 수 있도록 셀프 수퍼비전 노트를 추가했습니다. 2판이긴 하지만 새로운 원고를 쓴다는 마음으로 처음부터 다시 검토하면서 빈 곳을 채우려고 노력했습니다. 먼 훗날 보면 아쉬운 부분이 보일지도 모르겠지만 지금이 최선이라고 생각하고 원고를 마무리합니다. 이 책을 통해 상담을 공부하는 후배들에게 작은 도움이 될 것이라는 희망을 품어 봅니다. 마지막으로 출판을 도와주신 학지사 관계자분들께 감사의 인사를 드립니다.

2025년 9월

저자 일동

1판 머리말

이 책은 저자들이 20여 년간의 상담과 10여 년간의 상담사 교육을 통해 경험하고 배운 내용들을 바탕으로 기술하였습니다. 수퍼바이저가 되어 초보상담사들을 교육하는 과정에서 과거 우리가 상담기술 활용과 관련하여 고민하고 궁금해했던 내용을 지금의 초보상담사들도 똑같이 고민하고 있다는 것을 알게 되었습니다. 이에 상담사 발달과정에서 공통적으로 경험하는 고민과 어려움을 정리할 필요성을 느끼게 되었습니다. 이러한 고민에서 시작한 이 책은 초보상담사들이 상담기술 활용과 관련하여 공통적으로 고민하고 궁금해하는 내용들을 중심으로 상담사 스스로 자신의 문제점과 어려움을 진단하고 해결점을 찾을 수 있도록 돕는 데 목적이 있습니다. 따라서 이 책은 상담사 스스로 셀프 수퍼비전을 하는 데 도움이 되는 참고도서가 될 것으로 기대합니다.

이 책은 실용적인 활용을 목적으로 쓰인 책으로 상담기술 활용과 관련한 다양한 사례를 제시하여 독자들의 이해도를 높이기 위해 노력하였습니다. 교재에 실린 사례는 내담자들이 공통적으로 고민하고 반응하는 내용을 바탕으로 새롭게 각색되었으며 상담사 반응은 상담기술을 활용하기 위해 최적의 반응을 찾는 데 초점을 두었습니다. 그래서 내담자가 매우 훌륭해 보일 수도 있고 상담사 반응이 너무 교과서적으로 느껴질 수도 있습니다. 특히 상담사 반응은 이론적 입장에 따라서 반응을 달리할 수 있지만 상담기술 활용에 목적을 두고 상담사 반응을 기술했음을 참고해 주시기 바랍니다.

이 책은 세 부분으로 구성되어 있습니다. 제1부에서는 상담과정기술을 설명하기 위해 상담 초기, 중기, 종결기로 나누어서 각 상담 단계별로 중요하게 탐색하고 다루어야 하는 내용을 담았습니다. 제2부에서는 11개의 상담기술(경청, 탐색적 질문 및 명료화, 감정반영, 재진술, 침묵, 자기개방, 지지하기/승인하기, 정보제공, 즉시성, 직면, 해석)에 대한 설명과 함께 초보상담사들이 상담기술 사용 시 경험하게 되는 어려움을 Q&A 형식으로 기술하였습니다. 마지막 제3부에서는 상담에서 심리검사를 활용하는 이유와 방법에 대해서 설명하였습니다. 특히 상담에서 가장 많이 활용하는 MMPI와 SCT 검사 해석 시에 상담기술 활용에 대한 내용을 설명하였습니다.

이 책은 상담을 진행하고 있는 초보상담사들에게 도움이 될 수 있는 책입니다. 또한 전문가가 되기 위한 발달과정에 있는 상담사들이나 초보 수퍼바이저들에게도 실제적인 정보를 제공할 수 있는 책이라 생각합니다.

책을 쓰겠다고 마음먹고 마무리하는 데 2년여의 시간이 흘렀습니다. 머릿속의 내용들을 정리해서 책을 써 보겠다는 단순한 마음으로 시작했지만 막상 글로 표현하려고 하니 생각 이상으로 힘들었습니다. 그러나 어렵게나마 마무리할 수 있었던 것은 이 책이 나오기까지 많은 분이 도와주셨기 때문입니다. 가장 먼저 감사인사를 전하고 싶은 대상은 그동안 우리를 상담사로 인정하고 만나 준 내담자들입니다. 내담자의 성장이 상담사를 성장하도록 돕는다는 것을 경험할 수 있게 도와준 내담자들에게 감사의 마음을 전합니다. 또한 우리를 상담사로 성장할 수 있도록 도와주신 고향자, 문홍세, 박현순, 이재창, 이정국, 유계식 선생님께도 감사의 인사를 드립니다. 이 책이 나오기까지 오타부터 내용까지 꼼꼼하게 봐 주신 분들께도 감사의 인사를 전합니다. 정교영, 윤미혜, 김희영, 김경주, 남궁미 선생님께 고마운 마음을 전합니다. 또한 가톨릭대학교 24기 인턴 선생님들(강진숙, 김신희, 박다예, 유보라, 이은혜, 정유지, 허유림)께 감사드립니다. 마지막으로 출판을 도와주신 학지사 관계자분들께 감사의 인사를 드립니다.

2020년 1월
저자 일동

개정판에서는 독자들의 상담기술 연습을 위해 연습문제를 새롭게 구성하였습니다. 프로토콜을 기반으로 상담사가 할 수 있는 반응을 최대한 기술하고자 하였습니다. 그렇지만 교재에 기술된 반응이 정답은 아니며 각 상담기술을 활용하기 위한 목적으로 반응을 제시한 것이라는 점을 염두에 두시고 활용하시길 부탁드립니다. 상담사의 반응에 따라 내담자의 반응이 달라지기 때문에 내담자의 전후 반응에 상응하는 상담사 대안반응을 제시하는 것이 쉽지 않았습니다. 교재에 실린 대안반응은 상담사가 상담 맥락에서 할 수 있는 적절한 반응들이라고 생각되는 것들을 기술하였습니다. 그러나 상담사가 어떤 기술을 사용하느냐에 따라 내담자의 반응이 달라지기 때문에 상담사의 반응에 따라 상담이 어떻게 진행될지 상상력을 발휘해서 대안반응을 연습해 보시기 바랍니다. 교재에서 대안반응을 제시하긴 했지만 더 적합하고 좋은 반응들이 많이 있을 수 있기 때문에 함께 스터디하면서 좋은 반응들을 만들어 가는 데 이 교재를 활용하시길 바랍니다.

차례

제1부

과정기술

제1장 상담초기

제2장 상담중기

제3장 상담종결기

제 1 장

상담초기

1. 첫 회기 준비 및 과제
2. 사례개념화
3. 상담 목표 및 전략 설정
4. 내담자를 가장 잘 도와줄 수 있는 이론적 접근 고민하기

▣ 셀프 수퍼비전 노트

상담을 처음 시작할 때 상담사와 내담자는 상담이 앞으로 어떻게 진행될지 기대도 되지만 한편으로는 걱정이 앞서기도 할 것이다. 내담자는 자신의 고민을 상담사에게 솔직하게 이야기하고 도움을 받아야 하는 상황에서 변화될 것에 대한 기대와 함께 상담사에 대한 호기심, 상담이 어떻게 진행될지에 대한 걱정과 불안, 상담을 통해 변화되지 않을 것에 대한 두려움 등 복잡하고 다양한 감정을 경험하게 된다. 상담초기에 내담자는 기대, 불안, 걱정, 긴장, 부담감과 같은 복잡한 감정 상태에서 상담을 시작하기 때문에 상담사는 내담자의 복잡한 감정을 공감하면서 상담이 안전한 환경이라는 것을 내담자가 경험할 수 있도록 도와야 한다. 상담사 입장에서도 내담자의 변화를 기대하는 반면, 내담자와 안전한 상담관계를 형성하고 내담자가 문제를 해결할 수 있도록 도움을 주어야 한다는 부담감과 내담자를 도와주지 못할 것에 대한 걱정을 할 수 있다. 초보상담사일수록 상담초기에 경험하는 심리적 부담감과 불안은 생각보다 클 수 있다. 초보상담사들이라면 겪을 수 있는 자연스러운 과정이긴 하지만, 상담사의 걱정과 불안이 내담자에게 영향을 미칠 수 있는 수준이라면 상담 진행이 어려울 수도 있으니 상담사는 상담 시작 전에 자신의 심리 상태를 잘 살펴야 한다. 이러한 과정에서 상담사와 내담자 간의 라포가 형성되고 신뢰관계가 만들어지면 내담자는 자신의 문제를 용기 내서 드러내고 변화를 시도할 수 있게 된다. 지금부터 상담초기에 상담사들이 수행해야 할 내용들을 설명하고자 한다.

상담초기를 구체적인 회기로 명시하기는 어렵지만 일반적으로 청소년 상담기관이나 대학 상담실의 경우 12~15회기 내외로 종결하는 기준으로 보자면 보통 3~4회기까지를 상담초기라고 할 수 있다. 3~4회기 안에 상담사는 전체적인 상담 진행계획, 내담자 문제 이해를 위한 사례개념화, 상담목표 및 상담전략 설정 등의 작업을 해야 한다. 3~4회기 안에 이러한 작업을 모두 다 끝내야 한다는 것이 아니라 상담초기에 앞에서 언급한 내용을 집중적으로 탐색하고 상담계획을 세우라는 의미이다. 상담 진행에 대한 계획과 상담목표를 내담자에게 설명하고 서로 합의를 통해 진행하면 된다. 내담자 이해를 위한 사례개념화는 가설적인 접근을 통해 계속 수정 · 보완해야 하며, 상담전략은 내담자와 합의한 상담목표를 이루기 위해 상담과정 중에 적용할 구체적 개입방법과 실행 전략을 설계하는 것으로 상담사의 이론적 접근에 따라 다양한 개입 전략을 수립할 수 있다.

상담초기에 상담사가 주의 깊게 다루어야 할 내용들은 다음과 같다. 상담사는 상담초기에 다음 질문들을 통해 내담자에 대한 핵심 정보를 파악해야 한다.

- 내담자가 왜 이 시점에 상담에 왔는가?
- 내담자의 주호소 문제는 무엇인가?
- 내담자의 증상이 발현된 시점은 언제인가?

내담자들은 상담에서 만성적인 우울이나 불안, 대인관계 문제 등을 호소할 수 있다. 만성적인 문제일수록 내담자들은 그로 인한 어려움이나 고통을 오랫동안 경험했을 가능성이 있다. 처음 경험하는 문제가 아닌데 이 시점에 상담에 왔다면 분명 최근 내담자가 경험한 어떤 사건(일)이 내담자에게는 매우 의미 있거나, 중요하거나, 치명적인 것일 수 있다. 따라서 왜 이 시점에 내담자가 상담에 왔는지를 파악하는 것은 내담자의 주호소 문제를 정확히 파악하는 데 매우 중요한 단서가 된다. 간혹 내담자들 중에는 상담에 왔지만 자신의 문제나 도움받고 싶은 문제를 구체적으로 설명하지 못하는 경우가 있다. 이런 경우 내담자들은 상담에 온 이유를 다음과 같이 대답한다.

- 나에 대한 이해를 하고 싶다.
- 대인관계 잘하는 방법을 알고 싶다.
- 행복하게 살고 싶은데 방법을 모르겠다.
- 내가 가진 문제를 해결해서 좋은 사람이 되고 싶다.

간혹 초보상담사들은 내담자와 합의된 목표라며 이 같은 목표를 상담목표로 설정해 올 때가 있다. 그러나 이같이 모호한 주제를 상담에서 다루는 것은 쉽지 않다. 10회기 내외에서 상담을 종결해야 하는 학교(단기)상담에서 이 같은 주제를 다루기에는 시간적인 한계가 너무 크다. 따라서 상담사는 이와 같은 주제로 상담에 오는 내담자들을 만났을 때 주호소 문제를 구체화하고 세분화하여 상담목표를 설정해야 한다.

상담사 1: 상담신청서를 보니 상담에서 다루고 싶은 문제가 자신에 대한 이해라고 적혀 있는데 좀 더 구체적으로 설명해 주시겠어요?

내담자 1: 전 제가 어떤 사람인지 잘 모르겠어요. 저에 대해서 다른 사람들에게 소개하거나 설명할 때 저라는 사람을 어떻게 설명해야 할지 난감할 때가 많아요.

상담사 2: 자신이 어떤 사람인지 모르면 혼란스러울 것 같네요. 최근에 자신에 대해서 잘 모르고 있다고 느낀 상황이 있었나요?

내담자 2: 저는 사람들이 저한테 뭘 좋아하냐고 물으면 대답하기가 어려워요. 전 특별히 싫은 것도 없고 좋은 것도 없고…… 다 그냥 보통이라고 느끼거든요.

상담사 3: 호불호가 분명하지 않은 것이 뭔가 문제라는 생각이 드는 건가요?

내담자 3: 네! 다른 사람들은 좋아하거나 싫어하는 것을 분명하게 말하는데 저는 그런 게 없어서 가끔 저에게 문제가 있나라는 생각을 할 때가 있어요.

상담사 4: 호불호가 분명하지 않다는 것을 문제가 있다고 생각하네요. 우리가 좀 더 구체적인 주제를 가지고 얘기를 하면 좋을 것 같은데……. 혹시 지금 말한 내용 중에 상담주제를 찾는다면 어떤 얘기를 더 하고 싶으세요?

내담자 4: 그럼…… 저는 제가 문제가 있는 사람이라고 생각하는 경향이 있는데…… 이 문제를 상담에서 좀 더 얘기하고 싶어요. 제가 정말 문제가 있는 사람인지, 왜 저를 부정적으로 보는지 얘기를 해 보고 싶어요.

상담사 5: 왜 자신을 문제 있는 사람으로 생각하는지, 왜 부정적으로 자신을 지각하는지 이해하게 되면 ○○ 씨가 어떻게 바뀌게 될까요?

내담자 5: 최소한 저를 문제 있는 사람으로 보지 않게 되면 자신감도 생기고 열등감이 줄어들 것 같아요.

이 사례의 상담사 4 반응처럼 내담자가 좀 더 구체적으로 다루고 싶은 문제가 무엇인지를 확인하는 질문을 통해 주호소 문제를 구체화시켜야 한다. 내담자는 자신에 대한 이해를 상담의 주제로 다루고 싶다고 했지만 내담자의 어려움을 탐색하는 과정에서 자신에 대한 부정적인 시각을 바꾸어 열등감을 줄이는 것으로 상담의 주호소 문제가 구체화되었다. 내담자 중에는 이러한 질문에 대해서 생각해 보지 않았기 때문에 바로 대답하지 못하는 경우도 있다. 이러한 경우 상담사는 내담자와 좀 더 탐색하는 시간을 가져야 하며, 그 회기에 주호소 문제를 결정하지 못하면 다음 회기까지 내담자에게 생각할 시간을 주는 것도 고려할 수 있다.

만약 내담자가 어떤 증상을 호소한다면 그 증상이 발현된 시점을 구체적으로 파악해야 한다. 예를 들어, 우울하다는 내담자에게는 "언제부터 우울함을 느꼈나요?" "그 시점에 무슨 일이 있었나요?" "이전에도 우울을 경험한 적이 있나요?" 등을 질문해서 내담자의 문제가 최근에 발생한 것인지, 아니면 만성적으로 오래된 것인지를 파악해야 한다. 만약 만성적인 문제를 가진 내담자라면 좀 더 숙련된 상담사에게 사례를 배정하는 것이 효과적일 것이다. 증상을 호소하는 내담자들을 만나게 되면 초보상담사들은 걱정이 앞서고 불안해질 수 있다. 상담사는 내담자가 호소하는 증상이 무엇인지, 언제부터 증상이 발현되었는지, 그 증상이 현재 내담자가 기능하는 데 어떤 영향을 미치는지, 병원 진단이나 정신과 약물이 필요한 상태인지 파악하고 상황에 맞게 대처해야 한다. 내담자 중에는 상담에 와서 매번 같은 증상들을 호소하거나 다양한 신체적 증상을 나열하면서 자신이 매우 힘들다는 것을 호소하는 경우가 있다. 이때 상담사들은 내담자가 아프다고 하니 증상을 들어 주고 얼마나 힘든지 공감해 주면서 증상에 대한 이야기를 듣는 데 많은 시간을 사용하게 된다. 내담자가 호소하는 증상을 무시하면 안 되지만 그렇다고 내담자가 호소하는 증상에 대한 이야기로만 상담회기를 채우는 것도 곤란하다. 만약 심인성 질환으로 인한 증상이라면 상담사는 내담자가 스트레스를 받을 때 반복적으로 몸이 아프다는 것을 내담자가 인식할 수 있도록 꾸준히 언급해야 한다. 그리고 신체 증상이 일어나기 전후에 어떤 일이 있었는지, 그 사건이 내담자에게 어떤 의미가 있고 어떤 영향을 미쳤는지 등을 확인해야 한다. 이러한 내용을 탐색하는 과정을 통해서 내담자가 자신의 사고패턴, 감정양식, 대처 능력 등을 이해하고 새로운 행동양식을 학습하거나 대처할 수 있도록 돕는 데 상담시간을 활용해야 한다.

이 장에서는 상담초기와 관련하여 첫 회기 준비 및 과제, 사례개념화, 상담 목표 및 전략 설정, 내담자를 가장 잘 도와줄 수 있는 이론적 접근 고민하기에 관한 내용을 설명하고자 한다. 먼저 상담초기에 이루어져야 할 활동들에 대해 구체적으로 설명할 것이다. 특히 첫 회기는 종결회기만큼 중요한 회기이기 때문에 상담사가 첫 회기를 어떻게 운영해야 하는지, 어떤 준비가 필요한지 알아보겠다.

1. 첫 회기 준비 및 과제

첫 상담을 준비하기 위해서 상담사가 챙겨야 할 것들이 있다. 다음 세 가지 자료는 내담자를 만나기 전에 상담사가 미리 봐야 하는 것이다.

- 상담신청서

- 접수상담 자료
- 심리검사 자료 및 평가서

상담신청서에는 내담자의 성별, 나이, 학력, 주소, 가족관계, 상담신청 이유 등 기본적인 정보가 담겨 있을 것이다. 기본적인 인적사항에 대한 내용을 파악한 후 접수상담 자료를 통해 현재 내담자가 경험하는 어려움이 무엇인지, 증상의 심각도 수준, 병력사항, 외모 및 특이사항 등과 같은 내담자 이해를 위한 기본정보를 확인해야 한다. 만약 접수상담 절차를 거치지 않고 바로 상담사가 배정된다면 상담사가 접수상담에서 파악해야 하는 내용을 첫 상담에서 탐색하면 된다.

접수상담 절차를 거치지 않고 상담으로 바로 이어질 경우 다음과 같은 장단점이 있다. 장점은 내담자가 접수상담에서 했던 이야기들을 배정받은 상담사에게 다시 설명하지 않아도 된다는 것이다. 내담자 입장에서 같은 말을 되풀이하는 것은 귀찮고 불편할 수 있다. 실제로 어떤 내담자들은 상담과정에서 자신이 접수상담에서 했던 이야기에 대한 질문을 받으면 접수상담에서 다 했던 이야기라며 상담사에게 불편감을 표현하기도 한다. 이럴 경우를 대비해서 접수상담사는 상담 마무리 과정에서 다른 상담사가 배정될 경우 접수상담에서 했던 이야기를 다시 할 수도 있다는 것을 안내해 주면 도움이 된다. 내담자에게 상담이 진행되는 과정이나 절차에 대해서 안내를 해 주는 것은 내담자가 상담에 대해 준비하고 예측할 수 있게 해 주기 때문에 불안함을 줄이는 데 도움이 될 수 있다. 단점은 내담자 문제의 심각성, 내담자가 선호하는 상담사 등을 고려하지 못한 상태에서 상담사를 배정하기 때문에 내담자에게 적합한 상담사를 배정할 가능성이 낮다는 것이다. 내담자에게 적합한 최적의 상담사를 찾기 어렵다 하더라도 위기 또는 만성적인 증상을 호소하는 내담자를 초보상담사에게 배정하는 불상사는 막아야 하기 때문에 최소한 내담자 문제의 심각성 수준을 파악한 후 상담사를 배정하는 것이 윤리적일 수 있다. 상담사와 내담자의 매칭은 상담사와 내담자 보호를 위해서 매우 중요한 작업이다. 상담사가 수퍼비전을 받으면서 상담을 한다 하더라도 수퍼비전만으로 상담사와 내담자를 보호하기 어려운 상황들이 발생할 수 있다. 특히 내담자의 주호소 문제 수준이 심각하거나 상담사가 내담자의 문제를 다루기에 심리적으로 취약한 경우 수퍼비전만으로 내담자를 돕는 것은 한계가 있다. 또한 내담자의 변화와 성장은 상담사도 함께 성장시키고 상담사의 효능감 발달에 영향을 미치기 때문에 초보상담사일수록 자원이 있는 내담자를 배정하는 배려가 필요하다.

다음 사례는 내담자가 접수상담에서 한 이야기를 다시 물어보는 상담사에게 불편감을 표현하고 있는 장면이다. 이럴 경우 상담사는 내담자에게 접수상담에서 이야기를 했더라도 상담사가 다시 질문할 수 있음을 이야기하고 양해를 구해야 하며, 또한 내담자가 반복적으로 이야기하는 것에 대한 불편함을 느끼는 이유를 탐색해야 한다.

상담사 1: 우울한 증세로 상담을 신청한 것으로 아는데 최근에 우울할 만한 일이 있었나요?

내담자 1: (한숨) 그거 지난번에 만난 선생님한테 얘기한 것 같은데…….

상담사 2: 이미 했던 얘기를 다시 물어봐서 불편한가 보네요. (네, 좀……) 접수상담 자료에 남친과 헤어졌다는 내용이 적혀 있는 걸 보긴 했어요. 그런데 내가 직접 들은 내용은 아니라서 좀 더 구체적으로 ○○ 씨에게 듣고 싶어서 질문한 거예요. 그리고 접수상담 때 했던 얘기라도 필요하면 내가 다시 질문할 수 있을 것 같은데……. 반복해서 얘기해야 하는 것이 어떤 점에서 불편한가요?

내담자 2: 그냥 똑같은 얘기를 하는 것도 싫고, 하고 싶지 않은 얘기를 반복적으로 해야 하는 게 싫어요.

상담사 3: 남친과의 이별이 ○○ 씨에게는 하고 싶지 않은 얘기인가 보네요. 그런데 상담에 와서 도움을 받으려면 ○○ 씨가 도움받고 싶은 문제를 얘기해야 하는데요. …… 얘기를 해 볼 수 있을까요?

마지막으로, 첫 상담 전에 파악해야 하는 내용은 심리검사 결과이다. 많은 상담실에서는 내담자의 심리 상태를 파악하기 위해 MMPI(다면적 인성검사)와 SCT(문장완성검사)를 사용한다. 그 밖에 필요에 따라서 MBTI, Holland, TCI 등의 다양한 검사를 실시할 수 있지만 이 모든 검사를 다 했다 하더라도 상담사가 우선적으로 파악해야 할 검사결과는 MMPI와 SCT 결과이다. MMPI를 통해 내담자의 심리 상태를 파악하고 내담자가 호소하는 심리적 어려움과 검사결과가 일치하는지, 불일치한다면 그 이유가 무엇인지 등을 파악해야 한다. SCT는 전체적인 내용을 읽으면서 상담과정에서 좀 더 파악할 내용들을 체크해야 한다. 즉, 내담자의 주호소 문제와 관련된 내용이나 내담자가 반복적으로 말하는 내용, 이해가 안 가거나 독특한 내용, 반복적으로 나오는 감정단어 등을 파악해서 내담자 이해에 필요한 정보들을 수집해야 한다. 상담에서 심리검사를 활용하는 목적은 진단이 아니라 내담자를 이해하기 위해서이다. 따라서 상담사는 내담자를 이해하기 위한 도구로서 심리검사를 활용한다는 것을 잊지 말아야 한다. 내담자에게 검사를 실시했다면 반드시 검사 해석을 해 주어야 하며 검사를 통해 나타난 내담자 상태나 특성을 내담자와 함께 공유해서 내담자가 자신의 상태를 이해할 수 있도록 도와야 한다.

첫 상담에서 상담사가 중점을 두어야 하는 일 중 하나는 내담자와의 관계 형성을 위한 준비와 노력을 해야 한다는 것이다. 상담실에서 내담자가 상담사와 처음 대면하고 자신의 어려움을 처음 얘기하는 그 순간순간에 상담사가 함께 있으며 앞으로도 함께할 것이라는 신뢰감을 형성하고 내담자를 진심으로 이해하고 돕고 싶어 하는 상담사의 마음이 전달될 때 상담관계가 형성될 것이다. 그리고 내담자가 상담을 통해 자신의 문제를 해결할 수 있을 거라는 기대와 신뢰감도 가질 수 있도록 해야 한다. 첫 상담부터 라포 형성을 위해 노력해야 하지만 첫 상담에서 상담사가 가장 신경 써서 진행해야 하는 작업은 내담자와 함께 상담에 대한 구조화를 진행하고 비밀보장에 대한 서약을 하는 것이다. 문제가 만성화되고 성격적인 문제를 가진 내담자일수록 상담구조화가 구체적으로 이루어져야 하며, 상담에서 지켜야 할 규칙에 대해 상세히 설명해야 한다. 상담에서 지켜야 할 최소한의 규칙이지만 아주 기본적이고 중요한 약속을 내담자가 잘 지키느냐, 안 지키느냐 또는 못 지키느냐에 따라 상담관계와 상담성과가 달라지기 때문이다.

〈상담 첫 회기 과제〉

- 상담구조화
- 내담자와의 상담관계 형성(라포 형성, 작업동맹 형성)
- 비밀보장에 대한 서약

구조화에 대해서 좀 더 살펴보자. 상담구조화는 상담초기, 특히 상담 첫 회기 때 다루어야 할 내용이다. 구조화는 내담자와 상담 진행과정에 대한 구체적인 약속을 하는 것이다. 상담시간, 상담장소, 상담비용(유료일 경우), 비밀보장 서약, 늦을 때 연락하기, 상담에 못 올 때 사전에 상담시간 조율하기 등 상담을 진행하면서 서로 지켜야 할 사항에 대해서 구체적으로 약속하는 것이다. 구조화를 구체적이고 명확하게 해야 상담과정에서 나타나는 내담자의 문제행동에 대처할 수 있다. 예를 들어, 내담자가 시간을 자주 바꾼다거나, 지각을 자주 한다거나, 상담을 자주 미루거나 안 오는 경우, 이러한 행동들은 내담자를 이해하는 데 중요한 단서가 되기 때문에 그냥 넘어가지 말고 구조화했던 내용을 상기시키면서 내담자가 약속을 지키지 않는 이유를 탐색해야 한다. 구조화를 한 상태에서 나타나는 내담자의 이러한 태도는 약속을 지키는 것에 대한 거부감, 상담사를 조종하려는 의도, 틀을 깨려는 시도 등으로 해석할 수 있다. 그래서 이러한 내담자의 태도나 행동은 단순히 약속을 상기시키고 넘어갈 문제가 아니라 내담자가 해결해야 할 문제라는 것을 염두에 두고 상담에서 다루어야 한다. 한편, 구조화를 처음에 확실히 했다고 해서 내담자가 구조화했던 모든 내용을 다 기억하는 건 아니다. 따라서 상담사는 내담자가 기억하지 못하는 사항들이 있다면 그리고 기억하지 못해서 나타나는 태도나 행동이 의도적으로 느껴지지 않는다면, 내담자가 다시 기억할 수 있도록 안내할 필요가 있다.

상담 첫 회기 때 상담사가 에너지를 써야 할 부분은 내담자가 상담사와 편하게 하고 싶은 이야기를 할 수 있는 안전한 분위기를 만드는 것이다. '이 상담사에게는 어떤 이야기든 해도 될 것 같다. 이 상담사가 내 이야기를 잘 들어 줄 것 같다. 이 상담사가 내 문제를 해결하는 데 도움을 줄 것 같다.'라는 신뢰와 안정감, 희망을 가질 수 있도록 도와야 한다. 내담자에게 신뢰감이나 안정감을 주기 위해서는 상담사가 편안한 상태여야 하고, 자연스럽게 시선을 교환하고 내담자가 하는 이야기를 중립적으로 듣고 내담자의 감정을 반영해 주어야 하며, 공감적 지지를 할 수 있어야 한다. 공감적 지지는 내담자에게 동조하는 것이 아니라 내담자가 경험했을 감정들(고통스럽고, 외롭고, 괴롭고, 우울하고, 슬프고, 화나고, 답답한 감정 등)을 내담자 입장에서 상담사가 함께 느껴 주는 것이다. 첫 회기에 내담자가 자신의 고민이나 괴로움을 이야기하고 나서 '시원하다.' '편안하다.' '생각보다 내가 더 힘들어하는 것 같다.' '잊고 싶은 기억들을 꺼내니 힘들다.' 등과 같이 자신의 상태를 자각하고 표현하게 되고 이해할 수 있는 시간을 가지게 된다면, 내담자는 상담의 필요성을 확인하게 될 것이고 이후 상담에 대한 동기가 높아질 것이다. 이러한 과정을 통해서 상담사와 내담자는 상담관계를 형성하기 시작한다. 상담사도 내담자에 대한 신뢰와 믿음(상담을 꾸준히 올 것에 대한 믿음, 내담자가 상담목표를 달성하기 위해 노력할 것이라는 믿음, 내담자가 변화될 것이라는 믿음 등)이 생기고, 이러한 믿음이 내담자에게 전달될 때 상담사와 내담자는 안전하고 희망적인 관계를 만들 수 있다.

또한 상담을 받는 것만으로 변화가 생기지 않는다는 점에 대해서 내담자에게 안내해야 한다. 즉, 상담을 통해 성장과 변화를 만들어 내려면 내담자가 노력해야 한다는 점을 명확히 설명해야 한다. 변화의 과정이 힘들고 어려울 수 있지만 상담사가 곁에서 그 과정을 견뎌 낼 수 있도록 함께 있을 것임을 내담자에게 알리고 변화를 위해 함께 노력하자는 약속을 해야 한다. 상담에서 변화의 책임은 내담자 자신에게 있음을 분명히 할 때 내담자 역할을 충실히 할 수 있으며 성공의 기쁨도 자신의 것으로 인정할 수 있게 된다.

마지막으로, 비밀보장에 대한 서약을 해야 한다. 상담에서 비밀보장을 서약하는 것은 내담자와의 신뢰감을 형성하는 데 매우 중요한 작업이다. 만약 비밀보장을 하지 않는다면 내담자는 상담사를 믿고 자신의 마음속 바닥에 있는 이야기를 꺼내기 주저하거나 솔직하게 말하지 않을 것이다. 또한 상담 시 녹음에 대한 동의도 거절할 가능성이 커진다. 따라서 상담사는 내담자에 대한 비밀보장의 의무가 있으며 이를 꼭 지킬 것에 대해 서약해야 한다. 그러나 상담사가 비밀보장의 의무를 지킬 수 없는 예외적인 상황에 대해서도 내담자에게 설명해야 한다. 상담사는 내담자가 자살이나 자해, 타인을 해칠 가능성이 있을 경우 비밀보장에 대한 서약을 해서는 안 된다. 상담사는 상담을 받는 동안 자살이나 자해, 타인을 해치는 행동을 하지 않겠다는 서약과 함께 위급 상황에서 대처할 수 있는 대응방법 및 도움받을 수 있는 정보를 제공해야 한다. 특히 미성년자의 경우 자해 및 타해의 문제뿐 아니라 법적인 문제가 발생할 경우 보호자의 동의가 필요하기 때문에 이러한 문제가 발생했을 때 상담사가 비밀보장을 할 수 없음을 내담자에게 알려야 한다. 내담자 입장에서는 부모에게 알리면 상담을 받지 않겠다고 고집을 피울 수도 있지만 상담사와 내담자를 보호하기 위해서는 비밀보장의 의무와 비밀보장을 할 수 없는 상황 모두를 내담자에게 설명하고 서약을 하는 것이 중요하다.

2. 사례개념화

사례개념화에 대한 다양한 정의가 있는데 이를 종합적으로 정리하면, '내담자의 문제에 관한 다양한 정보를 종합하고 이를 바탕으로 내담자 문제의 원인을 가설적으로 설명하고 내담자의 문제해결을 위한 상담 목표와 전략을 구상하는 역동적인 과정'이라 할 수 있다(Sperry & Sperry, 2015).

사례개념화의 목적은 내담자의 문제를 해결하기 위한 효과적인 계획을 세우는 것이다. 즉, 내담자가 호소하는 문제를 해결하기 위해 문제가 발생한 배경을 이해(내담자의 성장 및 발달사와 어떻게 연결됐는지를 확인)하고 문제해결을 위한 구체적인 상담계획을 세우는 것이다. 상담계획 안에는 상담목표, 상담전략, 상담사의 이론적 접근과 개입 등이 포함된다. 사례개념화는 내담자에 대한 밑그림을 그리는 작업이기 때문에 가설적 · 잠정적으로 기술되어야 하고, 내담자에 대한 정보가 새롭게 축적될 때마다 계속 수정 · 보완되어야 한다.

상담을 막 시작한 초심자에게 첫 번째 장벽이 내담자와 대면해서 상담을 하는 것이라면, 두 번째 어려움은 수퍼비전 자료를 준비하는 것이다. 사례개념화를 하는 데 필요한 정보들을 탐색했다 생각하지만 막상 사례개념화를 하다 보면 구체적인 탐색이 안 됐거나 더 중요한 탐색을 놓치는 경우가 다반사이다. 필요한 정보가 누락된 상태에서 사례개념화를 작성하다 보면 자칫 내담자에 대해 소설을 쓰게 되는 경우가 종종 생긴다. 사실 상담초기에 사례개념화를 위해 필요한 정보를 파악하면서 상담을 하는 것이 쉬운 일은 아니다. 내담자에 대해 소설을 쓰지 않고 사례개념화를 잘하려면 어떻게 해야 하는가?

사례개념화를 위해 필요한 정보들이 무엇인지 잘 숙지하면 된다. 사례개념화를 위해 상담사가 파악해야 할 내담자 정보를 정리하면 다음과 같다. 파악하는 순서보다 다음 내용을 정확히, 구체적으로 파악하는 것이 더 중요하다.

- 주호소 문제 파악
- 주호소 문제와 관련된 내담자의 증상 및 문제행동 확인
- 주호소 문제와 관련된 발달사 및 과거력 탐색
- 내담자 및 주변 활용 자원 찾기

1) 주호소 문제 파악

사례개념화를 위해 가장 먼저 해야 할 것은 주호소 문제를 구체적으로 파악하는 것이다. 특히 20회기 미만의 단기상담에서는 내담자의 주호소 문제를 구체적으로 파악하는 것이 무엇보다 중요하다. 주호소 문제를 탐색하기 위해서는 접수상담 시간이나 상담 첫 회기에 지금 이 시점에 왜 상담을 받으러 왔는지, 최근에 주호소 문제와 관련하여 어떤 일이 있었는지, 어떤 문제를 가장 먼저 해결하고 싶은지 등에 대한 탐색이 이루어져야 한다. 상담사가 탐색적인 질문을 잘한다 하더라도 질문에 맞게 자신의 생각을 잘 표현하는 내담자도 있지만 자신의 문제를 명확히, 구체적으로 설명하기 어려워하는 내담자도 있다. 또한 자신에게 여러 가지 문제가 있다고 생각하는 내담자의 경우 호소 문제를 나열만 하고 초점화시켜서 얘기하지 못하거나 주호소 문제를 결정하는 것을 어려워할 수도 있다. 이럴 경우 상담사는 내담자가 고민하는 문제들을 하나씩 이야기하면서 그중에 내담자가 가장 힘들어하는 문제나 내담자의 해결 욕구가 가장 큰 문제를 파악하여 내담자와 함께 주호소 문제를 선택하면 된다. 다음 사례를 살펴보자.

상담사 1: 상담신청서에 우울, 대인관계, 학업에 대한 고민이 있다고 적었는데 구체적으로 얘기를 해 주시겠어요?

내담자 1: (한숨) 최근에 우울해서 학교도 잘 안 나가게 되고 수업도 계속 빠지게 되니까 차라리 휴학을 해야 하나 고민하고 있어요.

상담사 2: 최근에 우울할 만한 일이 있었나요?

내담자 2: 조별과제 수업을 하다가 조원과 의견 충돌이 있었는데 그 이후로 수업에 가기 싫어서 계속 빠지고 있어요. 수업을 한번 안 가기 시작하니까 계속 가기 싫어지고 다른 수업들까지 안 가게 되는 것 같아요. 지금 학교에 가도 결석이 많아서 시험을 아무리 잘 본다 해도 B밖에 못 받을 것 같고…….

상담사 3: 조원과의 갈등이 학교를 안 나가게 된 계기가 된 것 같네요. 조원과의 갈등과 학교생활을 성실히 못하는 것 중 어떤 문제가 ○○ 씨를 더 우울하게 만들까요?

내담자 3: 조원과 싸운 후로 우울해져서 학교를 안 나가기 시작한 거니까 조원과 싸운 게 더 큰 것 같아요. 저는 다른 사람과 갈등이 생기면 왠지 저한테 문제가 있다는 생각이 들어요. 다른 조원들은 가만히 있는데 왜 제가 나서서 싸우고 손해를 보는지……. 제가 한심하게 느껴질 때가 많아요.

상담사 4: 상담을 진행하려면 우선 한 가지 문제를 중심으로 얘기하는 것이 좋을 것 같은데 우울과 대인관계 갈등, 학교생활 문제 중 어느 문제를 먼저 얘기하면 좋을까요?

내담자 4: 대인관계 문제가 생길 때마다 제가 우울해지니까 우선 대인관계 문제를 얘기하고 싶어요. 인간관계 갈등이 줄어들면 우울감도 줄어들고 학교생활도 할 수 있을 것 같아요.

이 사례의 내담자는 매우 훌륭한 내담자이다. 자신의 어려움을 명확히 설명하고 여러 가지 문제를 제시하긴 했지만 그 문제의 원인이 대인관계에 있다는 것을 알고 있기 때문이다. 내담자가 대인관계 문제를 주호소 문제로 다루길 희망했기 때문에 상담사는 대인관계 문제에 초점을 맞추어 상담을 진행하면 된다. 이후 상담에서는 내담자가 조별과제에서 어떤 일이 있어서 조원과 싸웠는지, 비슷한 일들이 이전에도 있었는지, 대인관계에서 갈등이 생길 때마다 자신에게 문제가 있다는 생각을 언제부터 하게 됐는지 등에 대해서 탐색을 해야 할 것이다.

사실 내담자가 호소하는 문제 중 하나만 주호소 문제로 선택했다고 해서 그 문제만 다루게 되는 것은 아니다. 결국 대인관계 갈등에서부터 상담을 시작하더라도 대인관계 갈등으로 파생되는 여러 가지 문제, 즉 기능 저하로 나타나는 불편감과 낮은 성취로 인한 열등감과 좌절감 등과 관련된 정서적 요인, 인지적 요인, 기능 수준 등을 다룰 수밖에 없다. 그래서 긍정적인 변화가 시작되면 일련의 문제가 연쇄적으로 변화되는 경험을 할 수 있다. 예를 들어, 조별과제에서 나와 다른 의견을 내는 사람에 대해 나에 대한 공격이 아니라 더 좋은 의견을 내기 위한 과정에서 자기 생각을 표현한 것이고 내가 틀렸다는 것이 아니라 다른 의견도 있다는 것을 표현한 것이라고 생각할 수 있게 된다면, 내담자는 의견이 다를 때 공격적이거나 방어적인 태도를 취하지 않으면서 조별과제에 참여할 수 있게 될 것이다. 의견 충돌이 있어도 관계가 깨지지 않는다는 경험을 통해 대인관계에서 자신감이 회복될 것이며 성취감을 경험하게 될 것이다. 이렇게 되면 우울감은 줄어들 것이며 내담자는 학교생활에 전념할 수 있는 상태로 회복될 수 있다.

사례개념화를 하는 데 있어 주호소 문제와 관련된 최근 촉발 사건에 대한 구체적인 탐색은 매우 중요한 작업이다. 촉발 사건을 통해 그 문제가 내담자의 취약한 부분과 어떻게 연결되는지, 내담자가 어떤 대처 방식을 가지고 있는지, 감정처리를 어떻게 하는지 등을 파악할 수 있다. 촉발 사건을 구체적으로 다루기 위해서는 육하원칙에 근거한 탐색적 질문을 활용하는 것이 도움이 된다. 단, 질문만 하면 내담자 입장에서는 추궁당한다는 느낌을 받을 수 있기 때문에 질문을 하면서 적절히 재진술, 요약, 반영과 같은 반응기술을 함께 사용하는 요령이 필요하다.

- 언제 사건이 일어났는가?(연도, 날짜, 기간, 시간 등)
- 어디서 사건이 일어났는가?(사건의 장소, 위치, 지역 등)
- 누가 그 사건과 관련되었는가?(부모, 형제, 자매, 외조부모(친조부모), 친구(이성, 동성) 등)
- 왜 그 사건이 일어났는가?(사건이 일어나게 된 이유나 배경 탐색)
- 어떻게 그 사건이 마무리되었는가?(그 사건이 지금 미치는 영향은 무엇인지, 그 사건 이후 어떤 변화가 있었는지, 그 사건에 대해 어떻게 생각하는지 등)

2) 주호소 문제와 관련된 내담자의 증상 및 문제행동 확인

촉발 사건에 대한 구체적인 탐색이 이루어졌다면 다음은 주호소 문제와 관련하여 현재 내담자가 경험하는 심리적 · 신체적 증상들을 파악해야 한다. 스트레스를 받았을 때 신체 증상을 호소하는 내담자들이 있다. 즉, 스트레스 상황이 생기면 두통, 소화장애,

수면장애, 섭식장애(폭식, 거식) 등을 호소한다. 신경증적 증상을 가진 내담자들이 대부분 신체화 증상을 호소하지만, 실제로 신체적 질병을 가진 사람들도 신체 증상을 경험하기 때문에 질병 유무를 잘 파악해야 한다. 이럴 경우 다음과 같은 내용을 탐색해야 한다.

- 병원에서 치료를 받고 있는지
- 스트레스성 증상이라는 진단을 받았는지(신경성 위염 등)
- 이러한 증상이 얼마나 오래되었는지
- 수면장애라면 하루에 몇 시간 자는지, 몇 시에 자는지, 수면의 질은 어떤지
- 섭식장애라고 하면 이전에 비해 얼마나 먹는지 또는 얼마나 안 먹는지, 구토 증상이 있는지
- 몸무게가 얼마나 늘었는지 또는 줄었는지

우울과 불안 증상을 호소하는 경우 다음과 같은 질문을 할 수 있다.

- 이전에 비해서 우울(불안)이 심해졌다는 것을 어떻게 알 수 있는가?
- 우울(불안)하다는 것을 어떻게 알아차렸는가?
- 우울(불안) 증상을 언제부터 경험하였는가?
- 지금 상태는 이전과 비교해서 심각성 수준이 어떤가?
- 수면시간과 몸무게가 최근 한 달간 얼마나 변화되었는가?
- 일상에서 기능 수준은 어떤가?(반복되는 일상적인 일을 잘 수행하고 있는가?)

이러한 질문을 통해서 내담자의 증상과 기능 수준을 파악한 후 정신과 의뢰 여부를 판단해야 할 것이다. 수면시간이나 몸무게 변화(늘거나 줄어드는)가 한 달 이상 지속되고 기능 수준이 계속 떨어져 반복적으로 해야 하는 일상적인 일조차 하기 어려운 상태(씻기, 주변 청소 및 정리, 과제하기, 등교하기 등)라면 약물치료를 권해야 한다.

한편, 내담자가 스트레스를 받았거나 문제 상황에 처했을 때 어떻게 대처하는지 탐색해야 한다. 부적응적인 대처행동은 부정적인 자기지각, 왜곡된 상황지각이 문제가 되는 경우가 많다. 스트레스를 받은 내담자들이 나타내는 행동으로는 불규칙하게 생활하기, 잠수 타기, 분노 표출하기(언어적 · 물리적), 자기비난하기, 포기하기 등이 있다. 이러한 행동으로 인해 내담자의 증상은 유지되고 악순환에 빠지게 된다. 따라서 상담사는 내담

자가 증상을 유지하는 악순환 패턴을 파악하고 어떤 기점을 시작으로 악순환의 고리를 끊을 수 있는지를 내담자와 함께 결정해야 한다. 내담자가 변화를 시도하는 시점부터 악순환의 고리가 풀리기 시작한다. 그러나 상담사가 고려해야 할 것은 내담자가 증상을 유지하고 문제행동을 반복하는 것이 내담자에게 부정적인 영향만 주는 것은 아니라는 점이다. 즉, 상담사가 보기에는 문제행동이지만 내담자에게는 이득을 가져다주는 행동일 경우 내담자들은 증상을 고치려고 하기보다는 유지하려고(의식적 · 무의식적으로) 하기 때문에, 내담자 증상의 이차적 이득 측면을 고려하지 않을 경우 상담사는 변화 의지가 없는 내담자에게 실망과 좌절을 경험할 수 있다. 증상 유지와 관련하여 이차적 이득이 있다고 판단된다면 상담사는 증상을 유지하려는 내담자의 욕구와 동기를 파악해야 한다. 이 과정에서 내담자도 자신이 증상을 어떻게 활용하고 있는지 이해하는 통찰과정을 거쳐야 변화가 가능하다. 그러나 경험적으로 볼 때 이러한 과정은 상당한 시간이 필요하기 때문에 단기상담에서는 내담자가 자신의 증상을 이차적 이득을 위해 이용하고 있다는 것을 인지할 수 있도록 돕는 것까지만 해도 충분하다. 단기상담에서 많은 변화를 목적으로 상담하는 것은 한계가 있음을 기억할 필요가 있다. 여러 가지 문제 중 아주 작더라도 터닝 포인트를 찾아 변화를 시도할 수 있는 경험이 더 중요하다.

내담자 1: 요즘 스트레스를 받아서 그런지 두통도 심해지고 어지럼증도 심해졌어요. 예전에 메니에르 증상이랑 비슷해서 재발한 것 같기도 하고…….

상담사 1: 시험기간인데 몸까지 아프면 더 집중해서 공부하기는 힘들 텐데……. 상담 오는 것도 힘들었을 텐데 상담에 왔네요.

내담자 2: 네~ 어차피 공부해도 집중이 안 될 것 같고 차라리 상담에 오는 것이 나을 것 같아서 왔어요.

상담사 2: 상담이 도움이 된다는 말로 들리네요. 병원은 다녀왔어요?

내담자 3: 아니요. 굳이 병원에 가야 되나 싶어요. 그냥 이러다가 나아지지 않을까 싶기도 하고…….

상담사 3: 시험이 끝나면 나을 거라고 생각하는 건가요?

내담자 4: 그럴 수도 있고 아닐 수도 있는데…… 저는 아파도 병원에 잘 가지 않아요.

상담사 4: 무슨 의미예요?

내담자 5: 저도 잘 모르겠는데 아파도 병원에 가려고 하지 않아요. 그냥 참는 것 같기도 하고…….

상담사 5: 빨리 나으려면 병원에 가서 치료를 받아야 하지 않을까요?

내담자 6: 네~ 그렇긴 한데…… 저는 병원에 다녀와도 약을 제때 먹거나 바르지도 않아요.

상담사 6: 아픈 자신을 돌보지 않는다는 느낌이 드네요.

내담자 7: 저도 제가 이상하다고 느껴질 때가 있는데요. 저는 자신을 돌본다는 게 뭔지 잘 모르겠어요. 그리고 저는 제가 아플 때 낫고 싶은 건지 안 낫고 싶은 건지도 잘 모르겠어요. 엄마가 뭐라고 하면 병원에 가기도 하지만 아무것도 하지 않을 때가 더 많아요.

상담사 7: 좀 더 설명해 볼래요?

내담자 8: 고등학교 때 손에 물집이 생기더니 손바닥이 벗겨지는 거예요. 엄마가 보고 병원 가라고 해서 피부과 가서 처방받았는데 약을 하루 정도 먹었더니 나아지는 것 같아서 안 먹었는데 다시 나빠져서 오랫동안 피부병을 앓았던 적이 있어요. 제가 생각해도 낫고 싶으면 약을 먹고 연고도 발랐어야 했는데 귀찮아서 그런지 잘 안 하게 되더라고요.

상담사 8: 아프면 본인이 힘들고 불편했을 텐데 낫기 위해 노력하지 않는 것처럼 보이네요. 낫고 싶지 않은 마음도 있었던 걸까요? 그때 ○○ 씨 마음이 궁금하네요. 내 아픔을 감수하면서까지 얻고 싶은 것이 무엇이었을까요?

내담자 8: (15초 동안 침묵) 관심이었던 것 같아요. 아프면 엄마도 친구들도 걱정을 해 주니까…… 내가 뭘 안 해도, 못해도 괜찮다고 말해 주니까……(눈물, 15초 동안 침묵) 상담받아서 제가 빨리 변하고 싶은 마음도 있지만 다른 한편으로는 내가 진짜 변하고 싶은 마음이 있나 하고 의심하기도 해요.

상담사 9: 낫고 싶은 마음도 있지만 관심받기 위해 아프기를 선택하고 싶은 마음도 있었네요. 마음이 참 복잡했을 것 같아요.

이 사례의 내담자는 신체 증상을 통해 이차적 이득인 엄마의 관심을 받고자 병원에 가지 않고 자신을 치료하지 않는다는 것을 알아차렸다. 상담에서도 내담자는 자신이 변하고 싶은 건지 아닌지를 의심하고 있다. 이후 상담은 엄마의 관심을 받기 위해서 아파야 한다는 생각을 하게 된 경험, 계기, 이유 등을 구체적으로 탐색할 필요가 있다.

3) 주호소 문제와 관련된 발달사 및 과거력 탐색

내담자가 호소하는 문제와 대처양식에 대한 탐색을 했다면 그 문제가 언제부터 시작되었는지 탐색해야 한다. 언제부터 시작되었는지를 탐색한다는 것은 주호소 문제와 관련된 내담자의 과거 경험을 탐색한다는 의미이다. 현재 내담자가 경험하는 문제가 과거부터 반복해서 경험하는 문제인지, 아니면 최근에 경험한 문제인지를 파악해야 한다. 이는 내담자의 문제가 일시적인 것인지 또는 만성적인 것인지를 파악하기 위함이다. 더불어 내담자가 왜 이 시점에 상담을 받으러 왔는지 탐색하는 것이 중요하다. 이 시점에 상담을 받으러 왔다는 것은 그 문제가 내담자에게 상당히 의미 있는 것임을 말해 주기 때문이다. 만성적인 문제의 경우 오래되고 반복되는 문제인데, 이 시점에 상담을 신청했다면 내담자에게는 특히 의미 있는 사건이거나 의미 있는 대상과 관련되었을 가능성이 크기 때문에 반드시 탐색해야 한다. 다음 사례를 통해 살펴보자.

상담사 1: 대인관계 문제를 중심으로 해결하고 싶다고 했는데…… 조별 과제 사건부터 얘기를 시작해 볼까요?

내담자 1: (한숨) 조장과 갈등이 생겼는데…… 처음부터 그 조장에 대해서 불편한 마음이 있긴 했어요. 조원들이 말하면 아닌 것 같다면서 다른 사람들의 얘기를 수용하지 않는다는 느낌을 받았거든요. 그런데 그날은 제가 이 내용을 넣었으면 좋겠다고 제안을 했는데 듣자마자 바로 아닌 것 같다고 하는 거예요. 그래서 순간 화가 나서 이럴 거면 조별과제를 왜 하냐고 제가 뭐라고 했어요. 다른 사람 얘기는 받아들이지도 않고 자기 맘대로 할 거면 혼자서 하라고 했어요. 조장이 그럴 의도는 아니었다고 말은 했는데도 기분이 나아지지 않아서 중간에 나와 버렸어요.

상담사 2: 조장이 ○○ 씨의 제안에 대해 아니라고 얘기한 것에 대해서 화가 났나 보네요.

내담자 2: 네, 너무 기분이 나빴어요. 그런데 다른 사람들은 아무 말 안 하고 가만히 있는데 저는 그것도 너무 화가 나는 거예요. 바보같이 가만히 있으니까 더 무시하는 거잖아요.

상담사 3: 조원들이 가만히 있으니까 조장이 더 무시한다는 생각이 드나 보네요.

내담자 3: 그런 거 아닐까요? 무시하지 않으면 어떻게 다른 사람 얘기는 듣지 않고 자기 맘대로 하려고 하겠어요.

상담사 4: 혹시 이전에도 비슷한 상황이 있었나요? 무시한다는 느낌이 들어서 화났던 경험…….

내담자 4: (15초 동안 침묵) 생각해 보니 저는 집에서도 무시당한다는 생각을 많이 하는 것 같아요. 저희 집에서는 제가 막내인데 늘 어린아이 취급을 해요. 그래서 제가 무슨 얘기를 하면 "네가 뭘 알아서……."라든가 "넌 잘 모르니까 빠져 있어." 같은 얘기를 자주 들었어요. 제 얘기는 처음부터 들어 줄 생각을 잘 안 했죠. 부모님도, 오빠도…….

상담사 5: ○○ 씨 의견을 귀담아들어 주기보다 어리다는 이유로 ○○ 씨를 아예 배제하는 상황에서 무시당한다는 느낌을 받았나 보네요.

내담자 5: 네~ 그런 거 같아요. 이 조장도 복학생 오빠거든요. 남자들한테 그런 얘기를 들으면 더 기분이 나쁜 것 같아요.

내담자의 문제를 이해할 때 중요하게 탐색해야 할 것이 과거 탐색이다. 모든 과거를 탐색해야 하는 것이 아니라 내담자의 현재 문제와 관련된 과거를 탐색해야 하는 것이다. 예를 들어, 가족관계, 성장 환경, 발달사 등을 확인해야 한다. 왜냐하면 내담자가 가지고 있는 현재 문제의 뿌리가 과거 경험에 있기 때문이다. 그러나 내담자가 특정 시기를 기억하지 못하거나 특정 기간 이후로만 기억이 난다면 기억나는 시점부터 관련 경험을 탐색하면 된다. 상담을 진행하면서 내담자에게 묻혀 있던 기억들이 하나씩 떠오르기 시작하기 때문에 현재 기억하는 과거부터 시작해도 무방하다.

현재 문제의 원인이나 뿌리가 될 만한 기억 속의 일들에 대한 탐색을 통해 그 당시 내담자가 느꼈을 감정, 그 당시 내담자의 생각, 그 당시 내담자의 바람 및 좌절 등을 상세히 다뤄야 한다. 내담자가 해소하지 못한 감정을 정리하도록 돕고 그 당시 내담자가 했던 생각이나 사고의 틀도 새롭게 인지적으로 재구조화할 수 있도록 돕는 작업을 한다면 과거 정리와 함께 현재 문제에 대한 해결방안을 찾을 수 있을 것이다.

상담사 1: 어머니의 어려움에 대해서 이제서야 이해되는 부분이 있다고 했는데 어떤 부분이 이해됐는지 궁금하네요.

내담자 1: 음…… 제 입장에서 엄마로부터 필요한 시기에 보살핌을 못 받았다고 생각했기 때문에 엄마가 특히 저를 사랑하지 않는다고 생각했었어요. 더군다나 오빠는 장남이니까 저보다 더 챙겨 준다고 생각해서 제가 딸이고 둘째인 것도 화가 나고 온통 서운한 것 투성이었던 것 같아요. 그런데 지금 얘기해 보니 엄마도 어릴 때 장남인 오빠 공부시킨다고 고등학교도 제대로 못 다니고 일찍 돈을 벌기 시작했고, 그래서 엄마도 부모 사랑을 잘 못 받았다고 생각하니 안됐다는 생각이 들어요. 또 제가 태어나고 난 후로 경제적으로 더 어려워지기 시작했다는 얘기를 들었는데…… 그래서 제가 초등학교 입학한 후 엄마가 다시 일을 시작했기 때문에 엄마가 저를 사랑하지 않은 게 아니라 일하고 살림도 하다 보니 우리한테 신경을 쓰기 힘들었을 거라는 생각이 드네요. 그때 엄마 나이가 30대 후반이었던 것 같은데…… 지금 제 나이와 큰 차이가 없어요. 제가 이 나이에 엄마처럼 할 수 있었을까 생각하면 전 그렇게 못할 거 같아요. 그래서 엄마가 저를 사랑하지 않은 게 아니라 엄마도 힘들었기 때문에 제가 원하는 걸 못 해 준 거지 그렇다고 사랑하지 않은 건 아닌 거 같다는 생각이 들었어요.

상담사 2: 엄마에게 사랑 못 받았다고 생각했던 ○○ 씨가 엄마의 삶을 이해하게 되었다는 말이네요. 그 말을 들으니 내 마음이 녹아내리는 것 같은데 ○○ 씨 마음은 어때요?

내담자 2: 뭐라고 표현해야 할지 몰랐는데 선생님 말을 들으니까 제 마음이 얼었다가 녹는 것 같은 느낌이 들어요. 조금 따뜻한 느낌? 가장 크게 느끼는 건 엄마에게 화가 덜 난다는 거예요. 화가 안 나는 건 아닌데 저를 사랑하지 않는다고 생각할 때는 엄마의 말에 대꾸하고 화를 내곤 했는데 지금은 그렇지 않아요. 마음이 조금 편안해진 것 같아요.

상담사 3: ○○ 씨가 내 딸이라면 엄마로서 고맙고 사랑스러울 것 같아요. 지금 상담에서 한 얘기를 엄마에게 전달하면 어떨까요?

내담자 3: 글쎄요. 아직은 좀 부끄러워서……. 그런데 엄마한테 얘기를 하고 싶기는 해요. 엄마도 요즘 제가 화를 덜 낸다고 얘기를 하시는 걸 보면 제가 뭔가 달라진 걸 아시는 거 같아요.

상담사 4: 그렇군요. 그럼 상담시간에 엄마한테 어떻게 표현할지 연습해 봅시다. 엄마한테 뭐라고 말하고 싶은지 엄마가 옆에 앉아 있다고 생각하고 표현해 볼래요?

4) 내담자 및 주변 활용 자원 찾기

비록 내담자가 문제를 가지고 있긴 하지만 내담자에게는 강점이나 장점이 있다. 상담에서는 내담자의 강점이나 장점을 변화를 위한 도구로 활용해야 한다. 내담자 변화의 동력은 내담자가 가지고 있는 긍정적인 자원에서 나오기 때문에 내담자가 잘 기능하고 있는 부분을 상담사가 발견할 수 있어야 한다. 대부분의 내담자는 자신이 가진 문제를 자신의 전부인 양 생각하기 때문에 자신에 대해서 비관적이고 부정적인 사고를 하게 되고, 결국 희망이 없다는 결론을 내린다. 비록 내담자가 문제를 가지고 있고 단점과 약점이 있지만 그것 못지않게 긍정적인 자원이 있다는 것을 내담자 스스로 알아야 한다. 내담자가 단점이나 부정적인 측면만 보지 않고 자신의 장점도 균형 있게 볼 수 있을 때 심리적 힘이 생기고 변화를 시도할 용기가 생긴다.

초보상담사들의 경우 수퍼비전에서 내담자의 장점을 활용하라는 피드백을 받고 내담자의 장점을 찾아 지지해 주려고 하지만 오히려 내담자가 상담사의 지지나 칭찬에 불편해하거나 수용하지 않는 모습을 보여 당황스러운 상황을 경험할 수 있다. 즉, 상담사는 내담자의 기를 살려 주기 위해서 칭찬이나 지지를 하려고 애쓰는데, 반대로 내담자는 자신은 그런 사람이 아니라고 상담사의 칭찬에 극구 손사래를 치는 상황을 경험하게 된다. 내담자가 상담사의 칭찬을 수용하지 못하는 것은 부정적으로 편향된 내담자의 자기인식과 관련이 있을 수 있다. 내담자가 상담사의 칭찬에 대해 자연스럽게 수용하고 반응하면 좋지만, 그렇지 않더라도 당황하거나 좌절할 필요는 없다. 상담사는 "자신의 장점에 대해 이야기하는 것이 왜 불편한가요?" "왜 칭찬을 받아들이기 어려운가요?" "칭찬을 받으면 어떤 생각이 드나요?"와 같은 질문을 통해 내담자가 칭찬과 관련된 자신의 경험과 생각을 되짚어 볼 수 있는 기회를 제공하면 된다. 이후 내담자가 자신을 인정하지 않고 부정적으로 보는 이유를 탐색하고 부정적인 시각이 자신에게 미치는 영향을 인지함으로써 부정적으로 편향된 사고 패턴을 스스로 변화시키고자 노력하게 될 것이다.

다음 사례에서의 내담자는 칭찬을 받으면 자신이 안일해질까 봐 단점에 초점을 맞춰 자신을 바라보고 있으며 단점을 개선하는 노력을 통해 완벽해지려고 애쓰고 있다. 그래서 상담사의 칭찬이나 긍정적인 메시지에 부담스러워하거나 불편해하면서 칭찬을 있는 그대로 받아들이지 못하고 있다. 상담사는 탐색적 질문을 통해 내담자가 칭찬에 대해서 불편해하는 이유를 생각할 수 있도록 돕고 있다. 이후 칭찬에 대한 거절은 상대의 진심을 존중하지 않는 것처럼 보일 수도 있고 결국 칭찬을 거절하는 것은 자신에게도 부정적인 영향을 미칠 수 있다는 것을 내담자가 이해할 수 있도록 상담을 진행하는 것이 필요하다.

상담사 1: ○○ 씨는 아무리 힘들어도 스스로 포기하지는 않는 것 같네요. 시간이 촉박하다고 걱정하더니 결국 마무리를 했네요. 포기하지 않는 게 ○○ 씨의 강점이라는 생각이 드네요. 물론 포기하지 않아서 힘든 점도 있겠지만…….

내담자 1: 강점이라는 단어를 들으니 낯서네요. 그냥 어쩔 수 없이 한 거 아닐까요? 그리고 아마 선생님과 상담을 해서 나아진 거겠죠.

상담사 2: 상담을 한다고 다 변화되지는 않아요. 상담을 해서 변화됐다면 그것도 ○○ 씨가 해낸 거고요. ○○ 씨의 장점을 또 하나 찾았네요. 상담을 통해서 변화할 수 있는 힘을 가졌다는 거…….

내담자 2: 글쎄요. 저는 제가 잘한다고 생각을 해 본 적이 없어서 이런 얘기를 들으면 어떻게 해야 할지 모르겠어요.

상담사 3: 지금 나의 칭찬이나 지지가 어떻게 들리는 거예요?

내담자 3: 더 잘하라는 의미로 들려서 부담스럽기도 하고, 저는 그런 사람이 아닌 것 같은데 칭찬을 해 주시니까 저에 대해서 잘못 알고 있다는 생각이 들어서 제가 선생님한테 저에 대해서 너무 좋게 말했나 싶기도 하고 다시 제대로 알려 드려야 하나라는 생각도 들고, 가만히 있으면 제가 왠지 거짓말하는 것 같아서…… 불편하네요.

상담사 4: 자신이 잘한 걸 인정하고 받아들이기가 어렵나 보네요. 왜 자신에 대한 칭찬에 이렇게 인색한 걸까요?

내담자 4: 생각 안 해 봤는데. …… (10초 동안 침묵) 아마도 제가 칭찬을 들으면 방심할 것 같아서 그런 것 같아요. 칭찬을 받으면 더 노력하지 않고 안주할까 봐. …… 네, 그거 같아요. 그래서 저는 늘 저의 부족한 부분을 찾았던 것 같아요. 부족한 점들을 다 찾아서 노력하면 완벽해질 거라 생각했던 것 같아요. 그래서 칭찬을 받으면 오히려 아니라는 얘기를 더 많이 했던 것 같아요. 그리고 스스로 완벽하지도 않으니까…… 칭찬을 받을 만한 자격이 없다고 생각했던 것 같아요.

내담자들의 변화를 도모하기 위해서는 내담자가 먼저 변화를 위해 노력해야겠지만 주변에 내담자가 활용할 만한 인적 · 물적 자원이 있다면 효과적인 변화를 시도할 수 있을 것이다. 내담자가 가진 자원을 비롯해서 내담자 주변의 여러 환경과 인물 속에서 내담자의 변화를 위해 활용할 수 있는 자원이 얼마나 있는지, 반대로 활용할 만한 자원이 부족하거나 없는지 등을 확인해야 한다.

내담자들 중에는 자신이 가진 능력과 자원을 제대로 활용하지 못하고 있는 경우가 많다. 특히 자기 문제에 매몰되어 있어 자신이 가지고 있는 자원에 대해 인지하지 못하는 경우가 많고 그렇기 때문에 능력을 효과적으로 활용하지 못하고 수행 수준이 현저히 떨어지는 경우가 생긴다. 내담자가 문제 중심으로 자신을 판단하고 평가하는 시선에서 벗어나 자신이 가지고 있는 능력과 자원을 볼 수 있도록 도와준다면, 즉 내담자가 스스로에 대해 균형적인 시각을 갖게 도와준다면 충분히 자신의 능력을 활용할 수 있을 것이다.

만약 내담자가 활용할 만한 주변 자원이 부족하거나 없다면 그만큼 내담자가 현실적 한계를 받아들이고 노력해야 하는 부분이 많아지기 때문에 상담사로서 부담스러울 수 있다. 그러나 지금까지 자원이 부족한 상황에서도 내담자가 살아 나온 힘을 믿고 상담사가 버텨 줄 수 있어야 하며, 현재 상담을 받는 과정에서는 상담사가 내담자에게 중요한 인적 자원이 되어 줄 수 있다는 것을 기억해야 한다. 내담자들이 주변에 활용할 자원이 없다고 생각하는 경우와 자원이 있는데도 자신이 활용 못하고 있다고 생각하는 경우는 전혀 다른 결과를 만들 수 있다. 내담자에게 자신의 자원을 스스로 활용하지 못하고 있음을 알려 주는 것만으로도 내담자의 변화를 이끌 수 있다.

3. 상담 목표 및 전략 설정

사례개념화를 할 때 내담자의 주호소 문제와 관련하여 상담목표를 계획하기 때문에 상담 목표 및 전략은 사례개념화에 포함시켜도 되지만, 상담 목표와 전략을 설정하는 것은 상담에서 매우 중요한 작업이기 때문에 독립적인 내용으로 기술하고자 한다.

상담사는 내담자와의 합의를 통해 주호소 문제와 관련된 상담목표를 설정하게 된다. 따라서 상담목표를 설정하는 데 있어 내담자가 어떤 문제를 해결하고 싶은지 결정하는 것이 중요하다. 그런데 내담자들 중에는 여러 가지 문제를 나열하듯이 제시하는 경우가 있다. 예를 들어, 내담자가 대인관계 문제, 우울감, 외로움, 집중력 저하 등과 같은 다양한 문제를 호소한다면 상담사는 어떻게 해야 할까? 내담자가 호소한 문제들 중 가장 먼저 해결하고 싶은 문제가 무엇인지 물어보면 된다. 물론 대인관계 문제가 다른 호소 문제들의 원인일 수 있지만 상담사의 가설은 뒤로하고 내담자가 상담에서 해결하고 싶어 하는 문제를 상담목표로 설정해야 한다. 즉, 내담자가 대인관계 문제를 먼저 해결하고 싶다면 대인관계 문제를 먼저 다루어야 한다. 만약 우울감을 먼저 다루고 싶다고 한다면 우울감을 먼저 다루어야 할 것이다. 우울감의 원인이 무엇인지 찾는 작업을 하다 보면 대인관계 문제와 연결될 수도 있다. 내담자가 호소하는 모든 문제를 제한된 회기 내에서, 특히 20회기 미만의 단기상담에서 다루는 것은 현실적으로 어렵다. 따라서 어떤 고민이나 문제를 먼저 이야기하고 해결하고 싶은지 내담자가 선택하도록 도와야 하며, 이렇게 하면 상담의 동기를 유지하고 구체적인 목표를 설정하는 데 도움이 된다.

한편, 내담자가 다루고 싶어 하는 주호소 문제와 상담사가 생각하는 내담자의 핵심 문제가 다를 수 있다. 내담자는 부모와 관련된 이야기는 배제하고 다른 인간관계 문제를 이야기하고 싶다고 하지만 상담사 입장에서는 관계의 원형인 부모와의 관계를 다루지 않고 다른 관계를 다루는 것이 얼마나 피상적인 상담이 될지 가늠할 수 있다. 이럴 경우 어떻게 해야 할까? 결론적으로 내담자가 호소하는 문제를 중심으로 상담목표를 설정하고 상담해야 한다. 청소년 상담기관이나 대학 상담실과 같이 상담회기가 단기로 제한되어 있는 상황에서 상담사와 내담자 목표를 각각 다루는 것은 현실적으로 어렵다. 따라서 단기상담일수록 내담자와 합의된 목표 중심으로 상담이 진행되어야 하며 제한된 회기 내에서 이룰 수 있는 현실적인 목표를 설정할 필요가 있다. 다만 대인관계 문제를 호소하는 내담자들의 경우, 부모와의 관계 패턴이 반복되면서 갈등을 지속시키는 경우가 있기 때문에 내담자가 자신이 호소하는 관계 문제가 부모와 관련된 문제임을 인지할 수 있는 선에서 부모관계 문제를 다루는 것이 필요하다. 즉, 부모와의 관계 개선이 상담의 목표가 아니라 내담자가 현재 경험하는 관계 문제에 부모와의 관계 패턴이 영향을 미친다는 것을 인식할 수 있는 선에서 부모와의 관계 문제를 다루면 된다는 의미이다.

간혹 상담목표를 몇 개까지 만들어도 되는지 질문하는 수련생들이 있는데, 상담목표를 설정할 때는 여러 가지 상황을 고려해야 한다. 내담자의 호소 문제가 몇 개인지, 장기상담인지 또는 단기상담인지, 유료상담일 경우 상담 기간에 따른 상담비용 지불 능력이 있는지 등이 고려되어야 한다. 단기상담일 경우에는 상담의 목표를 여러 개 설정하는 것보다 주호소 문제와 관련한 목표를 한두 개 설정하는 것이 현실적이다.

상담목표를 설정할 때는 내담자가 실천할 수 있는 수준에서 설정해야 하며, 상담목표를 기술할 때는 구체적이고 평가 가능하며 행동화할 수 있도록 기술해야 한다. 상담목표를 다른 말로 표현하면 상담종결 시에 내담자가 변화하고 싶은 모습이라고도 할 수 있다. 그래서 상담목표는 상담종결 시 상담성과 평가에 중요한 지표가 된다. 즉, 종결 시점에 내담자가 상담목표를 얼마나 달성했는가를 평가하는 것이다.

사례에서 내담자는 부모님과의 관계보다는 주변인들과의 인간관계 문제를 다루고 싶다고 하였다. 인간관계 문제를 주호소 문제로 보고 상담목표를 설정해 보자. 인간관계라는 큰 문제를 세분화하고 구체화한 결과, 내담자는 상담목표를 사람들 사이에서 긴장감을 줄이는 것으로 결정하였다. 긴장감을 느낀다고 생각하는 이유는 사람들의 눈을 피하고 말을 시킬까 봐 가슴이 두근거리기 때문이다.

상담목표를 사람들 사이에서 긴장감을 줄이는 것으로 설정했다면, 다음으로 구체적인

상담사 1: ○○ 씨가 인간관계 문제를 상담에서 다루고 싶다고 했는데 구체적으로 인간관계의 어떤 부분을 다루고 싶은지 얘기해 줄래요?

내담자 1: 저는 사람들 사이에서 너무 긴장을 많이 해서 불편해요. 아는 친구들을 만나면 덜한데 처음 만나는 사람들이나 친하지 않은 사람들을 만나면 너무 긴장을 해서 어떤 때는 사람들을 만나는 걸 피하기까지 하는 것 같아요.

상담사 2: 최근에도 긴장했던 일이 있었나요?

내담자 2: 최근에는…… 조별과제 때문에 모였는데 그때 처음 만나는 자리여서 아무 얘기도 못하고 듣기만 하고 나왔어요.

상담사 3: 조별과제 모임에서 긴장했다는 걸 어떻게 알 수 있어요?

내담자 3: 우선 아무 말 안 하고 다른 사람들 얘기만 듣고 있어요. 말을 시킬까 봐 가슴이 조마조마해지고…… 사람들 눈도 못 마주치고. 저는 그냥 저한테 알아서 역할을 나눠 주는 게 더 좋아요.

상담사 4: 사람들 사이에서 긴장을 많이 하는 것 같네요. 긴장감을 줄이는 것을 상담목표로 결정하고 싶은가요?

내담자 4: 긴장감을 줄이면 제가 좀 더 편해질 것 같아요. 눈도 편하게 마주치고 제가 할 말은 할 수 있게 되면 좋겠어요. 사람들 사이에서 긴장감을 줄이고 편해지는 것을 상담목표로 할 수 있을까요?

전략을 짜야 한다. 상담전략은 상담목표 달성을 위한 구체적인 실행계획이라고 할 수 있다. 즉, 상담전략은 내담자가 그동안 가지고 있었던 부적응적인 대처행동을 적응적인 대처행동이나 패턴으로 바꾸고자 하는 구체적인 실행전략이다. 상담목표 달성을 위해 세부적인 실행전략을 짜는 것은 상담사의 몫이다. 상담목표는 내담자와 함께 결정하지만 상담전략은 내담자의 상담목표 달성을 위해 상담사가 계획해야 할 부분이다. 내담자는 자신의 문제가 무엇인지 막연하게 생각하고 있을 뿐 그것을 다차원적인 측면에서 바라보기 어렵다. 즉, 내담자는 자기 문제의 원인이 무엇인지, 어떤 측면에서 부적응적인지, 적응적인 측면은 무엇인지, 문제를 어떻게 개선해야 하는지, 어떤 노력부터 시작해야 하는지 등에 대해서 통합된 시각을 가지고 있지 못한 상태이다. 상담사가 내담자 문제의 이해를 통해 내담자의 변화를 이끌기 위해서 어떤 노력을 기울일지 세부 전략을 세워 내담자가 상담과정에서 실행할 수 있도록 도와야 한다.

상담에서 공통적으로 활용되는 상담전략은 통찰, 해석, 인지적 재구조화, 대체, 노출, 사회적 기술훈련과 심리 교육, 지지, 약물, 교정적 정서체험 등이 있다(Sperry & Sperry, 2015). 이러한 전략들은 다양한 상담이론에서 강조하는 상담전략과 관련되기도 한다. 예를 들어, 내담자의 역기능적인 사고 패턴이나 부정적인 자기인식을 변화시켜야 한다면 상담사는 인지치료를 바탕으로 내담자의 인지를 재구조화하거나 비합리적 사고를 합리적 사고로 전환하는 전략을 짜게 될 것이다. 내담자가 대인관계에서 요청과 거절을 하지 못하고 힘들어할 때는 행동치료를 근거로 요청이나 거절에 대한 교육 및 역할연습을 할 수도 있다. 일반적으로 내담자와 안정적인 상담관계를 형성하기 위한 라포 형성은 기본적인 상담전략이 될 것이다. 내담자의 주호소 문제, 상담목표, 내담자의 기능 상태에 따라서 다양한 상담전략을 구상해야 한다. 상담전략을 짜는 것은 상담사의 이론적 배경, 상담 경력 및 경험에 영향을 받을 수 있다. 세부적인 전략을 짜는 것이 초보상담사에게는 어려울 수 있기 때문에 상담목표와 실행전략을 설정할 때 수퍼비전을 통해 도움받을 것을 권장한다.

4. 내담자를 가장 잘 도와줄 수 있는 이론적 접근 고민하기

초보상담사가 특정 이론을 바탕으로 상담하는 것은 현실적으로 불가능한 일이다. 물론 관심 있는 이론이 있을 수 있지만 그것이 그 이론에 근거한 상담을 할 수 있다는 의미는 아니다. 따라서 초보상담사들에게는 상담의 이론적 배경을 묻는 것보다 관심 있는 이론을 묻는 것이 더 적절할 것이다. 초보상담사들은 학습한 이론을 상담 실제에 적용하면서 자신에게 더 매력적이고 효과적인 이론을 선택하고 상담에 활용하기까지 상당한 시간이 필요하기 때문에 여러 시도를 하는 동안 시행착오를 거칠 수밖에 없다. 좋아하는 이론이긴 하지만 실제로 적용이 안 되는 경우가 많기 때문에 좌절하기도 하고 상담사로서의 능력을 의심하기도 할 것이다. 그러나 상담사로서 성장하기 위해서 그리고 자신만의 상담이론을 찾기 위해서는 많은 시간과 노력이 필요하고, 이는 상담사라면 누구나 거치는 과정이기도 하다. 초보상담사에게 필요한 자세는 내담자가 스스로 문제를 해결할 수 있도록 도와주려는 열정이며 그 과정에서 내담자에게 효과적인 접근이 무엇인지 고민하는 것이다. 지속적으로 관심 있는 이론에 대한 공부와 함께 그 이론을 근거로 사례개념화를 하는 연습도 필요하다. 즉, 특정 이론적 관점에서 내담자를 이해하고 상담목표를 설정하고 실행전략을 짜면서 이론을 활용하는 연습을 하는 것은 매우 중요하다. 더불어 자신이 선호하는 이론적 배경을 가진 수퍼바이저에게 수퍼비전을 받는다면 깊이 있는 학습과 함께 전문상담사로 성장하게 될 것이다.

상담사가 특정 이론을 지향하는 것은 개인의 선택이지만 내담자에게 그 이론을 적용할 때는 내담자에게 도움이 되는 이론적 접근인가에 대한 고민이 필요하다. 예를 들어, 내담자가 정신분석적 심리치료를 받고 싶어 한다면 정신분석상담을 할 수 있는 상담사를 선택하거나 찾아갈 것이다. 상담사도 자신의 이론적 접근을 선호하는 내담자를 만나면 치료적 접근에 대한 갈등 없이 상담을 시작하면 된다. 그러나 대부분의 내담자는 상담사가 어떤 이론적 접근을 하는지에 대한 정보 없이, 자신이 어떤 이론에 근거한 상담을 원하는지 모르는 상태에서 당면한 문제를 해결하고자 상담실을 찾는 경우가 흔하다. 따라서 내담자가 선호하는 이론적 접근이 없다면 상담사는 자신의 치료적 접근방법이 내담자에게 도움이 될지에 대해 고민해야 하고, 내담자와 함께 이론적 접근의 효과에 대해서 판단해야 한다. 즉, 상담사가 선호하는 이론적 · 치료적 접근보다 내담자를 가장 잘 도와줄 수 있는 이론적 · 치료적 접근을 선택해야 한다는 것이다. 물론 상담전문가일수록 내담자에게 맞는 치료적 접근을 시도할 것이라는 점을 의심하지 않는다. 그러나 내담자에 대한 고려 없이 상담사가 자신의 이론적 접근만을 고집할 경우 내담자에게 오히려 해가 될 수 있다는 것도 상담사는 고려할 수 있어야 한다.

초보상담사의 경우 특정 이론적 접근을 전문적으로 사용하기는 어렵지만 다양한 이론적 접근을 시도한다는 측면에서 오히려 내담자에게 융통성 있는 접근을 할 수 있다는 장점도 있다. 그러나 상담사가 특정 이론과 치료기법에 대한 이해와 숙련도가 낮을수록 내담자의 모습을 다차원적으로 이해하는 것에 한계가 있을 수 있다. 상담사는 특정 이론의 전문가든 아니든 내담자의 문제를 현실적으로, 다양한 측면에서 바라보고 내담자를 효과적으로 도울 수 있는 방법을 찾아야 한다. 상담사는 어떤 이론을 사용하더라도 내담자를 잘 도울 수 있는 최적의 상담 이론과 기법을 활용할 수 있어야 한다. 초보상담사일수록 특정 이론에 근거한 전문적인 상담을 하는 것은 어렵겠지만, 초보상담사이기 때문에 내담자에게 어떤 이론적 접근이 도움 될지 고민하고 실행하는 노력을 해야 한다. 초보 시기에 여러 가지 시도를 통해 내담자 이해나 문제해결을 도울 수 있는 적합한 이론과 기법을 습득하기 위한 노력이 필요하다.

셀프 수퍼비전 노트

1. 초기 상담에 대한 셀프 모니터링

- 잘하고 있는 부분

- 개선이 필요한 부분

2. 셀프 수퍼비전을 통한 초기 상담 분석

- 실제 사례를 가지고 초기 상담 분석하기

제 2 장

상담중기

상담초기에 내담자와의 관계 형성이 시작되었다면 상담중기에 안정적인 상담관계로 들어갈 준비가 된 것이다. 상담이 중기로 넘어가면 내담자가 호소하는 문제를 중심으로 생활 속에서 경험하는 다양한 사건과 에피소드를 다루게 된다. 일상의 경험들이 내담자의 호소 문제와 어떻게 연결되는지, 반복적인 내담자의 패턴(인지, 행동, 정서)을 상담과정 속에서 찾아내고 그것이 언제부터, 어떻게 내담자의 삶에 긍정적 · 부정적인 영향을 미쳤는지를 퍼즐 맞추듯이 조각을 맞추어 나가야 한다. 이러한 과정에서 내담자는 인정하고 싶지 않거나 마주하고 싶지 않은 자신의 모습을 직면하게 되면서 저항을 보이기도 하고 전이감정을 경험하기도 한다. 이 모든 과정은 상담관계를 통해서 나타나기 때문에 상담사는 상담중기에 상담관계를 치료적으로 잘 활용할 수 있어야 한다.

초보상담사들은 상담사와 내담자 사이에서 무엇이 일어나는지 정확히 인지하지 못하거나 뭔가 일어나는 것 같은데 어떻게 다루어야 할지 모르는 경우가 있다. 상담중기에 상담관계를 치료적으로 활용하지 못하면 상담성과를 장담하기 어렵다. 따라서 초보상담사들은 수퍼비전을 통해 상담관계에서 일어나는 전이와 저항 등의 다양한 역동을 어떻게 처리해야 하는지에 대해 도움을 받아야 할 것이다. 상담에서 전이와 저항을 다루는 것을 정신분석적 접근에서만 한다고 생각할 수도 있다. 물론 정신분석이 전이와 저항을 치료적으로 활용하는 이론이기는 하지만 상담관계를 치료적으로 활용하기 위해서는 상담사의 이론적 지향과 상관없이 전이와 저항을 다루어야 한다. 즉, 상담사가 정신분석적 접근을 지향하지 않는다 하더라도 상담관계를 다룰 때 또는 내담자의 관계 문제를 다룰 때 전이와 저항을 활용할 수 있어야 한다. 상담이 진행되면서 내담자는 다양한 모습으로 전이와 저항을 나타낼 가능성이 있다. 예를 들어, 내담자는 상담을 자주 잊거나, 약속시간을 지키지 않거나, 자신의 문제로 들어가지 못하고 주변인들에 대해서 이야기한다. 또한 상담사에게 상담이 너무 도움이 되고 좋다는 것을 매 회기 이야기하거나 반대로 상담사가 자신을 불편해하는 것 같다고 말한다. 이때 상담사는 상담에서 보이는 내담자의 태도와 상담에 대한 내담자의 생각과 감정을 지금-여기에서 탐색해야 한다. 이러한 문제는 내담자의 전이 및 저항과 관련이 있을 가능성이 크기 때문에 상담과정에서 함께 다루어야 상담관계가 안정적으로 유지되고 내담자도 자기 문제에 집중할 수 있게 된다. 그러나 전이와 저항을 다루는 것은 상당한 수련이 필요하기 때문에 수퍼비전을 통해 전이와 역전이, 저항이 일어나고 있음을 알아차리는 훈련부터 시작하는 것이 중요하다.

상담 전체 과정에서 중요하지 않은 시점은 없지만 상담중기는 내담자가 변화과정을 거치는 중요한 시기이다. 내담자에 대한 정보들이 축적되고 통합되면서 상담사는 내담자에 대한 직면과 해석이 많아지고, 내담자는 자기에 대한 이해의 폭이 넓어지면서 통찰이 이루어지는 시기이다. 이러한 과정 속에서 내담자는 반복적인 훈습을 통해 변화를 만들어 가고 변화를 더욱 공고히 하게 된다. 이 때문에 상담중기는 가장 역동적이고 변화무쌍한 시기이면서 때로는 지루한 시기이기도 하다. 이 시기에 상담사와 내담자 모두 비슷한 경험을 하게 된다. 내담자들은 훈습과정을 거치면서 비슷한 내용의 이야기들을 반복적으로 하기 때문에 변화되지 않는다는 생각에 답답함을 느끼거나 조바심을 경험할 수 있다. 상담사 입장에서는 같은 이야기를 반복적으로 듣기 때문에 지루할 수 있으며, 내담자가 변화되지 않는다는 생각으로 인해 종결 시점에 다가갈수록 조바심이 나거나 불안해지면서 다양한 감정을 경험하게 된다. 내담자가 변화를 시작하고 변화를 위한 노력이 성과로 이어지기까지의 지루한 시간을 상담사가 잘 버텨 주어야 하기 때문에 상담중기는 상담사 역량이 상담성과에 영향을 미치는 시기이기도 하다.

상담중기의 주요 과제는 상담초기에 설정했던 상담 목표와 전략을 지속적으로 점검하고 필요에 따라서는 목표 수정을 검토하는 것이다. 또한 내담자가 변화를 시도하는 과정에서 자신이 변화되지 않을 것에 대한 불안이나 두려움, 변화가 더디게 일어나는 것에 대한 답답함 등으로 인해 상담에 대한 동기나 의욕이 떨어질 수도 있다. 따라서 상담사는 내담자가 중간에 포기하지 않도록 격려함과 동시에 변화할 수 있는 동력이 내담자에게 있음을 주지시키며 상담을 이끌어야 한다. 상담사는 내담자의 작은 변화라도 알아차리고 그 변화의 의미와 가치를 함께 나누어야 하며 변화를 이끈 내담자의 자원과 강점을 내담자가 충분히 인지할 수 있도록 도와야 할 것이다. 이 장에서는 상담중기에 다루어야 하는 목표 점검하기, 변화를 위한 노력 점검하기, 상담관계 다루기, 내담자 변화 다루기와 관련된 내용을 설명하고자 한다.

1. 목표 점검하기

상담중기로 넘어가면 상담목표와 관련하여 상담을 진행하게 된다. 상담사와 내담자 모두 상담목표를 잘 기억하고 있어야 매 회기 목표에 충실한 상담을 할 수 있다. 특히 단기상담일수록 상담목표가 분명해야 하고 내담자가 목표에 대해 정확히 지각하고 있어야 한다. 만약 상담이 지지부진하게 진행된다든가 내담자가 상담에 와서 할 이야기가 없다고 한다면 상담목표를 점검해야 한다. 즉, 내담자가 상담목표를 잊고 있거나, 상담목표가 지금 현재 내담자가 해결하고 싶은 문제가 아니거나, 상담목표를 정확히 인지하지 못할 때 내담자들은 상담에 오면서도 이야깃거리를 가져오지 못하게 된다. 따라서 상담중기로 넘어오면 상담사는 내담자가 상담의 목표를 잘 기억하고 있는지, 또한 상담목표를 이루기 위해 노력을 하고 있는지에 대해 중간점검을 해야 한다.

한편, 상담을 진행하다 보면 초기 상담목표와 다른 주제로 전환될 때가 있다. 이럴 경우 상담사는 내담자가 화제를 전환하는 이유를 우선 살펴야 한다. 상담목표와 관련된 이야기를 하고 싶지 않아서 피하는 것인지, 현재에 영향을 미치는 새로운 사건에 대해서 더 얘기를 하고 싶은 것인지 파악해야 한다. 만약 내담자가 상담목표를 잘 기억하고 있지만 현재 내담자가 당면한 문제를 다루고 싶어 한다면 내담자가 하고 싶은 이야기를 할 수 있도록 융통성을 발휘할 필요가 있다. 화제를 전환하긴 했지만 상담목표에서 벗어난 주제가 아닐 수도 있다는 것을 염두에 두고 내담자의 이야기를 경청해야 한다. 내담자가 호소했던 문제와의 관련 여부를 살피고 부적절한 대처방법이 반복되고 있는지 확인한 후 내담자 문제와 관련이 있다면 이를 연결해서 설명하거나 해석해 주면 된다.

다음 사례를 살펴보자. 내담자는 아버지와의 갈등 문제로 상담실에 찾아왔고, 상담목표는 '아버지와의 갈등 상황에서 피하지 않고 자기 생각을 표현하기'이다. 상담을 진행하는 과정에서 내담자가 조원과의 갈등 문제를 다루고 싶다고 이야기한다. 이 사례에서처럼 내담자는 조원들과의 불편감에 대해서 이야기를 했지만 대상이 아버지에서 조장으로 바뀌었을 뿐 상담내용의 핵심은 바뀌지 않았다. 결국 아버지와의 관계 문제가 다른 인간관계 문제에서 반복된다는 것을 확인하게 된 것이다. 이 때문에 상담사는 내담자가 인간관계 문제를 고민할 때 그리고 고민하는 대상이 바뀌더라도 내담자가 부모를 비롯한 가족관계 속에서 부적응적인 혹은 역기능적인 관계 패턴을 다른 사람과의 관계에서 어떻게 반복하고 있는지를 확인해야 한다. 초보상담사일수록 조원과의 갈등을 어떻게 해결할 것인가, 조원과의 갈등을 해결하는 데 어떻게 도움을 줄 것인가에 대해서 고민할 것이다. 그러나 아버지와의 관계 패턴이 다른 사람들에게도 전이되어 나타난다는 것을 내담자가 이해할 수 있도록 도와준다면 내담자는 상담사가 구체적인 해결책을 제시해 주지 않아도 자신을 위한 해결책을 찾을 것이다. 상담사의 역할은 내담자에게 해결책이나 대안을 제시해 주는 것이 아니라 내담자가 인간관계에서 아버지에 대한 불편한 감정과 대처 방식을 다른 사람들과의 관계에서도 반복한다는 것을 이해하도록 도와주면 되는 것이다. 이러한 과정을 반복해서 경험하면 내담자는 자신의 문제를 이해하고 부적절한 대처를 하지 않기 위해 노력하게 될 것이다.

내담자 1: 선생님~ 오늘은 아빠와 관련된 얘기보다는 다른 얘기를 하고 싶은데 괜찮을까요?

상담사 1: 네~ 어떤 얘기를 하고 싶은데요?

내담자 2: 지난주에 조별 모임에서 조원과 갈등이 좀 있었어요. 내일 또 조별 모임이 있는데 너무 가기가 싫어요. 조원들도 마음에 안 들지만 특히 조장이 너무 마음에 안 들어요.

상담사 2: 조별 모임에서 무슨 일이 있었나요?

내담자 3: 지난주가 첫 모임이었는데 조장이 다른 사람 얘기를 잘 안 듣고 자기 하고 싶은 대로 끌고 가려고 하는 것 같아서 좀 짜증이 났어요. 다른 조원들의 얘기를 묵살해서 제가 다 기분이 나빠지더라고요. 그래서 조원들의 얘기도 잘 반영해 줬으면 좋겠다고 얘기를 했는데 분위기가 싸해졌죠.

상담사 3: 조원들이 맘에 안 드는 이유는 뭔가요?

내담자 4: 저는 조원들의 기분이 나쁠까 봐 제가 조장한테 말을 한 건데 아무도 저를 도와주지 않는 거예요. 다들 눈치만 보고…… 그래서 괜히 말했나 싶기도 하고. 그래서 조원들한테도 좀 짜증이 났어요.

상담사 4: 조장이 ○○ 씨 의견을 묵살한 게 아니라 다른 조원들의 의견을 받아들이지 않는 것에 ○○ 씨가 기분 나빠져서 그러지 말라고 얘기를 했는데 다른 조원들이 지원 사격을 안 해 줘서 조원들한테 서운하기도 하고…… 그래서 짜증이 났나 보네요.

내담자 5: 네~ 근데 얘기를 하다 보니 제가 좀 오지랖이 넓었던 것 같네요. 저한테 그런 것도 아닌데 제가 괜히 나서서…….

상담사 5: 조장이 다른 사람의 의견을 묵살한 것에 대해서 기분이 나빠진 건 아버지와의 관계에서도 비슷하게 나타나는 모습인 것 같은데…….

내담자 6: 네~ 지금 얘기하다 보니 그런 것 같다는 생각이 들었어요. 조장이 아버지처럼 하는 행동에 대해서 제가 화가 난 것 같아요. 제가 계속 아버지와 싸우고 있는 것 같은 느낌이 드네요.

2. 변화를 위한 노력 점검하기

상담중기는 분명한 목표와 전략을 기반으로 내담자가 자신에 대한 이해가 더 깊어지고 그와 더불어 변화를 위해 노력하는 시기이다. 이 같은 노력은 의식적으로 하게 되지만 내담자가 자기 행동의 의도와 의미를 이해한 후에는 무의식적으로 하는 행동까지 의식화하고 변화하게 된다. 따라서 상담중기는 내담자가 변화를 위해서 노력하고 변화를 반복적으로 경험할 수 있도록 상담사가 도와야 하는 시기이다. 내담자가 상담과정에서 변화를 인지하지 못한다면 상담사는 내담자가 변화를 위해 일상에서 어떤 노력을 하고 있는지 확인해야 한다. 상담은 내담자가 구체적인 목표를 바탕으로 변화를 만들기 위해 노력하는 과정이다. 상담을 통한 내담자의 변화는 생각의 변화, 행동의 변화, 감정의 변화 모두를 말한다. 여기서 어떤 변화가 먼저 일어나든 상관없다. 변화의 시작이 다른 변화를 이끄는 선순환적이고 연속적인 과정으로 진행되는 것이 더 중요하다. 생각의 변화가 행동의 변화를 만들고, 행동의 변화가 성공적인 경험으로 이어지고, 이러한 성공적인 경험이 내담자의 감정과 사고를 긍정적으로 변화시킨다면 상담에서 목표한 변화가 이루어졌다고 할 수 있다. 이러한 일련의 변화를 만들기 위해서 상담사는 내담자에게 적절한 직면과 반복적인 해석을 해야 한다. 정신분석에서는 이러한 과정을 훈습이라고 한다. 내담자의 중요한 방어기제나 저항이 한 번의 해석이나 상담에 의해서 해결되는 경우는 거의 없다(Colby, 1992). 따라서 훈습의 과정은 내담자의 상태에 따라 몇 주, 몇 달, 몇 년의 시간이 소요되기도 한다. 이러한 시간 동안 많은 기억이 떠오르고, 그 기억과 관련된 생각, 감정과 행동을 재경험하고, 기억들을 재해석하고, 이러한 과정을 반복적으로 경험하면서 내담자는 변화의 길을 서서히 걷게 된다. 처음엔 변화의 과정이 어떻게 시작되는지, 변화가 어떻게 유지되는지 잘 모르지만 한두 번 반복적인 변화를 경험하고 나면 내담자들은 자신만의 방법으로 또는 자신에게 가장 적합한 방식으로 변화를 만들어 낸다. 상담사가 변화방법을 일러 주지 않더라도 내담자들은 스스로 자신에게 맞는 변화를 찾아가고 만들어 간다.

다음 사례를 살펴보자. 엄마와 싸우면 한 달씩 말을 안 하는 내담자가 엄마와의 관계 회복을 위해 엄마한테 먼저 자신이 어떤 점에서 힘든지 이야기를 하는 과정에서 엄마가 사과하는 상황으로 이어졌다. 여전히 엄마와의 관계가 어색하지만 엄마의 사과로 내담자가 느끼는 우울감은 줄었고, 엄마의 변화가 낯설긴 하지만 나쁘지 않다는 내담자의 말

속에서 긍정적인 변화가 예감된다. 이러한 변화가 반복적이고 지속적으로 이어질 수 있도록 하기 위해서는 상담사가 엄마와의 관계에서 내담자가 느끼는 감정과 생각의 흐름을 잘 따라가 주면 된다. 즉, 내담자가 엄마의 말과 행동에 어떤 의미를 부여하고 어떻게 해석하고 느끼는지를 표현하도록 해 주면서 내담자의 생각, 감정, 행동을 따라가다 보면

상담사 1: 지난 한 주 동안 어떻게 보냈어요?

내담자 1: 지난주에 엄마랑 싸우고 우울했는데…… 엄마한테 얘기를 하자고 했어요. 그리고 제가 왜 엄마한테 화가 났는지를 얘기했어요. 처음엔 눈물이 나서 말하기 어려웠는데…… 우는 것도 엄마 때문에 맘대로 못해서 힘들다고 얘기를 했어요. 그랬더니 엄마가 좀 놀라는 것 같더라고요.

상담사 2: 어떤 점 때문에요?

내담자 2: 엄마가 어렸을 때 울지 말라고 했던 말이 저한테 상처가 될 줄 몰랐대요. 그러면서 어렸을 때 엄마가 심하게 한 거에 대해 미안하다고 하시는 거예요.

상담사 3: 엄마가 사과를 하셨는데 ○○ 씨 마음은 어땠어요?

내담자 3: 좀 허무하기도 하고 이제 와서 사과를 한다고 바뀌는 것도 없고 나는 이미 이 모양인데 어떻게 하라는 건가 싶기도 하고…… 마음이 더 복잡해졌어요. 사실 미안하다는 말을 들으면 나아질 거라 생각했는데 막상 듣고 나니 마음이 확 달라지지 않는 거예요.

상담사 4: 미안하다는 말을 들었는데 오히려 마음이 더 복잡해졌네요. 어떤 생각들 때문에 마음이 더 복잡해진 걸까요?

내담자 4: 사실 엄마가 사과를 할 거라는 생각을 안 했는데 엄마가 사과하는 걸 보고 엄마도 늙었나 싶어서 서글프기도 했고 미안함도 조금 있긴 했어요. (5초 동안 침묵) 엄마랑 관계가 더 나빠질 것 같진 않아요. 아마 엄마의 사과로도 마음이 안 풀리는 건 엄마가 저한테 사과를 했지만 언제 또 변할지 모르겠다는 생각이 있는 것 같아요. 한마디로 엄마에 대한 신뢰가 없는 거죠.

상담사 5: 그렇군요. 엄마의 변화가 계속될 거라는 신뢰가 없네요. 그런데 원래 엄마와 싸우면 한 달씩 말을 안 했던 것 같은데 이번엔 ○○ 씨가 먼저 얘기를 하자고 했으니 변화를 위해서 노력하고 있다는 생각이 드네요.

내담자 5: 그런 것 같아요. 엄마랑 그렇게 얘기하고 나서 마음이 복잡하긴 했지만 이전보다 우울하지는 않았고, 엄마도 저에 대해서 미안함이 있어서 그런지 요즘 문자로 뭐 먹고 싶냐고 연락을 하세요. 낯설긴 한데 나쁘진 않아요.

내담자의 변화가 어떻게 진행되는지를 확인할 수 있다.

상담중기에 해야 하는 중요한 작업 중 하나는 내담자가 가진 생각의 틀(부모상, 자기상, 세상을 보는 눈 등)에 대해 스스로 의문을 제기하고 부적응적이고 역기능적인 오래된 생각의 틀에 균열이 가도록 돕는 것이다. 이 작업은 상담사의 호기심 어린 질문이나 분석에서부터 시작된다. 내담자에게 도움을 주고 싶다면, 내담자가 자신에 대해 다른 시각으로 볼 수 있도록 도전의 기회를 제공하는 것이 필요하다. 즉, 내담자가 자신에 대해서 실제와 다르게 지각하거나 해석하고 있는 것에 대해 인지하고 새롭게 재인식하도록 도와야 한다. 이 과정에서 내담자는 자신의 문제를 직면하게 되고 불편한 마음을 가지게 될 수 있는데 이 과정을 잘 겪어 낼 수 있도록 도와주는 것은 상담사의 역할이다. 내담자가 자신에 대한 다른 시각을 갖도록 돕는 데 꼭 직면만 사용할 필요는 없다. 내담자가 자신을 정의하는 단어가 일상적인 의미와 차이가 있다면 다른 단어로 수정하거나 언급해 주는 것만으로도 내담자의 화석같이 굳은 생각의 틀을 바꿀 수 있다.

다음 사례는 자신이 자제력이 없다고 생각하는 내담자의 상담과정이다. 내담자는 자신을 자제력이 없는 사람이라고 생각했고 자제력과 인내심이 없어서 살면서 손해를 많이 본 경험을 얘기하고 있다. 상담과정에서 내담자는 자신이 자제력이 없다기보다는 지나친 집착을 한다는 것을 인지하기 시작하였다.

내담자 1: 저는 손해보더라도 하고 싶으면 계속하는 타입이에요. 초등학교 때 띠부씰 모으려고 온 동네를 다 뒤졌고 나중에는 갖고 싶은 걸 사려고 저금통에 있는 돈까지 다 빼서 사러 다녔던 적도 있었어요. 그래서 자제력도 없고 인내심이 없어서 손해를 많이 보는 것 같아요.

상담사 1: 저금통까지 털었다니……. 자제 못해서 손해 본 일이 또 있었나요?

내담자 2: 갖고 싶은 것은 어떻게 하든 가져야 하는 것 같아요. 그래서 물건을 살 때 여기저기 알아보고 사면 되는데 당장 사고 싶으니까 가격도 알아보지 않고 무조건 사게 되는데……. 나중에 알고 보면 온라인에서 더 싸게 팔 때가 많더라고요. 비싼 걸 사지는 않지만 어쨌든 저의 단점이라고 생각해요. 하고 싶은 것도 어떻게 하든 하려고 하는 게 있어요. 탁구, 스키도 배우고 싶어서 시작했고, 지금 핸드폰도 신형으로 바꾸고 싶어서 돈을 모으고 있어요.

상담사 2: 사고 싶고 하고 싶은 건 바로 해야 직성이 풀리나 보네요. 내가 보기엔 집착을 하는 것 같기도 하고…….

내담자 3: 아~ 제가 그런 것 같기도 하네요. 제가 처음엔 엄마의 권유로 반수를 시작했는데 나중에는 포기가 안 돼서 반수를 세 번이나 더 했거든요. 이것도 집착인 것 같네요. 처음엔 엄마의 권유로 시작했지만 떨어지고 나니까 분하고 떨어진 것을 받아들이지 못해서 계속 하게 됐어요. 그래서 이제는 시작도 안 하려고 해요. 시작하면 될 때까지 끝을 보려고 하니까…… 포기하면 안 되니까…….

상담사 3: 떨어진 것을 받아들이지 못해서 붙을 때까지 계속 했다는 거네요. 포기하는 것도 쉽지 않지만 계속 하는 것도 쉬운 일은 아니었을 것 같아요. 포기하면 안 된다는 게 무슨 의미예요?

내담자 4: 저는 제 생각대로, 마음먹은 대로, 하고자 하는 대로 안 되면 못 견디는 것 같아요. 계획대로 안 되면 스트레스가 너무 커요. 대회에 나가도 반드시는 아니지만 1등 할 계획을 세우는데 실수라도 해서 1등을 못하면 무너져 내려요. 그렇지만 제 인생에 포기나 단념은 없죠. 그건 실패한 인생이라는 의미잖아요. 능력이 없으니까 포기하고 현실과 타협한다는 말로 정신승리하는 거죠. 인생이 계획을 세워도 잘 안 되니까, 또 계속 실패하니까 이제는 계획을 안 세우려고요. 자살시도 할 때 유서에 이번 생은 망한 것 같다고 썼는데…… 저한테는 Plan A만 있어요. A가 실패하면 끝이죠. 이거 아니면 안 된다는 생각이 큰 것 같아요. 말하다 보니 집착이 너무 심하네요.

내담자가 쉽게 포기하거나 단념하지 않는 것은 내담자의 자원이다. 시도도 하지 않고 포기한다면 인생에서 많은 것을 놓치게 될 가능성이 더욱 커진다. 그러나 내담자는 쉽게 포기하지 않고 하고 싶은 것들을 이루기 위해 애쓰면서 살고 있다. 다만 그 애씀의 결과가 내담자가 원하는 만큼 나오지 않을 때 현실과 적당한 타협을 해야 하는데 내담자는 타협이나 목표를 수정하는 것을 부정적으로 본다. 결국 실패를 거듭하면서 내담자는 새로운 시도조차 하지 않으려고 한다. 내담자는 자신이 자제력이나 인내심이 없는 것이 아니라 집착이 심해서 현실과 타협을 못하고 있음을 인지하기 시작하였다. 상담을 통해 자신을 제대로 이해하는 시간이 주어진다면 내담자들은 자신의 실현경향성을 훨씬 더 기능적으로 활용할 수 있을 것이다. 내담자가 자신에 대해 새롭게 알아 가고 자신이 나아가야 할 방향에 대해 생각할 수 있는 기회를 갖도록 도와주는 것이 상담을 계속 오게 하는 비결이다.

내담자는 다음과 같은 경우에 상담에서 도움을 받았다고 느낀다. 첫째, 자신이 생각하지 못한 부분을 생각해 보게 됐을 때, 둘째, 자기 문제라고 생각했던 부분을 다른 시각으로 보게 되었을 때, 셋째, 상황을 재해석하게 되었을 때, 넷째, 평소 하지 못했던 말들을 속 시원히 했을 때, 다섯째, 상담사로부터 이해받았다는 느낌이 들 때이다.

다음 사례는 내담자가 생각해 보지 못했던 부분들을 상담과정을 통해 생각해 보는 경험에 대한 것이다. 내담자는 부모님 기대에 못 미치는 대학에 입학한 후 부모님이 원하는 대학에 입학하기 위해 반수를 시작으로 재수까지 했는데 결국 입시에서 실패하였다. 재수 실패 후 내담자는 자살을 시도할 정도로 상당한 좌절감과 죄책감에 시달리고 있는 상황이었다.

내담자 1: 재수를 했는데도 실패했다는 생각에 너무 좌절스러웠어요. 그래서 살고 싶지 않았어요. 어릴 때 동생은 피아노 콩쿠르에 나가면 트로피 따 오고 했는데 저는 그런 동생이 너무 미웠어요. 왜냐하면 저는 대회에 나가면 긴장해서 실수해서 아예 메달권에도 들지 못하는 경우가 많았거든요.

상담사 1: 그런 동생이 밉기도 했겠지만 부러웠을 것 같기도 해요.

내담자 2: 네, 그랬죠. 부러워서 더 미웠던 것 같아요. 엄마 칭찬을 받는 것도 부럽고…….

상담사 2: 동생 칭찬받는 모습을 보면서 ○○ 씨는 무슨 생각을 했어요?

내담자 3: 잘 기억은 안 나는데 일단 동생이 너무 미웠고 동생과 비교당하는 상황이 너무 싫었고…… 나는 왜 그럴까 뭐 이런 생각들이 있었던 것 같아요.

상담사 3: 그랬겠네요. 부모님이 동생 칭찬하는 모습 바라보면서 ○○ 씨가 외로웠을 것 같아요.

내담자 4: 외롭다는 말을 들으니 가슴이 답답해지네요. 가족 안에서 외로웠던 것 같아요.

상담사 4: 반수나 재수도 부모님께 인정받기 위해서 시작했던 건가요?

내담자 5: 네~ 그게 컸죠. 동생은 부모님이 원하는 대학의 학과에 한번에 입학을 했으니까요. 만족스럽지는 않지만 입학한 대학에 그냥 다닐까 했는데 엄마가 반수를 원했어요. 저도 반수해서 엄마가 원하는 대학에 들어가면 좋을 거라는 생각으로 동의했고요. 반수할 때는 엄마가 학원과 레슨 선생님을 컨택해 줬는데 그 선생님의 강압적인 레슨이 저랑 너무 안 맞았어요. 입시 곡 선택을 하는 데 저랑 잘 안 맞아서 힘들었고 결국 떨어졌어요. 그래서 재수할 때는 제가 레슨 선생님을 골랐는데 분위기도 나쁘지 않았고 곡 선택도 의견이 잘 맞아서 기대했는데 결과는 똑같이 좋지 않았어요.

상담사 5: 재수할 때는 ○○ 씨가 주도적으로 결정했는데 결과가 만족스럽지 않았네요. 많이 노력을 했을텐데~ 그런데 얘기를 들어 보니 대학입시에 실패한 것이 ○○ 씨의 실력 탓만은 아니라는 생각이 드네요. 반수할 때는 레슨 선생님과의 갈등으로 실력발휘하는 것도 어려웠던 것 같고, 재수할 때는 ○○ 씨가 주도적으로 결정했다고는 하지만 어릴 때부터 실수하거나 원하는 결과를 못 얻을 때마다 맞거나 혼났기 때문에 실수에 대한 불안과 긴장으로 무대에서 능력을 제대로 발휘할 수 있었을까 싶네요.

내담자 6: 전 제가 그냥 능력이 없어서 떨어졌다고 생각했어요. 레슨 선생님과 상관없이 제가 능력이 있었으면 잘할 수 있지 않았을까 생각했던 것 같아요. 그래서 내 실력만으로 떨어진 게 아니라는 생각은 못 했던 것 같아요. 잘 안 된 건 모두 제 탓이라고 생각하고 살았던 것 같아요.

상담사 6: 우리가 할 수 있는 건 열심히 하는 것밖에 없죠. 어떤 일의 결과는 여러 가지 요인이 복합적으로 작용하는 것이라서 아무리 능력이 있다고 하더라도 노력한 만큼의 성과나 보상을 받는 것이 당연한 건 아니지요. 결과가 나쁘더라도 ○○ 씨가 노력한 부분을 폄하해서는 안 된다는 생각이 들어요.

내담자 7: 저는 성과가 나쁘면 다 의미없다고 생각하면서 살았어요. 저는 과정을 중요하게 생각 안 하고 살았던 거 같아요. 제가 저를 힘들게 했던 것 같네요. 저의 실패가 제 탓만이 아니라고 하니 위로가 돼요.

내담자는 입시실패가 자신의 능력 탓이라고만 생각하다가 상담을 통해 입시 결과는 능력 외에 다른 요인들이 영향을 미칠 수 있음에 대한 이해와 자신의 노력에 대한 인정이 필요하다는 것을 인지하게 되면서 다른 시각으로 자신의 문제를 바라보게 되었다. 상담 과정에서 위로를 받게 된 내담자는 이후 자신의 노력을 폄하하기보다는 과정에서 열심히 하는 자신을 인정하고 지지하는 방법을 고민하게 될 것이다.

3. 상담관계 다루기

상담초기에 내담자와의 상담관계 형성이 매우 중요하다고 이야기한 바 있다. 상담중기에도 내담자와의 상담관계가 매우 중요한데, 그 이유는 내담자의 미해결된 감정이 상담사에게 전이되는 전이감정이 상담중기에 나타날 가능성이 크고, 이를 다뤄야 상담이 효과적으로 진행될 수 있기 때문이다. 상담중기에는 상담사의 역전이도 나타날 가능성이 크다. 즉, 내담자에 대한 호감이 늘어나거나 내담자에 대한 거부감 또는 불편감이 나타나기도 한다. 내담자의 전이뿐 아니라 상담사의 역전이도 상담관계에 영향을 미치기 때문에 상담중기에는 내담자와 상담사의 상담관계에서 나타나는 전이, 역전이, 저항 등이 상담 과정과 성과에 영향을 미치는 중요한 변수가 될 수 있다.

내담자는 상담사의 외모에서 풍기는 인상, 표정, 성별, 말투 등 다양한 부분에서 자극을 받을 수 있다. 언어적 · 비언어적으로 전달되는 상담사의 다양한 태도는 내담자에 따라 다양한 의미로 이해되고 해석된다. 관계를 형성하고 유지하는 기능이 살아 있는 내담자들의 경우는 처음 만나는 상담사와 좋은 관계를 맺고 도움받고자 하는 욕구가 있기 때문에 이 같은 자극에 대해서 낯설긴 하지만 최소한 부정적으로 해석하지 않는다. 반면, 관계 형성과 유지에 어려움을 겪는 내담자들의 경우는 상담초기부터 상담사의 다양한 반응에 조심스럽지만 예민하고 부정적으로 해석할 가능성이 크다. 이 경우 상담초기부터 내담자는 상담사에게 "공감을 못 받는 것 같다." "상담사가 불편하다." "상담에서 도움을 받을 수 있을지 모르겠다."라는 말을 하는 경우가 있다. 이런 말들은 대부분 상담사를 신뢰하기 어렵다는 말의 다른 표현들이다. 상담초기에 상담사와 관계 형성이 중요하다고 하지만 내담자에 따라서는 상담초기부터 관계 형성이 어렵고 중기나 종결까지도 상담사와의 신뢰관계 형성 문제가 상담의 핵심 주제가 될 가능성이 크다. 상담초기부터 관계 형성이 어려운 내담자뿐 아니라 상담초기에 서서히 안정적인 관계를 형성한 내담자도 상담중기로 넘어가면서부터 상담사에 대한 긍정적 · 부정적 감정들을 좀 더 분명히 경험하게 되고, 이러한 감정들의 통합이 어려울 때 자신에게 익숙한 방식으로 상담사에게 불편감을 표출하게 된다. 어떤 내담자는 불편감을 말로 직접적으로 표현하기도 하고 표현하지 않지만 불편하다는 메시지를 비언어적으로, 간접적으로 전달하기도 한다. 즉, 상담사가 자신을 공감해 주지 않는다고 느끼지만 표현하지는 않고 상담을 종결하겠다고 하거나, 상담사의 직면이나 해석과 같은 개입에 대해서 자신을 비난한다고 느끼면서 상담사가 자신을 싫어하는 것 같다는 반응을 보일 수도 있다. 이렇듯 내담자들이 상담사에게 부정적인 전이감정을 저항 형태로 표현할 때 상담사는 내담자와의 관계를 다룰 시점이 되었다는 것을 인지할 수 있어야 한다. 부정적인 전이감정이 나타나는 것은 내담자가 과거 중요한 대상에게 느꼈던 감정들을 상담사에게 투사한다는 것이고, 이는 상담관계를 치료적으로 활용할 수 있는 기회가 된다는 의미이다. 상담사는 즉시성, 해석, 직면 기법을 활용해서 상담관계를 치료적으로 활용할 수 있다. 이러한 과정을 통해 내담자는 과거에 해결되지 않은 문제가 다른 대상과의 관계(예: 상담사와의 관계)에 영향을 미치고 있다는 것을 이해하고 통찰하게 된다. 그리고 이러한 통찰은 내담자가 스스로 자신의 사고와 행동 패턴을 변화시키는 동력이 될 것이다.

상담사 1: (내담자가 눈을 내리깔고 얼굴이 굳어짐) 말하다가 표정이 갑자기 굳어진 것 같은데…… 혹시 지금 어떤 감정인지?(말끝을 흐림)

내담자 1: 글쎄요~ 제가 말을 하면서 선생님 눈치를 보게 되는데…… 왜 이렇게 불편한지 모르겠어요. 왜 저를 눈치 보게 하는지 모르겠어요. 그래서 선생님한테 말하는 게 불편해요.

상담사 2: 저한테 말하는 게 불편한데…… 상담사가 눈치를 보게 만들기 때문이라는 말로 들리네요. 맞나요?

내담자 2: (20초 동안 침묵)

상담사 3: 제가 눈치를 보게 했다면 말을 하는 데 불편했을 거라는 생각이 드네요. 불편함을 솔직하게 말해 줘서 고마워요. 혹시 저의 어떤 모습이 눈치를 보게 만들었는지 말해 주시면 제가 노력하는 데 도움이 될 거 같은데…….

내담자 3: (10초 동안 침묵) 꼭 말을 해야 아나요? 제가 힘들다면 힘든 거지 왜 무엇 때문에 힘드냐고 물어보세요?(목소리가 점점 커짐) 그런 질문을 받을 때마다 '왜 내가 선생님한테 설명을 해야 되지? 내가 설명을 하려면 다시 생각하기 싫은 것들을 생각해야 돼서 힘든데…… 이렇게 나를 힘들게 하면서까지 상담을 받아야 되나?'라는 생각이 들어서 짜증이 나요. 그냥 제가 힘들다고 하면 공감해 주시면 되지 않나요? 이런 게 너무 불편해요.

상담사 4: (10초 동안 침묵) 저는 ○○ 씨가 왜 힘들다고 하는지 좀 더 이해하기 위해서 물어본 건데 그 질문이 ○○ 씨를 불편하게 하고 이해받지 못한다는 생각을 하게 만들었나 보네요.

내담자 4: 아니, 왜 제가 설명을 해야 하냐고요?(한숨, 15초 동안 침묵) 선생님이 물어볼 때마다 추궁당하는 느낌이 들어요. 친구한테 제가 상담받으면서 눈치가 보인다고, 상담하는 데 불편하다고 하니 친구가 상담을 받으면 편한데 왜 그런지 모르겠다고, 친구도 이상하다고 했어요.

상담사 5: ○○ 씨의 불편감이 틀리지 않았다는 걸 친구를 통해서 확인받고 싶었나 보네요. 그런데 저도 뭔가 억울함이 드네요. ○○ 씨를 이해하기 위한 저의 노력이 무가치하게 느껴지네요. 혹시 제가 일부러 ○○ 씨를 불편하게 하려고 질문을 한다고 생각하는 걸까요?

내담자 5: 물론 고의적으로 그런 거라고 생각하지는 않지만 그냥 공감만 받고 싶어요.

상담사 6: 내가 생각하는 공감과 ○○ 씨가 생각하는 공감이 다른 것 같네요. ○○ 씨는 내가 어떻게 반응을 해 주면 공감받았다고 느낄 수 있을까요?

내담자 6: 하~ 제가 일일이 구차하게 설명하지 않아도 제 마음을 알아줬으면 좋겠어요. 그냥 "힘들었겠구나."라고 말을 해 주면 좋겠어요.

상담사 7: ○○ 씨가 말하지 않아도, 질문하지 말고 알아서 이해해 주길 바라는 거네요. 제 입장에서는 ○○ 씨를 더 잘 이해하기 위해서 질문을 하는 건데 이런 질문에 답하는 것도 ○○ 씨를 힘들게 하는 일인 것 같네요.

내담자 7: 네~ 전 더 이상 말을 하고 싶지 않아요. 기분 나쁜 일을 계속 생각하고 말하는 것도 싫고 계속 안 좋은 일을 얘기하는 것 자체가 제가 문제가 있는 사람처럼 보이는 것 같아서 싫어요.

상담사 8: 나는 ○○ 씨를 이해하기 위해서 질문한 건데 ○○ 씨에게는 문제 있는 사람처럼 보일까 봐 불편한 마음이 있었네요. 내가 ○○ 씨를 문제 있는 사람으로 볼까 봐 걱정하는 마음도 있나요?

내담자 8: (10초 동안 침묵) 문제 있는 사람으로 보이고 싶은 사람이 있을까요? 선생님이 저한테 실망할 수도 있고……. 제 문제를 말하는 것 자체가 불편해요.

상담사 9: 내 질문에 ○○ 씨가 왜 눈치를 보고 불편했는지 이제 이해가 되네요. ○○ 씨는 내게 문제 있는 사람으로 보이고 싶지도 않았고 내가 ○○ 씨에게 실망할까 봐 걱정했던 것 같네요. 내가 관심 있는 건 ○○ 씨를 이해하는 거예요. 그래야 내가 ○○ 씨를 도울 수 있는 방법을 함께 고민할 수 있으니까요. 그 과정에서 ○○ 씨의 문제점이 발견될 수도 있겠지만…… 문제가 있으면 같이 바꾸려고 노력하면 되지 않을까요? 나는 ○○ 씨가 자신의 문제를 해결하고 싶어서 상담에 온다고 생각하는데~ 아닌가요?

내담자 9: (15초 동안 침묵) 그렇죠. 제가 선생님께 괜찮은 사람으로 보이고 싶어서 창피하다고 생각되는 일을 말하고 싶어 하지 않았던 것 같아요. 그냥 넘어갔으면 좋겠는데 선생님이 자꾸 물어보니까 말하기 싫었던 것 같아요. 제가 상담에서도 이상하게 보일까 봐 걱정하고 있는 걸 보니 답답하네요.

내담자 1 반응에서 이유를 묻는 상담사의 질문 때문에 자신이 너무 불편하다는 것을 표현하고 있다. 만약 상담사가 시종일관 내담자의 말에 질문 일색이고 내담자의 감정을 다루지 못했다면 내담자의 이 같은 반응은 이해할 만하다. 그러나 상담사가 내담자의 감정을 따라가면서 필요시 내담자 이해를 위한 질문을 했는데도 이 같은 반응을 했다면 과도한 내담자 반응의 의미나 이유를 확인해야 한다. 내담자는 말을 하다가 뭔가 불편감을 느꼈고 그 이유를 상담사의 질문 때문이라고 말하고 있다. 그러나 진실은 상담사의 질문 때문에 잊고 싶은 기억을 떠올려야 했고, 하기 싫은 생각을 해야 하고, 자신의 치부가 드러날 것에 대한 불안감과 함께 상담사에게 문제 있는 사람으로 보이고 싶지 않은 마음이 있었기 때문에 불편해진 내담자는 눈치를 보게 되는 이유를 상담사 탓으로 돌리고 있었던 것이다. 상담사가 내담자를 이해하고 돕기 위한 질문이 내담자를 불편하게 만들었다고 해서 피해 가거나 질문하지 않으면 치료자로서 직무유기가 된다. 상담사의 치료적 활동에 협조하지 않고 치료적 관계를 위태롭게 만드는 내담자의 행동을 저항으로 본다면, 이 내담자는 저항을 하고 있는 것이다. 즉, 침묵 반응이 반복해서 나타나고 상담사가 더 이상 질문하지 못하게 화를 내는 등의 모습을 볼 때 저항으로 해석할 수 있다.

한편, 상담사의 치료적 작업에 대해 내담자의 협조를 얻기 어렵고 저항이 심할수록 내담자와 치료적 관계를 형성하기 어렵다. 이 사례의 내담자는 자신이 왜 그랬는지를 설명하는 과정에서 수치심을 경험하고 있었다. 자신의 부족함이나 잘못이 드러날까 봐 내면의 감정과 생각을 들여다보기가 불편한 내담자에게 이유를 물어보는 상담사의 질문은 내담자에게 불안을 느끼게 했을 것이다. 그러나 만약 상담사가 이런 질문을 하지 않았다면, 내담자가 수치심에 몸부림치고 자신을 이해하려는 상대의 호의나 노력을 공격으로 받아들인다는 것을 알 수 없었을 것이다. 상담사는 "그랬군요. 힘들었겠네요. 잘 견뎠네요." 정도의 말만으로 내담자의 성장을 도울 수 있을까에 대해 진지한 고민을 해야 한다. 내담자의 저항에 부딪혔을 때 상담사는 조심스러워지고 움츠러들 수밖에 없다. 이런 경험은 상담경력과 상관없이 상담사를 긴장시킨다. 그럼에도 불구하고 상담사는 다음과 같은 질문을 통해 내담자를 돕기 위한 최선의 방법을 고민해야 한다. '만일 상담사가 내담자의 부정적 반응에 위축돼서 내담자 기분에 맞추는 상담을 했을 때 어떤 치료적 효과가 있을까?' '내담자가 직면을 통해 통찰할 만큼 치료적 관계가 안정적인가?' '또 내담자의 인지적 수준이 통찰을 할 만한 수준인가?' '내담자가 자신의 단점을 매우 수치스러워하기 때문에 그것에 대해서 말하는 것도 불편해한다는 것을 이해할 만큼 통찰력이 있는가?' 등의 질문을 통해 어떻게 하는 것이 내담자의 성장에 도움이 되는 상담인지 판단해야 한다. 그러나 이 같은 판단은 상담과정에서 순발력 있는 대처 능력과 관련되기 때문에 초보상담사에게는 어려운 일이다. 어쩔 수 없이 순간적인 판단에 따라 상담을 진행한 후 수퍼비전을 통해 상담사의 개입과 반응이 적절했는지, 더 효과적인 개입과 반응이 있는지에 대해서 공부할 수밖에 없다.

앞서 설명했듯이 상담사와 내담자의 관계에 대해 직접적으로 언급하고, 지금-여기에서 서로의 생각과 감정을 나누는 시간을 갖는 것은 내담자의 관계 패턴을 이해하고 내담자가 상담사와의 관계를 어떻게 지각하고 무엇을 기대하는지를 알 수 있는 좋은 기회가 된다. 다음 사례에서 내담자는 아버지에게 대안을 제시받지 못한 채 무조건 혼나기만 했던 어린 시절에 대한 기억을 떠올리면서 상담사가 해결책을 제시해 주길 바라고 있다. 상담사는 내담자가 자신에게 어떤 기대를 하고 있는지 알았지만 해결책을 제시해 주겠다는 반응을 하지 않는다. 대신 내담자가 상담사에게 가지는 기대가 아버지에게 가졌던 기대와 연결된다는 것을 내담자에게 전달하였다. 그리고 상담에 와서 힘들었던 어린 시절의 경험을 이야기하는 것이 내담자에게 얼마나 힘든 일이었는지를 공감하고 있다. 내담자들은 관계가 깨질 것을 염려해서 상담사에게 느끼는 불편한 감정을 드러내지 않거나 아예 관계가 깨질 것을 기대하면서 기분 나쁜 것을 드러내기도 한다. 이때 상담사가 이러한 내담자의 특성을 상담 안에서 둘 사이의 관계 문제로 다루는 것이 훨씬 더 생생할 수 있다. 즉, 즉시성 기법을 활용해서 상담사와 내담자의 지금-여기에서의 관계를 다루는 것이다. 상담사가 내담자의 직설적이고 공격적인 반응들을 중립적으로 다루어 줄 수 있다면 상담관계가 더 견고해질 뿐 아니라 서로에 대한 신뢰를 가지고 상담을 진행할 수 있게 될 것이다. 만약 내담자가 상담사에게 하는 불편한 이야기들 때문에 상담사의 기분이 나빠져서 내담자를 공격하는 말을 하게 된다면 힘들게 쌓아 온 상담관계가 깨질 가능성이 크다. 상담사가 해결하지 못한 문제로 인한 역전이는 상담과 수퍼비전을 받으면서 상담사의 문제가 상담에 방해가 되지 않도록 노력해야 한다.

내담자 1: 저는 공감한다는 것이 어떤 것인지 잘 모르겠어요. 감정을 나누는 경험을 못해서 그런지 친구가 힘들다고 하면 왜 힘든지 잘 이해가 되질 않아요. 대신 저는 친구들이 고민을 얘기하면 해결책을 제시해 주는 걸 좋아해요. 친구들도 도움이 된다고 얘기를 하니까 해결책을 제시해 주는 것이 더 중요한 것이 아닐까 생각돼요.

상담사 1: 아빠가 잘못한다고 혼내거나 때릴 때도 ○○ 씨 입장에서는 뭔가 해결책을 제시해 주길 바랐다고 했는데……. 혹시 친구들한테 해결책을 제시해 주는 것이 ○○ 씨의 경험과 관련되는 건가요?

내담자 2: 네~ 그렇죠. 제 입장에서 해결책을 제시하거나 대안을 얘기해 주면 따라서 할 수 있는데 그런 얘기는 안 해 주면서 뭔가를 제대로 못한다고 혼내니까 저로서는 어떻게 해야 할지 모르는 거죠.

상담사 2: 그럼 혹시 상담에서도 내가 ○○ 씨에게 해결책을 제시해 주길 바라나요?

내담자 3: 네, 그렇죠. 저는 해결책을 제시해 주면 그것에 맞춰 잘할 자신이 있거든요. 사실 상담에 와서 말을 하는 것도 힘들어요.

상담사 3: 어떤 점에서 힘든가요?

내담자 4: 좋은 얘기들이 아니잖아요. 힘든 기억들을 얘기해야 하니까……. 좋은 얘기가 아니니까 이런 얘기를 하기보다는 어떻게 하면 된다는 얘기를 듣고 싶은 거죠.

상담사 4: 그럼 그동안 상담에 와서 힘든 기억들을 얘기하고 불편한 감정들을 표현하는 게 힘들었겠네요. 얘기하는 것이 힘들다고 말하면 좋았을 텐데……. 우리 관계가 ○○ 씨에게 아직 안전하게 느껴지지 않는다는 생각이 드네요. [즉시성]

내담자 5: 그런데 얘기를 하는 게 그렇게 나쁘진 않았던 게…… 얘기를 하면서 제가 왜 그랬는지를 조금 이해하게 되니까 좋은 점도 있더라고요. 근데 아빠에 대한 감정은 얘기를 해도 바뀔 거 같지 않고, 바꿀 생각도 없고, 그냥 이렇게 아는 사이처럼 지내고 싶기 때문에 아빠에 대한 얘기는 해서 뭐하나 하는 생각이 들 때가 있어요.

상담사 5: 아빠에 대한 얘기를 하더라도 아빠가 바뀌지 않을 거기 때문에 별로 얘기하고 싶지 않군요. ○○ 씨가 상담에 와서 어떤 마음으로 얘기를 하는지 조금 이해가 되는 것 같네요.

내담자 6: 사실 이 얘기를 할까 말까 망설였는데…… 선생님이 기분 나빠할까 봐 얘기를 못하고 있었어요. 얘기하니까 시원하기는 하네요. 그런데 상담이 싫은 건 아니니까 오해하지 않으셨으면 좋겠어요. 그리고 지금은 제가 해결책을 찾아야 한다는 걸 알고 있긴 한데…… 저만 변해야 한다는 생각에 좀 억울한 것도 있죠.

그러나 저항의 원인이 모두 내담자에게만 있는 것도 아니고 또 내담자의 저항이 치료에 모두 부정적인 의미로 해석되지는 않는다. 어떤 이유에서건 상담사가 저항의 원인이 되기도 하기 때문에 내담자의 저항의 원인과 저항의 의미를 잘 분석하는 것이 필요하다. 예를 들어, 우울이 깊고 수동적인 내담자가 상담사에게 불편한 마음을 표현하면서 상담에 대한 회의적인 생각을 표현한다면, 이는 내담자의 변화로 해석할 수도 있다.

내담자 1: 요즘 무기력해서 아무것도 하고 싶지 않아요. 상담에 오는 것도 힘들어요. 상담을 계속 해야 되는지도 잘 모르겠어요.

상담사 1: 상담에 대해서 복잡한 생각이 드는 것 같네요. 말하기 힘든 얘기일 수도 있는데 솔직히 말해 줘서 고마워요. 혹시 상담사인 나한테도 불편한 마음이 있는지 궁금하네요.

내담자 2: 선생님에 대한 감정은 잘 모르겠고…… 상담에 오는 게 귀찮은 마음이 제일 큰 것 같아요. 그냥 약속해서 오는 거라는 생각이 커요. 나를 변화시키고 싶은 마음은 별로 없어요. 노력도 안 하고 있는데 상담을 받을 필요가 있나 싶어요.

상담사 2: 상담에 오는 것도 변화하려는 노력의 일환이라고 생각해요. 약속을 지키려는 성실함도 변화를 위해서 중요해요. 나는 ○○ 씨가 우울하지만 상담에 성실히 오고 있다는 점에서 매우 긍정적으로 생각하고 있었는데 ○○ 씨가 상담에 오고 싶지 않다고 하니 걱정도 되고 스스로 포기하는 것을 선택하지 말았으면 하는 마음도 있어요.

내담자 3: 제가 불편한 게 그 부분인 것 같아요. 선생님이 저를 자꾸 칭찬해 주고 잘하고 있다고 하니까 제가 좀 부담스럽고 불편한 것 같아요. 계속 노력해야 된다는 생각이 저를 힘들게 하는 것 같아요. 전 그냥 지금 이 상태를 유지하는 것도 너무 힘들어요.

상담사 3: 그간 ○○ 씨 힘내라고 격려했던 것이 ○○ 씨를 부담스럽게 만든 부분이 있었네요. 말하지 않았으면 몰랐을 거예요. ○○ 씨가 솔직하게 얘기해 주니 나도 오히려 맘이 편해지네요. ○○ 씨가 자신의 상태를 설명하고 나한테 불편함을 말하는 걸 보니 내가 ○○ 씨를 실제보다 더 약하게 보고 있었나 싶기도 하네요.

내담자 4: 저는 그냥 힘들다고 말하고 싶었는데 선생님 얘기를 들으니 제가 조금 달라진 것 같기도 해요. 전에는 불편한 것들을 말 안 하고 피하기만 했었는데…… 선생님이 저를 도와주려고 하는 걸 아니까 말이라도 하고 상담을 그만두자 생각해서 한 말이었는데…… 말하다 보니 제 상태가 나쁜 것 같지는 않아요. 말하고 나니 저도 후련한 것 같아요.

4. 내담자 변화 다루기

상담중기에서 상담말기로 넘어가는 시점에 상담사가 해야 할 작업 중 하나는 내담자가 얼마나 변화했나를 살피는 것이다. 이는 상담 목표와 전략을 근거로 내담자가 변화하고자 하는 모습을 향해 얼마나 더 가까이 갔는가를 확인하는 것이다. 상담중기는 내담자의 변화가 시작되는 시기이고 반복적인 변화를 경험하면서 자신이 원하는 모습에 가깝게 다가가는 기간이다. 따라서 상담말기나 종결회기에 급작스럽게 내담자의 변화나 성장을 언급할 것이 아니라 상담중기부터 내담자가 변화하고자 노력하는 모습에 격려와 지지를 보내고 그러한 변화가 안정적인 단계로 들어갈 수 있도록 그리고 반복적인 변화가 일상에서 잘 다져질 수 있도록 도와야 한다. 이 과정에서 중요한 것은 상담사가 내담자의 변화를 인지하게 되면 그 변화를 내담자에게 전달하고 내담자가 자신의 변화를 알아차리도록 돕는 것이다. 내담자들 중에는 자신의 변화를 변화로 인지하지 못하는 경우가 있다. 상담사는 아주 작은 변화라도 간과하지 말고 내담자가 이루어 낸 성과임을 알려 주고 어떻게 이러한 변화를 만들어 냈는지 내담자가 표현할 수 있도록 도와야 한다. "어떻게 그런 생각을 하게 됐는지 궁금하네요." "어떻게 그렇게 말할 수 있었어요?"와 같은 질문을 통해 내담자 스스로 변화의 이유를 찾고 변화를 다질 수 있도록 반복적으로 확인해야 한다.

내담자가 상담에서 원했던 변화와 상담사가 생각하는 상담목표가 다를 경우 또는 상담사가 기대하는 변화를 내담자가 보이지 않을 경우, 내담자가 변화되지 않은 것으로 인식하고 조바심을 내는 상담사들이 있다. 이럴 경우 상담사는 무리한 해석과 함께 상담성과를 만들어야 한다는 부담감에 내담자에게 변화를 강요하는 상황이 발생할 수 있다. 상담사의 이러한 조바심은 내담자가 뭔가 제대로 하고 있지 못하다는 메시지를 전달할 가능성이 크기 때문에 결국 상담관계에 부정적인 영향을 미치게 된다. 상담사는 내담자의 변화 여부에만 초점을 두기보다 내담자가 변화를 위해서 현재 어떤 노력을 하고 있는지 그 과정에 관심을 가지고 내담자를 도와야 한다. 결론적으로 말해서, 내담자의 변화나 상담성과는 내담자가 표현한 내용을 바탕으로 판단해야 한다. 상담사는 내담자에게 도움을 주지 못했다거나 내담자가 변화되지 않았다고 느낄지 모르겠지만 내담자가 상담을 통해 어떤 경험을 했는지, 어떤 변화가 있었는지, 그 변화에 대해 어떻게 생각하는지는 내담자를 통해서만 구체적으로 알 수 있다. 또한 의도하지는 않았지만 내담자의 변화가 연속적 · 연쇄적으로 진행되는 과정에서 예상치 못한 변화들을 보고하기도 한다. 이러한 변화는 내담자가 경험하는 성과이기 때문에 내담자가 말하지 않으면 상담사가 알아차리기 어렵다. 따라서 상담종결을 앞두고 상담사가 평가하는 상담성과도 중요하지만 내담자가 자신의 변화를 스스로 인지하고 표현하는 성과가 더 중요하다는 것을 기억해야 한다. 더불어 상담사는 내담자의 작은 변화도 민감하게 포착하고 격려할 수 있어야 한다. 상담성과는 내담자가 상담초기에 설정한 목표를 달성했는지 여부로 평가하지만, 상담사는 미시적인 변화에도 관심을 기울이고 지지할 수 있어야 한다. 즉, 내담자가 상담에 성실히 오는 것이 당연한 것이 아니라 내담자가 성실하려고 노력해서 나타난 결과임을 설명하고 그것이 상담의 성과를 만들어 내는 데 중요한 자원이었음을 전달해야 한다.

내담자들 중에는 변화가 지속적으로, 꾸준히 일어나길 바라면서 일시적으로 변화가 일어나지 않거나 변화된 상태에 머물러 있을 때 답답해하며 변화가 정지된 상태에 대해서 조급해하거나 불안해하는 경우가 있다. 성취 중심의 평가나 사고 패턴을 가진 사람들은 변화의 개념을 정적 기울기 형태의 우상향식 변화로 생각하는 경우가 많다. 이 경우 상담사는 변화나 성장에 대한 다른 시각을 설명해 줄 필요가 있다. 즉, 상담에서 변화나 성장의 개념은 계단식이나 나선형으로의 변화를 의미한다. 변화가 끊임없이 지속되는 것이 아니라 변화가 일어나면 그 변화를 안정된 상태로 만들 때까지 일시적으로 정지 상태가 나타날 수 있으며, 변화에 적응하고 안정된 상태가 되면 다시 새로운 변화를 만들어 내는 연속적인 과정을 거치게 된다. 변화에 적응하는 시기에 멈춘다는 느낌을 경험하게 되는데, 이는 멈춤이 아니라 새로운 변화를 위한 준비 기간임을 설명할 필요가 있다.

간혹 내담자들 중에는 상담사에게 인정받고 싶은 욕구로 인해 상담사가 좋아하거나 듣고 싶은 말을 하는 경우가 종종 있다. 인정 욕구가 강한 내담자들이 인정 욕구가 있는 상담사에게 자주 하는 말 중 하나가 "상담을 받고 나니 달라진 것 같아요." "선생님이 상담을 잘해 주셔서 확실히 효과를 경험하는 것 같아요."라는 말인데, 이러한 내담자들은 매 회기 상담이 시작될 때마다 자신의 변화에 대해서 자주 언급한다. 물론 내담자가 변화를 자주 보고한다는 것이 이상한 것도 아니고 단지 상담사를 즐겁게 해 주려고 일부러 하는 말이 아닐 수도 있다. 그렇지만 상담 초반에 자주, 빈번히 상담성과나 변화에 대해서 말하는 경우에 상담사는 내담자가 왜 자신의 변화에 대해서 지속적으로 말하려고 하는지 탐색해야 한다. 만약 상담사와 내담자가 역기능적인 인정 욕구로 인해 서로 공모하는 관계에 있다면, 상담사와 내담자 모두 서로의 문제를 더 고착화시키는 상담을 하게 될 위험이 있다. 즉, 내담자는 자신의 변화를 강조하면서 상담사에게 칭찬받으려고 애쓰게 되고, 상담사는 내담자의 의도를 눈치채지 못한 채 내담자에게 인정받고 있다는 것에 도취되어 내담자가 상담에서 해결해야 할 문제를 다루지 못하게 된다. 이러한 상황을 피하기 위해서 상담사는 수퍼비전을 통해 내담자와 상담사의 관계역동을 살펴야 할 것이다.

다음 사례에서는 상담 중기에서 말기로 넘어가는 내담자가 종결을 몇 회기 앞두고 주변 지인과의 갈등 문제를 가지고 와서 자신이 아직 변화되지 않은 것 같아 걱정이라는 말을 상담사에게 하고 있다. 내담자는 상담을 통해 변화한다는 의미를 다른 사람들과 갈등이 없는 관계를 맺는 것이라고 생각하고 있었다. 그래서 내담자는 자신의 변화를 제대로 볼 수 없었고, 오히려 갈등 상황에 놓인 자신에 대해서 걱정하고 종결에 대한 불안을 경험하고 있었다. 이에 상담사는 내담자의 변화에 대해서 객관적으로 바라봐 주고 상담의 목적이나 변화가 갈등 상황을 만들지 않는 것이 아니라 갈등 상황이 생겼을 때 이전과 다르게 대처하는 것임을 내담자에게 다시 명확히 알려 주었다. 이렇게 내담자들이 변화에 대한 높은 열망과 완벽한 변화에 대한 기대로 인해 자신에 대해 객관적인 평가를 하지 못할 때 상담사는 내담자의 변화된 모습을 알려 주고 내담자가 자신의 변화를 믿고 실천할 수 있도록 안내하고 지지하는 작업을 반복적으로 해야 한다.

내담자 1: 지난번에 말씀드렸던 학과 언니 기억하실지 모르겠는데요. 그 언니와 며칠 전에 좀 다퉜어요. 여성주의에 대해서 얘기를 하다가 그 언니가 너무 자기주장만 하는 것 같아서 제가 더 이상 얘기를 하고 싶지 않다고 했더니 그 언니가 당분간 연락하지 말자고 하면서 가 버렸어요.

상담사 1: 서로 감정이 상한 것 같은데…… ○○ 씨가 얘기를 하고 싶지 않았던 이유가 구체적으로 무엇 때문이었나요?

내담자 2: 그 언니가 너무 급진적이고 과격한 반응을 보였어요. 남성주의 사회에서 여자들이 피해를 보고 살기 때문에 결혼을 하면 안 되고, 화장도 할 필요가 없고…… 저더러 너무 꾸미려고 애쓴다는 말을 했는데…… 그 말에 제가 화가 났던 것 같아요. 저는 남자한테 잘 보이려고 화장을 한 게 아니라 제 만족을 위해서 화장을 한 건데 저를 너무 생각 없는 사람으로 보는 것 같았어요.

상담사 2: 그 언니가 ○○ 씨에 대해서 오해를 하고 있는 부분이 있는 것 같네요. 평소에도 그 언니와의 대화에서 오해받는다는 느낌을 받은 적이 있나요?

내담자 3: 언니가 좀 표현을 과격하게 하고 공격적으로 한다는 걸 느끼긴 했는데 저한테 이렇게 직접적으로 한 적은 없어서…… 그냥 그렇구나 하고 넘겼는데…… 저한테 그렇게 얘기를 하니까 기분이 나쁘더라고요. 제가 평소에 너무 표현을 안 하고 그냥 넘어가니까 저를 바보로 아나 싶기도 하고…… 자기 얘기에 다 동조한다고 생각하나 싶기도 하고…….

상담사 3: 그 언니와의 관계를 어떻게 했으면 좋겠어요?

내담자 4: 사실 그 언니와의 관계를 끊을 생각은 없어요. 그래도 그 언니 덕분에 학교생활을 유지한 부분도 있고요. …… 다만 저에 대해서 오해하는 부분이 기분 나빠서 그 얘기는 하고 싶어요. 오해를 풀고 기존의 관계를 유지하고 싶어요.

상담사 4: 예전과 다르게 갈등이 생겼을 때 관계를 끊으려고 생각하기보다는 관계를 유지하려고 애쓰는 게 느껴지네요. ○○ 씨도 그런 변화를 느끼고 있나요?

내담자 5: 사실 상담종결을 할 시점이 다가오는데 주변 사람들과 갈등이 생기니까 종결을 해도 되나 걱정이 되기도 해요. 혼자 잘할 수 있을까 싶기도 하고…….

상담사 5: 상담종결 시점이 되면 변화에 대해서 조바심이 나니까 그럴 수 있을 것 같아요. 갈등이 생기는 것은 막을 수 없지만 이전과 다른 방법으로 해결하려고 노력하고 있고 또 그렇게 하고 있잖아요. 잘하고 있다는 생각이 드는데…….

내담자 6: 선생님이 그렇게 얘기를 해 주시니까 안심이 되네요. 저는 더 이상 싸우지 않고 잘 지낸다는 얘기를 하고 싶은데, 제가 상담을 통해서 바뀌었다면 사람들과 싸우지 않고 잘 지내야 한다는 생각을 했던 것 같아요. 그런데 자꾸 싸우고 힘들다는 얘기만 하는 것 같아서 선생님께 미안하기도 하고 제가 변하지 않는 것 같아서 마음이 무거웠거든요.

상담사는 내담자가 관계를 유지하고 싶은지, 관계를 끊고 싶은지 사전에 예측할 수 없다. 그래서 내담자가 언니와의 관계를 어떻게 하고 싶은지 확인하는 질문(내담자 욕구 파악을 위한)을 하는 것이 중요하다. 종결이 코앞인데 내담자가 앞의 사례와 반대로 언니와의 관계를 끊고 싶다고 한다면 상담사는 어떻게 반응하는 것이 좋을까? 내담자가 언니와의 관계를 끊는다는 것을 부정적으로 평가하고 내담자의 회피 성향이 바뀌지 않았기 때문에 상담성과가 없다고 생각한다면, 상담사는 내담자를 어떻게 도와야 할지 몰라 난감해질 수도 있다. 이 경우, 상담사는 내담자의 관계 문제가 해결되지 않았다는 실망감이나 걱정은 한 켠에 남겨 두고 내담자가 왜 언니와의 관계를 끊고 싶어 하는지에 대해서 진심으로 궁금해하는 것이 내담자를 돕는 것이다. 그래서 상담사가 해야 할 질문은 언니와 관계를 끊고 싶은 내담자의 마음을 이해하는 데 초점을 맞춰야 한다.

상담사 3: 그 언니와의 관계를 어떻게 했으면 좋겠어요?

내담자 4: 사실 그 언니와의 관계를 끊고 싶어요.

상담사 4: 언니와의 관계를 끊고 싶은 이유에 대해서 좀 더 설명해 줄래요?

내담자 5: 이전부터 언니와의 관계에 대해서 어떻게 해야 하는지에 대해 고민을 했었어요. 그래도 저한테 잘해 주는 부분도 있기 때문에 제가 참자는 생각을 했었는데 지금은 더 이상 참고 싶지 않아요. 이 언니를 만나면 제가 부정당하거나 없어지는 느낌이 들어서 더 이상은 제가 힘든 관계를 맺고 싶지 않아요.

상담사 5: 언니와의 관계에 대한 고민은 오래된 문제였네요. 언니가 잘해 주는 부분도 있지만 반대로 ○○ 씨가 부정당하거나 자신이 없어지는 느낌이 들기 때문에 더 이상 만나고 싶지 않은가 보네요.

내담자 6: 네~ 그런 것 같아요. 언제까지 참고 만나야 하는지 모르겠어요. 이제 저를 힘들게 하는 사람들과는 거리를 두는 게 좋을 것 같다는 생각이 들었어요.

상담사 6: 거리를 두는 관계가 좋겠다고 했는데 거리 두는 관계랑 관계를 끊고 싶은 거랑 같은 의미로 말한 건가요? 관계를 끊는다는 건 아예 연락을 끊어 버린다는 말처럼 들리는데요.

내담자 7: 그러네요. 거리를 둔다는 게 관계를 끊는다는 의미가 아닌가요?

상담사 7: 거리를 둔다는 건 말 그대로 관계에서 적정선을 지키면서 만난다는 의미로 해석되는데요. 관계를 끊는 건 아예 만나지 않겠다는 의미로 만남의 여지를 주지 않는 것으로 이해되는데요.

내담자 8: 사실 제가 헷갈리는 거 같아요. 제일 좋은 건 거리를 두면서 만나는 건…… 그렇게 하는 게 어렵고 어떻게 하는지도 모르니까…… 그 언니가 좋은 면도 있으니까…… 그래서 제가 갈팡질팡하는 것 같아요.

상담사 8: 그럼 언니와 거리 두기가 된다면 관계를 유지하고 싶다는 말이네요? (네.) 그럼 거리를 두면서 관계를 맺는 방법에 대해서 고민을 해 보면 좋겠네요.

상담중기에서 상담종결로 넘어가는 시점이 되면 내담자들이 조금씩 변화에 대한 이야기를 하기 시작한다. 이때 상담사들은 변화에 대한 내담자들의 말이 인정받기 위한 말인지, 진짜 변화가 일어나서 하는 말인지를 잘 살펴야 한다. 종결 시기에 내담자에게 변화가 일어났다는 것을 확신할 수 있는 내담자 반응은 자기상담(self-counseling)을 할 수 있다는 것이다. 즉, 상담사와의 상담장면을 연상하면서 상담사가 자신의 말에 이렇게 반응해 줄 것이라는 생각을 하고, 그 반응에 기초해서 자신의 생각과 감정을 정리하고 행동하는 것이다. 상담의 최종 목표는 미시적으로는 내담자가 호소하는 문제를 해결하는 것이지만 거시적인 목표는 내담자가 스스로 자신을 보호하고, 양육하고, 성숙하게 문제를 해결할 수 있는 자기상담이 가능한 상태가 되는 것이다. 내담자가 자기상담을 하고 있다면 상담을 종결할 준비가 되었다는 신호이다.

셀프 수퍼비전 노트

1. 중기 상담에 대한 셀프 모니터링

- 잘하고 있는 부분

- 개선이 필요한 부분

2. 셀프 수퍼비전을 통한 중기 상담 분석

- 실제 사례를 가지고 중기 상담 분석하기

제 3 장

상담종결기

1. 상황에 따른 종결 논의하기
2. 상담성과 다루기
3. 상담관계 종결하기
4. 종결회기

▣ 셀프 수퍼비전 노트

상담은 목표가 있는 만남이고, 목표가 달성되었을 때 상담사와 내담자는 종결을 다룬다. 언제 어떻게 헤어져야 하는지 아는 것은 일상적인 관계에서도 어렵지만 상담에서의 종결은 상담 시작만큼 중요하고 어려운 과정이다. 초보상담사에게 종결은 시작과 끝을 잘 마무리한다는 의미에서 상징성이 크다. 그러나 제한된 회기 내에 성과를 내야 한다는 부담감이 스트레스 요인이 될 수도 있다. 종결과정은 상담의 시작부터 중기까지 했던 상담 과정과 결과를 정리하는 시기이기 때문에 초기와 중기를 잘 이행하는 것이 매우 중요하다. 따라서 초보상담사는 상담종결에 대한 부담감을 덜기 위해서라도 앞 장에서 학습한 상담 초기와 중기 과정에 대해 충분히 이해하고 실습하는 것이 필요하다. 즉, 상담사는 내담자의 주호소 문제를 명확히 하고, 사례개념화를 통해 실천 가능한 목표를 설정하고 목표를 이루기 위한 과정을 함께하면서 내담자의 변화를 기다려 주고 필요한 도움(정서적 지지, 격려, 조언, 인지적 재구조화 등)을 제공함으로써 변화의 시간을 함께하게 되는 상담과정을 거쳤을 때 만족스러운 종결에 이르게 된다.

상담종결의 적합한 시기는 내담자가 호소하는 문제가 해결되었을 때이다. 그러나 자신이 도움받고 싶은 문제가 해결됐음에도 내담자들은 상담종결을 이야기할 때면 불안해하는데 그 이유는 해결되었다고 생각하는 문제가 상담종결 후에 반복될 경우 내담자 혼자 해결할 수 있을지에 대한 확신이 없기 때문이다. 종결을 앞둔 시점에서 내담자가 불안해할 때 상담사는 '내담자의 문제해결'이 어디까지라고 생각해야 할지 고민할 수밖에 없다. 상담문제해결은 개인이 가지고 있는 모든 문제가 완전히 해결되었다는 것을 의미하지 않는다. 내담자가 가진 여러 가지 문제 중 상담에서 다룬 문제를 중심으로 이전보다 스트레스가 줄었다거나 문제해결력이 생겼다거나 자신에 대한 새로운 이해를 가지게 됐다거나 하는 부분적인 변화를 의미한다. 더 중요한 변화는 상담종결 후에도 내담자가 가진 문제들은 삶에서 반복되겠지만 상담 이전과는 다르게 반복되는 문제를 회피하지 않고 내담자 스스로 해결하려는 의지를 갖게 되거나 혹은 해결할 수 있다고 생각하는 것이다. 따라서 상담사는 상담종결을 준비하면서 내담자가 자신의 문제를 직면하고 해결하려는 자세를 갖추었는지 점검하는 것이 필요하다. 이와 더불어 상담사는 상담의 궁극적인 목표인 내담자 개인의 성장과 성숙을 상담의 목표로 설정할 수 있으며 상담종결에서 이 부분을 내담자와 함께 상담성과로 이야기 나눌 수 있다.

상담종결 시 상담성과의 판단기준은 합의된 상담목표의 달성이다. 따라서 상담종결기에는 내담자가 생각하는 성과가 무엇인지 확인하는 시간을 충분히 갖고 상담의 전체 과정을 함께 평가하면서 작은 변화도 중요한 변화로 인식하고 자신의 자원으로 삼을 수 있도록 도와야 한다. 이러한 과정을 성과 다지기라고 한다.

상담사는 다양한 방법으로 상담종결을 다루게 된다. 상담기관이나 상담사에 따라서 종결 시점을 정하고 상담을 시작하기도 하고, 종결 시점을 정하지 않고 상담을 진행하면서 목표 달성 여부에 따라 또는 상담사와 내담자가 합의하여 종결 시점을 논의하기도 한다. 청소년 상담기관이나 대학 상담실과 같은 무료상담기관의 경우에는 기관의 사정에 따라 다소 차이가 있지만 10~15회기 내에 종결할 것을 미리 정해 두고 상담을 진행하는 경우가 많다. 유료상담의 경우 시간과 비용의 문제로 종결 시점을 결정하는 것은 조금 더 민감할 수 있다. 내담자에 따라서는 경제적인 이유나 그 밖의 이유로 계획했던 것보다 회기를 줄이는 경우가 빈번하다. 반면, 시간과 경제적인 문제가 없는 경우라면 회기와 상관없이 자신에게 도움이 되는 한, 상담을 장기간 받는 경우도 있다. 이럴 경우는 종결 시점을 미리 결정하는 것은 어렵고 상담을 진행하면서 합의를 해야 할 것이다. 정리하자면, 상담회기가 정해져 있다면 자연스럽게 종결을 준비할 수 있지만 종결회기가 결정되지 않았다면 종결 시점을 결정하기 위해 몇 가지 요인을 살펴봐야 한다.

상담을 종결해야 하는 상황은 다음 네 가지로 요약할 수 있다. 상담목표가 달성되었다고 합의될 때, 상담을 시작하면서 합의한 종결 시점이 되었을 때, 상담사와 내담자 중 이사 · 입원 · 졸업 · 이직 등으로 인해 상담을 지속하기 어려운 상황이 생길 때, 내담자가 종결을 요청할 때이다. 상담사는 다음과 같은 질문을 통해 상담종결 시점을 평가할 수 있다.

- 내담자가 호소하는 문제의 증상이 완화되거나 줄었는가?
- 내담자가 새로운 행동을 습득하고 지속적으로 적용할 수 있는가?
- 여러 유형의 문제에 대해 회피하지 않고 직면함으로써 융통성 있게 대처할 수 있는가?
- 내담자의 정서적 반응과 대인관계 반응이 적응적인가?
- 내담자가 자신의 선택에 대해 스스로 책임질 수 있는 자세를 갖추었는가?

종결기의 주요 활동은 세 가지로 요약할 수 있다. 첫째, 상담과정을 되돌아보고 상담사와 내담자가 함께했던 문제해결 과정에 대해 기억하면서 복습하고, 상담성과로 나타난 변화를 확인하고 굳건히 하도록 돕는다. 이를 통해 상담사는 내담자가 성취감을 느끼고 상담에서 나타난 변화를 자신의 삶에 적용할 수 있도록 돕는다. 상담에서의 변화는 주호소 문제가 더 이상 발생하지 않는 것이 아니라 문제가 발생하더라도 이전과 다르게 문제 상황을 이해함으로써 대처하게 되었다는 것을 의미한다. 따라서 상담사는 내담자가 호소 문제를 해결했던 과정을 함께 회상하고 정리하면서 문제 상황은 반복될 수 있지만 상담 이전과는 다르게 그 문제를 내담자 스스로 해결할 수 있을 것이라고 격려한다. 즉, 새로운 문제가 발생하더라도 상담사와 함께 상담과정에서 해 왔던 문제해결 과정을 기억하고 적용할 수 있다는 것을 내담자가 믿을 수 있을 때 종결을 준비하면 된다.

둘째, 종결기에는 상담성과를 나누기도 하지만 종결 후 남은 과제에 대한 논의와 함께 미래 계획을 세운다. 이번 상담에서 모든 문제가 해결될 수 없음에 대해 인정하고 상담사는 내담자가 언제든 남은 과제를 위해서 다시 도움을 받을 수 있다고 안내한다. 보통 시간을 가지고 종결 준비를 하지만 내담자의 종결에 대한 불안이 심할 경우, 상담사는 추수상담을 안내하면 된다. 추수상담은 상담종결 후 2주에서 4주 정도의 간격을 가지고 상담회기를 갖는데, 기간은 내담자와 상담사의 사정에 따라 의논하여 정할 수 있다. 일반적으로 추수회기를 갖게 되는데, 상담종결 후 내담자가 어떤 경험을 했는지 살펴보고 최종적으로 종결 여부를 결정하면 된다. 추수회기도 대면이나 화상 상담을 권장하며 부득이한 경우, 대화가 가능한 전화상담을 진행하면 된다.

마지막으로, 종결에 대한 각자의 느낌을 나누며 함께했던 여정에 대해 서로 격려하며 마무리한다. 내담자는 상담사에게, 상담사는 내담자에게 고마움을 표현할 수 있다. 종결과정은 내담자가 이제 상담관계를 마무리하고 자신의 삶을 독립적으로 살아갈 수 있도록 준비하는 시기이기 때문에 충분한 시간을 확보하는 것이 필요하다. 종결기를 몇 회기로 하느냐 하는 것은 정해져 있지 않지만 내담자 문제의 심각성 정도, 전체 진행된 회기 그리고 내담자와 상담사 간에 현실적으로 남아 있는 회기 등을 고려하여 대체로 종결회기 전 1~3회기를 종결기로 운영할 수 있다. 상담사는 내담자의 종결에 대한 감정을 다루어 줄 뿐 아니라 종결에 대한 자신의 마음도 잘 살펴보아야 한다. 상담종결은 내담자뿐 아니라 상담사도 이별 감정으로 인한 상실감을 경험할 수 있다. 상담사는 종결을 미루거나, 종결을 권하지 않거나, 상담을 연장하는 등의 반응을 하면서 내담자와의 건강한 이별을 피할 수 있으며 자신이 상실감을 다루지 못한다는 것을 알아채지 못할 수도 있다. 따라서 상담사는 내담자가 종결을 언급하든 안 하든 간에 내담자의 변화를 인식하고 종결을 할 시점을 고민해야 한다. 상담회기가 정해진 기관이라면 의무적으로 종결을 해야 하기 때문에 상담사가 종결 시점에 대한 결정을 고민할 기회는 줄어들겠지만 상담회기를 상담사와 내담자가 합의하에 결정하는 환경에서는 더욱더 종결 시점에 대한 논의가 중요하다. 이 과정에서 내담자와의 이별을 원치 않는 상담사의 역전이로 인해 내담자의 건강한 종결 경험을 제한하게 된다면 상담사-내담자 모두에게 상담이 힘든 시간으로 변질될 수 있다. 따라서 상담사가 종결기를 결정하기 어려울 경우는 수퍼비전을 받거나 상담을 통해 자신의 상실감을 먼저 다루는 것이 필요하다.

이 장에서는 상황에 따른 종결 논의하기, 상담성과 다루기, 상담관계 종결하기, 종결 회기로 나누어 종결기에 다루어야 할 중요한 주제에 대해서 기술한다.

1. 상황에 따른 종결 논의하기

상담사와 내담자는 상담이 성공적으로 진행되어 합의된 종결에 이르기를 바란다. 그러나 종결에는 다양한 유형이 있다. 종결의 유형은 크게 합의된 종결과 조기종결로 나눌 수 있다.

상담사들이 가장 바라는 종결은 합의된 종결이다. 합의된 종결은 상담을 시작하면서 구조화를 통해 종결 시점을 정해 놓은 경우와 상담목표가 달성되어 상담사와 내담자가 종결에 동의한 경우를 말한다. 종결 시점이 정해져 있는 경우에는 상담목표를 검토하면서 상담성과를 다루고 내담자가 상담종결 이후의 적응을 준비할 수 있도록 종결기를 진행하면 된다.

종결 시점이 정해진 경우가 아니라면 상담사는 내담자의 종결 신호를 알아차리고 종결 주제를 다루면서 종결에 합의할 수 있다. 내담자가 보고하는 호소 문제의 변화, 적응에 어려움을 지속시켰던 문제행동의 감소, 자신의 생각과 감정을 자연스럽게 표현하는 것, 적응력 향상과 같은 긍정적인 변화가 종결 신호일 수 있다. 반대로 상담에 대한 열의가 떨어지거나, 상담에서 할 이야기를 가지고 오지 않거나, 중요하지 않은 이야기를 맥락 없이 하거나, 종결 시점에 대해서 물어보는 것도 종결 신호에 포함된다. 이러한 변화가 나타날 때 상담사는 내담자가 종결에 대해서 이야기하지 않더라도 종결에 대한 주제를 나눌 수 있어야 한다.

다음 사례에서는 상담종결 시점을 정하지는 않았지만 내담자의 호소 문제에서 변화가 나타나고, 상담목표 달성이 지속적으로 보고되면서 상담사가 종결에 대한 주제를 다루고 있다.

상담사 1: ○○ 씨가 전에는 대인관계에서 말을 못하고 혼자 힘들어했는데 오늘은 하고 싶은 말을 편안하게 잘 전달하고 있네요.

내담자 1: 아…… 정말요? (웃음) 저 실은 이제 혼자서 밥도 먹고 쇼핑도 해요. 선생님께 아직 말씀을 못 드렸는데 예전에는 이런 걸 못했잖아요. 근데 해 보니까 어려운 게 아니더라고요. 혼자서 한다고 아무도 이상하게 쳐다보지도 않고 또 저처럼 혼자서 하는 사람들도 많더라고요.

상담사 2: 이제는 다른 사람을 신경 쓰지 않고 혼자서 하는 일이 늘었네요. 예전에는 못 했는데 해 보고 나니 어때요?

내담자 2: 다른 사람들의 시선이 문제가 아니라 제가 스스로 못 했던 것 같아요. 다른 사람을 신경 쓰느라 하고 싶다고 말하면서도 용기를 내지 못 했던 것 같아요. 상담을 하면서 용기가 생긴 것 같아요.

상담사 3: 처음 ○○ 씨가 상담을 시작할 때 목표로 삼았던 문제들이 지난 몇 주 동안 지속적으로 해결되고 있는 모습이 보이네요. ○○ 씨가 자기답게 변화되고 있는 모습을 보니 반가워요. 상담은 우리가 목표했던 것들이 달성되면 종결을 하게 돼요. 이제 우리가 종결에 대해서 이야기할 때가 된 것 같은데 ○○ 씨는 어떻게 생각해요?

내담자 3: 아…… 사실 종결에 대해서 궁금하긴 했는데 막상 상담을 끝낸다고 생각하니 좀 걱정이 되네요. 아직 완벽하게 변한 건 아니지만 원하던 내 모습에 점점 가까워지고 있다는 생각이 들긴 했어요. 그럼 언제 종결해야 하는 건가요?

또한 내담자가 다음과 같은 반응을 할 때도 종결에 대한 논의를 해야 한다. "저 언제까지 상담에 와야 해요?" 혹은 "저 이제는 상담에 안 와도 될 거 같아요." "이제 학교에 가면 친구들이 있어서 학교 가는 게 재밌어요." "이제 상담 와서 할 이야기가 별로 없는 것 같아요."와 같은 반응은 내담자와 종결 주제를 다룰 시점의 신호이다. 상담사는 내담자의 종결의사를 확인한 후 종결 준비를 하면 된다.

내담자가 상담에서 이루고자 하는 목표를 달성했을 때 예정된 회기보다 일찍 종결하는 경우도 있다. 계획된 회기보다 일찍 종결하기 때문에 조기종결이긴 하지만 상담사와 내담자가 상담성과를 확인한 후 종결을 결정하는 합의과정을 거치기 때문에 일반적인 종결과정과 큰 차이는 없다. 그러나 내담자의 일방적인 요청에 의한 조기종결은 상담사에게 상당한 스트레스 요인이 될 수 있다. 조기종결은 관계의 문제이기 때문에 상담사–

내담자 양쪽 모두에게 조기종결의 원인이 있을 가능성이 크다. 따라서 조기종결을 하게 된 상담사 요인과 내담자 요인에 대한 깊은 탐색이 요구된다. 내담자 요구에 의한 조기종결은 내담자가 상담이나 상담사에 대해서 가졌던 기대가 충족되지 않거나 만족스럽지 않을 때 나타날 가능성이 크다. 그러나 조기종결의 원인이 상담사 때문만은 아니라는 점을 기억해야 한다. 조기종결은 대체로 상담초기에 나타날 가능성이 높지만, 사례에 따라서는 상담중기에도 나타나기 때문에 상담관계와 내담자 반응에 민감하게 대응할 필요가 있다. 조기종결을 걱정해서 상담사가 필요 이상으로 조심하거나 긴장할 필요는 없지만, 내담자가 갑자기 상담에 성실하게 임하지 않거나 상담의 필요성에 대해서 회의적인 반응을 보일 때 지금-여기에서 내담자의 태도를 다룰 수 있을 정도의 민감성이면 된다.

지금부터는 조기종결의 원인을 상담사와 내담자 요인으로 살펴보고자 한다. 조기종결에 대한 상담사 요인은 내담자에게 영향을 미치기 때문에 결국 치료적 관계에 영향을 미치게 된다. 상담사 요인으로는 내담자에 대한 부담감(나이, 학력차, 문제의 심각성 등), 상담사의 정서적인 문제(불안, 우울 등), 상담사의 해결되지 않은 문제로 인한 역전이, 미숙하거나 부적절한 치료적 개입(상담목표 설정 및 목표에 맞는 상담진행의 미숙함, 부적절한 직면, 지나친 자기개방) 등이 있다. 상담사가 내담자보다 어리거나, 학력이나 경제적 지위가 낮거나, 내담자 호소 문제가 상담사가 이전에 다루어 본 경험이 없거나 상담사가 회피하는 상담주제일 경우, 상담사는 내담자와의 상담에 집중하지 못하거나 경청을 못하기 때문에 내담자를 이해하는 것이 어려워진다. 이런 경우 상담사는 내담자와의 상담이 불편해지고 내담자와의 상담을 피하거나 빨리 종결하기를 원하게 될 수 있다. 또한 상담사가 가진 우울과 불안이 상담과정에서 더 증폭될 경우도 상담사는 자신의 불안과 우울로 인해 내담자의 문제를 거리를 두고 다루기가 어렵다. 상담사의 미해결 문제가 내담자와의 상담에 영향을 미치는 경우, 상담관계에 부정적인 영향을 미칠 수 있다. 이럴 경우 상담사의 불편감과 불안정한 정서로 인해 상담사는 내담자와의 상담을 성공적으로 마무리하기보다는 조기종결로 이끌 가능성이 있다. 마지막으로, 합의되지 않은 상담목표로 상담을 진행하거나 치료적 관계가 형성되지 않은 상태에서 직면기술을 활용하거나 상담사가 지나치게 침묵을 많이 하는 경우와 같이 상담사의 미숙함이나 부적절한 치료적 개입으로 인해 조기종결되기도 한다.

다음으로 조기종결에 대한 내담자 요인을 살펴보면 다음과 같다. 만약 상담초기에 내담자가 조기종결을 원한다면 이는 내담자가 상담사에게 부정적인 전이감정을 투사하기 때문일 가능성이 크다. 상담사의 외모나 말투, 음색, 사용하는 단어, 전체적인 이미지 등이 내담자로 하여금 불편한 관계를 가진 사람에 대한 감정을 떠올리게 하고 그 감정은 다시 상담사에게 전달이 된다. 상담사가 내담자를 도와주기 위해 애쓰는 것과 상관없이 내담자는 부정적인 전이로 인해 상담사의 노력을 가치 없는 것으로 만들어 버릴 수도 있다. 이럴 경우, 내담자들은 상담사가 공감적이지 않아서, 상담사가 편안하지 않아서, 상담사가 해결책을 제시해 주지 않아서 등등의 이유로 종결을 요구한다. 내담자의 부정적인 전이로 인한 종결은 상담사에게도 내담자에게도 편치 않은 시간이 될 것이다. 상담사는 자신의 불편한 감정을 잘 살피고 상담사의 역전이 감정을 활용해야 한다. 내담자의 부정적인 전이로 인한 문제가 확실하다면, 상담사는 내담자가 상담사에게 느끼는 감정이 누구로부터, 어떻게 시작되었는지를 다루어야 한다. 상담초기라면 직면이나 해석을 조심해서 사용해야 하며 지지적으로 접근하는 것이 필요하다. 즉, 상담사에게 전이된 부정적인 감정이 해결되지 않은 대상과 관련된 감정이라는 것을 명확히 안다면, 내담자에 대한 불편한 감정보다 내담자를 이해하고 돕고자 하는 데 마음이 더 커질 수 있다.

상담의 어느 시점에서도 내담자들은 다음과 같이 말하면서 조기종결을 요구할 수 있다. "선생님, 이제는 제가 혼자 해도 될 것 같아요." "저 다음 주부터는 회사 일이 갑자기 바빠져서 더 이상 상담에 오는 게 힘들 것 같아요." "상담을 신청할 때는 많이 힘들어서 신청했는데 다시 생각해 보니까 별로 심각한 게 아닌 것 같아요."와 같은 이유를 말하면서 내담자가 상담종결을 일방적으로 이야기할 수 있다. 내담자들은 조기종결에 대한 다양한 이유를 설명하면서 상담을 지속할 수 없음을 표현한다. 상담사 입장에서는 뭔가 상담이 잘 진행되지 않는다는 느낌과 함께 조기종결을 예상할 수도 있고 아니면 전혀 생각 못했던 상황이라 당황스러울 수도 있다. 상담사는 내담자의 갑작스러운 종결 이야기에 긴장되고 당황스러운 마음을 솔직하게 표현하면서 상담사나 상담과정에서 내담자의 어떤 경험이 종결을 결정하게 했는지 구체적으로 다루어야 한다. 왜냐하면 내담자가 상담사와의 이별을 결심하면서 상담사에게 처음으로 솔직한 마음을 전달하는 시간이 될 가능성이 크기 때문이다. 내담자가 상담사나 상담에 대한 불편한 감정과 생각을 솔직하게 얘기하고 상담사-내담자가 서로에 대해서 어떤 경험을 하고 있는지 이야기를 나눈다면 가장 진솔한 모습으로 만나는 장면이 될 것이다. 만약 이 시간을 잘 경험하고 넘어간다면 치료적 관계가 더 단단하게 형성될 수 있다. 내담자가 이직이나 이사로 인해 공간적 · 시간적으로 상담을 받을 수 없는 상황이어서 조기종결을 하더라도 상담사나 상담과정에서 내담자가 느낀 경험들을 솔직하게 말하는 것은 매우 중요하다. 서로에게 솔직하고 내담자가 상담사와 상담에서 무엇을 원하는지가 더 구체화되고 명료화된다면 상담 진행 과정을 다시 논의하고 구조화할 수 있다. 상담사는 내담자의 종결 의지를 다루면서 상담을 재구조화하고 다시 시작할 수도 있고, 내담자가 원하는 대로 조기종결을 할 수도 있다. 상담사는 갑자기 종결이 되더라도 의미 있는 종결이 될 수 있도록 종결회기를 가질 필요가 있다. 가끔 내담자들 중에는 회기를 마칠 때쯤 "오늘이 상담에 오는 마지막 날이 될 것 같아요."라고 말하는 경우가 있다. 상담사는 당황스럽지만 종결에 대한 내담자의 생각을 들어 보고 상담에서의 종결은 상담의 전체 과정을 마무리하는 의미 있는 시간이므로 종결회기를 갖는 것이 필요하다는 것을 설명해 주고, 일방적으로 종결을 결정하는 것보다 상담사와 합의하여 결정하는 과정이라고 재구조화하면서 되도록 종결회기를 가질 것을 권한다.

다음은 연락 없이 상담시간에 오지 않다가 전화 통화로 개인 사정상 조기종결을 원한다고 하는 내담자의 사례이다. 상담사는 내담자의 조기종결에 대한 사정을 이해하면서 종결회기의 필요성을 설명하고, 종결회기를 가질 것을 권하여 상담을 마무리할 수 있었다.

내담자 1: 선생님, 죄송해요. 지난주에는 조별과제 모임 때문에 상담시간에 올 수가 없었고, 이번 주는 엄마가 갑자기 외할머니 댁에 심부름을 보내서 올 수가 없었어요. 근데 다음 주에도 과제가 너무 많아서 힘들 것 같고, 바로 기말고사도 있어서 상담시간을 빼기가 힘들 것 같아요. 선생님께는 죄송하지만 여기서 상담을 그만해도 될까요?

상담사 1: 매주 바쁜 일이 상담시간과 겹쳐서 상담을 지속하기 어려운 상황인 것 같네요. 어쩔 수 없는 사정인 것 같긴 하지만 지금까지 우리가 해 왔던 상담을 정리하는 시간을 갖는 건 ○○ 씨나 나에게 도움이 될 것 같아요. 혹시 상담시간을 다른 요일이나 시간으로 바꾸면 가능할까요?

내담자 2: 저도 그랬으면 좋겠지만 정말 시간을 빼기가 어려워서 안 될 것 같아요.

상담사 2: 많이 바쁘군요. 하지만 상담을 종결한다는 건 지금까지의 상담과정을 총정리하고 우리의 상담관계를 정리하는 시간으로 서로에게 중요한 경험이 될 수 있어요. 그래서 ○○ 씨와 마무리를 잘 짓고 싶어요. 혹시 상담을 그만하고 싶은 이유가 바쁜 것 말고 다른 이유가 있는 걸까요? 예를 들면, 상담이 도움이 안 된다거나 나에 대한 불편한 마음이 있다거나…….

내담자 3: 그렇진 않아요. 상담에 오는 것이 편한 건 아니지만 그래도 도움이 되는 부분이 있어서 계속 받고 싶긴 한데 방학하면 알바도 해야 하고 여행 일정도 있고 해서 상담에 신경 쓸 여력이 없을 것 같아요.

상담사 3: 진짜 많이 바쁜 상황이네요. 들어 보니 상담이 다른 일정에 비해서 중요하지 않다는 생각이 드네요.

내담자 4: 말씀을 듣고 보니 그런 것 같네요. 제가 하고 싶은 일들을 계획하다 보니 상담이 뒤로 밀린 건 사실인 것 같아요.

상담사 4: 그럼 이미 계획한 일들을 어쩔 수는 없고 기말고사 이후로 시간을 잡아서 지금까지 진행한 상담을 정리하고 상담이 뒤로 밀린 이유에 대해서도 얘기해 보면 어떨까요?

내담자 5: 아…… 그래도 될까요? 그럼 3주 뒤면 다 끝날 것 같아요. 2주 정도 시간이 비는데 그때 올게요. 선생님은 언제 시간이 되세요?

상담사에 의한 조기종결은 상담사가 이 내담자를 상담하기 어렵다는 판단을 하는 것과 같은 내적 원인과 상담사의 이직이나 업무 변경 등과 같은 외적 원인에 따른 것이다. 상담사에 의한 조기종결의 경우도 상담목표가 달성되기 전이므로 상담사는 내담자에게 상황을 설명하고 의논하여 내담자가 동의할 경우 다른 상담사에게 의뢰해야 한다. 내담자는 다른 상담사에게 의뢰되는 경우에 다양한 생각과 감정을 갖게 된다. 상담에서 했던 이야기를 새로운 상담사에게 반복해야 한다는 것에 대한 부담감, 새로운 상담사에 대한 낯섦과 관계 형성에 대한 걱정, 상담사에게 거절당한 것 같은 느낌, 새로운 상담사를 만나는 것이 기존 상담사를 배신하는 것은 아닌지에 대한 염려 등을 고려하여 상담사는 종결을 다루어야 한다.

상담사는 다음과 같이 조기종결의 주제를 다룰 수 있다.

- 상담사 때문에 종결을 하게 됐는데 이 얘기를 들으니 어떤 생각이나 느낌이 드나요?
- 다른 상담사에게 의뢰되는 것에 대해서는 어떤가요?
- 새로운 상담사는 어떤 상담사이기를 바라나요?
- 새로운 상담사에게 어떤 이야기들이 전달되기를 바라나요?
- 새로운 상담사에게 다시 이야기를 하는 것에 대한 불편함은 없나요?

상담사는 새로운 상담사에게 의뢰할 때 소견서와 심리검사 결과를 전달할 수 있음을 내담자에게 고지하고 동의를 받아서 새로운 상담사에게 관련 자료를 전달한다. 소견서는 이후 새로운 상담사와 내담자가 원활한 상담을 하는 데 도움이 될 수 있다. 반면, 너무 많은 내담자에 대한 정보는 내담자에 대한 편견을 가지게 할 수도 있다. 따라서 이전 상담사는 객관적인 내용으로 작성하고 새로운 상담사는 편견 없이 내담자를 만날 준비를 해야 한다.

2. 상담성과 다루기

상담종결 과정에서 핵심적으로 다루어야 할 내용은 상담성과이다. 상담성과는 상담을 통해 내담자가 경험한 모든 종류의 궁극적 변화를 의미하는 것으로 내담자의 정서 상태, 행동, 신념 및 사고의 변화 등이 포함된다(전용오, 2000). 상담성과는 내담자의 주관적인 보고, 상담사의 관찰, 내담자 주변의 중요 인물(부모, 교사, 이외의 의뢰인 등)의 보고, 심리검사 평가 및 상담성과 질문지 등을 통해 얻은 자료로 논의할 수 있다.

상담성과를 어떻게 확인할 수 있을까? 먼저, 내담자가 보고하는 내용을 통해 상담성과를 확인할 수 있다. 상담사는 내담자에게 어떤 도움을 받기 위해 처음 상담을 시작했는지 묻고, 호소 문제와 상담에 대한 기대가 상담과정을 통해 어떻게 변화되었고 얼마만큼 달성되었는지 질문하는 등 내담자가 인식하는 상담성과에 대해서 충분히 이야기할 수 있도록 돕는다. 상담성과를 탐색할 때 "○○ 씨가 상담을 통해 변화된 부분은 무엇이라고 생각합니까?" "○○ 씨가 변화하는 데 영향을 준 것은 무엇이라고 생각하나요?" "상담 이후 주변 사람들의 반응은 어떤가요?"와 같은 질문을 할 수 있다. 그리고 내담자에게 변화를 가져온 계기와 도움이 된 것은 무엇인지 등에 대해서 탐색한다.

상담성과를 검토하는 방법은 다양할 수 있는데, 내담자가 상담성과를 구체화하고 명료화하도록 돕기 위해 수치화해서 표현하도록 할 수도 있다. 다음 사례에서는 상담목표의 달성 정도를 100점 만점으로 수치화해서 표현하도록 하여 내담자가 자신의 변화를 객관적으로 표현하도록 돕고 있다.

상담사 1: 이제 우리가 상담종결을 앞두고 지금까지 상담을 진행해 오면서 ○○ 씨에게 어떤 변화가 있었는지 검토해 보려고 해요. 처음 ○○ 씨가 어떤 도움을 받기 위해서 상담에 왔는지 기억할 수 있을까요?

내담자 1: 제일 먼저 기억이 나는 건 실장님들과 편해지는 거? 친구들과 지내는 것도 불편하고 힘들어서 왔던 것 같아요. 그리고 그때 실장님들하고 불편해서 직장을 그만둬야 하는지 또는 계속 다녀야 하는지 결정하는 데 도움을 받으려고 왔던 걸로 기억해요. (웃음) 완전 사회부적응자 같네요.

상담사 2: 사회부적응자 같았던 ○○ 씨가 어떻게 변했는지 함께 검토해 보지요. ○○ 씨가 기억하고 있는 문제들이 얼마만큼 변했는지 평가해 볼 수 있을까요? 1점부터 100점까지 목표 달성과 관련하여 점수를 준다면 몇 점을 주시겠어요?

내담자 2: 1번 목표는 100점. 직장에서 눈치를 보느라 실장님들한테 얘기도 못했는데 이제는 제가 하고 싶은 얘기를 할 수 있어요. 특히 실장님들이 야근하면 눈치를 보면서 퇴근하지 못했는데 이제는 제가 야근할 일이 없으면 얘기하고 먼저 퇴근해요. 전과 다르게 불편하지 않아요. 그리고 2번 목표는 110점. (웃음) 앞으로 알아 갈 날도 많이 있지만 친구들한테 뭐라 그럴까…… 자부심을 많이 느낀다고 그랬잖아요. 친구들이 어떻게 생각할까 의기소침하고 그랬는데 친구들이 절 있는 그대로 받아 주고 있다는 걸 알게 됐어요. 너무 고맙게 생각해요. 3번 목표는 아우…… 지금은 회사에 계속 다니고 싶어요. 이건 100점. 플러스는 주고 싶지 않은 게 이건 제가 아직 만족할 만큼 일을 못해서예요.

상담사 3: ○○ 씨가 자신의 변화를 잘 체크하고 있었군요. 처음을 생각해 보면서 나름대로 점수로 평가해 봤는데 생각나는 대로 자신의 변화 요인에 대해서 이야기를 해 볼까요?

내담자 3: 들으면서 딱딱 체크가 됐어요. 제가 상담하면서 너무 좋았던 게 그동안은 내가 모르는 어떤 표면에 드러나는 문제에 대해 친구랑 떠들다가 끝났는데 상담을 하면서는 '나에게 이런 면이 있구나.'라는 걸 알게 돼서 참 좋았어요. 그리고 전에는 생각만 했는데 제가 행동을 하고 있는 걸 알게 됐어요. 저도 잘한 것 같아요. 그리고 실장님이나 친구들도 실은 제가 생각한 것처럼 절 이상하게 생각하고 있지 않았다는 걸 알게 된 것도 제가 예전에 못 하던 얘기들을 편하게 할 수 있는 계기가 된 것 같아요.

또한 호소 문제와 관련된 상황이나 사건을 기억해 두었다가 내담자가 어떻게 변화되었는지 이야기함으로써 상담성과와 연결할 수 있다. 다음 사례에서는 내담자의 호소 문제와 상담성과를 연결하여 변화를 구체적으로 확인하고 있다.

상담사 1: 이제 우리가 상담종결을 앞두고 지금까지 상담을 진행해 오면서 ○○ 씨에게 어떤 변화가 있었는지 검토해 보려고 해요. 처음 ○○ 씨가 어떤 도움을 받기 위해서 상담에 왔는지 기억할 수 있을까요?

내담자 1: 제가 사람들 눈치를 안 보고 하고 싶은 거 편하게 했으면 좋겠다고 말했던 것 같아요. 예전보다는 많이 자유로워져서 혼자서 못하던 일을 이제는 혼자서도 할 수 있게 됐어요.

상담사 2: 예전과는 다르게 혼자서도 하고 싶은 걸 할 수 있게 됐군요. 그런 게 뭐가 있을까요?

내담자 2: 음…… 지금 딱히 생각은 안 나는데…… 이젠 사람들을 신경 안 쓰게 된 건 확실한 거 같아요.

상담사 3: ○○ 씨가 상담초기에 실장님들 눈치를 보느라 퇴근한다고 말도 못하고 불편하게 사무실에 있다가 왔다고 했던 장면이 생각나네요.

내담자 3: 아, 맞아요. 전에는 직장에서 실장님들한테 눈치를 보느라 얘기도 못했는데 이제는 제가 하고 싶은 얘기를 할 수 있어요. 특히 실장님들이 야근하면 눈치를 보면서 퇴근하지 못했는데 이제는 제가 야근할 일이 없으면 얘기하고 먼저 퇴근해요. 그렇게 해도 이제는 전과 다르게 불편하지 않아요.

상담사 4: 지금처럼 실장님들이나 다른 사람들 눈치를 안 보고 편안하게 자기가 하고 싶은 일을 할 수 있게 변화된 계기가 있을까요?

내담자 4: 상담을 하면서 '나에게 이런 면이 있구나.'라는 걸 알게 되고 그게 저를 힘들게 한다는 걸 인정하게 되니까 제가 힘들지 않으려면 예전처럼 생각만 해서는 안 된다는 걸 알게 됐어요. 그래서 조금 망설여지긴 했지만 하고 싶은 말을 조금씩 해 보기 시작한 것 같아요. 사람들은 저를 의식하지 않는데 제가 의식하고 있더라고요. 그런 것들이 보이니까 전에는 생각만 했는데 저도 모르게 행동을 하고 있는 걸 알게 됐어요. 저도 잘한 것 같아요.(웃음) 그리고 실장님이나 친구들도 실은 제가 생각한 것처럼 절 이상하게 생각하고 있지 않았다는 걸 알게 된 것도 제가 예전에 눈치를 보고 편하게 못하던 얘기들을 이제는 편하게 할 수 있는 계기가 된 것 같아요.

상담사 5: ○○ 씨가 용기 있게 시도해 보니 할 수 있고 어려운 일이 아니라는 새로운 변화를 경험했군요. 쉽지만은 않았을 텐데 스스로 어려운 틀을 깬 ○○ 씨의 용기에 박수를 보내고 싶네요.

상담사는 내담자와 상담성과를 평가하면서 겉으로 드러나는 변화뿐 아니라 변화의 과정과 내용도 볼 수 있도록 도와야 한다. 즉, 내담자가 상담 기간 동안 상담목표와 관련하여 어떤 노력을 했으며 그 과정에서 어떤 경험을 했는지를 이야기하고, 그 경험이 내담자 자신에게 어떤 영향을 줬는지 생각해 보도록 한다. 상담 이전의 나와 현재의 나를 비교해 보도록 안내하는 것이다.

내담자가 상담성과에 대해 이야기한 후 상담사도 자신이 생각하는 상담성과를 내담자에게 전달하는 것이 좋다. 상담사는 내담자가 상담에 가져온 문제들이 해결되고 변화로 나타난 부분들을 이야기할 뿐 아니라 내담자는 인식하지 못하지만 상담사가 발견한 변화들에 대해서도 언급할 수 있다. 예를 들면, 상담사는 상대방과 대화할 때 눈 맞춤이 편안해졌다든지, 밝아진 얼굴 표정, 언어표현력의 변화, 약속 시간 지키기, 거절하기 등과 같은 내담자의 다양한 변화를 관찰할 수 있고, 상담성과 다루기에서 피드백할 수 있다.

내담자 주변의 중요 인물들의 보고도 성과를 다룰 때 중요한 자료가 된다. 청소년들의 경우, 비자발적인 내담자들이 많기 때문에 부모나 교사가 종결 시 내담자의 변화에 대해서 함께 이야기를 나눌 수 있다. 부모의 경우에는 상담종결 전에 내방하도록 하여 내담자의 변화에 대해 직접 이야기를 나누고, 부모가 내담자와 앞으로 어떻게 상호작용해야 하는지 의논하기를 원하기도 한다. 또한 담임교사의 경우 종결기에 만나거나 전화 통화를 하여 내담자의 변화와 성과에 대해 논의할 수 있다. 상담사가 직접 중요 인물과 접촉하지 않더라도 내담자를 통해 그들의 피드백을 들어 볼 수 있다. 또한 심리검사와 상담성과 질문지 등이 상담성과의 준거 자료가 될 수도 있다. 시간이 충분한 경우에는 심리검사(예: MMPI나 SCT 등)를 재실시하여 내담자의 변화를 확인해 볼 수 있다. 이 경우 상담사가 심리검사에 대해 잘 알고, 이상심리나 발달에 대한 충분한 지식을 습득해야 한다.

상담성과를 구체화하기 위해 상담사는 내담자와 상담목표를 평가하고 상담을 정리하는 데 도움이 될 수 있는 활동지를 만들어 사용할 수 있다. 종결회기를 앞둔 상담사는 종결기에 다루어야 할 내용을 미리 정리하여 준비하는 과정이 필요하다. 상담사는 정리된 상담일지를 처음부터 검토하고, 수퍼비전을 받은 사례라면 수퍼비전 자료로 정리된 내용과 수퍼비전 받은 내용을 정리하고 상담종결 보고서(p. 83 참조)를 작성하여 내담자와 함께 상담성과를 검토할 수 있다. 상담은 내담자의 상담목표가 달성되었을 때 종결하는 것이라고 해도, 내담자의 모든 문제를 제한된 회기에서 해결할 수 없기 때문에 언제나 미해결 과제를 남긴다. 여러 상담목표 중 해결되지 않은 목표가 있을 수도 있고, 상담과정 중에 미처 생각하지 못했던 내담자의 문제가 새롭게 떠오를 수도 있다. 따라서 종결

상담종결 보고서

1. 내담자의 상담 목표와 성과

상담목표	상담성과(변화된 내용)	만족도

2. 상담성과 정리

	내용
정서 영역	
인지 영역	
행동 영역	
대인관계 영역	

3. 변화 요인에 대한 평가

	내용
내담자 요인	
상담사 요인	
환경적 요인	

4. 미해결 과제

기에 상담사는 내담자와 미해결 과제에 대해서도 논의해야 한다. 미해결 과제의 내용과 미해결 과제가 앞으로 내담자에게 미칠 영향 등을 논의하면서 상담을 더 진행할지 또는 종결할지를 결정해야 한다.

3. 상담관계 종결하기

Mann(1973)은 모든 상담과정 중에서 종결이 가장 어려우며 종결에서의 상실감은 실존과 관련된 문제이고 모든 사람이 대처해야 할 부분이라고 말하였다. 상담사가 미리 여러 차례에 걸쳐 이야기했어도, 내담자에게 종결은 상실의 경험을 다루어야 하기 때문에 힘든 작업이 될 수 있다. 상담사는 내담자가 상담시간 동안 어떤 마음이었는지, 상담사와의 관계를 어떻게 경험했고, 종결을 앞둔 지금은 어떤 생각이 드는지 등 종결과 관련해 내담자가 느끼고 생각하는 것을 충분히 이야기할 수 있도록 돕는다.

종결은 내담자에게 관계의 상실이라는 스트레스와 앞으로 내담자 혼자 변화를 이끌어 나가야 한다는 것에 대한 긴장감과 불안감을 경험하게 한다. 따라서 상담사는 내담자가 스트레스와 불안감을 해소할 수 있도록 관계의 상실에 대한 느낌을 충분히 다루어야 한다. 상담사는 헤어짐에 대한 내담자의 마음을 공감적으로 들어 주고 내담자와의 상담경험을 개방하면서 내담자가 성숙하게 관계를 맺어 가는 경험을 할 수 있도록 도울 수 있다.

상담사는 내담자가 상담관계를 마칠 준비가 충분히 되어 있는지 평가하여 적절히 다루어야 한다. 즉, 내담자의 상담성과뿐 아니라 종결에 대한 내담자의 정서적인 특징인 버려짐과 상실의 느낌을 다룰 수 있어야 한다. 먼저 상담사는 내담자가 갑자기 종결을 맞이하지 않도록 하기 위해 상담회기 중에 내담자에게 어느 과정쯤에 와 있는가를 상기시켜 줌으로써 내담자의 불안을 줄여 줄 수 있다.

상담사: 오늘이 8회기네요. 우리한테는 이제 4회기 정도가 남았어요. 점점 종결할 시점이 다가오는데 어떠세요?

종결을 아쉬워하는 내담자들 중에는 종결 주제를 다룰 때 새로운 문제를 호소하면서 상담을 지속해야 한다고 말하기도 한다. 어떤 내담자는 상담실 밖에서 변화를 경험하면서도 '안 된다' '못하겠다'며 독립하지 않으려고 한다. 상담사는 내담자의 의존적인 모습이 일시적인 불안 때문인지, 종결 시에 내담자의 의존성 문제가 확인된 것인지, 의존성 문제가 여전히 해결되지 않은 것인지 등을 평가해야 한다. 내담자가 상담사와의 이별과 종결이 불안해서 나타나는 일시적인 불안이라면 그 감정을 수용하고 이별을 수용할 수 있도록 돕는다. 그러나 내담자가 아직 종결할 준비가 안 되었거나 의존성 문제가 미해결 과제로 남아 있다면 상담연장에 대해서도 고려해 봐야 할 것이다.

상담사가 종결 주제를 편안하게 다루기 위해서는 헤어짐이나 상실경험을 잘 수용할 수 있어야 하며 종결과정이 어려운 상담사는 수퍼비전과 함께 상담을 통해 이별과 관련된 주제를 다루어야 한다.

4. 종결회기

상담의 전체 과정을 마무리하는 시간이 종결회기이다. 종결기를 거치면서 상담사와 내담자는 상담목표의 달성 정도에 따른 상담성과 평가, 변화 요인과 미해결 과제 등에 대한 논의를 하며 종결을 준비한다. 종결기 동안 종결이 내담자와 상담사에게 주는 정서적인 영향에 대해 다루어도 종결회기는 여전히 어렵다. 종결회기 과제와 종결 상황에 따른 대처방법을 살펴보자.

1) 과제

- 성과 다지기
- 추수상담에 대해 의논하기

(1) 성과 다지기

종결기를 통해서 상담사와 내담자는 문제해결 과정을 검토하고 상담성과가 내담자에게 지속적으로 적용될 수 있도록 작업을 한다. 상담초기의 호소 문제가 해결된 것을 확인하는 것뿐만 아니라 문제해결 과정에 대한 학습과 학습된 내용을 상황에 적용해 볼 수 있는 적응력을 종결기에 다룬다. 상담과정에서 반복된 훈습의 과정을 검토하는 것이다. 상담의 성과가 내담자의 상담종결 이후에도 지속될 수 있으며, 내담자의 문제가 반복되더라도 훈습을 통해 연습한 것을 기억함으로써 효과적으로 대응할 수 있는 힘이 있음을 확인하는 것이다. 상담사는 상담성과에 대해서 다음과 같이 말해 줄 수 있다.

상담사: 상담성과란 고민했던 문제들이 다시 일어나지 않는 것이 아니라 비슷한 문제들이 다시 생기더라도 대처해 나갈 수 있는 힘이 생긴 걸 의미해요. ○○ 씨가 해결한 문제들은 살면서 또다시 반복될 수 있지만 그것은 실패를 의미하지 않아요. 따라서 우리가 상담을 통해 그 문제를 어떻게 해결했는지 생각해 보고 ○○ 씨가 그대로 실천하면 돼요. 처음엔 혼자 하느라 어색하고 힘들겠지만 예전과는 다르게 그 문제를 혼자서 해결해 갈 수 있을 거예요. 그리고 또 필요하면 다시 상담을 받아도 되고요. 지금 어떤 생각이 드나요?

상담사는 내담자와 함께 상담성과가 무엇인지 논의하면서 내담자의 변화와 그것이 자신의 삶에 어떻게 적용되는지 생각해 볼 수 있도록 돕는다. 즉, 이전에 있었던 문제가 반복되거나 새로운 문제가 발생하더라도, 내담자가 상담사와 함께 문제를 해결해 왔던 과정을 기억하며 변화를 만들어 낸 자신을 믿고 성과를 인정하도록 돕는 것이다. 이를 '성과 다지기'라고 한다. 내담자가 성과 다지기를 잘하게 된다면 내담자 자신이 상담사가 되어 자신의 생각과 감정을 정리하고 행동에 변화를 이끌어 낼 수 있는 '자기상담(self-counseling)' 능력을 갖게 된다.

(2) 추수상담에 대해 의논하기

추수상담은 상담이 종결된 후 내담자의 문제해결이 일상생활에서도 유지되고 있는지 확인하기 위해 상담이 종결되고 일정한 기간이 지난 후에 상담사와 내담자가 다시 만나는 것을 말한다. 상담종결기를 거쳐 상담종결을 준비한다고 하지만 내담자에 따라서는 종결에 대한 불안을 심하게 경험하기도 한다. 그리고 상담사와의 이별에 대한 감정으로 인해 고독감이나 외로움을 더 심하게 느끼는 경우도 있다. 그래서 내담자는 상담이 끝나더라도 상담사와의 관계가 유지되기를 원하기도 한다. 이럴 경우 내담자에게 추수상담을 안내할 수 있다. 종결에 대한 불안이 심하거나 상담사와의 이별을 수용하는 데 시간이 좀 더 필요한 내담자들에게는 추수상담을 통해 내담자의 변화가 안정적으로 지속되는지 살펴보는 것이 필요하다.

추수상담 기간 동안 내담자의 변화가 유지되고 일상의 스트레스를 적절히 관리할 수 있는 상태라면, 그 과정을 지지하고 격려하면서 변화를 지속할 수 있도록 힘을 준다. 그러나 상담에서 보였던 변화의 과정이 일상생활에서 유지되지 못하고 있다면 상담을 재개하는 것에 대해서 논의할 수 있다. 따라서 내담자가 종결에 대해 불안해한다면, 상담사는 추수상담을 안내하고 추수회기를 가질 것인지 선택할 수 있도록 안내해야 한다. 추수상담도 대면상담으로 진행하는 것이 좋지만, 대면으로 진행하기 어려울 때는 화상이나 전화로 진행할 수도 있다.

2) 내담자에 따른 대처방안

- 종결을 불안해하는 내담자
- 종결회기에 상담사의 개인적인 연락처를 묻는 내담자
- 상담 녹음파일을 요구하는 내담자

(1) 종결을 불안해하는 내담자

상담사가 보기에 종결할 시점이 되었고 내담자 또한 이러한 상담사의 의견에 동의하면서도 쉽게 종결을 결정하지 못하는 내담자를 만날 수 있다. 종결을 다룰 때 내담자는 자신의 문제가 해결되었다고는 하지만 감정적인 문제가 아니라 실제 생활에서 부딪히게 될 다양한 상황에 상담사 없이 혼자 대처하는 데 자신이 없을 때 불안하다고 말한다. 이 때 상담사는 추수상담을 안내할 수 있고 추수상담을 진행하면서 내담자가 종결에 대한 불안을 견디는 것이 확인되면 상담을 종결하면 된다. 종결과정에서 내담자의 불안한 마음을 수용하고 상담성과가 갖는 의미에 대해서 이야기 나누고 종결준비를 하면 된다. 그러나 내담자가 아직 다루지 못했거나 미해결된 과제를 더 다루기를 원한다면 상담연장에 대해 추가적인 논의를 할 수 있다.

다음 종결회기에서 내담자는 상담이 종결되는 것에 대한 불안한 마음을 이야기하고 있으며, 상담사 2 반응은 이러한 내담자의 마음을 잘 수용하고 있다.

상담사 1: 오늘이 상담의 마지막 회기네요. 그동안 상담종결에 대해서 얘기를 해 오긴 했는데 오늘 상담에 오면서 어떤 마음이었나요?

내담자 1: 선생님, 아무리 생각해도 아직은 준비가 안 된 것 같아요. 상담을 하지 않으면서 혼자서 잘할 수 있을까 불안해요. 무슨 일이 있을지도 모르고, 같은 상황이 반복된다고 하더라도 선생님이 없으면 혼자서는 할 수 없을 것 같아요.

상담사 2: 자신에게 어떤 일이 생길지도 모르고, 혼자서 해결할 수 없을 것 같아 두려운 것 같아요. 우리가 함께해 왔지만 실제 생활에서 대처를 해 나간 건 ○○ 씨였는데…… 아직 스스로 할 수 있다는 믿음이 없나 봐요. 지금 종결하는 게 그렇게 불안하다면 ○○ 씨가 마음의 준비가 될 때까지 추수상담을 할 수 있어요. 바로 종결하지 않고 2~3주 뒤에서 만나서 상담을 안 하는 시간 동안 어떻게 지냈는지를 확인하고 종결을 준비해도 좋을 것 같아요.

내담자 2: 네…… 그렇게 하는 것이 좋을 것 같아요.

상담사 3: 그렇다면 기간을 어떻게 하는 게 좋을까요? 2주 또는 3주 기간 중 선택한다면?

내담자 3: 2주가 좋을 것 같아요. 2주 동안 지내보고 결정하면 되는거죠?

내담자가 종결을 앞두고 일어나는 불안과 헤어짐에 대한 상실감을 정리할 수 있도록 상담사가 수용하고 기다려 주면 내담자는 스스로 종결을 받아들일 수 있게 된다. 상담사는 종결 앞에서 불안해하는 내담자 모습에 실망하지 말고 믿고 기다릴 수 있어야 한다. 기관이나 대학 상담실과 같이 회기가 제한되어 있는 경우 추수상담을 몇 번 반복하면서 내담자의 불안을 탐색하고 불안이 줄어들 때까지 기다릴 수도 있다.

내담자 1: 선생님, 아무리 생각해도 아직은 준비가 안 된 것 같아요. 2주 동안 상담을 하지 않으면서 힘들었어요.

상담사 1: 2주 동안 상담을 안 하면서 지내는 게 힘들었나 보네요. 어떤 점이 어려웠어요?

내담자 2: 혼자라는 외로움이 더 힘들게 했던 것 같아요. 이 세상에 저 혼자라는 생각이 들면서 더 불안해졌던 것 같아요. 그런데 일상생활을 하는 데 큰 문제는 없었어요.

상담사 2: 혼자라는 외로움이 불안하게 만들었나 보네요. 상담을 종결하는 것이 우리 관계가 끝나는 걸로 생각되나 봐요.

내담자 3: 네~ 그래서 더 힘들었던 것 같아요. 제가 믿고 의지했던 유일한 분이 선생님이라 상담을 종결하는 게 저한테는 너무 힘든 것 같아요. 종결한다고 했을 때는 이렇게까지 힘들 거라는 생각을 못했는데~ 선생님과 헤어지는 게 이렇게 힘든 일인 줄 몰랐어요.

상담사 3: 그러게요. 나도 ○○ 씨가 씩씩하게 종결을 받아들여서 괜찮을 줄 알았는데 막상 종결준비 과정에서 많이 힘들어하는 것을 보니 나도 마음이 쓰이네요. 나와의 이별을 ○○ 씨가 더 힘들어할 줄 나도 예상을 못했네요. ○○ 씨가 상담에서 다룬 문제들은 어느 정도 해결이 되기도 했고 기관 방침상 상담을 연장하는 건 어려울 것 같아요. 대신 ○○ 씨가 마음의 준비가 될 때까지 추수상담을 연장할 수는 있을 것 같아요. 오늘처럼 2주에 한 번씩 2~3회 정도 만나는 게 어떨까요?

내담자 2: 네…… 선생님. 감사해요. 저도 준비가 된 줄 알았는데 막상 종결상황이 되니 불안한 마음이 올라왔던 거 같아요. 선생님께서 말씀하신 대로 해 보고 싶어요.

앞에서 설명한 것처럼 내담자가 종결회기에서 종결을 하지 못할 것 같다고 말하는 경우가 종종 있다. 상담사는 내담자가 불안해하는 이유를 탐색해야 한다. 내담자의 불안이 종결에 대한 일시적 불안인 경우에는 이별에 대한 상실감, 상담사와의 분리불안에 대해서 충분히 얘기하고 감정을 수용할 수 있도록 도와주면 된다. 그러나 불안이 상담과정에서 드러나지 않은 잠재적인 문제였다면 내담자에게는 새로운 상담주제가 생긴 것이다. 내담자의 모든 문제를 상담에서 해결할 수는 없기 때문에 이전에 가지고 온 문제들이 어느 정도 해결됐다면 일단 종결을 하고 내담자가 새롭게 인식한 문제는 그 문제를 해결하고 싶은 시점이 됐을 때 다시 상담을 받을 수 있도록 안내하면 된다.

(2) 종결회기에 상담사의 개인적인 연락처를 묻는 내담자

내담자는 상담이 종결된 이후에도 상담사와 좋은 관계를 유지하고 싶어 한다. 종결회기에 내담자는 상담사에게 개인 전화번호나 이메일 주소를 물으면서 이러한 마음을 표현할 수 있다. 이 경우 상담사는 개인적인 연락처를 줘야 하는지 고민이 생길 수 있다. 상담사 윤리강령(한국상담심리학회)에는 "상담심리사는 내담자와 상담실 밖에서 연애관계나 기타 사적인 관계(소셜미디어나 다른 매체를 통한 관계 포함)를 맺거나 유지하지 않는다."라는 조항이 있다. 상담사는 이 내용을 근거로 개인적으로 연락을 지속하는 것은 어렵지만 기관을 통한 공식적인 연락이나 기관 내에서의 만남은 가능하다는 것을 안내하면 된다. 상담기관에 소속된 상담사는 내담자에게 기관의 전화번호를 알려 주고, 필요할 때 내담자가 도움을 받을 수 있도록 돕는다. 상담사가 혼자 대응하기 어려운 내용일 경우에는 수퍼바이저나 기관의 책임자와 의논해야 한다.

(3) 상담 녹음파일을 요구하는 내담자

초보상담사들은 수퍼비전을 받기 위해 내담자의 허락하에 상담내용을 녹음한다. 그런데 내담자 중에는 상담종결을 앞두고 상담 녹음파일을 요구하는 경우가 있다. 초보상담사는 녹음파일을 주는 것이 꺼려지거나 불편하더라도 내담자가 녹음파일을 요구하는 이유를 묻고 그에 따라 대응하면 된다. 대부분의 내담자는 자신의 상담내용을 들으면서 정리하려는 의도로 녹음파일을 요청하기 때문에 녹음파일을 줄 수 있다. 상담사는 내담자에게 녹음파일을 주면서 녹음을 들을 때 상담과정을 왜곡할 수 있으므로 전반적인 흐름 속에서 각 회기를 들을 수 있도록 안내하고, 내용을 듣다가 이해가 안 되거나 궁금한 점이 있을 때는 언제든 상담사에게 연락할 수 있다고 알려 준다. 어떤 내담자는 자신의 상담 녹음파일이 남겨지는 게 싫어서 자신이 가져가거나 상담사에게 지울 것을 요구한다. 상담사는 기관의 방침에 따른 자료보관 기간에 대해 설명하고 또한 녹음파일은 처음에 동의를 구한 것처럼 수퍼비전과 관련해서만 활용된다는 것을 다시 설명하여 내담자가 비밀보장에 관하여 안심할 수 있도록 돕는다.

상담사가 상담 녹음에 대해 동의를 얻는 것처럼 내담자도 상담사에게 녹음에 대한 동의를 얻고 녹음할 수 있다. 최근에 상담사와 동시에 녹음하기를 원하는 내담자들이 증가하고 있다. 이 경우 내담자도 상담사의 동의하에 녹음할 수 있으나, 녹음파일을 상담사의 동의 없이 SNS나 제3자에게 공개하지 않을 것을 사전에 구두 또는 문서로 동의를 구할 수 있다.

셀프 수퍼비전 노트

1. 종결기 상담에 대한 셀프 모니터링

- 잘하고 있는 부분

- 개선이 필요한 부분

2. 셀프 수퍼비전을 통한 종결기 상담 분석

- 실제 사례를 가지고 종결기 상담 분석하기

제2부

개입기술

제 4 장

경청

1. 잘 듣는다고 생각했는데 경청이 안 된다는 피드백을 받는다면?
2. 내담자가 쉴 새 없이 말할 때 경청하기 어렵고 언제까지 들어 줘야 할지 모르겠다면?
3. 언어적인 메시지에 집중하느라 내담자의 비언어적인 메시지와 감정을 놓치게 된다면?

▣ 연습하기

▣ 셀프 수퍼비전 노트

경청은 내담자의 말을 듣고 표정을 보고 내담자의 마음을 이해하는 복합적인 능력이 요구되기 때문에 초보상담사에게는 어려운 기술이다. 또한 경청은 다양한 상담기술을 활용하기 위한 기본적이고 중요한 기술이기도 하다. 왜냐하면 내담자의 말을 잘 듣고 이해해야 상담사는 적절한 질문, 감정반영, 재진술, 직면 등 다양한 기술을 활용할 수 있기 때문이다. 상담사가 내담자가 하는 말을 찰떡같이 잘 알아듣고 이해한다면, 내담자 입장에서는 자신의 말을 관심 있게 들어 주고 이해하는 상담사를 믿고 자신의 마음을 더 깊이 탐색할 수 있게 될 것이다.

경청에서 중요한 것은 내담자의 언어적 메시지뿐 아니라 비언어적 메시지도 함께 들어야 한다는 점이다. 즉, 상담사가 내담자의 비언어적 메시지(목소리 톤, 표정, 안색, 몸짓, 태도 등)를 잘 인식하고 파악하는 것이 귀로 듣는 것만큼 중요하다는 것이다. 상담사가 경청만 잘해도 내담자는 자신의 말을 있는 그대로 듣고 이해해 주는 상담사에게 존중받는다는 경험을 하게 되며 이를 통해 위로받고 변화에 도전할 용기를 갖게 된다.

경청(傾聽)은 한자로 기울 경, 들을 청으로 사전적 의미는 '남의 말을 귀 기울여 주의 깊게 들음'이다. 즉, 주의를 기울이거나 몸을 상대에게 다가가는 자세 그리고 귀와 눈으로 듣고 보고 마음으로 이해하는 것을 의미한다. 그래서 경청은 단순히 잘 듣는 것을 넘어 어떻게 듣고 무엇을 듣느냐를 포함한다. 상담에서 경청한다는 것은 다음을 의미한다. 첫째, 내담자의 이야기에 관심을 갖고 주의집중해서 들어 주는 태도를 말한다. 이를 '관심 기울이기(집중하기)'라고 하며 어떻게 듣느냐와 관련이 있다. 둘째, 내담자가 전달하려고 하는 메시지를 상담사가 감지하고 이해하는 능력을 의미한다. 이를 '적극적 경청'이라고 하며 무엇을 듣느냐를 의미한다.

경청의 경(傾)은 관심 기울이기로 상담사가 신체적으로나 심리적으로 내담자와 함께할 수 있는 태도를 말한다. 잘 알려진 관심 기울이기의 태도는 Egan(1997)의 SOLER 기법이다. 이 기법의 내용은 내담자를 바로(Squarely) 바라보기, 개방적인(Open) 자세를 취하기, 이따금 상대방 쪽으로 몸을 기울이기(Lean), 적절한 시선의 접촉(Eye contact)을 유지하기, 편안하고(Relaxed) 자연스러운 자세를 취하기이다. 또한 Hill과 O'Brien(2001)의 ENCOURAGES 기술도 관심 기울이기와 관련 있다. ENCOURAGES는 적절한 눈 맞추기(Eye), 적절한 고개 끄덕임(Nod), 문화적 차이에 대한 존중과 인식 유지하기(Cultural), 내담자를 향한 개방적인 자세 유지하기(Open), 동의 표시하기(Umhmm), 편안하고 자연스럽게 행동하기(Relax), 방해가 되는 행동은 삼가기(Avoid), 내담자에 맞추어 말하기

(Grammatical), 제3의 귀로 듣기(Ear), 적절한 공간 유지하기(Space)이다. 두 기법에서 공통적으로 강조하는 것은 언어적으로 전달되는 메시지도 중요하지만 비언어적 표현(상담사의 몸 위치와 방향, 얼굴 표정, 목소리 톤과 억양 등)으로 전달되는 메시지에도 주의를 기울여 잘 들어야 한다는 점이다. 따라서 경청은 단순히 청각 기능만을 사용하는 것이 아니라 시각과 마음을 모두 동원해서 내담자의 언어적 · 비언어적인 표현과 메시지 내용을 잘 듣고 이해하는 적극적인 활동이라는 점을 기억해야 한다.

다음 사례를 살펴보자. 상담 첫 회기에 내담자가 쉴 새 없이 이야기를 하면서 자신의 불안함을 드러내고 있다. 이때 상담사는 내담자의 불안한 모습을 알아차리고 관심을 기울인다. 상담사의 따뜻한 시선과 말투를 통해 내담자는 권위자에게 인정받고 싶은 자신의 마음을 알아차리게 되었고 불안이 감소되었다.

내담자 1: 제가 너무 두서없이 이야기하니 선생님이 알아듣기 힘드시죠? 지금 제가 무슨 얘기를 하고 있는지 저도 잘 모르겠어요.

상담사 1: (따뜻한 시선으로 내담자를 바라보며 고개를 끄덕인다.) 지금 이 자리가 낯설고 편하지 않은 것 같은데…… 지금 기분이 어떤가요?

내담자 2: 뭔가 얘기를 해야 할 것만 같아 긴장되고 불안해요.

상담사 2: (따뜻한 목소리로) 상담을 처음 시작할 때는 긴장될 수 있어요. 논리적으로 이야기하려고 하지 말고 하고 싶었던 얘기를 생각나는 대로 이야기하면 돼요. 얘기를 듣다가 궁금한 부분이 생기면 내가 중간에 질문을 할게요. 말하다 보면 익숙해질 거예요.

내담자 3: 네~ 그 말을 들으니 조금 안심이 되네요. 제가 늘 잘 보이고 싶은 마음이 있어서 상담에 와서도 뭔가 말을 잘해야 한다고 생각했던 것 같아요. 선생님이 답답해하면 안 되니까…….

다음은 학교 부적응으로 상담에 의뢰된 여고생의 사례이다. 내담자는 성 정체성에 대한 고민을 가지고 있으며 자신의 성 정체성이 드러날까 봐 불안한 학교생활을 하고 있다. 내담자는 다른 사람들이 자신의 고민을 이해하지 못할 거라는 생각에 아무에게도 말 못하고 외롭게 지내고 있었다. 상담사의 따뜻한 표정과 목소리로 전달되는 언어적 · 비언어적 경청으로 내담자는 누구에게도 말하지 못했던 고민을 이야기할 수 있었다.

상담사 1: (그동안 마음고생이 심했을 내담자를 따뜻한 눈길로 지긋이 바라보며 가끔씩 고개를 끄덕인다.) 음…….

내담자 1: 학교에 동성애자라고 소문난 아이가 있단 말이에요. 그 애는 다른 애들하고 어울리지 못하고 항상 혼자 있어요. 근데 그 애가 어느 날 저한테 와서 "너도 나랑 같지?" 그러는 거예요. 그러니까 제가 동성애자라고 알려진다면 그 애처럼 될 거잖아요. 그래서 학교에 가기 싫어요.

상담사 2: (내담자 쪽으로 몸을 기울이며 나지막하지만 따뜻한 목소리로) "너도 나랑 같지?"라는 얘기를 들었을 때 얼마나 놀랐을까? 그동안 누구에게도 속 시원히 말할 수 없어 답답하고 외로웠겠구나.

내담자 2: 네~ 진짜 깜짝 놀랐어요. 선생님한테 얘기하니까 조금 후련해요. (눈물)

적극적 경청은 내담자 말의 의미, 행간의 의미, 침묵의 의미 등 들리는 것과 들리지 않는 것을 모두 들을 수 있는 능력이 필요하다. 이 같은 상담사의 적극적 경청 능력은 상담사가 '무엇을 듣는가'와 관련된다.

적극적인 경청을 하기 위해서는, 첫째, 내담자의 언어적 메시지를 듣고 이해할 수 있어야 한다. 인간은 자신이 경험한 모든 것, 즉 생각, 감정, 행동을 언어로 표현한다. 따라서 언어적 메시지를 듣고 이해하는 능력이 경청을 위한 일차적 능력이라고 할 수 있다. 둘째, 내담자가 처해 있는 환경과 맥락 속에서 내담자를 이해하려고 노력해야 한다. 사람은 **자신의 경험을 바탕으로 세상을 바라보는 자신만의 틀**(관점)을 형성한다. 즉, 자신의 렌즈 색깔로 세상을 보기 때문에 동일한 경험도 사람마다 다르게 이해하고 해석할 수 있다. 따라서 상담사는 내담자가 하는 말의 의미를 상담사의 관점이나 추측으로 유추하지 말고 내담자의 관점과 맥락 안에서 이해해야 한다. 예를 들면, 내담자가 '불안' 증상을 호소할 때 상담사는 자신이 생각하는 불안으로 내담자의 불안을 이해할 것이 아니라 내담자가 호소하는 '불안' 증상이 어떤 것인지를 되물어 볼 수 있어야 한다. 내담자 말의 의미를 내담자의 언어로 되짚어 보는 경험이 쌓이게 되면 '불안'을 화나서 심장이 벌렁거리는 분노 감정과 혼동해서 표현하는 내담자들도 있다는 것을 알게 될 것이다. 내담자 입장에서 내담자의 어려움과 증상을 이해할 수 있을 때 내담자의 말을 제대로 경청하고 깊이 있게 이해할 수 있다. 셋째, 내담자의 말을 액면 그대로 듣기보다 숨은 의도나 의미를 들을 수 있어야 한다. 내담자들은 자신의 문제에 몰두되어 있어 현재 자신이 왜 힘들고 스트레스를 받는지 모르는 경우가 많다. 상담사는 내담자의 스트레스 이면에 있는 잘하고 싶은 욕구나 성장에 대한 동기를 듣기 위해 노력해야 한다. 일이 힘들어서 죽겠다는 내담자의 말을 액면 그대로 죽겠다는 말로 듣는 사람은 없을 것이다. 죽을 만큼 힘들다는 말로 이해하는 것이 일반적이다. 또한 잘하고 싶은 밑마음도 확인할 필요가 있다.

다음 사례를 보자. 고등학교에 진학한 후 같은 반 아이들이 자신을 좋아하지 않기 때문에 학교를 가지 않겠다는 내담자이다. 상담사는 학교가 싫다는 내담자의 부정적인 표현 속에 숨어 있는 성장동기와 변화하고자 하는 욕구까지 듣고 반영해 주고 있다(상담사 1 반응).

내담자 1: 우리 반 아이들이 나쁜 애들은 아닌 것 같아요. 하지만 저를 좋아하는 것 같지도 않아요. 그래서 학교에 가기 싫어요. 중학교 때는 애들이 먼저 다가왔는데 지금은 아무도 저에게 말을 걸지 않아요.

상담사 1: 반 아이들 중 누구라도 너에게 다가와 준다면 함께 어울리고 싶은 마음이 있다는 얘기로 들리는데…….

내담자 2: 하지만 애들은 이미 다 끼리끼리 어울리고 있어서 제가 들어갈 틈이 없어요.

상담사 2: 너도 먼저 다가가려는 마음이 있었는데 다가갈 틈이 없어 보였구나. 언제 다가가 보려고 했었니?

내담자 3: 가끔 생각을 하긴 했는데…… 막상 하려고 하면 무서워서 못 하겠어요.

상담사 3: 친구들에게 다가가 보려는 생각을 한 적이 있구나. 먼저 친구들에게 다가간다는 게 어떤 점에서 두려운 걸까?

상담사는 내담자의 비언어적 메시지를 알아차리고 이해하는 것뿐 아니라 상담사 자신의 비언어적 태도나 메시지도 알아차려야 한다. 초보상담사 시절에 내담자가 말을 하다가 갑자기 멈추어서 왜 그러냐고 물었더니 “선생님이 제 얘기를 받아 적으시는 것 같아서 천천히 말하려고요.”라고 하면서 말의 속도를 조절하거나 말을 멈추는 상황이 발생하였다. 내담자가 말하는 것을 다 받아 적는 것도 불가능하고 말의 속도를 따라갈 수 없기 때문에 결국 경청이 어려워진다. 따라서 경청을 위해서는 상담 중 기록하기보다는 눈맞춤을 하면서 내담자의 언어적 · 비언어적 메시지에 집중하는 것이 필요하다. 또한 상담사는 내담자에 대한 불편한 마음을 잘 숨기고 상담을 할 수 있다고 생각하겠지만 내담자도 언어적인 메시지를 통해 상담사의 감정을 전달받는다. 내담자의 말에 긴장하기도 하고 당황하기도 하고 불편해질 때 비언어적으로 부정적 느낌을 전달하게 된다. 따라서 상담사는 내담자에 대한 불편한 감정이나 생각들이 관심 기울이기에 영향을 미친다는 것을 기억하고 경청에 방해되는 요인들을 잘 인식하고 해결하기 위해 노력해야 한다.

수퍼바이저가 상담사에게 경청을 못하고 있다고 피드백하는 경우는 다음의 세 가지이다. 첫째, 상담사가 내담자의 말을 제대로 듣지 못하는 경우, 둘째, 상담사가 내담자가 말하는 의미와 맥락을 따라가지 못하는 경우, 셋째, 내담자의 비언어적 메시지와 언어적 메시지의 불일치를 알아차리지 못하는 경우이다. 이 세 가지 경우를 바탕으로 경청이 어려운 이유와 해결방법에 대해서 설명을 하고자 한다.

1. 잘 듣는다고 생각했는데 경청이 안 된다는 피드백을 받는다면?
2. 내담자가 쉴 새 없이 말할 때 경청하기 어렵고 언제까지 들어 줘야 할지 모르겠다면?
3. 언어적인 메시지에 집중하느라 내담자의 비언어적인 메시지와 감정을 놓치게 된다면?

1. 잘 듣는다고 생각했는데 경청이 안 된다는 피드백을 받는다면?

초보상담사들 중에는 경청하려고 노력했는데 수퍼바이저로부터 경청이 안 되었다는 피드백을 듣는 경우가 종종 있을 것이다. 경청은 상담에서 가장 기본적인 기술이라고 배웠는데 이 같은 피드백을 들으면 '나는 상담사로서 기본적인 자질이 없는 걸까?'라는 생각이 들 수 있다. 경청은 복합적인 능력을 요구하는 기술이기 때문에 기본적인 기술이라고 해서 쉽게 습득할 수 있다고 생각하면 안 된다. 초보상담사 중에 경청을 훈련 없이 잘하는 사람은 거의 없다는 점을 기억하고 겸손한 마음으로 기술 습득을 위해 노력하는 자세가 필요하다.

상담사가 내담자 말에 집중하지 못할 때, 가장 중요한 것은 내담자 말에 집중하지 못한다는 것을 상담사가 인식하는 것이며, 그다음은 내담자 말에 집중하지 못하는 이유를 탐색하는 것이다. 내담자 말에 집중하지 못하는 이유는 내담자 요인과 상담사 요인이 있다.

먼저 내담자 요인으로는 내담자가 같은 이야기를 반복하거나 횡설수설할 때, 감정 없이 사실만 나열할 때, 이야기가 길어질 때 등이 있다. 이럴 때 상담사는 지루하고, 집중이 안 되고 어떻게 반응해야 할지 고민하게 되면서 자기 생각에 빠지게 될 때 경청이 안 된다. 이런 경우 상담사는 먼저 자신이 경청을 못하고 있다는 것을 알아차리는 것이 중요하다. 그리고 내담자의 정리되지 않은 말을 명료화 또는 재진술을 하거나 내담자의 얘기 중 감정가가 있거나 감정과 관련시킬 수 있는 내용에 상담사가 감정반영을 하거나 감정에 대한 질문을 통해 내담자가 감정을 명확하게 자각하도록 돕는다. 예를 들어, 내담자가 반복해서 말하거나 횡설수설하고 감정이 느껴지지 않을 때 상담사는 내담자의 이야기를 따라가면서 "○○ 씨가 ~에 대해 ~하게 생각한다는 거지요?"라고 재진술할 수도 있고, "그때 ○○ 씨는 매우 화가 났군요."라고 감정을 읽어 줄 수도 있다. 또한 "그때 ○○ 씨의 감정은 어땠나요?"라고 질문을 할 수도 있다. 상황에 따라 각각 다른 반응이 필요하겠지만 중요한 것은 상담사가 내담자의 이야기, 생각, 감정, 의도를 잘 듣고 있으며 내담자의 이야기에 머물러 함께하고 있다는 것을 표현하는 것이다. 또한 상담사가 내담자의 에피소드를 들으면서 상황만을 탐색하는 것이 아니라 내담자가 경험한 느낌과 생각을 탐색할 때 내담자도 자기의 생각이나 감정을 말로 표현하면서 자신을 이해할 수 있게 된다.

상담사 요인으로는 상담사가 당면한 스트레스와 해결하지 못한 역전이 문제가 있다. 이런 경우 상담사는 내담자의 말을 정확히 듣지 못하거나 제대로 이해하지 못할 뿐 아니라 상담사가 대화의 주제를 바꿀 수도 있다. 상담사가 과도한 업무와 개인사로 인한 스트레스를 해소하지 못할 경우 내담자의 이야기에 온전히 집중하기 어렵다. 예를 들어, 청소년 상담기관이나 학교 상담실 같은 경우에는 개인상담뿐 아니라 집단상담, 교육, 각종 프로그램과 행정 업무까지 처리해야 하기 때문에 상담사는 심신이 지칠 수 있다. 이뿐만 아니라 상담사가 소화할 수 없을 정도의 많은 사례를 상담한다거나 상담사의 발달 수준에 맞지 않는 어려운 사례를 맡게 되는 경우 심리적으로 에너지가 고갈되고 소진되어 내담자의 이야기에 집중하기 어려울 수 있다. 스트레스를 받는 원인은 다양하고, 스트레스에 대처하는 능력도 개인마다 다를 것이다. 상담사가 스트레스를 해소하지 못해 상담에 영향을 준다는 생각이 든다면 상담사는 망설이지 말고 수퍼비전이나 개인상담(개인분석) 등을 통해 내담자를 도와줄 수 있는 구체적인 방법을 찾아야 한다.

경청을 어렵게 하는 상담사 요인 중 가장 큰 영향을 미치는 것은 상담사 역전이이다. 상담사가 내담자에게 느끼는 긍정적·부정적 감정을 역전이라고 하며, 특히 상담사의 미해결 문제로 인한 역전이는 상담과정에 영향을 미칠 가능성이 크다. 역전이는 상담의 어느 장면에서나 나타날 수 있다. 역전이가 일어나면 상담사는 구체적인 탐색 없이 내담자가 하는 말을 자신의 경험을 바탕으로 이해하고 내담자 문제에 개입할 것이다. 상담사가 자신의 감정에 압도되거나 자신의 경험들이 떠오르게 되면서 내담자의 이야기를 듣는 데 방해를 받게 된다.

내담자에게 긍정적인 역전이가 일어나면 내담자가 뭘 해도 예쁘고 도와주고 싶고 안쓰럽다고 느끼며 내담자에게 더 마음을 쓰게 된다. 이럴 경우, 상담사는 내담자의 이야기에 집중하기보다는 도와주고 싶은 마음이 앞서 내담자에게 불필요한 개입을 할 가능성이 생긴다. 예를 들어, 내담자의 감정을 더 깊이 탐색하지 못하거나 마치 상담사가 내담자에 대해서 잘 알고 있다는 태도로 내담자에게 많은 설명과 조언 등을 할 수 있으며 내담자가 진지하게 다루어야 할 문제들을 간과하고 넘어갈 수 있다.

부정적인 역전이도 경청을 방해하는 건 마찬가지이다. 우리는 화가 났을 때 내가 무슨 말을 했는지도 기억 안 나지만, 상대가 무슨 말을 했는지도 기억하지 못한다. 감정이 격해졌을 때 우리는 감정에 압도되어 상대의 얘기를 경청하기 어렵다. 상담에서 부정적인 역전이가 일어날 경우 내담자가 힘들고 불편한 자신의 상황이나 입장을 설명할 때 내담자 입장에서 이야기를 듣기보다는 상담사의 경험에 비추어 생각하거나 해결되지 않은 감정의 영향을 받아 내담자에게 부적절한 반응을 하게 되고 내담자보다 내담자 주변인에 대해서 더 공감하게 된다. 즉, 상담사는 내담자의 이야기를 제대로 듣지 못하기 때문에 내담자를 이해하는 데 한계를 경험하게 된다. 결과적으로 상담사의 역전이로 인해 내담자는 상담사로부터 이해받지 못한다는 생각과 함께 의사소통의 어려움을 경험하게 될 것이고, 상담사에 대한 불편한 감정들이 쌓일 경우, 상담을 조기에 종결할 수도 있다. 따라서 상담사는 자신의 역전이가 상담에 미치는 영향을 인식하고 역전이 문제를 해결하기 위한 노력을 해야 한다.

상담사는 호기심을 갖고 내담자 이야기를 듣는 것이 중요하다. 호기심을 갖고 듣게 되면 내담자를 더 잘 이해하기 위한 질문들이 생길 것이고 이러한 질문을 통해 내담자에 대해서 더 많이 알게 될수록 역전이 문제가 해결될 수 있다. 또한 역전이를 상담에서 활용하려면 상담사가 경험하는 역전이 감정이 내담자 것인지, 상담사 것인지를 구별해야 한다. 역전이 감정이 상담사의 미해결 문제와 관련된 것이라면 상담사 역시 개인분석을 통해 자신의 문제를 해결해야 한다. 반면, 내담자가 유발하는 역전이 감정이라면 내담자가 상담사에게 왜 이런 감정을 느끼게 하는지를 이해하고 역전이 감정을 활용해서 내담자를 도와야 한다. 역전이를 자각하고 이를 치료적으로 활용해서 내담자를 돕는 일은 시간이 오래 걸리고 혼자 해결하기 어렵기 때문에 전문가의 지도가 필요하다. 상담과정 속에서 상담사 자신의 문제들이 발견되고 상담관계 속에서 서로에게 미치는 영향을 생생하게 경험하게 되기 때문에 상담사가 몰랐던 자신의 문제를 이해하고 다루기 좋은 기회가 된다. 따라서 역전이 문제로 인해 내담자에게 부정적인 영향을 미칠까 봐 걱정하기보다는 역전이 문제를 발견하고 해결하는 과정이 상담수련 과정이라고 생각해야 한다. 이렇게 인내심을 가지고 수련한다면 상담사로서, 한 인간으로서 성장하는 시간이 될 것이다.

다음 사례를 통해 살펴보자. 집에서 용돈, 게임시간 문제로 아버지와의 갈등이 심해 상담에 의뢰된 대학생 내담자이다. 내담자는 상담시간 내내 아버지와의 갈등에 대해 말하면서 불평불만을 늘어놓았다. 몇 회기 동안 불평하는 내담자에게 상담사는 다음과 같이 반응하였다.

상담사: 그렇게 불평만 해서는 아무것도 바뀌지 않아요. 방법을 생각하고 찾아야 바뀔 수 있어요. ○○ 씨가 할 수 있는 방법은 무엇이 있을까요?

무려 다섯 가지 방법을 찾았으나 내담자는 다음 회기에 오지 않았고 상담은 조기종결되었다. 종결된 이유를 찾기 위한 수퍼비전에서 상담사의 역전이 감정이 숨겨져 있었다는 것을 알게 되었다.

수퍼바이저 1: 조기종결된 이유로 짐작되는 것이 있나요?

상담사 1: 음…… 이 내담자가 좀 불편했던 것 같아요.

수퍼바이저 2: 어떤 점에서 불편했는지 좀 더 표현해 볼래요?

상담사 2: (10초 동안 침묵) 내담자가 불평하는 모습이 잘 이해가 안 됐어요. 제가 공감을 못했던 것 같아요.

수퍼바이저 3: 내담자의 어떤 모습이 이해되지 않았을까요?

상담사 3: 내담자가 너무 아이처럼 징징댄다는 생각이 들었어요. 그 모습에 제가 짜증이 났던 것 같아요.

수퍼바이저 4: 아이처럼 징징대는 내담자를 보고 짜증이 났네요. 징징대는 내담자에게 짜증이 나는 이유가 있을까요?

상담사 4: 너무 애 같잖아요. 저 같은 경우는 불평불만을 잘 표현하지는 않아요. 어릴 때 엄마가 힘드실 것 같아서 혼자서 해결하려고 노력하거나 말하지 않고 그냥 참았던 것 같아요. 그래서 징징대는 내담자가 너무 답답했던 것 같아요.

수퍼바이저 5: 그래서 문제해결 방법을 찾는 것으로 내담자를 도우려 했군요. 내담자는 계속 본인이 얼마나 힘들고 답답한지 호소하고 있는데 상담사는 해결방법을 찾으라고 요구하고 있어서…… 서로 자기 말만 한다는 느낌이 드네요.

상담사 5: 네~ 불평만 해서는 달라지지 않는데 왜 스스로 해결방법을 찾지 않는지 답답했어요. 그래서 내담자가 문제해결 방법을 알면 징징대지 않을 거라고 생각했는데 그게 아니었던 것 같아요.

수퍼바이저 6: 상담사는 스스로 해결책을 찾으면서 자라 왔기 때문에 해결책을 찾는 게 더 익숙하겠지만, 내담자는 상담사에게 투정 부리는 마음을 이해받고 싶었을 것 같아요. 내담자 입장에서는 자신의 감정을 이해받지 못했다고 느꼈을 것 같아요.

상담사 6: 생각해 보니 그럴 수 있을 것 같아요. 힘든 마음은 안 들어 주고 해결책을 찾으라고만 했으니…… 아무 노력도 안 하는 사람 취급을 당했다고 생각한다면 상담을 안 오고 싶었을 것 같아요.

상담사는 스스로 문제를 해결하면서 자라 왔기 때문에 징징대기만 하고 스스로 해결하지 못하는 내담자를 공감적으로 이해하기 어려웠던 것으로 보인다. 그래서 상담사는 내담자에게 답답함을 느꼈고, 그로 인해 내담자가 부모와의 갈등에서 경험하는 불편하고 힘든 마음을 제대로 들어 주고 이해하기 어려웠을 것이다. 상담사는 내담자의 마음을 이해하기보다는 해결책을 찾는 방법으로 상담을 이끌었는데 이 부분이 내담자에게는 상담을 종결하게 된 이유가 된 것으로 보인다. 물론 내담자에게 문제해결 방법을 고민하게 하거나 함께 방법을 찾는 것은 상담에서 중요한 과제이지만, 내담자가 자신의 어려움을 충분히 토로하고 부정적인 감정이 어느 정도 정리가 됐을 때 처방적 개입을 하는 것이 더 좋다.

상담사가 경청이 안 되고 있다는 피드백을 받는 또 다른 이유는 내담자가 충분히 이야기를 하지 못했거나 마무리되지 않았음에도 불구하고 상담사가 주제를 바꿀 때이다. 상담사는 자신이 다루기 버거운 주제라는 생각이 들면 내담자의 이야기를 충분히 듣고 함께 머무는 작업을 하지 못하고 서둘러 상담주제를 바꾸기도 한다. 상담사가 다루기 버겁다고 느끼는 주제로는 상담사 자신이 해결하지 못한 문제들이나 상담사가 상담하기 어려운 주제들, 예를 들어 성(폭력), 자해 및 자살 사고나 행동 등과 같이 긴급한 조치가 필요한 위기 사례 등이다. 이러한 주제가 나오면 상담사는 차분히 내담자의 이야기를 듣고 생각과 감정을 깊이 탐색하지 못하고 불안해지면서 좀 더 가벼운 주제로 상담을 이끌어 가고자 한다. 초보상담사는 다루기 어려운 주제가 나오면 수퍼바이저와 상의하여 수퍼비전을 받으며 진행할 것인지, 다른 상담전문가에게 의뢰할 것인지 결정해야 한다. 또한 자신이 어렵다고 생각하는 특정 주제가 있거나 다른 상담사에게 의뢰하는 상황이 반복된다면 상담사는 자신에게 해결되지 않은 문제가 있는지 고민해 보고 자신의 성장을 위해서라도 상담받기를 권한다.

2. 내담자가 쉴 새 없이 말할 때 경청하기 어렵고 언제까지 들어 줘야 할지 모르겠다면?

상담사라면 누구나 내담자가 쉴 새 없이 이야기를 해서 개입하기가 어려웠던 경험이 한 번쯤은 있을 것이다. 내담자가 쉴 새 없이 이야기를 하는 이유로는 오랫동안 쌓아 놓고 하지 못한 이야기가 너무 많아서, 불안한 정서로 인해서, 자신의 깊은 내면으로 상담사가 들어오는 것을 방어하기 위해서 그리고 상담의 주도권을 잡고 싶어서 등이 있다.

마음먹고 상담실을 찾은 내담자는 그동안 쌓아 놓은 자신의 어려움을 이야기하고 도움을 받고 싶어 한다. 그래서 상담이 시작되면 내담자는 상담사와 대화를 하기보다는 목구멍까지 쌓아 놓은 자신의 이야기를 쏟아 내듯이 말하는 경우가 많다. 상담초기에는 내담자가 하고 싶은 말을 충분히 하도록 허용적으로 듣다가 상담사가 개입할 여유를 주지 않고 계속 자기 얘기만 할 때 상담사는 언제까지 들어 주기만 할 것인지, 들어 주기만 해도 되는지, 어떻게 피드백을 할 것인지, 많은 주제 중 무엇에 초점을 둘 것인지 등을 생각하며 혼란에 빠지게 된다. 상담사가 이러한 고민에 빠져서 상담사 자신의 내면의 소리를 듣는 순간 내담자의 이야기를 놓치게 된다.

내담자는 하고 싶은 말이 많을 때 흥분된 상태에서 빠르고 쉴 새 없이 이야기하기 때문에 상담사의 이야기를 들을 생각조차 못하거나 상담사의 말에 집중하지 못하기도 한다. 상담초기에 내담자를 이해하는 데 필요한 이야기를 한다는 생각이 든다면, 상담사는 개입을 자제하고 내담자의 이야기를 경청하면 된다. 그리고 내담자의 이야기가 어느 정도 정리될 때쯤 상담사가 내담자의 쉴 새 없이 이야기하는 모습을 피드백하면 내담자는 상담사를 앞에 두고 혼잣말하듯 말을 한 자신의 모습을 볼 수 있게 된다. 그러나 내담자의 이야기가 지지부진하거나, 핵심 메시지를 담고 있지 않거나, 사건만 나열하면서 감정이 드러나지 않을 때 상담사는 이야기 중간에라도 개입하는 것이 좋다.

다음 사례는 내담자가 쉴 새 없이 말할 때 상담사가 할 수 있는 다양한 반응을 제시하고 있다. 상담사 1 반응은 장황한 내담자의 이야기를 끊지 않고 다 듣고 난 후 말하고 싶은 내담자의 마음을 읽어 주고 있다. 상담사 2 반응은 상담사의 질문에 반응하지 않고 이야기의 초점 없이 혼자 웅얼거리듯 말하는 내담자에게 개입하여 지금 내담자가 어떻게 하고 있는지 비춰 주고 있다. 상담사 3 반응은 내담자가 표현하는 감정을 초점화시켜 개입하는 반응을 보여 주고 있다.

내담자 1: 일단 제일 힘들었던 거는 갈수록 점점 다른 사람과 교류하고 이런 게 거의 없다는 거예요. 사람들을 만나는 것 자체가 귀찮게 느껴지고 불편하고 재미없고 뭔가 어색하게 느껴진다고 해야 하나? 가족이나 가깝다고 느껴졌던 사람들도 점점 불편해지고…… 그래서 친구들 연락도 피하게 되고, 애들이 있다 보니까 부모들하고도 만날 일들이 생기잖아요. 그때도 피하게 되더라고요. 교류하는 엄마들이 한두 명은 있어야 할 것 같다는 생각이 들긴 하는데 지금은 모든 관계가 단절된 것 같아요. 혼자 있다 보니 더 우울해지는 것 같고…… 외롭다는 생각이 들 때마다 내가 자초해서 생긴 일인데 누굴 탓하나 싶기도 하고…… 또 내가 자초한 일이니 변화 가능성도 없어 보이고…… 이렇게 살다가는 폐인이 되겠다는 생각이 들었어요. 애들도 케어하기 힘들고…… 제대로 못 챙기는 것 같아서 엄마로서 죄책감도 들고…… 애들을 엄마한테 당분간 맡길까도 생각해 봤는데 그러면 제 상태를 모두 알게 돼서 더 큰 문제가 될 것 같기도 하고…… 지금 제 상태를 아는 사람은 남편밖에 없어요. 남편은 그래도 아직은 병원에 가 봐라, 여행을 다녀와라, 상담이라도 받아 봐라 하면서 도와주려고 하는데…… 제가 미루다가 이제 상담을 오게 됐네요. 상담도 겨우 오긴 했는데…… 무슨 얘기를 해야 하나 싶고…… 상담을 하면 나아질 수 있나 하는 생각도 들고…… 뭔가 뒤죽박죽인 거 같은데…… 제가 지금 무슨 얘기를 하고 있는지도 잘 모르겠어요. 제가 왜 이렇게 됐을까요?

상담사 1: ○○ 씨, 이렇게 이야기가 하고 싶었는데 그동안 혼자서 어떻게 참고 있었어요? ○○ 씨가 그동안 누구와도 마음 놓고 얘기를 하지 못했을 것 같다는 생각이 드네요. ○○ 씨가 마음을 둘 곳이 어디에도 없나 봐요. 뒤죽박죽인 것 같지만 이야기하고 나니 지금 기분은 어떤가요?

내담자 2: 요즘은 불안까지 생겼는지 아침에 일어나면 가슴이 막 뛰고 새벽에도 한두 번씩 깨서 깊은 잠을 못 자요. 잠들기도 어렵고. 그냥 별거 아닌 일인데도 금방 화가 나고 낯선 사람 마주치는 것만으로도 불안하고…… 둘째 같은 경우에는 유치원을 다니니까 차량이 온단 말이에요. 애가 차를 타고 인사를 하는데도 뭔가 불안감이 엄습할 때가 있어요. 그럼 애를 당장 차에서 내리게 하고 싶지만 그러면 안 되는 걸 아니까 참는데…… 그러면 애가 올 때까지 하루 종일 아무것도 못해요. 제가 가끔은 미친 것 같기도 하고…… 애들도 요즘 제가 무섭다고 하고…… 저를 피하는 게 느껴지더라고요. 제가 원래…….

상담사 2: (계속 이야기하려는 내담자의 말을 막으며) ○○ 씨, 잠깐만요. 내가 ○○ 씨한테 기분이 어떤지를 물었는데 ○○ 씨는 계속 혼잣말을 하듯이 얘기를 하네요. 본인이 지금 힘들다는 것을 전달하고 싶은가 봐요.

내담자 3: 아~ 네, 죄송해요. 그러고 보니 제가 혼잣말을 하고 있네요. 제가 상담실에 와서 이렇게 말을 많이 하게 될 줄 몰랐어요. 정말 제가 말을 많이 하고 싶었나 봐요. 누군가 내 얘기를 들어 준다고 생각이 돼서 그런지 계속 얘기를 하게 되네요. 지금 기분을 물어보신 거죠? 지금 기분을 뭐라고 표현해야 할지 잘 모르겠는데…… 제가 제 기분을 잘 몰라요. 그냥 기분이 나쁘면 우울하다 정도로 생각하는 것 같아요. 지금 기분은 글쎄…… 좀 놀랍기도 하고 당황스럽기도 하고 혼란스럽기도 하고…… 뭔가 정리되지 않은 느낌이에요.

상담사 3: 계속 혼란스러운 마음을 얘기하네요. 왜 갑자기 사람들도 불편해지고 불안해졌는지 궁금하네요.

상담초기 이후에도 내담자가 끼어들 틈을 주지 않고 자신의 이야기를 쉴 새 없이 하는 경우에는 이런 모습이 내담자의 어떤 특성을 반영하는지 살펴보고 그에 따라 대처해야 한다. 중요한 것은 상담사가 쉴 새 없이 이야기하는 내담자의 욕구나 동기가 무엇인지 파악하고 그에 맞게 대처하는 것이다. 상담사는 경청하기 위해 노력하겠지만 폭포수처럼 쏟아 내는 내담자의 말을 상담사가 귀담아듣고 모두 기억하기 어렵다. 이럴 경우, 상담사는 집중해서 듣기보다는 내담자의 말을 놓치지 않으려고 기록하는 데 에너지를 쏟을 가능성이 있다. 그러나 내담자와 눈을 맞추면서 내담자의 언어적·비언어적 메시지를 함께 들으려고 노력하는 것이 경청 능력을 향상시키는 데 도움이 많이 된다. 따라서 초보 상담사일수록 기록에 집중하지 말고 내담자의 말을 잘 들으려고 애쓰고 집중이 안 될 때는 어떤 요인이 경청의 방해 요인인지를 확인해서 대처역량을 키우는 것이 중요하다.

내담자가 말을 많이 하는 것이 어떤 이유이건 간에 상담사가 할 일은 수동적으로 듣기만 하는 것이 아니라 적절한 개입을 하는 것이다. 즉, 내담자의 이야기를 잘 들으면서 이해하기 위해 필요한 질문과 대화과정에 대한 안내를 적극적으로 하는 것이다. 다음과 같이 개입할 수 있다.

상담사: ○○ 씨, 잠깐만요. ○○ 씨가 이야기를 적극적으로 해 주는 것도 상담에 도움이 되지만 상담은 함께 대화를 하면서 서로를 이해하는 과정이기도 해요. 조금 천천히 나와 대화할 수 있었으면 좋겠어요.

끊임없이 이야기하여 중요한 주제를 놓치게 되는 경우에는 다음과 같이 개입할 수 있다.

상담사: ○○ 씨, 잠깐만요. 새로운 주제로 넘어갔는데 방금 이야기했던 내용 중에 궁금한 점이 있어서 물어보고 싶은데…… 그 이야기를 좀 더 해도 될까요?

내담자가 자신을 방어하기 위해 말을 많이 한다면 상담사는 내담자가 회피하는 주제가 무엇인지 찾아내고 그 주제를 다루어야 한다. 또한 지금-여기에서의 내담자 모습에 대해 반영해 주어야 한다.

상담사: ○○ 씨, 어린 시절 힘들었던 때를 계속 쉬지도 않고 얘기하고 말이 빨라지고 있네요. 잠깐 말하는 것을 멈추고 지금 느껴지는 감정에 집중해 볼까요?

3. 언어적인 메시지에 집중하느라 내담자의 비언어적인 메시지와 감정을 놓치게 된다면?

초보상담사는 내담자의 이야기를 집중하며 들으려고 애쓴다. 그런데 수퍼비전에서 "내담자의 말을 피상적으로 이해하는 것 같다." "내담자의 언어적 메시지와 비언어적 메시지 간의 불일치를 알아채지 못한다." "말과 감정의 불일치를 놓친 것 같다."라는 등의 피드백을 듣는다면, 상담사가 가장 먼저 해야 할 일은 내담자 말을 잘 듣고 있는지를 점검하는 것이다. 내담자의 이야기를 들으면서 상담사는 많은 생각을 하게 되는데, 이때 상담사가 자기 생각에 빠지게 되면 순간적으로 내담자의 말을 경청하지 못하게 된다. 아무리 상담사의 생각이 내담자를 위한 것이라 하더라도 내담자의 말을 놓친다면 내담자를 위한 것이 아니다. 상담사는 경청을 방해하는 잡생각이 떠오르지 않게 조심해야 한다. 예를 들어, 상담사가 개인적으로 고민하거나 걱정되는 현안이 있을 때, 내담자의 반응 다음에 어떤 반응을 할지 고민할 때, 이전 상담회기를 기억하려고 할 때, 내담자의 이야기를 따라 적느라 지금 하고 있는 이야기를 못 들을 때 등과 같이 경청을 방해하는 요인을 극복하기 위해 노력해야 한다. 즉, 경청을 위해서 상담사의 염려는 뒤로하고 내담자의 말과 표정에 몰두하기 위해 노력해야 한다. 지금-여기에서 내담자가 언어적·비언적으로 표현하는 생각과 감정에 머물러 함께할 수 있을 때 경청을 제대로 한 것이다.

앞서 상담사는 내담자가 나타내는 비언어적 행동을 관찰하고 읽을 수 있어야 한다고 언급한 바 있다. 상담사는 내담자의 표현된 말뿐 아니라 비언어적으로 표현하는 내담자의 이야기를 들을 수 있어야 한다. 한 예로, 부모와의 관계 문제로 상담에 의뢰된 내담자가 부모에 대한 질문에 시큰둥한 표정으로 "좋아요."라고 말할 때 상담사가 내담자의 비언어적인 메시지를 알아차리지 못하고, '좋아요'라는 말만 듣고 부모와의 관계를 탐색하지 않고 넘어간다면 상담사는 내담자를 이해하기 어려울 것이다. 왜냐하면 상담사는 내담자의 속마음인 비언어적인 표현을 알아듣지 못했기 때문에 내담자가 부모에 대해서 느끼는 불편한 감정을 탐색하지 못할 가능성이 높고, 내담자도 부모와의 불편한 감정을 말하지 않고 괜찮은 척하기 때문에 진짜 자신의 문제를 터놓고 말하지 못할 수 있다. 결국 내담자가 상담에서 하고 싶은 말을 할 수 없게 되면 내담자는 상담에 대한 동기가 낮아질 것이다. 따라서 상담사는 내담자가 말하는 언어적 메시지뿐 아니라 비언어적 메시지를 동시에 듣는 연습을 해야 한다.

다음은 대인관계 문제로 상담하게 된 대학생 내담자의 사례이다. 아버지에 대한 탐색 과정에서 내담자는 비언어적 표현과 언어적 표현에서 불일치를 보이고 있다. 상담사는 내담자의 비언어적인 표현을 알아차리고 아버지와의 관계를 탐색하기 위해 질문을 하고 있다. 언어적 · 비언어적 표현의 불일치를 다루는 것은 직면기술 사용 시 매우 중요한 요소가 된다. 즉, 경청을 잘해야 언어적 · 비언어적 메시지 간의 불일치를 확인할 수 있고, 그 불일치에 대해 직면기술을 사용하여 내담자의 더 깊은 속마음을 탐색할 수 있다.

내담자 1: (시선은 아래를 쳐다보며 무표정한 얼굴과 건조한 말투로) 아빠는 우리에게 자상했고 어렸을 때 많이 놀아 주셨어요. 좋으신 분 같아요.

상담사 1: 아빠가 자상하고 좋았다고 하는데 아빠와 지냈던 시간들 중에서 기억나는 일은 뭐가 있을까요?

내담자 2: 너무 어렸을 때라 기억이 잘 안 나요.

상담사 2: 자상하고 좋은 아빠에 대해 이야기하는데 무표정하고 건조하네요. 지금 ○○ 씨 표정을 보면 아빠에 대한 좋은 감정이 전달되지 않네요.

내담자 3: (10초 정도 침묵) 사실…… 아빠와의 기억이 별로 없어요. 아빠가 자상하셨다고 말했지만 제 기억 속의 아빠는 그냥 생물학적인 사람이에요. 아빠에 대해서 이런 얘기를 하는 것이 불편해서 그냥 좋다고 한 건데…… 선생님한테는 티가 났나 보네요.

어떻게 하면 내담자의 이야기뿐 아니라 비언어적 메시지를 놓치지 않을 수 있을지 다음 사례를 통해 살펴보자. 이 사례에서는 상담사가 내담자의 말보다 비언어적인 표현을 민감하게 알아채서 내담자의 불편한 감정을 다룬다. 상담사는 앞 상담시간이 길어져서 5분 늦게 상담을 시작하게 된 상황이다. 내담자의 질투심에 대해서 잘 알고 있는 상담사는 내담자가 눈을 마주치지 않으면서 상담사를 걱정해 주듯 하는 말을 그냥 지나치지 않고 내담자의 질투심과 연결하여 내담자의 생각과 감정을 좀 더 깊이 다루고 있다.

내담자 1: (시선을 피하며) 선생님 앞 시간에 상담하고 바로 상담하느라 힘드시겠어요.

상담사 1: 내가 힘들까 봐 걱정해 줘서 고마워요. 그런데 눈을 마주치지 않고 말을 하네요. 앞 상담이 늦게 끝나서 우리가 조금 늦게 시작했는데 기다리면서 어떤 생각을 했어요?

내담자 2: 사실…… 좀…… 말하기 그런데…… 질투가 났어요.

상담사 2: 질투 나는 마음에 대해서 좀 더 설명해 줄래요?

내담자 3: 음…… 선생님이 그 사람을 더 예뻐하는 거 아닐까? 나보다 그 사람을 더 좋아하는 것 같다는 생각이 들었던 것 같아요. 기다리면서 마음이 좀 복잡했어요. 선생님한테도 질투를 느끼는 제가 좀 이상하게 느껴지기도 하고…… 사실 들어올 때는 그런 마음을 숨기려고 했는데 말하고 나니 좀 더 후련하긴 하네요.

상담사 3: 왜 내가 앞 상담시간의 사람을 더 좋아한다고 생각했어요?

내담자 4: 저는 늘 제시간에 끝나잖아요. 저는 정각에 끝나는데 그 친구한테는 시간을 더 할애해 주는 것 같아서 저보다 그 친구를 더 좋아한다는 생각이 들었던 것 같아요.

이 사례에서도 볼 수 있듯이 내담자들은 불편한 주제나 대상에 대한 감정 또는 생각을 표현할 때 말보다는 비언어적으로 표현하는 경우가 있다. 상담사는 말과 함께 나타나는 내담자의 비언어적인 표현이 무엇을 말하고 싶어 하는 것인지 고민해야 한다. 다음 사례를 살펴보자.

내담자 1: (이야기를 하면서 자꾸 벽에 있는 시계를 쳐다본다.)

상담사 1: 지금 ○○ 씨가 나와 이야기하면서 계속 시계를 보고 있는데…… 시계를 자꾸 보는 이유가 있을까요?

내담자 2: 아…… 지루한 건 아니고…… 선생님한테 말할까 말까 고민했어요. 말하지 않으려고 했는데 말하는 게 낫겠네요. 지난 시간에 선생님이 저에게 관심이 없는 것 같다는 생각이 들어서 섭섭했어요. 그래서 오늘 상담을 끝내야 하나라는 생각을 하면서 왔어요.

상담사 2: 섭섭한 마음에 대해서 더 이야기해 줄래요?

내담자 3: 지난주에 선생님이 앞 상담이 늦게 끝나서 우리가 늦게 시작했는데 그것에 대해서 아무 말씀을 안 하셨잖아요. 상담할 때는 못 느꼈는데 집에 가는 길에 기분이 별로 안 좋아서 생각해 보니 선생님이 저를 별로 안 좋아하시나라는 생각을 하게 된 것 같아요. 그 생각을 며칠 하다가 잊었는데 오늘 상담에 오면서 다시 생각이 났어요. 섭섭함도 들고 제가 중요한 사람이 아니라는 느낌이 들어서…… 계속 상담을 받아야 하나라는 생각을 계속 했던 것 같아요. 그래서 자꾸 시계를 봤던 것 같아요. 선생님을 보는 게 좀 불편해서…….

상담사 3: 지난주에 내가 늦게 시작한 것에 대해서 ○○ 씨에게 미처 설명이나 사과를 못 했네요. 그 점에 대해서 지금 사과할게요. 그 섭섭한 마음이 상담종결까지 생각하게 했네요. 지금이라도 섭섭한 마음을 표현해 줘서 고마워요. 그런데 나한테 솔직하게 말하는 것이 아직 어려운가 보네요. 그 섭섭함 때문에 나와의 관계를 끊으려 했다는 얘기를 들으니 좀 섭섭해지네요.

내담자 4: 진짜 끝낼 생각은 아니고요. 제가 여전히 솔직하게 말하는 게 어렵구나라는 생각이 드네요. 막상 말하고 나면 괜찮다는 걸 알면서도 계속 꽁해 있고 관계까지 끊으려고 하고 있는 것 같아서 제가 좀 답답하네요.

초보상담사는 경청하려고 노력하는 과정에서 오히려 긴장이 되어 경청하지 못할 수도 있다. 긴장을 하면 잘 듣기가 어렵고, 내담자 말에 대한 이해의 폭이 좁아지며, 비언어적인 표현도 놓치기 때문에 내담자의 감정에 접촉할 기회도 잃게 된다. 상담사는 자신이 긴장하는 이유를 탐색해야 한다. 내담자에게 정확한 반응을 함으로써 유능한 상담사로 보이려고 하는 건 아닌지, 상담사가 감정에 접촉하는 게 어렵거나 어색한 것은 아닌지 생각해 보아야 한다. 상담사가 내담자의 비언어적 메시지를 알아차리지 못하거나 감정을 놓친다는 피드백을 자주 듣는다면 수퍼바이저 또는 상담사와 함께 이러한 주제로 논의해 보기를 바란다.

연습하기

사례

40대 초반의 기혼여성이 자녀문제로 상담을 신청하였다. 현재 5회기 상담 진행 중이며, 초등학교 3학년 막내아들의 학교 부적응 문제와 관련하여 정서적 어려움을 호소하고 있다. 자녀는 1녀 1남인데, 첫째는 초등학교 4학년 딸로 모범생으로 엄마를 닮았으며, 둘째는 초등학교 아들로 아빠를 닮아 게으르고 물건을 자주 잃어버리고 정리정돈을 못한다고 하였다.

내담자 1: (한숨을 쉬며) 지난주에도 똑같이 보냈던 것 같아요.

상담사 1: 별일 없이 지내셨군요.

내담자 2: 늘 똑같이 싸웠어요. 아들이 학교에서 폰을 잃어버려서 왜 이렇게 덜렁거리냐? 스스로 자기 물건도 못 챙기고……. 이런 일이 한두 번이 아니라서 '애가 뭔가 모자른가? 어디가 문제가 있나?' 이런 생각이 들어 불안하기도 했어요. 병원을 데리고 가야 하나 싶기도 하고…… 그래서 남편이 퇴근하고 왔을 때 남편한테 아이 문제를 얘기했더니 남편이 아이를 두둔해서 남편과의 싸움으로 번졌어요. 남편은 어릴 때 자신도 물건을 많이 잃어버렸다면서 제가 너무 예민하다고 했어요. 그러면서 저더러 문제라고, 상담을 받는데 왜 안 바뀌냐고 했어요. 그래서 너무 화가 나서 남편과 싸우고 일주일째 말을 안 하고 있어요.

상담사 2: 남편은 아들의 문제가 아니라 ○○ 씨가 문제라고 얘기를 했네요.

내담자 3: 그러게요. 그 인간은 뭐든지 다 내 탓이라고 해서 너무 화가 나요. 애가 덜렁거릴 수 있다고는 하지만 자기도 그랬다고 문제가 아닌 건 아니죠. 제가 보기엔 남편의 덜렁거리는 모습도 문제라고 생각하거든요. 자기와 비슷하다고 문제가 아니라고 말하는 건 아니지 않나요?

상담사 3: 그렇죠. 그건 아니죠.

내담자 4: 남편이 상담을 받아야 하는 게 아닐까요? 진짜 남편을 상담받게 하고 싶어요. 왜 나만 혼자 노력해야 되는 건지 모르겠어요.

상담사 4: 상담을 통해서 남편이 어떻게 변화되길 바라는 건가요?

설명

이 사례는 가족역동이 남편–아들, 엄마–딸로 형성되어 남편은 자신과 비슷한 아들에 대해서 호의적이고 엄마는 자신과 다른 아들을 문제가 있다고 지각하고 있다. 더불어 아들의 문제를 심각하게 보는 아내에 대해서 남편은 예민한 사람으로 치부해 버리고 있다. 더 깊이 들어가서 파악할 부분은 내담자가 남편의 부정적인 모습을 아들에게 보게 되면서 남편에 대한 부정적인 감정과 아들이 남편처럼 될 것 같은 불안감이 있는지를 확인해 볼 필요가 있다.

경청에 초점을 맞춰서 축어록을 분석하면 다음과 같다. 내담자가 한숨을 쉬면서 지난주도 똑같이 보냈다고 말하고 있다. 그런데 상담사가 비언어적인 메시지는 간과하고 지난주도 똑같이 지냈다는 말에 방점을 찍고 "별일 없이 지냈군요."라며 피상적인 경청반응을 하였다. 한숨을 쉰 비언어적 반응을 이해했다면 똑같이 보냈다는 것이 '아무 일이 없었다'는 의미가 아니라는 것을 파악했을 것이다. 내담자 3 반응은 상담사에게 남편이 문제라는 자신의 생각에 대한 동조를 구하는 반응으로 상담사 3 반응에서는 내담자가 원하는 반응을 하고 있다. 그러나 상담사 3 반응은 내담자가 옳고 남편이 틀리다는 의미로 해석 가능하다. 결국 내담자는 문제가 있어서 상담받을 사람은 남편이라는 생각에 확신을 가지게 되었다. 내담자 반응을 토대로 상담사 반응에 대한 대안반응을 연습해 보자.

▣ 앞의 설명을 바탕으로 상담사 반응별 대안반응 적어 보기

상담사 1:

상담사 1:

상담사 2:

상담사 2:

상담사 3:

상담사 3:

상담사 4:

상담사 4:

대안반응 1

상담사 1: 한숨을 쉬는 걸 보니 편안하게 보내신 건 아닌 것 같은데(비언어적 경청)~ 어떻게 보내신 건가요?

상담사 1: 별일 없이 보내신 것처럼 말씀하시는데 한숨을 쉬네요(비언어적 경청).

대안반응 2

상담사 2: 아들이 자주 물건을 잃어버리는 것에 대해서 문제가 있다는 생각을 하시는 것 같네요.

상담사 2: 아들 문제로 도움받고자 했지만 남편이 ○○ 씨의 문제로 얘기를 해서 화가 났네요.

상담사 2: ○○ 씨가 아들의 문제를 해결하기 위해서 상담을 받으면서 노력하고 있는데 이것에 대해서 남편이 인정해 주지 않아 화가 났네요.

상담사 2: ○○ 씨는 남편과 싸운 후 말을 안 하고 피하시네요. 싸운 후 주로 말을 안 하시는 편인가요?

대안반응 3

상담사 3: 남편은 자신과 비슷한 모습을 보이는 아들을 문제로 보지 않네요. ○○ 씨는 그런 남편이 오히려 문제라고 생각하는 것 같고요.

상담사 3: ○○ 씨는 남편이 문제라는 것에 대해서 제게 동의를 구하는 것처럼 느껴지네요.

상담사 3: 남편과 아들이 덜렁거린다고 했는데 서로 어떻게 비슷한지 좀 더 설명해 주실래요?

상담사 3: 아들이 핸드폰을 잃어버린 일과 ○○ 씨를 탓하는 남편의 태도 중 ○○ 씨를 더 화나게 만드는 건 어느 쪽인가요?

상담사 3: 남편에 대한 감정과 아들에 대한 감정이 섞여 있는 것처럼 생각되네요. 아들한테 남편의 모습을 발견할 때 어떤 생각을 하시나요?

대안반응 4

상담사 4: ○○ 씨는 상담받아야 할 사람이 오히려 남편이라고 생각하네요. 그래서 ○○ 씨가 상담받는 것에 대해서 억울한 마음이 생기는 걸까요?

상담사 4: 남편이 상담을 받으면 ○○ 씨의 자녀양육의 어려움이 해결될까요?

상담사 4: ○○ 씨는 남편이 가정 문제에 어떤 노력도 하지 않는다고 생각하는 건가요? 이런 생각이 들면 억울하고 외로울 것 같네요.

상담사 4: 얘기를 듣다 보니 ○○ 씨는 작은 아이 문제보다 남편에 대한 스트레스가 더 큰 것처럼 느껴지네요.

셀프 수퍼비전 노트

1. 경청기술에 대한 셀프 모니터링

- 잘하고 있는 부분

- 개선이 필요한 부분

2. 셀프 수퍼비전을 통한 경청 대안반응 연습하기

- 실제 사례를 가지고 대안반응 작성해 보기

제5장

탐색적 질문 및 명료화

1. 계속 질문만 하게 된다면?
2. 폐쇄형 질문을 자주 사용한다면?
3. 맥락에 맞지 않는 부적절한 질문을 한다면?
4. 한 번에 여러 개의 질문을 하게 된다면?
5. 내담자의 말 중 어떤 내용에 초점을 두고 질문해야 할지 모르겠다면?

▣ 연습하기

▣ 셀프 수퍼비전 노트

제4장에서 가장 중요하고 기본이 되는 상담기술은 경청이라고 설명하였다. 경청을 잘해야 내담자가 하는 말의 의미를 이해하고 그 이해를 바탕으로 내담자에게 탐색적 질문을 할 수 있다. 이 장에서는 경청 못지않게 상담을 이끄는 데 중요한 기술인 탐색적 질문을 설명하고자 한다.

상담과 심리치료는 상담사와 내담자의 대화를 통해 이루어진다. 대화는 질문과 응답의 형태로 진행되지만 상담에서의 대화는 일상적인 대화와 비교해서 몇 가지 차이점이 있다. 가장 큰 차이점은 상담사가 주로 질문을 하고 내담자가 상담사의 질문에 대답하는 형태를 취한다는 점이다. 그렇다고 상담사가 주도적으로 질문을 하고 내담자가 수동적으로 답을 하는 단순한 과정은 아니다. 상담사가 질문을 통해 내담자의 반응을 촉발하지만 상담에서 주도적인 역할을 하는 것은 내담자이다. 상담사의 적절한 질문은 상담과정과 상담의 질을 결정하는 데 중요한 역할을 한다. 왜냐하면 상담사의 질문은 내담자가 대답하는 과정에서 자신의 사고와 감정을 탐색하도록 돕고 나아가 자신을 이해할 수 있는 촉매제가 되기 때문이다. 우리는 이러한 질문을 탐색적 질문 또는 촉진적 질문[1)]이라고 한다. 상담사가 내담자에게 하는 질문은 의도와 목적이 명확해야 한다. 상담사의 단순한 호기심을 해소하기 위한 질문이 아니라 내담자의 자기이해를 돕기 위한 의미 있는 질문을 해야 한다. 탐색적 질문을 통해 상담사가 설정한 가설들을 확인하고 확인된 정보들을 모아서 종합하면 내담자에 대한 사례개념화가 되는 것이다. 즉, 탐색적 질문을 통해 내담자 이해에 필요한 정보들을 탐색해야 사례개념화를 할 수 있으며, 결과적으로 내담자의 문제해결을 위한 효과적인 접근이 가능해진다. 상담에서 탐색적 질문을 사용하는 목적은 다음과 같다.

- 첫째, 내담자가 자신을 이해하는 데 도움을 준다.
- 둘째, 상담사가 내담자를 이해하는 데 도움을 준다.
- 셋째, 상담의 효율성과 효과성을 높인다.

즉, 상담사가 질문을 잘하면 내담자의 자기탐색을 촉진하고 내담자가 자신을 이해하게 되면서 동시에 상담사도 내담자를 더 잘 이해하고 공감할 수 있게 된다. 그리고 최종

1) 이하 탐색적 질문으로 통일한다.

적으로 상담사의 잘 계획된 탐색적 질문은 상담 시간과 비용을 절약할 수 있도록 도와 상담의 효율성을 높인다. 상담사가 중요하지 않은 질문으로 혹은 내담자의 자기이해에 도움이 되지 않는 질문으로 시간을 허비할수록 내담자는 많은 시간을 상담에 투자해야 하고, 유료상담일 경우는 결국 비용을 증가시켜 내담자에게 경제적 부담을 주게 된다. 상담사의 초점화된 탐색적 질문은 내담자의 자기탐색과 성찰을 촉진하고, 탐색적 질문을 잘 사용할수록 내담자는 문제해결에 보다 효과적으로 접근할 수 있다. 따라서 상담사는 자신의 탐색적 질문 능력을 향상시키기 위해 노력해야 한다.

초보상담사들이 가장 빈번히 사용하는 상담기술이 질문(questioning)이지만 상담과정에서 적절하고 적합한 질문을 하는 것은 어려운 작업이다. 질문은 대화를 계속 유지할 수 있게 해 주고 계속 대화에 참여하고 있다는 느낌을 주기 때문에 초보상담사들이 자주 사용하는 상담기술이다. 그러나 상담사가 질문을 사용할 때는 좀 더 세심한 준비와 노력이 필요하다. 즉, 상담사는 내담자에게 양질의 질문을 잘하기 위해 노력해야 한다. '잘해야 한다.'라는 말 속에는 내담자의 반응에 적합한 질문하기, 구체적인 탐색을 목적으로 하는 질문하기, 질문과 함께 다른 상담기술을 적절히 사용하기 등의 의미가 내포되어 있다. 즉, 상담사는 내담자가 한 말에 대한 의미와 맥락을 파악한 후 질문을 해야 하며, 내담자를 돕기 위한 의도와 목적을 가진 질문을 하고, 질문과 함께 다른 상담기술(재진술, 감정반영, 명료화 등)을 사용해야 내담자가 취조당한다는 느낌 없이 상담사의 질문에 반응할 수 있다.

상담사의 질문은 상담사가 가진 이론적 배경과 밀접한 관련이 있다. 즉, 상담사가 지향하는 이론적 배경에 따라 내담자 문제를 바라보는 시각이 다르기 때문에 해결을 위한 탐색적 질문의 내용과 강조점이 다를 수 있다. 예를 들면, 인지치료에서는 인지오류나 부정적 사고를 다루는 질문을 더 자주 활용할 것이다. 또한 상담이론마다 다양한 질문기법(기적질문, 척도질문, 예외질문 등)을 활용하고 있기 때문에 상담사의 이론적 배경이 탐색적 질문에 영향을 미칠 수 있다. 초보상담사들의 경우는 아직 이론적 배경을 선택하지 못했거나 학습이 안 된 상태일 수 있기 때문에 다양한 이론에서 소개하는 질문기법들을 상담에 적용해 보는 연습이 필요하다. 그러나 이 장에서는 특정 이론적 접근을 배제하고 상담에서 기본적으로 해야 하는 질문에 대한 설명을 하고자 한다.

이 장에서는 질문과 관련하여 초보상담사들이 경험하는 실수를 살펴보고 질문을 효과적으로 할 수 있는 방법을 설명하고자 한다. 우선 질문과 관련하여 초보상담사들이 경험하는 어려움들은 다음과 같다.

1. 계속 질문만 하게 된다면?
2. 폐쇄형 질문을 자주 사용한다면?
3. 맥락에 맞지 않는 부적절한 질문을 한다면?
4. 한 번에 여러 개의 질문을 하게 된다면?
5. 내담자의 말 중 어떤 내용에 초점을 두고 질문해야 할지 모르겠다면?

1. 계속 질문만 하게 된다면?

초보상담사들이 가장 많이 하는 실수 중 하나가 질문만 하는 것이다. 초보상담사들이 상담에서 질문만 사용하는 경우를 살펴보면 다음과 같다. 첫째, 다양한 상담기술 사용에 대한 훈련이 부족할 경우 질문만 열심히 하게 된다. 초보상담사들의 경우 대학원과정에서 상담기술과 관련된 실습과목을 경험하지만 상담기술의 개념적 정의와 실제 기술 적용 간의 괴리를 극복할 만큼의 실습을 경험하기는 어려운 실정이다. 따라서 초보상담사일수록 일상적인 대화 습관에 기반해서 상담을 진행하는 상황이 자주 발생하게 된다. 이런 경우 초보상담사들은 대화를 이끌기 위한 질문 중심으로 상담기술을 사용할 가능성이 커진다. 상담에서는 내담자의 사고와 감정을 함께 다루어야 하는데, 감정을 다루지 못하고 팩트 체크나 단순한 정보수집 목적으로 질문을 자주 사용하게 되면 내담자 입장에서는 상담과정에서 이해받고 있다는 느낌을 경험하기가 어렵다. 다양하고 풍부한 내용을 이끌어 내기 위해서는 질문을 사용해야 하지만, 감정선의 변화나 내담자 생각의 변화를 잘 따라가려면 다양한 상담기술을 적절히 사용할 수 있는 훈련과 연습이 필요하다. 따라서 초보상담사들이 상담을 시작하기 전에 가장 먼저 해야 할 준비는 상담기술에 대해 훈련을 받는 것이다. 즉, 경청, 탐색적 질문, 감정반영 등의 개별 기술들을 익히고 수행할 수 있는 충분한 시간을 가져야 한다. 개념적 이해부터 실제 적용에 익숙해질 때까지 많은 연습이 필요하다. 내담자를 만나면서 연습을 한다는 것은 내담자의 복지와 안녕을 추구하는 상담의 목적에 부합하지 않는다. 상담기술의 기본은 익힌 상태에서 내담자를 만날 것을 권장한다. 다양한 상담기술을 사용하는 데 익숙해지고 숙련될 때까지, 이후 상담기술을 종합적으로 사용할 수 있고 자기만의 상담 스타일을 만들 수 있을 때까지 지속적인 수련이 필요하다.

다음 사례는 상담 첫회기에 상담의 목적을 탐색하기 위해 상담사가 질문하는 내용을 담고 있다. 상담사의 반응을 살펴보면 내담자 이해를 위해 모두 필요한 질문으로 문제가 없어 보인다. 그렇지만 상담사의 반응만 떼어서 다시 읽어 보면 상담사는 계속 '끝말잇기'식 질문만 하고 있기 때문에 내담자가 취조당하는 느낌을 받을 수 있고, 대답을 계속 해야 하는 상황에 대해 부담감을 느낄 수도 있다. 내담자를 도와주기 위해 필요한 질문이라 하더라도 내담자 입장에서는 낯선 사람에게 자신에 대해서 개방하는 것이 낯선 경험일 수도 있기 때문에 불편할 수 있음을 공감하면서 탐색적 질문을 해야 한다. 다음 사례의 대안반응에서처럼 '화를 내는 자신을 이해하고 싶은 마음'을 공감적으로 읽어 준 후 질문을 하는 것이 내담자의 불편함과 거부반응을 줄이는 데 도움이 된다.

상담사 1: 상담을 신청한 이유에 대해서 좀 더 설명해 주시겠어요?

내담자 1: 저에 대한 이해를 하고 싶어서 신청했어요.

상담사 2: 자신의 어떤 부분에 대해 이해를 하고 싶으신지 구체적으로 설명해 주시겠어요?

내담자 2: 음…… 제 성격 부분인데…… 제가 화를 좀 잘 내서요.

상담사 3: 화를 잘 낸다는 것이 구체적으로 어떻게 하신다는 말인가요?

내담자 3: 그냥 별일 아닌 것 같은데도 화가 자주 나는 것 같아요.

상담사 4: 별거 아닌 일에 왜 화가 날까요?

대안반응: ○○ 씨는 화를 내는 자신을 이해하고 싶으신가 보네요. 어떤 상황에서 화를 내는지 설명을 해 주실 수 있을까요?

이 사례에서처럼 상담사가 질문만 할 경우 내담자는 상담이 아닌 조사나 취조를 받는다고 느낄 수 있다. 왜냐하면 머리만 쓰게 하는 질문은 내담자가 계속 생각하고 설명을 해야 하기 때문에 질문이 계속되고 기억나지 않거나 생각해 보지 않은 것들을 질문받으면 코너로 몰린다는 느낌으로 인해 불편해지기 때문이다. 특히 '왜'라는 질문을 할 때는 뉘앙스에 신경 써야 한다. 일반적으로 '왜'라는 질문은 정보를 구체적으로 탐색하거나 이유나 원인을 확인하는 데 많이 사용되지만 뉘앙스에 따라서 잘못한 행동에 대한 꾸짖음이나 추궁의 의미로 들릴 수 있기 때문이다. 따라서 '왜'라는 질문을 할 때는 뉘앙스에 특히 신경을 써야 하며, 구체적인 정보가 필요할 때 제한적으로 사용할 것을 권장한다. 상담사와 내담자 사이에 라포가 형성되고 상담사가 '왜'라는 단어를 사용하는 목적(이유가 궁금해서)에 대해서 내담자가 이해하게 되면 '왜'라는 질문에 민감하게 반응하지 않을 것이다.

상담사가 질문 일색으로 상담을 이끌어 가는 이유를 생각해 보면 다음과 같다. 즉, 내담자에게서 정보를 얻어 사례개념화를 해야 한다는 생각에 질문을 강박적으로 사용하기도 하고, 내담자의 침묵에 불안하거나 침묵을 상담사의 무능력으로 인지해서 계속 반응을 이어 가야 한다는 부담감에 질문을 많이 하기도 한다. 또한 상담사가 상담을 이끌어 가야 한다는 책임감 또는 불안감 때문에 계속 질문을 하게 되기도 한다. 이렇듯 상담사마다 다양한 이유로 상담에서 질문만 하게 되는데, 이 경우 단순한 기술 사용의 문제인지, 상담사의 역전이와 관련된 문제인지 파악하고 적절하게 대처해야 한다. 즉, 사례개념화를 위해 질문만을 하게 된다면 기술 사용의 문제겠지만 침묵, 능력에 대한 평가와 관련된 불안이나 부담감은 역전이와 관련된 문제일 수 있다. 수퍼비전을 통해서 역전이 문제라는 것을 확인할 수 있지만 역전이 문제를 해결하기 위해서는 상담사가 상담을 받아야 한다.

둘째, 초보상담사들이 가장 많이 하는 질문 방식은 '끝말잇기'식 질문이다. 상담에서 내담자 이해를 위해 큰 그림을 그리지 못하면 상담과정에서 탐색적 질문을 하기 어렵다. 이때 초보상담사들이 가장 많이 하는 질문 패턴은 내담자의 반응에 물음표를 붙이는 것이다.

내담자 1: 제가 공감을 못해서 인간관계에 문제가 있는 것 같아요.

상담사 1: 인간관계에 문제가 있다고 생각하나요?

대안반응 1: 공감을 못한다고 생각하게 된 이유가 있을까요?

대안반응 2: 공감을 못해서 인간관계를 못한다고 생각하게 된 계기가 있나요?

대안반응 3: 최근에 공감을 못해서 인간관계에 문제가 생긴 일이 있었나요?

상담사가 내담자의 반응에 '끝말잇기'식 질문을 하는 경우 내담자의 이야기에 끌려가기만 할 뿐, 내담자가 호소하는 문제를 초점화해서 내담자의 문제를 구체화하고 사례개념화를 통해 가설검증을 하는 것이 어려워진다. 설령 '끝말잇기'식 질문을 하더라도 내담자 이해를 위해 필요한 질문이면 상관없다. 그러나 내담자가 하는 얘기를 초점 없이 따라가기만 한다면 상담의 방향을 잃어버리고 불필요한 대화로 시간을 허비할 가능성이 있다. 따라서 내담자가 자신에 대해 평가하거나 어떤 생각과 감정을 표현할 때 끝말잇기식 질문보다는 연결 질문을 하는 것이 좋다. 즉, 호소 문제와 관련이 있는지, 유사한 패턴(행동, 사고에서)을 반복하고 있는지, 모순점은 없는지 등을 파악해서 연결하는 질문을 해야 한다. 이때 사용하는 상담기법이 명료화와 직면이다. 명료화와 직면은 질문 형식으로 표현할 수 있다. 이 장에서는 명료화를 설명하고, 직면은 제14장에서 다루고자 한다.

명료화는 내담자가 표현하는 애매모호한 생각, 감정, 행동을 명확하게 이해하기 위해 사용하는 상담기술이다. 일반적으로 명료화는 질문 형태로 내담자에게 전달된다. 내담자들은 자신이 한 말과 행동의 의미를 상담사가 정확히 이해할 거라고 믿는다. 그러나 내담자가 한 말의 의미나 맥락을 질문 없이 그대로 이해할 수 있는 상담사는 드물다. 그래서 상담사 입장에서는 상담사가 이해하기 쉽게 자신이 말한 단어나 문장의 의미를 구체적으로 설명해 주는 내담자를 원할 수도 있다. 그러나 그런 내담자도 드물다. 우리가 기억해야 할 것은 일상에서 똑같은 단어를 사용한다 하더라도 내담자가 사용하는 단어의 의미가 상담사가 생각하는 의미와 다를 수 있다는 것이다. 내담자가 사용하는 말 속에는 내담자의 가치관과 세계관, 인간관, 사고체계가 응축되어 있기 때문에 내담자가 한 말의 의미가 상담사가 생각하는 의미와 같을 것이라 생각하고 그냥 넘어가면 내담자에 대해 제한된 이해를 하게 된다. 즉, 상담사의 틀로 내담자를 이해하게 되기 때문에 내담자에 대한 진정한 이해나 공감이 어렵게 된다. 따라서 상담사는 내담자가 한 말의 의미를 내담자의 언어로 이해하고 해석할 수 있도록 명료화하는 질문을 해야 한다. 다음 사례를 살펴보자.

상담사 1: 주변 사람들의 시선에 신경 쓰는 이유가 뭘까요?

내담자 1: 아마도 어릴 때 경험 때문인 것 같은데…… 엄마는 제가 어릴 때부터 친척이나 친구들과 비교를 많이 했고, 늘 저에 대해서 부정적으로 평가했어요. 그래서 친척들을 만나면 저를 어떻게 볼까 신경을 썼던 것 같아요. 지금은 친구들이 신경 쓰이는데…… 대학에 와서 보니까 저보다 잘난 친구들이 너무 많아서 '쟤네들은 어떻게 저렇게 할 수 있을까?' 늘 이 생각을 했던 것 같아요. 그러고 나면 나는 잘하는 것도 없고 잘난 것도 없고…… 이런 생각이 들면서 우울해지고 아무것도 하기 싫어져요.

상담사 2: 우울하면 아무것도 하기 싫어지네요.

대안반응 1: ○○ 씨보다 잘났다고 생각하는 친구들의 특징을 좀 더 설명해 줄래요?

대안반응 2: ○○ 씨는 어떤 부분에서 친구들보다 못났다고 생각하는지 얘기해 줄래요?

대안반응 3: 어머니께서 비교를 많이 하셨다고 했는데 어떻게 비교했는지 구체적으로 얘기해 주세요.

수퍼바이저가 수련생에게 가장 많이 하는 피드백 중 하나는 구체적인 탐색을 하라는 것이다. 구체적인 탐색을 하라는 말 속에는 내담자의 말에 대한 정확한 이해를 위해 더 필요한 정보를 파악하고, 내담자가 말한 단어나 내용의 의미를 내담자의 언어로 파악하라는 의미가 담겨 있다. 상담기술로 표현하면 명료화 기술을 사용하는 것이다. 일반적으로 명료화는 특정 사실에 대한 이해를 얻고자 할 때 그리고 구체적으로 상황에 대한 설명이 필요할 때 사용되는 기술이다. 이는 곧 내담자의 시선으로 내담자의 언어적 표현과 의미를 이해하려는 노력과 연결된다. 즉, 상담사의 명료화 기술 사용은 내담자에게 공감받는다는 느낌을 갖게 한다.

내담자 1: 이번 시험은 중간고사 때보다 정말 열심히 했는데 성적이 전보다 안 나왔어요.

상담사 1: 열심히 했는데 성적이 안 나와서 어떡해요. 속상하겠네요.

내담자 2: 네~ 너무 속상해요. 그래서 다음 학기에 휴학할까 생각하고 있어요.

상담사 2: 성적이 안 나와서 휴학까지 생각하고 있네요. 휴학하면 뭐 하려고요?

이 사례에서 상담사는 열심히 했는데 성적이 안 나왔다는 내담자의 반응에 "속상하겠네요."라는 감정반영을 해 주었다. 나름 내담자에게 공감하고자 했던 반응이었을 것이다. 그러나 이러한 감정반응은 자칫 립서비스에 불과할 수 있다. 왜냐하면 내담자가 어떻게 열심히 했는지, 진짜 열심히 했는지 파악이 안 된 상태이기 때문이다. 언뜻 보면 매끄럽게 흘러가는 상담처럼 보이지만, 내담자도 상담사도 내담자가 왜 성적이 안 나왔는지 이해하지 못한 상태에서 휴학으로 주제가 넘어가 버렸다. 물론 여러 개의 주제를 돌고 돌아 다시 성적이 안 나온 문제로 돌아갈 수 있긴 하다. 내담자가 성적 문제를 다시 다룰 때까지 상담에 와 준다면 말이다.

다음 사례에서 상담사 1 반응이 영혼 없는 립서비스가 되지 않으려면 선공감, 후탐색의 방법을 쓰면 된다. 상담사 1 반응과 상담사 3 반응을 비교해 보면 어떤 반응이 내담자에게 더 공감적으로 느껴질지 알 수 있을 것이다. 상담사 3 반응이 상담사도 공감적으로 반응했고 내담자도 공감받았다고 느낄 수 있는 반응이다.

내담자 1: 이번 시험은 중간고사 때보다 정말 열심히 했는데 성적이 전보다 안 나왔어요.

상담사 1: 열심히 했는데 성적이 안 나와서 어떡해요. 속상하겠네요. [선공감]

내담자 2: 네, 너무 속상해요. 그래서 다음 학기에 휴학할까 생각하고 있어요.

상담사 2: 성적이 안 나와서 휴학까지 생각하고 있네요. 휴학하면 뭐 하려고요?

대안반응 1: 근데 중간고사 때랑 어떻게 다르게 공부했는지 궁금하네요. [후탐색]

대안반응 2: 어느 정도의 성적을 기대했는데 성적이 안 나왔다고 하는 건가요? [후탐색]

내담자 3: 중간고사 때는 수업도 열심히 안 듣고 필기도 안 하고 시험에 임박해서 공부했는데, 기말고사 때는 수업에 들어가서 필기도 하고 시험 한 달 전부터 공부를 했어요. 평점이 3.5 정도는 나올 거라 생각했는데 3.0밖에 안 나와서 힘이 빠져요.

상담사 3: 정말 기말고사는 중간고사보다 열심히 준비를 했네요. 얘기를 들으니까 속상하고 기운 빠진다는 말이 이해되네요.

그런데 이 사례를 다음 사례와 다시 한번 비교해 보자. 어떤 차이가 느껴지는가? 차이는 단 하나이다. 명료화 질문을 한 후 내담자에게 감정반영을 할 때 내담자와 상담사의 반응 수가 줄어들어 상담시간을 효율적으로 운영할 수도 있다는 점이다. 물론 돌아가더라도 종점에 도착하면 되겠지만 10~15회기에 상담을 종결해야 하는 단기상담 환경에서 명료화하고 초점화된 탐색을 못한다면 제한된 시간 내에 상담성과를 이루는 것은 쉽지 않을 것이다.

내담자 1: 이번 시험은 중간고사 때보다 정말 열심히 했는데 성적이 전보다 안 나왔어요.

상담사 1: 열심히 했는데 성적이 안 나왔다니 속상하겠네요.

대안반응 1: 근데 중간고사 때랑 어떻게 다르게 공부했는지 궁금하네요.

대안반응 2: 어느 정도 성적을 기대했는데 성적이 안 나왔다고 하는 건가요?

내담자 2: 중간고사 때는 수업도 열심히 안 듣고 필기도 안 하고 시험에 임박해서 공부했는데 기말고사 때는 수업에 들어가서 필기도 하고 시험 한 달 전부터 공부를 했어요. 평점이 3.5 정도는 나올 거라 생각했는데 3.0밖에 안 나와서 힘이 빠져요.

상담사 2: 정말 기말고사는 중간고사보다 열심히 준비를 했네요. 속상하고 기운 빠진다는 얘기가 이해되네요.

명료화 기법을 사용할 때도 너무 많이 또는 너무 적게가 아니라 적절히 활용해야 한다. 명료화를 하지 않으면 상담사가 자신의 생각과 판단으로 내담자의 이야기를 이해하게 되기 때문에 내담자의 세계로 들어가서 내담자를 이해하는 것이 어렵다. 반면, 명료화를 지나치게 많이 사용하게 되면 내담자 입장에서는 상담사가 자신의 이야기를 이해하지 못한다고 생각하면서 자신의 의사소통 기술을 의심하거나 거꾸로 상담사가 자신을 이해하지 못한다고 지각할 수 있다. 다음의 차이를 살펴보자. 동일한 사례에서 상담사는 내담자의 상담신청 이유를 파악하기 위해 내담자에게 계속 명료화 질문을 사용하고 있다. 질문을 하나씩 살펴보면 모두 좋은 질문이다. 그렇지만 상담사의 계속된 명료화 질문은 내담자를 지치게 할 수 있다. 이럴 경우 상담사는 내담자가 앞에서 한 말에 대한 요약을 통해 상담사가 잘 이해하고 있다는 것을 표현하고, 내담자를 이해하려고 노력하고 있다는 메시지를 전달할 필요가 있다. 그다음으로 내담자에게 구체적인 에피소드를 생각해 보도록 요청한다. 에피소드 확인은 내담자가 한 이야기의 정황을 구체적으로 파악할 수 있기 때문에 내담자를 이해하기 위해 중요하다. 만약 내담자가 최근에는 그런 일이 없었다거나 잘 기억나지 않는다고 반응한다면 상담사는 다음과 같이 다시 요청할 수 있다. “최근 일이 아니더라도 화와 관련하여 기억나는 일이 있으면 이야기해 주세요.” “별거 아닌 일에 화를 낸다고 생각하게 된 이유를 설명해 주시겠어요?” 이런 질문의 의도는 내담자의 생각대로 정말 별일이 아닌 건지, 아니면 내담자가 참지 못하고 화를 내는 것에 대한 자기비난이나 부정적인 자기인식으로 인해 그런 생각을 하는 것인지 파악하려는 것이다.

상담사 1: 상담을 신청한 이유에 대해서 좀 더 설명해 주시겠어요?

내담자 1: 저에 대한 이해를 하고 싶어서 신청했어요.

상담사 2: 자신의 어떤 부분에 대해 이해를 하고 싶으신지 구체적으로 설명해 주시겠어요?

내담자 2: 음…… 제 성격 부분인데…… 제가 화를 좀 잘 내서요.

상담사 3: 화를 잘 낸다는 것이 구체적으로 어떻게 하신다는 말인가요?

내담자 3: 그냥 별일 아닌 것 같은데도 화가 자주 나는 것 같아요.

상담사 4: ○○ 씨가 화를 내는 자신에 대해서 이해하고 싶으신가 보네요.[요약] 최근에 별일 아닌 데 화가 났던 상황이 있었으면 얘기해 주시겠어요?[명료화]

내담자 4: 최근은 아닌데…….

상담사 5: 언제든 상관없어요. 화와 관련하여 기억나는 일이 있으면 얘기해 주시면 돼요.

자신의 문제나 현재 상태에 대해서 고민하고 생각과 감정의 흐름을 잘 따라가고 표현하는 내담자를 만났다면 매우 훌륭한 내담자를 만난 것이다. 그러나 대부분의 내담자는 상담사의 질문이 처음 생각해 보는 내용이거나 주제인 경우가 많기 때문에 즉각적인 반응을 어려워하거나 생각해 보지 않아서 잘 모르겠다는 반응을 빈번하게 한다. 그렇다 하더라도 상담사는 내담자가 자신을 이해하기 위해 필요한 주제에 대해서 생각해 볼 수 있는 탐색적 질문을 하기 위해 노력해야 한다. 내담자가 처음 생각하는 주제일수록 무의식적으로 생각하기를 피했거나 자신과 전혀 관련 없는 주제라고 지각하고 있었을 가능성이 크다. 이러한 주제를 생각하고 표현하게 해 주는 것이 상담의 과정이 될 것이다. 반대로 상담사의 질문이 적절치 않을 때 내담자는 자기탐색의 기회를 제한받게 된다. 따라서

〈명료화 질문의 예〉

- 어릴 때 힘들었다고 했는데 어떤 점에서 힘들었는지 설명해 줄래요?
- 다른 사람들의 시선이 신경 쓰인다고 했는데 이유가 뭘까요?
- 사람들과 가까워지는 것이 어떤 점에서 불편한 건가요?
- 우울한 상태에 대해서 좀 더 설명해 주시겠어요?
- 사회적 약자라고 표현했는데 구체적으로 설명해 줄래요?
- 아버지가 ○○ 씨를 미워한다고 생각하게 된 계기나 이유가 있을까요?
- 동생과 싸운 상황을 좀 더 설명해 줄래요?
- 어느 정도를 많이 먹는다고 얘기하는 건지 설명해 줄래요?
- 살이 빠졌다고 했는데 얼마나 빠진 건가요?
- 알코올 중독이라고 표현했는데 주량이 어느 정도인가요?

명료화는 모든 내용에 대해 구체적인 묘사와 설명을 요구하는 것이 아니며, 내담자 문제와 연결된, 내담자 이해를 위해 필요한 내용에 한해 사용해야 한다.

2. 폐쇄형 질문을 자주 사용한다면?

질문은 질문의 내용과 형태를 잘 조합해야 한다. 질문의 내용은 좋지만 내담자의 생각을 제한하는 질문 형태는 질문의 효과를 감소시킨다. 예를 들어 보자.

A 상담사: 엄마한테 꾸중을 듣고 화가 난 이유에 대해서 설명해 줄래요?

B 상담사: 엄마한테 꾸중을 듣고 화가 났나요?

내담자가 엄마에게 꾸중을 듣고 화가 난 상황을 설명하였다. 상담사는 내담자가 화난 상황에 대해서 좀 더 탐색하기 위한 질문을 하였다. A 상담사와 B 상담사의 차이는 무엇일까? 질문의 의도는 내담자가 꾸중을 듣고 화난 이유를 묻는 것이지만 질문의 느낌과 의미가 전혀 다르다. 우선 질문의 형식으로 볼 때 A 상담사의 질문은 개방형 질문이며 B 상담사의 질문은 폐쇄형 질문이다. A 상담사의 질문은 '꾸중을 들으면 당연히 화가 나겠지.'라는 상담사의 추측에서 벗어나 내담자가 화난 이유를 내담자의 언어로 듣기 위한 질문이다. 즉, 화가 난 이유가 엄마의 꾸중하는 태도 때문인지, 언어적 폭력 때문인지, 무시당하는 느낌이 들어서인지 등을 탐색해서 내담자가 화가 난 이유를 명확히 하고, 화나는 상황이 다른 관계나 상황에서도 비슷한 패턴으로 나타나는지를 확인할 수 있다. B 상담사의 질문은 폐쇄형 질문으로 내담자가 '네' '아니요'로 간단히 답할 수 있는 질문이다. 상담사는 화가 났다면 왜 났는지, 안 났다면 왜 안 났는지를 다시 물어야 한다. 물론 친절한 내담자들은 비록 상담사가 폐쇄형으로 간단히 질문했지만 개방형 질문을 받은 것처럼 자세하게 설명해 주기도 한다. 그러나 이런 요행을 바라면서 상담을 진행할 수는 없다. 질문을 효율적으로 한다는 것은 질문의 횟수를 줄이면서 내담자가 구체적인 이야기를 할 수 있는 질문을 하는 것이다.

초보상담사들이 질문과 관련하여 자주 하는 실수는 자신도 모르게 폐쇄형 질문을 사용하는 경우가 많다는 것이다. 폐쇄형 질문의 목적은 사실관계 확인이기 때문에 내담자에게 깊이 있는 정보를 얻기 어렵다. 그렇다고 폐쇄형 질문을 사용하지 말라는 말은 아니다. 폐쇄형 질문이 더 효과적인 상황도 있다. 청소년 내담자의 경우 개방형 질문이 어렵게 느껴질 수도 있고 별로 말하고 싶어 하지 않아서 대답을 회피하려고 할 때가 있다. 이 경우 폐쇄형 질문과 개방형 질문을 적절한 비율로 사용하면 도움이 된다.

상담사 1: 친구들과 안 친하다고 했는데 어떤 점 때문에 그렇게 생각하니? [개방형 질문]

내담자 1: (침묵) 모르겠는데요.

상담사 2: 그럼 최근에 친구들과 안 친하다고 느끼게 된 사건이 있었니? [폐쇄형 질문]

내담자 2: 네~ 있었어요.

상담사 3: 어떤 일이었는지 선생님한테 설명해 줄 수 있을까? [개방형 질문]

남자친구와 이별한 후 우울하다고 찾아온 여학생을 상담하면서 상담사는 폐쇄형 질문을 통해 내담자의 이별 패턴과 이별 후 우울한 감정이 왜 나타났는지를 확인하고 있다. 이 사례의 경우 사실 확인을 위해 폐쇄형 질문을 효과적으로 사용하고 있다.

상담사 1: 남자친구와 자주 헤어진다고 했는데 누가 주로 이별을 고하나요? [폐쇄형 질문]

내담자 1: 주로 제가 먼저 헤어지자고 하는데요.

상담사 2: 그럼 헤어지자는 말에 남자친구가 순순히 동의했나요? [폐쇄형 질문]

내담자 2: 음…… 그럴 때도 있고 아닐 때도 있었던 것 같아요.

상담사 3: 지금 헤어진 남자친구의 경우는 어느 경우에 해당하나요? [폐쇄형 질문]

내담자 3: 헤어지자는 말에 순순히 동의해서 제가 화가 난 거죠.

이 같은 폐쇄형 질문은 내담자에 대한 정확한 정보를 파악하는 데 효과적인 질문방법이다. 따라서 상담사는 무조건 폐쇄형 질문을 사용하면 안 된다는 생각에서 벗어나 어떤 질문이 내담자의 정보를 파악하고 내담자를 이해하는 데 도움이 되는지를 잘 판단해서 더 효과적인 질문을 사용하면 된다. 그러나 내담자의 문제를 탐색해야 하는 상담초기에는 '네' '아니요'라는 단답형 질문을 유도하는 폐쇄형 질문보다 내담자에 대해 풍부한 정보를 제공할 수 있는 개방형 질문을 사용할 필요가 있다. 내담자 탐색 단계에서 사고와 감정을 탐색하기 위한 질문이 개방형 질문이다(이수현, 서영석, 김동민, 2007). 개방형 질문을 주로 사용하는 것이 내담자에게 생각하고 표현할 수 있는 기회를 제공할 수 있지만, 필요에 따라서는 폐쇄형 질문을 통해 사실 확인과 함께 내담자가 간단히 자신의 의사를 표현할 수 있는 기회를 제공하는 것도 필요하다.

상담사 1: 상담을 신청한 이유에 대해서 좀 더 설명해 주시겠어요? [개방형 질문]

내담자 1: 저에 대한 이해를 하고 싶어서 신청했어요.

상담사 2: 자신의 어떤 부분에 대해 이해를 하고 싶으신지 구체적으로 설명해 주시겠어요? [명료화]

내담자 2: 음…… 제 성격 부분인데…… 제가 화를 좀 잘 내서요.

상담사 3: 최근에 어떤 상황에서 화를 냈는지 얘기해 주실래요? [개방형 질문]

내담자 3: 그냥 별일 아닌 것 같은데도 화가 자주 나는 것 같아요. 얼마 전에 친구들과 같이 밥을 먹으러 김밥 집에 갔는데 한 친구가 갑자기 김밥이 먹기 싫다면서 나가자고 하는 거예요. 그래서 모두 당황하기는 했는데 그 친구가 싫다고 하니까 모두 나왔어요. 김밥 집 앞에서 어디를 갈지 다시 정하는데 그 친구는 자기가 어디를 가고 싶은지 얘기를 안 하는 거예요. 아무거나 먹으면 되는데 자기가 싫다고 점심시간 허비하게 만들고 어디에 가고 싶은지 얘기도 안 해서 다들 우왕좌왕하게 만드는 게 너무 짜증이 나서 점심을 안 먹는다고 하고 그냥 와 버렸어요. 생각해 보니 제가 이렇게 불쑥불쑥 화가 나 짜증을 내는 경우가 많은 것 같아요.

3. 맥락에 맞지 않는 부적절한 질문을 한다면?

초보상담사들이 탐색적 질문과 관련하여 경험하는 어려움들 중 하나는 부적절한(맥락에 맞지 않는) 질문을 한다는 것이다. 수퍼비전이나 상담교육에서 상담사의 질문이 부적절하다(맥락에 맞지 않다)는 피드백을 받았다면, 상담사가 가장 먼저 점검해야 하는 것은 경청이다. 경청을 한다는 것은 내담자의 이야기를 언어적 · 비언어적으로 들으면서 이해한다는 것이다. 경청이 안 되면 내담자의 자기 탐색과 이해에 도움을 줄 수 있는 적절한 질문을 할 수 없다. 초보상담사들이 경청을 어려워할 때는 내담자의 문제를 해결해 주어야 한다는 생각을 하거나, 무슨 이야기를 해야 할지 모르거나, 적절한 반응을 해야 한다는 부담감을 경험할 때 등이다. 또한 상담사가 자신에게 지나치게 엄격하거나, 내담자의 말과 행동에 대한 판단과 평가에 집중하거나, 역전이가 영향을 미칠 경우, 상담사는 내담자의 말을 경청하기보다는 자기 경험과 판단에 기반해서 내담자의 이야기를 듣고 이해하기 때문에 적절한 질문을 할 수가 없다. 이런 경우 상담사는 내담자의 이야기를 있는 그대로 듣고 이해하기 어렵게 되고, 자신에게 몰두한 상태에서 반응하게 되는 오류를 범하게 된다. 또한 초보상담사일수록 내담자의 호소 문제를 간과하고 자신이 관심 있는 문제에 더 선택적 집중을 하는 경향이 있다. 상담의 기본은 말하는 것보다 잘 듣는 것이다. 잘 들으려면 상담사가 내담자의 이야기를 내담자 입장에서 가감 없이 들어 줄 수 있어야 한다. 그리고 중립적인 입장에서 내담자의 문제를 바라볼 수 있어야 한다. 여기서 중요한 것은 상담사가 내담자에게 도구로서 잘 활용되고 있는지를 점검하는 것이다. 상담사가 자신의 가치관과 무관하게 상담을 할 수는 없지만, 중립적인 자세와 태도를 견지하면서 내담자가 자신이 왜 그런 생각과 행동을 하는지 스스로 이해할 수 있도록 상담자가 도구적인 역할을 해야 한다.

한편, 상담사들 중에는 내담자의 반응을 따라가려고 애를 쓰지만 민감한 주제(성 이슈, 가족 갈등, 자해 및 자살 등)로 인해 내담자가 더 이상 이야기를 하려고 하지 않는다거나 그 주제를 다루기에 상담사 자신이 너무 부담스러울 때 상담사가 먼저 주제를 바꾸는 경우가 있다. 상담의 주제를 전환하는 것은 상담사의 문제(예: 상담사의 미해결 문제, 내담자 문제를 다룰 자신이 없을 때)와도 관련되기 때문에 간과해서는 안 된다. 특히 상담사가 다루고 싶지 않은 주제를 내담자가 꺼냈을 때 상담사는 자신도 인식하지 못한 상태에서 상담주제를 전환하는 질문을 하게 된다. 상담사는 자신의 문제가 내담자를 돕는 데 방해 요인이 되지 않도록 노력할 필요가 있으며 이를 해결하기 위해서 상담받을 것을 권장한다.

다음 사례에서 내담자는 사람들 사이에서 눈치를 본다는 고민을 이야기했고, 상담사는 내담자가 눈치 보는 것이 부모님과의 관계와 관련이 있는지를 확인하기 위한 질문을 하였다. 내담자는 가족이나 부모님과의 관계에서 별문제가 없다고 답을 하였다. 상담사 3은 내담자의 별문제 없다는 이야기를 듣고 시험준비와 관련된 이야기로 화제를 전환하였다. 이 상담에서 상담사가 놓친 것은 내담자가 사람들 사이에서 눈치를 보는데 왜 가족이나 부모님과의 관계는 괜찮다고 이야기하는지 확인하지 않은 것이다. 상담사 3 반응에서 상담사가 왜 화제를 전환했는지 상담사는 자기탐색을 해야 한다. 내담자가 괜찮다고 했으니까 더 이상 탐색할 내용이 없다고 생각해서 화제를 전환한 것인지, 상담사도 부모와의 관계에 대한 이야기를 다루는 것이 어렵거나 불편해서 화제를 바꾼 것인지는 상담사만 알 수 있을 것이다. 화제를 전환한 이유를 잘 분석해서 상담사 문제와 관련된 이유라면 상담사도 자신의 문제를 해결하기 위한 노력을 해야 할 것이다. 앞서 상담사의 질문은 의도와 목적이 있어야 한다고 설명하였다. 대안반응 1, 2는 명료화 질문을 통해 내담자가 가족이나 부모님과의 관계에서 별문제 없다고 말한 이유와 눈치를 보는 사람들이 구체적으로 어떤 사람들인지 좀 더 구체화하기 위한 질문을 하고 있다. 대안반응 3은 상담사의 질문에 대해 내담자가 단어를 바꿔서 답한 부분을 예리하게 포착하고 부모님과의 관계에 대해서 이야기하는 것에 불편감이 있는지를 확인하기 위해 폐쇄형 질문을 하고 있다.

상담사 1: 사람들과의 사이에서 눈치를 본다고 했는데 부모님과의 관계는 어떤가요? [개방형 질문]

내담자 1: 가족관계는 그렇게 나쁘다고 생각하지 않아요.

상담사 2: 그럼 가족 중 부모님과의 관계만 따로 떼서 생각해 보면 어때요? [개방형 질문]

내담자 2: 부모님과의 관계도 별문제 없다고 생각하는데요.

상담사 3: 그렇군요. 다음 주가 중간고사 기간인데 준비는 잘되어 가나요? [폐쇄형 질문]

대안반응 1: 그렇군요. 부모님과의 관계도 별문제 없다고 생각하네요. 부모님과 별문제 없다고 생각하는 이유에 대해서 좀 더 구체적으로 설명해 줄래요? [명료화]

대안반응 2: 가족관계도, 부모님과의 관계도 나쁘지 않다고 했는데, ○○ 씨가 눈치를 보는 사람들은 어떤 사람들인지 설명해 줄래요? [명료화]

대안반응 3: 부모님과의 관계를 질문했는데 가족관계가 괜찮다고 얘기해서 다시 부모님과의 관계에 대해서 질문을 했어요. 부모님과의 관계에 대해서 얘기하는 것이 불편한가요? [폐쇄형 질문]

4. 한 번에 여러 개의 질문을 하게 된다면?

초보상담사들이 질문을 할 때 자주 하는 실수는 한 번에 여러 가지 질문을 하는 것이다. 내담자의 역할은 상담실에 와서 자신의 이야기를 가감 없이 하는 것이다. 그런데 상담사 입장에서 내담자가 폭포수처럼 자신의 이야기를 꺼내 놓으면 어느 타이밍에 질문을 해야 하는지도 판단하기 어렵고 중간에 내담자의 생각이나 감정의 흐름을 끊을까 봐 걱정되는 마음에 질문이 떠오를 때 바로 하지 않고 잠시 기다리게 된다. 그러다가 질문할 것들이 많이 쌓이게 되면 상담사들은 마음이 급해지면서 질문을 쏟아 내기 시작한다. 이때 상담사는 한 번에 하나씩 질문한다는 원칙 아닌 원칙을 잠시 잊게 된다. 질문을 여러 개 받은 내담자는 어느 질문에 대답을 할지 몰라 곤란을 느낀다. 그리고 자신이 대답하기 편하거나 간단하게 대답할 수 있는 질문을 선택해서 대답을 하게 된다. 또한 어느 질문에 대답을 해야 할지 판단이 어려울 경우 아예 대답을 안 하는 경우도 있다. 따라서 상담사는 내담자가 혼란스럽지 않게 한 번에 하나씩 질문하는 연습을 해야 한다. 생각난 질문을 꼭 오늘 할 필요는 없다. 오늘 다룬 내용 중 중요한 내용인데 질문할 타이밍을 놓쳤을 경우 기록해 두었다가 다시 그 이야기가 나왔을 때, 아니면 비슷한 주제가 나왔을 때 연결해서 질문을 하면 된다. 내담자들은 해결되지 않은 문제를 계속 반복적으로 이야기하는 경향이 있다. 그래서 꼭 그 순간에 질문을 하지 않아도 괜찮다. 내담자가 지금 내 앞에서 하는 이야기에 몰입하는 것이 더 중요하다. 평소 한 번에 여러 개를 질문하는 대화 습관을 가진 상담사는 이유야 어떻든 간에(성격이 급해서든, 궁금한 게 많아서든) 이런 습관을 고치기 위해 노력해야 한다. 상담을 녹음 또는 녹화해 보면 자신의 언어적 습관이나 질문 패턴을 쉽게 파악할 수 있을 것이다.

상담사 1: 지난 한 주 어떻게 보냈어요? 참 중간고사는 잘 봤나요?

대안반응: 지난 한 주 어떻게 보냈어요? 중간고사 기간이라서 바빴을 것 같은데…….

내담자 1: 네~ 중간고사는 잘 본 것 같아요.

5. 내담자의 말 중 어떤 내용에 초점을 두고 질문해야 할지 모르겠다면?

탐색적 질문과 관련하여 초보상담사들이 경험하는 어려움 중 하나는 내담자가 하는 많은 이야기 중 어떤 이야기에 초점을 맞춰 질문을 해야 할지 모른다는 것이다. 내담자의 이야기를 그대로 따라가면서 질문하다 보면 초점 없이 이 이야기 저 이야기로 흘러가 버리게 되거나 상담목표와 관계없는 지엽적인 내용을 탐색하느라 상담시간을 허비하게 되는 상황이 종종 발생하게 된다. 특히 내담자가 상담목표를 결정하기 어려울 정도로 많은 문제를 이야기하거나 회기마다 새로운 주제를 이야기할 때 초보상담사들은 어떤 이야기에 초점을 두고 상담을 진행해야 할지 맥락을 잡는 데 어려움을 겪을 수 있다. 그렇다면 상담사는 내담자의 어떤 이야기에 우선순위를 두고 질문을 해야 할까? 물론 내담자의 이야기 중에서 중요하지 않은 이야기는 없기 때문에 내담자의 말을 주의 깊게 잘 들어야 한다. 다만 시간과 비용의 문제로 내담자의 말 중 더 중요하다고 생각되는 내용을 먼저 다룰 뿐이다. 따라서 상담사는 내담자가 하는 이야기를 가볍게 여기거나 간과하지 말고 잘 기억해야 하며, 당장 그 이야기들을 집중적으로 다루지 않는다 하더라도 추후 내담자와 이야기해야 할 내용이라면 잘 기록해 두었다가 그 이야기를 다시 할 상황(내담자가 관련 주제에 대한 이야기를 꺼내거나 반복적으로 비슷한 상황이 발생한다는 생각이 들 때)이 되었을 때 내담자가 현재 하는 말과 연결 지으면 된다. 이런 과정을 반복하게 되면 내담자의 자기인식을 확장시키는 데 도움을 줄 수 있다. 다음 사례를 살펴보자. 내담자는 엄마와 싸우고 먼저 화해를 시도했다는 이야기를 상담사에게 전달하였다. 상담사는 내담자가 싸우고 나서 먼저 사과하는 패턴이 반복된다는 것을 인지하고 과거 내담자가 친구에게 먼저 사과했던 일을 연결시켰다. 이를 통해 내담자는 자신이 먼저 사과하는 패턴을 취하고 있다는 것을 인식하게 됐으나 남자친구에게는 먼저 사과하지 않고 냉전 상태를 유지하고 있다는 새로운 정보를 제공한다. 상담사는 내담자가 남자친구와 싸웠다는 이야기를 기억하고 있음을 전달하고 왜 남자친구에게는 먼저 사과하고 싶지 않은지를 탐색하기 위한 질문을 하였다. 이후 상담사는 내담자가 남자친구에게 무엇을 기대하는지, 어떤 관계를 원하는지, 왜 다른 관계와는 다른 대처를 하는지 등에 대한 질문을 통해 내담자와 남자친구와의 관계를 더 자세히 탐색해야 할 것이다.

상담사 1: 엄마와 싸우고 불편한 관계가 싫어서 먼저 사과를 했네요. 근데 전에도 친구와 다투고 나서 바로 먼저 사과했다고 했는데…….

내담자 1: 네~ 제가 그러네요. 왜 그런지 모르겠는데 먼저 사과를 해야 마음이 편해요. 근데 2주 전에 제가 남친과 싸운 얘기를 했잖아요. 근데 남친한테는 먼저 사과하기가 싫은 거예요. 그래서 아직도 냉전 중이에요.

상담사 2: 남친과 싸웠다고 한 얘기는 기억이 나요. 그렇지 않아도 남친과의 관계에서도 먼저 사과하는지 궁금했는데…… 남친한테 먼저 사과하고 싶지 않은 건 어떤 마음일까요?

상담과정에서 상담사가 초점화시켜 질문해야 할 주된 내용을 살펴보면 다음과 같다. 상담목표와 관련된 내담자 경험 및 그 경험에 대한 내담자의 생각과 감정, 과거나 현재에 좌절된 내담자의 욕구, 현재 내담자가 경험하는 어려움 등이다. 내담자가 이러한 내용을 알아서 잘 이야기하지 않기 때문에 상담사는 내담자의 이야기를 들으면서 질문을 통해 앞에서 말한 내용을 탐색해야 한다. 구체화된 탐색적 질문은 내담자의 경험을 재구성(새로운 조망으로 내담자의 경험을 볼 수 있는 시각을 제공)하고 더 깊은 자기이해를 할 수 있도록 돕는다. 즉, 양질의 질문은 내담자가 자신을 다른 시각으로 새롭게 볼 수 있는 기회를 제공하고 자기인식을 확장할 수 있도록 돕는다. 이러한 경험은 내담자에게 도전인 동시에 자기통찰을 할 수 있는 좋은 기회를 제공한다. 이상의 내용을 근거로 다음에 제시된 사례를 살펴보자. 내담자의 주호소 문제는 '사람들에게 화를 덜 내고 싶다.'이며, 2회기 상담이라 가정하고 내담자 반응 중 상담사가 초점화시켜 질문해야 할 내용을 체크해 보자.

내담자 1: 지난 상담이 끝나고 나서 많은 생각을 했어요. 상담을 잘 받았다는 생각도 들고…… 제가 바뀔 수 있을까 싶기도 했고…… 그런데 주말에 기분이 안 좋은 일이 있었어요. 그래서 나는 언제쯤 화를 안 내고 살 수 있을까라는 생각을 했어요. 근데 막상 상담실에 오니 별일 아닌 것 같다는 생각도 드네요. 전 화가 날 때는 너무 심각한데 시간이 지나고 나면 별거 아닌 일에 화를 낸 것 같아 맥이 빠질 때가 있어요. 제가 왜 이런지 이해하기 어려운데…… 상담을 받으면 이런 제가 좀 나아질 수 있겠죠?

상담사 1 : 네~ 상담을 잘 받았다고 생각했다니 다행이네요. 상담을 열심히 받으면 바뀔 수 있을 거예요.

내담자 2 : 네~ 저도 그렇게 됐으면 좋겠어요. 그런데 제가 왜 자꾸 화를 내는지 궁금하기도 해요. 자꾸 화를 내는 게 반복되니까 제 문제가 심각한가라는 생각도 들고…… 그런데 제가 또 친한 친구들도 있어서 그렇게 인간관계에 심각한 문제가 있진 않아요. 초등학교 때 왕따를 당한 경험 빼놓고는 인간관계에 대해서 고민해 본 적이 별로 없거든요. 가끔 화를 내는 게 문제라는 생각이 제일 큰 것 같아요. 선생님은 화가 날 때 어떻게 하세요? 상담사 선생님은 화가 잘 안 날 수도 있겠네요. 전 제가 화가 날 때마다 다른 사람들도 화가 나는지, 나는 왜 이렇게 화가 잘 나는지, 다른 사람들도 나처럼 화를 내는지 이런 게 궁금해져요.

상담사 2 : 나도 화를 내죠. 화를 낸다고 해서 문제가 되는 건 아니죠.

내담자 3 : 그래요? 전 문제라고 생각했었는데…… 그럼 안심이 되네요.

상담사 3 : 안심이 되세요?

내담자 4 : 네~ 안심이 되네요. 그럼 전 무슨 얘기를 해야 할까요? 전에는 제가 문제가 없는 사람이라고 생각했었는데…… 막상 상담을 받으려고 생각하니 제가 또 너무 문제가 많은 사람이라는 생각이 드는 거예요. 다른 사람들도 다 저랑 비슷하겠죠? 저는 이상한 행동을 하는 사람들을 보면 이해가 잘 안 돼요. 왜 저렇게 행동하는지 이해가 잘 안 되거든요. 그래서 그런 사람들을 보면 화가 나요. 그런데 화를 내고 나서는 제가 별거 아닌 일에도 화를 내는 것 같아서 속 좁은 사람이라는 생각을 많이 했어요. 그런데 그건 제 동생도 그렇고 우리 아빠도 그렇고…… 다 화를 잘 내서 전 다른 사람들이 다 우리 가족과 비슷하다고 생각했었어요. 그런데 아빠가 저더러 제 성격이 이상하다고 하는 거예요. 저는 너무 화가 나서 아빠한테 나보다 아빠가 더 심하다고 했죠. 저희 집은 늘 이렇게 싸우는 게 일상인 거 같아요. 그래서 전 싸우는 게 이상하지 않아요. 그런데 남친과 싸울 때는 좀 힘든 것 같긴 해요.

상담사 4 : 남친이 있었어요? (네.) 몰랐네요. 근데 지난번에 상담 신청을 했을 때는 우울에 관해서 얘기를 하고 싶다고 했는데 오늘은 어떤 얘기를 하고 싶은 거예요?

내담자 5 : 글쎄요. 말하다 보니 어떤 얘기를 해야 할지 모르겠네요.

상담사 5 : 그럼 남친 얘기를 해 볼까요?

내담자 6 : 네, 좋아요.

내담자 반응 중에서 질문을 통해 주호소 문제와 관련하여 구체적으로 탐색해야 할 내용을 살펴본 결과, 16개로 확인되었다. 16개 반응의 주된 내용은 첫 회기 상담 이후 상담에 대한 내담자의 생각, 화내는 대상(아버지, 남자친구, 다른 사람들), 감정표현 문제(화를 자주 내거나 화를 표현하는 방법), 자기지각(속 좁은 사람) 등이다.

내담자 1: 지난 상담이 끝나고 나서 많은 생각을 했어요. ① 상담을 잘 받았다는 생각도 들고…… ② 제가 바뀔 수 있을까 싶기도 했고…… 그런데 ③ 주말에 기분이 안 좋은 일이 있었어요. 그래서 ④ 나는 언제쯤 화를 안 내고 살 수 있을까라는 생각을 했어요. 근데 ⑤ 막상 상담실에 오니 별일 아닌 것 같다는 생각도 드네요. 전 화가 날 때는 너무 심각한데 시간이 지나고 나면 별거 아닌 일에 화를 낸 것 같아 맥이 빠질 때가 있어요. 제가 왜 이런지 이해하기 어려운데…… ⑥ 상담을 받으면 이런 제가 좀 나아질 수 있겠죠?

상담사 1: 네~ 상담을 잘 받았다고 생각했다니 다행이네요. 상담을 열심히 받으면 바뀔 수 있을 거예요.

내담자 2: 네~ 저도 그렇게 됐으면 좋겠어요. 그런데 ⑦ 제가 왜 자꾸 화를 내는지 궁금하기도 해요. 자꾸 화를 내는 게 반복되니까 제 문제가 심각한가라는 생각도 들고…… 그런데 제가 또 친한 친구들도 있어서 그렇게 ⑧ 인간관계에 심각한 문제가 있지는 않아요. ⑨ 초등학교 때 왕따를 당한 경험 빼놓고는 인간관계에 대해서 고민해 본 적이 별로 없거든요. 가끔 화를 내는 게 문제라는 생각이 제일 큰 것 같아요. ⑩ 선생님은 화가 날 때 어떻게 하세요? 상담사 선생님은 화가 잘 안 날 수도 있겠네요. ⑪ 전 제가 화가 날 때마다 다른 사람들도 화가 나는지, 나는 왜 이렇게 화가 잘 나는지, 다른 사람들도 나처럼 화를 내는지 이런 게 궁금해져요.

상담사 2: 나도 화를 내죠. 화를 낸다고 해서 문제가 되는 건 아니죠.

내담자 3: 그래요? 전 문제라고 생각했었는데…… 그럼 안심이 되네요.

상담사 3: 안심이 되세요?

내담자 4: 네~ 안심이 되네요. 그럼 전 무슨 얘기를 해야 할까요? ⑫ 전에는 제가 문제가 없는 사람이라고 생각했었는데…… 막상 상담을 받으려고 생각하니 제가 또 너무 문제가 많은 사람이라는 생각이 드는 거예요. 다른 사람들도 다 저랑 비슷하겠죠? 저는 이상한 행동을 하는 사람들을 보면 이해가 잘 안 돼요. 왜 저렇게 행동하는지 이해가 잘 안 되거든요. 그래서 그런 사람들을 보면 화가 나요. 그런데 화를 내고 나서는 ⑬ 제가 별거 아닌 일에도 화를 내는 것 같아서 속 좁은 사람이라는 생각을 많이 했어요. 그런데 그건 제 동생도 그렇고 우리 아빠도 그렇고…… 다 화를 잘 내서 전 다른 사람들이 다 우리 가족과 비슷하다고 생각했었어요. 그런데 ⑭ 아빠가 저더러 제 성격이 이상하다고 하는 거예요. 저는 너무 화가 나서 아빠한테 나보다 아빠가 더 심하다고 했죠. 저희 집은 늘 이렇게 싸우는 게 일상인 거 같아요. 그래서 전 싸우는 게 이상하지 않아요. 그런데 ⑮ 남친과 싸울 때는 좀 힘든 것 같긴 해요.

상담사 4: 남친이 있었어요? (네.) 몰랐네요. 근데 지난번에 상담 신청을 했을 때는 우울에 관해서 얘기를 하고 싶다고 했는데 오늘은 어떤 얘기를 하고 싶은 거예요?

내담자 5: 글쎄요. 말하다 보니 ⑯ 어떤 얘기를 해야 할지 모르겠네요.

상담사 5: 그럼 남친 얘기를 해 볼까요?

내담자 6: 네, 좋아요.

지금부터는 16개 내담자 반응을 구체적으로 탐색하기 위한 질문을 만들어 보자. 16개 내담자 반응을 탐색하기 위한 질문을 정리하면 다음과 같다. 유사한 패턴의 질문 같아 보이지만 질문의 공통점은 내담자가 한 말의 의미를 이해하기 위해 구체적인 설명을 요구하거나 내담자가 왜 그렇게 생각하고 느끼는지를 탐색하기 위해 이유, 느낌, 감정을 묻는다는 것이다.

① 상담을 잘 받았다는 생각도 들고……
→ 상담을 잘 받았다고 생각한 이유를 좀 더 설명해 줄래요?
→ 상담에 대해 어떤 기대를 가지게 되었는지 궁금하네요.
→ 상담을 받고 나서 어떤 생각들을 하게 됐는지 얘기해 줄래요?

② 제가 바뀔 수 있을까 싶기도 했고……
→ '바뀔 수 있을까'라고 생각했다는 게 어떤 의미인가요?
→ 안 바뀔까 봐 걱정했다는 의미로 들리는데…… 어떤 마음인지 궁금하네요.
→ 뭔가 걱정되는 마음이 느껴지는데…… 구체적으로 설명해 줄래요?

③ 주말에 기분이 안 좋은 일이 있었어요.
→ 주말에 어떤 일이 있었나요?
→ 주말에 있었던 일에 대해서 좀 더 설명해 줄래요?

→ 주말에 있었던 안 좋은 일에 대해서 얘기해 볼까요?

④ 나는 언제쯤 화를 안 내고 살 수 있을까라는 생각을 했어요.

→ 언제부터 화를 안 내고 살고 싶다는 생각을 하게 됐나요?

→ 화를 안 내고 살고 싶은 이유가 있나요?

→ 화를 내는 자신에 대해서 어떻게 생각해요?

⑤ 막상 상담실에 오니 별일 아닌 것 같다는 생각도 드네요.

→ 별일이 아니라는 생각이 드는 이유가 뭘까요?

→ 막상 얘기하려고 하니 별일 아닌 것처럼 느껴지는 것 같은데…… 이런 경험을 종종 하나요?

→ 상담실에 와서 생각이 바뀐 이유가 있을까요?

⑥ 상담을 받으면 이런 제가 좀 나아질 수 있겠죠?

→ 상담을 받아도 변하지 않을까 봐 걱정되는 건가요?

→ 변화되고 싶은 마음이 느껴지는데…… 상담을 통해서 어떤 변화를 기대하세요?

→ 스스로 변화될 거라는 믿음이 있는지 궁금하네요.

⑦ 제가 왜 자꾸 화를 내는지 궁금하기도 해요.

→ 스스로 화를 자주 낸다고 생각하는 이유가 있나요?

→ ○○ 씨는 본인이 왜 화를 낸다고 생각하세요?

→ ○○ 씨는 화를 내는 것에 대해서 어떻게 생각하세요?

⑧ 인간관계에 심각한 문제가 있지는 않아요.

→ 인간관계에서 심각한 문제가 없다는 것이 어떤 의미인가요?

→ 인간관계에서 어려움을 경험한 적이 없다는 의미인가요?

→ 본인의 인간관계 능력에 대해서 어떻게 생각하세요?

⑨ 초등학교 때 왕따를 당한 경험 빼놓고는 인간관계에 대해서 고민해 본 적이 별로 없거든요.

→ 초등학교 때 왕따 경험에 대해서 좀 더 설명해 줄래요?

→ 초등학교 때 인간관계에 대해 어떤 고민을 했는지 구체적으로 설명해 주세요.

→ 초등학교 때 이후로 인간관계에 대한 고민을 별로 안 한 것 같은데…… 중 · 고등학교 때 친구관계는 어땠는지 얘기해 줄래요?

⑩ 선생님은 화가 날 때 어떻게 하세요?

→ 다른 사람들이 어떻게 화내는지에 대해서 궁금한 이유가 뭘까요?

→ 화가 날 때 다른 사람과 다르다는 생각을 하는 건가요?
→ 내가 화내는 방법이 궁금한 건가요?

⑪ 전 제가 화가 날 때마다 다른 사람들도 화가 나는지, 나는 왜 이렇게 화가 잘 나는지, 다른 사람들도 나처럼 화를 내는지 이런 게 궁금해져요.
→ 다른 사람에 비해 화를 잘 낸다고 생각하는 것 같은데…… 왜 그렇게 생각하세요?
→ 다른 사람들이 어떻게 화를 내는지 궁금한 이유가 뭘까요?
→ 화와 관련해서 스스로 다른 사람들과 다르다고 생각하는 거 같은데…… 왜 그럴까요?

⑫ 전에는 제가 문제가 없는 사람이라고 생각했었는데……
→ 문제가 없는 사람이라는 게 어떤 의미인가요?
→ 문제가 없는 사람이라고 생각한 이유가 있을까요?
→ 지금은 문제 있는 사람이라고 생각하는 것 같은데…… 그렇게 생각하는 이유를 설명해 줄래요?

⑬ 제가 별거 아닌 일에도 화를 내는 것 같아서 속 좁은 사람이라는 생각을 많이 했어요.
→ 별거 아닌 일에도 화를 낸다고 했는데…… 최근에 어떤 일로 화를 냈나요?
→ 왜 속 좁은 사람이라고 생각하나요?
→ 별거 아닌 일에도 화를 낸다고 생각한 건 언제부터인가요?

⑭ 아빠가 저더러 제 성격이 이상하다고 하는 거예요.
→ 어떤 상황에서 성격이 이상하다는 말을 들었나요?
→ 성격이 이상하다는 얘기를 듣고 ○○ 씨는 어떤 생각(감정)이 들었어요?
→ ○○ 씨가 생각하기에 아빠 성격은 어떤 것 같나요?
→ 아빠가 왜 성격이 이상하다고 얘기하는지 생각해 봤나요?

⑮ 남친과 싸울 때는 좀 힘든 것 같긴 해요.
→ 남친과 어떤 일로 싸웠나요?
→ 남친과 싸우면 더 힘든 이유가 뭘까요?
→ 남친과 어떻게 싸우는지 구체적으로 설명해 줄래요?

⑯ 어떤 얘기를 해야 할지 모르겠네요.
→ 어떤 얘기를 해야 할지 모르겠다는 게 어떤 의미인가요?
→ 우리의 상담목표가 무엇이었는지 기억하세요?
→ 갑자기 해야 할 얘기를 고민하는 이유가 뭘까요?

내담자 반응에 대한 최소한의 질문만 모아도 50여 개의 질문이 만들어진다. 그러나 이 모든 질문을 한 회기 안에 다 할 수는 없다. 따라서 상담사는 내담자와 지금-여기에서 느껴지는 감정이나 생각, 내담자가 하는 이야기의 흐름에 맞춰 더 중요하다고 생각되는 질문을 선별해야 한다. 그러나 불행히도 상담과정에서 상담사가 질문을 선별하는 데 많은 시간이 주어지지 않기 때문에 상담사는 머릿속에 떠오르는 대로 질문할 수밖에 없다. 질문의 질적 수준에 따라 상담의 방향과 탐색의 깊이가 달라지기 때문에 상담사는 의도와 목적이 있는 양질의 질문을 하기 위한 수련을 꾸준히 해야 한다. 처음엔 잘 안 되겠지만 지속적인 수퍼비전과 상담사 반응 연습을 통해 개발할 수 있다.

마지막으로, 내가 상담사라면 내담자 반응에 어떻게 반응했을지 대안반응을 적어 보기 바란다. 축어록을 푼 후 상담사 반응에 대안반응을 적는 것은 상담사 반응을 교정할 수 있는 좋은 방법이다. 초보상담사일수록 수정이 필요한 상담사 반응(예: 내담자 반응을 따라가지 못하거나, 상담사가 화제를 바꾸거나, 감정을 다루지 못하고 회피하거나, 중요하지 않은 내용에 대해 질문할 때)에 대안반응을 기록하면서 반응교정 연습을 꾸준히 할 필요가 있다. 대안반응에 정답은 없다. 다만 내담자가 전달하고자 하는 말의 내용과 의미를 따라가면서 내담자 이해를 위한 최선의 질문을 하기 위해 노력할 뿐이다. 앞서 정리한 질문을 참고로 내가 상담사라면 내담자의 어떤 말에 초점을 두고 질문할 것인지 작성해 보자.

축어록	상담사 대안반응
내담자 1: 지난 상담이 끝나고 나서 많은 생각을 했어요. 상담을 잘 받았다는 생각도 들고…… 제가 바뀔 수 있을까 싶기도 했고…… 그런데 주말에 기분이 안 좋은 일이 있었어요. 그래서 '나는 언제쯤 화를 안 내고 살 수 있을까?'라는 생각을 했어요. 근데 막상 상담실에 오니 별일 아닌 것 같다는 생각도 드네요. 전 화가 날 때는 너무 심각한데 시간이 지나고 나면 별거 아닌 일에 화를 낸 것 같아 맥이 빠질 때가 있어요. 제가 왜 이런지 이해하기 어려운데…… 상담을 받으면 이런 제가 좀 나아질 수 있겠죠?	

상담사 1: 네~ 상담을 잘 받았다고 생각했다니 다행이네요. 상담을 열심히 받으면 바뀔 수 있을 거예요.	대안반응 1: 지난 상담 이후에 여러 가지 생각을 했던 것 같네요. 우리가 상담목표를 화를 덜 내는 것으로 결정했던 것 같은데 바로 지난주에 화나는 일이 있었던 것 같네요. 하나씩 얘기를 해 보죠. 우선 지난주에 어떤 일로 화가 났는지 구체적으로 얘기해 줄래요? 대안반응 2: 지난 상담 후에 많은 생각을 했던 것 같은데…… 상담에 대해 어떤 기대를 가지게 됐는지 궁금하네요. 대안반응 3: 지난 상담 이후에 여러 가지 생각을 했던 것 같네요. 상담실에 오니 별일 아닌 것 같이 느껴진다고 했는데…… 어떤 의미인지 설명해 줄래요?
내담자 2: 네~ 저도 그렇게 됐으면 좋겠어요. 그런데 제가 왜 자꾸 화를 내는지 궁금하기도 해요. 자꾸 화를 내는 게 반복되니까 제 문제가 심각한가라는 생각도 들고…… 그런데 제가 친한 친구들도 있어서 그렇게 인간관계에 심각한 문제가 있진 않아요. 초등학교 때 왕따를 당한 경험 빼놓고는 인간관계에 대해서 고민해 본 적이 별로 없거든요. 가끔 화를 내는 게 문제라는 생각이 제일 큰 것 같아요. 선생님은 화가 날 때 어떻게 하세요? 상담사 선생님은 화가 잘 안 날 수도 있겠네요. 전 제가 화가 날 때마다 다른 사람들도 화가 나는지, 나는 왜 이렇게 화가 잘 나는지, 다른 사람들도 나처럼 화를 내는지 이런 게 궁금해져요.	
상담사 2: 나도 화를 내죠. 화를 낸다고 해서 문제가 되는 건 아니죠.	대안반응 1: 나도 화가 날 때가 있죠. 화를 내는 게 왜 문제라고 생각하는지 궁금하네요. 대안반응 2: 화를 내긴 하지만 인간관계에는 문제가 없다는 얘기로 들리는데…… 화를 내는 게 왜 OO 씨에게는 고민거리가 되는 걸까요? 대안반응 3: 초등학교 때 왕따 경험에 대해서 구체적으로 얘기해 줄 수 있을까요? 대안반응 4: 초등학교 때 왕따 경험을 얘기했는데…… 초 · 중 · 고등학교 때 인간관계가 어떻게 달랐는지 설명해 줄래요?

내담자 3: 그래요? 전 문제라고 생각했었는데…… 그럼 안심이 되네요.	
상담사 3: 안심이 되세요?	**대안반응 1**: 안심되는 이유가 궁금하네요.
내담자 4: 네~ 안심이 되네요. 그럼 전 무슨 얘기를 해야 할까요? 전에는 제가 문제가 없는 사람이라고 생각했었는데…… 막상 상담을 받으려고 생각하니 제가 또 너무 문제가 많은 사람이라는 생각이 드는 거예요. 다른 사람들도 다 저랑 비슷하겠죠? 저는 이상한 행동을 하는 사람들을 보면 이해가 잘 안 돼요. 왜 저렇게 행동하는지 이해가 잘 안 되거든요. 그래서 그런 사람들을 보면 화가 나요. 그런데 화를 내고 나서는 별거 아닌 일에도 화를 내는 것 같아서 제가 속 좁은 사람이라는 생각을 많이 했어요. 그런데 그건 제 동생도 그렇고 우리 아빠도 그렇고…… 다 화를 잘 내서 전 다른 사람들이 다 우리 가족과 비슷하다고 생각했었어요. 그런데 아빠가 저더러 제 성격이 이상하다고 하는 거예요. 저는 너무 화가 나서 아빠한테 나보다 아빠가 더 심하다고 했죠. 저희 집은 늘 이렇게 싸우는 게 일상인 것 같아요. 그래서 전 싸우는 게 이상하지 않아요. 그런데 남친과 싸울 때는 좀 힘든 것 같긴 해요.	
상담사 4: 남친이 있었어요? (네.) 몰랐네요. 근데 지난번에 상담 신청을 했을 때는 우울에 관해서 얘기를 하고 싶다고 했는데 오늘은 어떤 얘기를 하고 싶은 거예요?	**대안반응 1**: 이상한 행동이라는 게 어떤 행동인지 설명해 주시겠어요? **대안반응 2**: 최근에 이상한 행동을 한 사람을 보고 화낸 일이 있었나요? **대안반응 3**: 화를 내고 나서 속이 좁다고 생각하는 이유는 뭘까요? **대안반응 4**: 남친과 싸울 때 더 힘든 이유는 뭘까요?
내담자 5: 글쎄요. 말하다 보니 어떤 얘기를 해야 할지 모르겠네요.	

상담사 5: 그럼 남친 얘기를 해 볼까요?	대안반응 1: 얘기를 하면서 혼란스러워진 것 같은데…… 지금 하고 있는 생각이나 느낌을 표현할 수 있을까요? 대안반응 2: 하고 싶은 얘기가 많아서 하나만 결정하기 어렵다는 의미인가요?
내담자 6: 네, 좋아요.	

육하원칙에 근거해 개방형 질문, 폐쇄형 질문, 간접질문을 적절히 활용해서 질문하면 내담자 이해에 필요한 내용을 탐색할 수 있다. 즉, 언제(과거, 현재, 미래), 어디서, 누가, 어떻게 (말과 행동을) 했는지 구체적으로 탐색(질문)하면 된다. 탐색과정에서 파악되는 정보들은 내담자 이해를 위한 밑그림을 그리는 데 활용할 수 있다. 어떤 문제가 반복되는지, 문제가 되는 대처 방식은 무엇인지, 현재 경험하는 문제가 과거 경험과 어떻게 연결되는지, 과거 및 현재에 내담자가 경험하는 감정은 무엇인지, 왜 그런 생각과 감정을 경험하는지 등에 대한 질문을 통해 파악된 정보를 정리하면 사례개념화가 된다. 다음 사례를 통해 살펴보자.

상담사 1: 엄마와 싸우는 문제가 ○○ 씨에게는 상담을 받을 만큼 심각한 문제인 것 같네요. 엄마와 싸운 일이 이번이 처음이 아닐 텐데 왜 지금 상담받으러 오신 건지 궁금하네요.

내담자 1: 네~ 엄마와 싸운 건 오래된 문제이긴 해요. 늘 엄마와 싸우고 제가 그냥 넘어가고 그러면서 문제를 해결하지 않고 그냥 덮고 넘어가고 그랬는데…… 최근에 결혼에 대한 고민을 하게 되면서 엄마와의 관계가 계속 이 상태로 유지되는 건 아니라는 생각이 들었어요. 엄마와의 불편한 관계를 결혼할 사람에게 보여 주고 싶지도 않고…… 그래서 엄마와 잘 지내고 싶기도 한데 잘 안 되니까 엄마와 싸우는 것이 요즘엔 더 스트레스인 거 같아요.

상담사 2: 결혼을 앞두고 엄마와의 관계가 더 신경 쓰이는 것 같네요. 엄마와의 관계를 좋게 하고 싶다고 얘기하긴 했는데…… 어떤 상황에서 엄마와 싸우게 되는지 궁금하네요.

내담자 2: 엄마가 갑자기 화를 내거나 제게 뭔가를 요구할 때 싸우는 상황이 많이 발생하는 것 같아요. 엄마가 좋게 말하면 되는데 갑자기 화를 내면 저는 이유도 모르고 엄마의 화를 다 받아 내야 하니까 너무 짜증이 나는 거죠. 그리고 엄마는 뭔가를 요구할 때 정확히 얘기하는 게 아니라 추측하게 만들 때가 많아요. 뭘 먹고 싶으면 먹고 싶다고 얘기를 하면 되는데 "저거 맛있겠네."라고 말해요. 전 그냥 얘기하는 거라고 생각했는데 나중에 알고 보니 그 말이 먹고 싶다는 얘기인 거예요. 처음엔 엄마가 말하는 의미를 못 알아채서 엄마랑 많이 싸웠죠. 화낸다는 이유로…… 그런데 지금은 엄마가 안 바뀐다는 걸 알아서 그런지 엄마가 화내거나 짜증을 내면 그냥 귀를 닫거나 피하죠. 그래서 화해를 하거나 그런 건 없고…… 그냥 말을 안 하고 지내다가 일이 생기면 어쩌다 말하게 되고 또 그냥 넘어가고 또 엄마가 불편한 일이 생기면 일방적으로 화내고 전 또 피하고…….

상담사 3: ○○ 씨는 싸운다고 했지만 얘기를 들어 보니 엄마가 화를 내는 상황이 많은 것 같은데…… 그럴 때마다 ○○ 씨는 귀를 닫거나 피해 버리는 상황이 반복되는 것 같네요.

내담자 3: 네~ 맞아요. 엄마가 일방적으로 화를 내시고 전 피하죠. 저는 싸운다고 생각했는데…… 엄마랑 싸운 게 아니네요.

상담사 4: ○○ 씨는 마음속으로 엄마와 싸우는 것 같은데…… 하고 싶은 말을 속으로만 하는 건가요?

내담자 4: 네~ 마음속으로 엄마한테 하고 싶은 얘기를 많이 해요. 소리 지르고 화를 내고…… 그런데 엄마를 보면 실제로 그렇게 하지 못해요. 왠지 미안하기도 하고…… 제가 엄마한테 화를 낼 자격이 없다는 생각이 들어서요.

상담사 5: 상상으로 엄마와 싸우면서 실제로 싸운다는 생각을 하는 것 같네요. 엄마한테 화를 낼 자격이 없다는 게 무슨 의미예요?

내담자 5: 엄마가 저를 키우느라 고생을 많이 하셨어요. 아빠가 경제적인 능력이 없어서 엄마가 주로 돈을 벌어 오셨죠. 제 학원비를 대느라고 식당에서 일하시고 마트에서도 일하시고…… 저는 그런 엄마가 창피해서 엄마를 모른 척한 적도 있어요. 그래서 엄마한테 잘해 줘야 한다는 생각도 있지만 엄마가 화를 내면 저도 모르게 화가 나니까 싸우기 싫어서 계속 피하게 되는 것 같아요.

상담사 6: 엄마에 대해서 고맙고 미안한 감정이 있어서 엄마에게 화를 내거나 불편한 마음을 표현하기 어려워 보이네요.

내담자 6: 네~ 화를 내면 죄책감이 들어서 제가 더 힘들더라고요. 그래서 계속 피하게 되는 것 같아요.

상담사 7: 화를 내면 죄책감이 느껴진다고 하니 화를 내기 어렵겠네요. 그럼 결혼할 남자친구에게는 어떤가요? 불편한 감정이나 화를 표현하나요?

내담자 7: 실은 그것도 문제인데…… 제가 남친한테도 화를 못 내요. 불편한 게 있어도 말을 못하고 꽁하게 있거나 말하는 걸 피하니까 남친이 오히려 답답해서 말을 하라고 하죠. 가만히 보니 저도 화가 났을 때 엄마와 비슷한 부분이 있네요. 엄마도 화가 나면 풀릴 때까지 말을 하지 않아요. 제가 먼저 사과를 해도 엄마는 자기가 풀릴 때까지 사과를 받아 주지 않아요. 그런 부분을 저도 닮았네요. 닮고 싶지 않았는데…….

상담사 8: 화낼 때 하는 행동이 닮고 싶지 않은 엄마와 비슷하다고 했는데…… 엄마와 비슷한 행동을 한다는 것을 지금 확인한 것 같은데…… 어떤 생각이 들어요?

내담자 8: 제가 문제가 좀 많네요. 엄마를 탓하는 부분도 있었는데 엄마를 탓할 문제만은 아닌 것 같아요. 그리고 남자친구한테도 좀 미안해지네요. 저도 그런 엄마 때문에 힘들었는데 남친도 저처럼 힘들었을 거라 생각하니……. (눈물)

이 사례에서 상담사는 엄마와의 갈등 문제가 어제오늘의 문제가 아닌데 왜 지금 상담을 받으러 왔는지 탐색하는 질문을 하였다. 내담자는 엄마와의 관계 개선을 원하기도 하지만 결혼을 준비하면서 엄마와 갈등하는 모습을 보이고 싶지 않은 마음이 있다는 것을 표현하였다. 상담사는 어떤 상황에서 엄마와 주로 갈등이 생기는지, 내담자가 그 상황에서 어떻게 대처하는지, 남자친구와의 관계에서는 화를 어떻게 표현하는지 등에 대한 질문을 하였다. 이러한 질문을 통해 내담자는 남자친구에게도 말을 안 하고 회피하는 대처를 동일하게 반복하고 있다는 것을 인지하게 되었다. 추후 상담사는 내담자가 엄마에게 가지는 양가감정을 통합할 수 있도록 돕기 위해 엄마와의 관계를 좀 더 탐색하고 미해결 감정을 상담에서 표현할 수 있도록 해야 할 것이다. 또한 엄마와의 관계에서 경험하는 분노감정과 감정을 처리하는 방법이 다른 중요한 대상들(예: 현재 남자친구, 직장동료 등)과의 관계에 영향을 미치고 있음을 인지했으니 추후 상담에서는 전이 감정을 처리하고 새로운 대처방법을 경험하고 습득할 수 있도록 도와야 할 것이다.

연습하기

사례

대학교 1학년 남학생이 자해를 한 상태로 상담실을 찾아왔다. 자해행동을 한 자신에 대해 스스로 불안해져서 상담실에 찾아왔다고 한다. 내담자는 자신의 팔을 외면하듯이 고개를 반대로 돌리고 피범벅인 팔을 아래쪽으로 뻗은 상태로 자신이 얼마나 힘든지를 호소하였다. 흐느끼듯이 말을 하지만 눈물을 흘리지는 않았고 눈 맞춤도 잘 안 되는 상태였다.

내담자 1: 제가 자해를 했어요. 팔에서 피가 났는데…… 지금은 피가 멈춘 상태니까 안심하셔도 돼요. 그런데 제가 왜 상담에 왔냐면 제가 저를 너무 미워해서 어떻게 할 것 같아서예요.

상담사 1: 자해를 했다고 하니 걱정되네요. 어쩌다 자해를 했어요?

내담자 2: 걱정하지 않으셔도 돼요. 죽지 않을 만큼 하니까…… 그런데 이번에는 제가 저를 죽일 수도 있을 것 같다는 생각이 들었어요.

상담사 2: 그럼 자해행동이 이번이 처음이 아닐 수도 있겠네요. 무슨 일이 있었는데 이번에 자살을 할 것 같은 생각이 들었나요?

내담자 3: 음…… 들으시면 별일이 아니라고 생각하실 수 있는데~ 제가 내년에 전과를 하기 위해서 1학년을 죽을 만큼 열심히 살았어요. 기말고사만 잘 끝나면 되는데 마지막 시험을 완전 망쳐서 제가 원하는 성적이 안 나올 것 같아요. 내년에 제가 원하는 전과를 못할 것 같다는 생각이 드니까 갑자기 '살아서 뭐하나?'라는 생각이 들었어요. 저도 이런 제가 이해가 되지 않아요. 친구한테 전화했더니 상담센터 같은 데가 있으면 가라고 해서 왔어요. 사실 이런 문제로 상담을 받아도 되는지도 잘 모르겠어요. 저보다 더 힘든 사람들도 많을 텐데…….

상담사 3: ○○ 씨에게 중요한 일을 다른 사람과 비교할 수 없죠. 전과를 희망하는데 기말고사 마지막 시험을 망쳐서 전과를 못할까 봐 불안했나 보네요. 얼마나 못 봤길래 죽을 생각까지 한 거예요?

설명

자해를 했다면 자해의 심각성을 파악하는 것이 중요하다(상처가 심하면 과다 출혈이나 파상풍의 위험이 있으니 내담자에게 응급처치를 할 수 있도록 지원해야 함). 그다음 내담자가 왜 자해를 했는지, 자살을 시도한 적이 있는지, 상담에서 어떤 도움을 받고 싶은지, 내담자가 자신을 왜 미워하는지, 비자발적 내담자라면 상담받는 것에 대해서 내담자가 어떻게 생각하는지에 대한 내용들을 구체적으로 탐색해야 한다. 상담사의 탐색적 질문 및 명료화 질문을 위한 대안반응을 연습해 보자.

■ 앞의 설명을 바탕으로 상담사 반응별 대안반응 적어 보기

상담사 1:

상담사 1:

상담사 2:

상담사 2:

상담사 3:

상담사 3:

대안반응 1

상담사 1: 자해를 했다고 하니 걱정되네요. 지금 상처가 얼마나 깊은지 살펴보고 싶은데 팔을 좀 보여 줄 수 있을까요?

상담사 1: 심각하지 않다는 말을 하고 싶은 것 같은데~ 혹시 어떤 도구로 자해를 했는지, 피를 얼마나 흘렸는지 말해 줄래요?

상담사 1: 피가 멈춘 걸 보니 자해를 한 지 시간이 꽤 된 것 같은데…… 어떤 이유로 자해를 하게 된 건가요?

상담사 1: 상처 난 팔을 제대로 쳐다보지도 못하네요. 자신한테 어떻게 할까 봐 걱정되는 건가요?

상담사 1: 자해를 멈추고 상담센터로 온 건 잘한 선택이에요. 무엇 때문에 자신을 미워하는 건가요?

대안반응 2

상담사 2: 죽지 않을 만큼 자해를 한다고 해서 가볍게 볼 문제는 아닌 것 같아요. 이번에는 죽음을 생각할 만큼 심각한 일이 있었던 것 같은데 설명해 볼 수 있어요?

상담사 2: 스스로 자신을 죽일 수도 있을 거라는 생각이 들면 무서웠을 것 같은데…… 지금 말하는 건 담담해 보이네요. 지금 느껴지는 감정을 말해 볼 수 있을까요?

상담사 2: 죽을 만큼 자해하지 않는다는 말이 안심이 되면서도 자신을 죽일 수 있을 것 같다는 말은 심각하게 들리네요.

상담사 2: 자해경험이 이번이 처음이 아닌 것 같네요. 언제부터 자해를 했나요?

대안반응 3

상담사 3: 전과를 하기 위해서 열심히 노력했는데 전과가 안 될 것 같아 자살생각을 한 건가요?

상담사 3: 아직 결과가 나온 것도 아니고 한 과목 시험 못 봤다고 전과가 안 될까 싶기도 한데…… 전과를 실패하면 살 이유가 없어질 만큼 전과가 ○○ 씨에게 중요한 일인가요?

상담사 3: 전과 실패로 자살까지 생각한 것에 대해 자신도 이해가 안 되는군요. 친구는 ○○ 씨에게 뭐라고 하던가요?

상담사 3: 자살을 생각할 정도의 위기 상황에서 친구의 권유로 상담실을 찾아온 걸 보니 친구가 ○○ 씨에게 중요한 대상인 것 같네요. 부모님에게 연락 못한 이유가 있을까요?

상담사 3: 자신이 미워서 자해를 하고 죽음까지 생각하는데도 상담받을 만큼 힘든 건 아니라고 생각하는 건가요?

상담사 3: 학교에서는 치명적인 자해나 자살 위험이 있을 경우 보호자에게 연락을 해야 하는데 누구에게 연락하는 게 좋을까요?

셀프 수퍼비전 노트

1. 탐색적 질문 및 명료화 기술에 대한 셀프 모니터링

- 잘하고 있는 부분

- 개선이 필요한 부분

2. 셀프 수퍼비전을 통한 탐색적 질문 및 명료화 대안반응 연습하기

- 실제 사례를 가지고 대안반응 작성해 보기

제 6 장

감정반영

1. 언제/어떻게 감정반영을 해야 할지 모르겠다면?
2. 내담자의 감정이 잘 이해되지 않는다면?
3. 감정반영을 제대로 했는지 확신하기가 어렵다면?
4. 내담자의 감정을 제대로 다루지 못할 것 같은 불안함이 생긴다면?

▣ 연습하기

▣ 셀프 수퍼비전 노트

감정반영은 내담자의 언어적 · 비언어적 반응에서 보이는 감정을 상담사가 내담자에게 거울 비추듯 표현하는 것이다. 감정반영의 목적은 내담자가 자신의 감정을 명확히 인식하고, 더 나아가 자신이 느끼는 감정을 수용하고 타당화 작업을 통해 궁극적으로 내담자 자신을 이해하도록 돕는 것이다.

상담사가 감정반영을 잘하기 위해서는 언어적 메시지와 비언어적 메시지를 함께 경청할 수 있어야 한다. 상담사의 모든 반응은 내담자의 언어적 · 비언어적 경청을 기반으로 한다. 말로 드러내는 감정은 비교적 쉽게 알아차릴 수 있지만 비언어적 반응(예: 눈 주위가 빨개진다거나, 갑자기 하늘을 본다거나, 얼굴을 붉힌다거나)을 통해 감정을 드러낼 경우 상담사가 주의 깊게 관찰하고 듣지 않으면 알아채기 어렵다. 따라서 상담사는 귀로 들리는 말의 내용뿐 아니라 비언어적 몸짓에 담긴 감정도 함께 알아차릴 수 있도록 경청 능력을 키워야 한다.

한편, 상담사가 감정반영 기술을 사용하기 위한 전제조건은 내담자가 언어적이든 비언어적이든 감정을 표현해야 한다는 것이다. 그러나 감정을 표현하는 것은 생각보다 쉽지 않다. 더군다나 긍정적인 감정이 아닌 부정적인 감정을 표현하는 것은 내담자에게 매우 부담스러운 일이다. 특히 중요한 대상(가족이나 부모)과 관련된 부정적 감정을 표현하는 과정에서 내담자들은 상당한 딜레마를 경험한다. 가족에 대한 불편한 감정을 속 시원하게 말하고 싶기도 하지만 다른 한편으로는 가족에 대한 부정적 감정을 표현하는 과정에서 죄책감도 경험하게 된다. 가족에 대한 부정적 감정을 표현할 때 내담자들이 보이는 반응은 다음과 같다.

상담사: 가족에 대해 불편한 점이 있지만 얘기하고 싶지 않다고 했는데 어떤 마음인지 좀 더 설명해 주실래요?

내담자: 가족에 대해서 말하는 것이 불편해요. 특히 엄마에 대한 감정이 좋지 않은데…… 말을 하다 보면 엄마를 욕하는 것처럼 보일까 봐……. 지금은 잘해 주시거든요. 그리고 남한테 가족에 대한 나쁜 점을 얘기하는 건 안 좋은 것 같아요.

이 같은 경우 상담사는 내담자가 가족에게 불편한 감정을 느끼는 것과 그 감정을 표현하는 것은 자연스러운 것이며 옳고 그름을 판단할 일이 아니라는 것을 알려 주고 안심시킬 필요가 있다. 이러한 과정을 우리는 감정에 대한 타당화 과정이라고 한다. 타당화 과정이란 내담자가 느끼는 감정이나 생각에 대해서 그럴 수 있다는 것을 알려 주는 것이다. 초자아가 강할수록 도덕적인 가치를 강박적으로 지키려 하고 실수하거나 잘못한 것에 대해서 지나치게 비난하고 부정적으로 자신을 지각하게 되는데 이 과정에서 인간으로서 경험할 수 있는 다양한 생각과 감정을 동시에 부정하게 된다. 이럴 경우, 내담자는 자신의 생각과 감정을 부인하고 자기 존재까지도 부정하게 될 수 있다. 내담자가 과거 그 상황에서 느낀 감정에 대해서 상담사가 타당화해 줄 때 내담자는 스스로 비난하는 것을 다시 생각해 보거나 멈출 수 있게 된다. 내담자의 감정에 대한 타당화를 내담자의 감정에 대한 동조와 혼동하는 경우가 있는데, 타당화와 동조는 다른 과정이다. 내담자에 대한 동조는 내담자의 감정이나 행동에 대한 동의를 의미하지만 타당화는 감정을 느끼는 것이 자연스러운 일이라는 것을 알려 주는 과정이다.

이 사례의 경우 내담자의 감정을 타당화한다면, 가족에 대한 불편한 감정을 말하는 것의 목적은 가족을 욕하고 비난하는 것이 아니라 자신이 경험한 감정을 표현하고 그 감정이 나에게 어떤 영향을 미쳤는지 알고자 하는 것이다. 따라서 상담사는 내담자의 말이 가족에 대한 욕이나 비난으로 들리지 않으며 오히려 가족에 대한 불편하고 처리하기 힘든 감정 때문에 고민하는 내담자의 어려움을 이해하게 됐다는 점을 강조해서 표현해 주어야 한다. 내담자들은 불편한 감정을 표현하지 않고 참는 이유에 대해서 다음과 같이 말한다. 말을 해도 상대가 변하지 않으니까, 말을 해도 감정이 바뀌지 않으니까, 나만 바뀌려고 노력하는 것이 억울하니까 말하는 것보다 참는 것이 더 낫다고 말한다. 이럴 경우 상담사는 어떻게 반응해야 할까? 우리가 상대에게 불편한 감정을 표현하는 이유는 상대를 바꾸려는 것이 아니라 경험한 감정을 표현하고 상대에게 알리는 것이 목적임을 내담자에게 알려 줄 필요가 있다.

상담사 1: 가족에 대해서, 특히 엄마에 대한 감정을 솔직히 표현하는 것이 가족을 욕하는 것처럼 보일까 봐 걱정이 되나 보네요. 그런데 난 ○○ 씨 얘기를 들으면서 가족을 욕한다기보다는 가족관계에서, 특히 엄마와의 관계에서 느끼는 불편한 감정으로 인해 힘들었다는 것을 표현했다고 생각했어요. ○○ 씨 얘기를 들으면서 ○○ 씨의 마음이 얼마나 힘들었는지 좀 더 이해하게 된 것 같아요.

내담자 1: 선생님처럼 저를 이해해 준다면 저도 더 편하게 얘기를 할 텐데…… 우리 가족은 얘기를 해도 변하지 않아요. 그래서 가족한테 저를 이해시키려고 얘기하는 것도 싫고, '왜 나만 노력해야 하나'라는 생각 때문에 억울하기도 해요.

상담사 2: 가족들이 ○○ 씨 얘기를 듣고 좀 변했으면 하고 기대하는데 달라지지 않으니 혼자 노력하는 것 같아서 억울한 마음이 생기는 것 같네요. 우리가 상대에게 내 생각과 감정을 표현하는 건 상대를 바꾸려고 하는 것보다 내 마음이 이렇다는 것을 상대에게 알리는 목적이 더 커요. 내 마음을 전달한 후 상대가 어떻게 반응하느냐에 따라서 그 관계를 어떻게 할지 결정하게 되겠죠. 내 얘기를 듣고 어떤 생각이 드나요?

내담자 2: 전 상대에게 제 생각이나 감정을 표현하면 상대가 변하려고 노력하는 게 당연하다고 생각했던 것 같아요. 그래서 바뀌지 않는 가족한테 자꾸 실망하게 되고 화가 나는 것 같아요. 제 감정을 표현하고 알리는 것이 목적이라고 하면 제가 가족한테 너무 큰 기대를 한 것 같긴 하네요. 가족들이 제 얘기를 듣고 안 바뀐 건 아닌데 제가 보기엔 부족하다는 생각이 들었던 것 같아요.

이 사례에서 내담자는 상담사의 설명을 들은 후 불편한 감정을 표현하는 목적이 상대를 바꾸는 것이라 생각했던 것을 자각하게 되었고, 자신의 감정을 상대에게 전달하고 알리는 것이 목적이라는 것을 이해하게 된 순간 자신의 기대가 너무 높아 가족의 노력이나 변화를 알아채지 못했음을 확인하게 되었다.

대부분의 내담자는 가족뿐 아니라 다양한 관계에서 경험하는 부정적 감정의 처리를 어려워한다. 감정과 관련된 문제를 가지고 오는 내담자들은 부정적인 감정의 홍수에 빠져서 자신의 감정을 어떻게 처리해야 하는지 혼란스러워한다. 특히 어떤 문제 상황에 대해 상반된 감정을 경험하는 내담자들의 경우는 더욱 그러하다. 다음 사례에서 내담자가 아버지에 대해서 표현하는 것을 보면 복잡한 양가감정이 잘 드러나 있다.

내담자 1: 아버지에 대한 기억이 별로 없어요. 너무 어릴 때 이혼을 하셔서. 아버지를 생각하면 복잡한데…… 그립기도 하고 화도 나는 것 같아요.

내담자는 어릴 때 헤어진 아버지에 대한 그리움과 분노를 표현하고 있다. 이때 상담사는 내담자가 가지고 있는 두 가지 감정을 잘 다루어서 혼란스러운 마음을 정리할 수 있도록 도와야 한다.

상담사 1: 얼굴도 잘 기억나지 않는 아버지에 대한 그리움과 분노를 표현했는데…… 구체적으로 어떤 상황에서 그런 감정들을 경험하는지 얘기해 볼래요?

내담자 1: 선생님 말씀대로 얼굴도 잘 기억나지 않는 아버지가 가끔 그리울 때가 있어요. 특히 친구들이 아버지 얘기를 할 때 나도 아버지가 있었는데…… 나도 아버지가 있었으면…… 하는 생각이 들면서 아버지라는 사람이 그리워져요. 그런데 한편으로는 우리를 버리고 간 아버지에 대해서 화가 나요. 왜 엄마한테 우리를 맡기고 떠났는지 모르겠어요. 어른들의 일이긴 하지만…… 우리도 아버지가 필요한데…….

내담자는 얼굴도 잊혀 가는 존재감 없는 아버지에 대한 그리움과 함께 아버지가 자신을 버렸다는 생각으로 화가 난다고 말한다. 상담사는 내담자가 아버지에 대해 가지고 있는 감정들, 즉 밉지만 완전히 미워할 수 없고 그립지만 그리워할 수 없는 내담자의 복잡한 감정을 표현하도록 돕는 것이 중요하다. 우리는 보통 한 대상에 대해 좋은 감정과 나쁜 감정을 함께 경험한다(양가감정). 좋기만 한 또는 나쁘기만 한 분열된 대상을 통합할 수 있도록 상담사는 내담자의 혼란스러운 감정을 다룰 수 있는 능력을 키워야 한다.

한편, 우리를 괴롭히는 감정은 대개 부정적 감정인데, 이를 미해결 감정 또는 핵심 감정이라고 한다.[1] 상담에서 다루는 대부분의 감정은 부정적 감정이다. 부정적인 감정을 느끼는 것은 불편하고 힘든 일이기 때문에 내담자들의 경우 부정적인 감정을 무시하거나 없는 것처럼 취급하려 한다. 그 과정에서 부정적인 감정들은 해소되지 않고 계속 축적되어 일상에서 여러 가지 부작용이나 문제를 만든다. 상담사는 상담과정에서 내담자가 감정을 인식하는지, 또 감정을 어떻게 표현하고 관리하는지 탐색하고 이 과정에서 내담자가 경험하는 어려움을 확인하고 해결할 수 있도록 도와야 한다.

감정을 억압하는 사람들은 자신이 감정을 억압한다는 사실조차 인식하지 못하는 경우

1) 이후 감정은 부정적 감정, 미해결 감정을 의미한다.

가 많다. 그러나 부정적 감정은 결코 사라지지 않으며 오히려 퇴적물처럼 마음속에 쌓여 있다가 과거 부정적 감정을 경험했던 유사한 상황을 재경험할 때 문제 상황보다 과도한 분노나 화를 경험하고 더 이상 참을 수 없을 때 극단적으로 표출하게 된다. 이러한 경험을 반복적으로 하게 되면 결국 관계 문제를 경험할 수밖에 없다. 즉, 폭발적으로 화를 낸 사람도, 과도한 분노를 마주한 상대도 매우 당황스러운 상황에 놓이게 되고, 내담자가 부정적인 감정을 관리하거나 해결하려고 노력하지 않는 한 악순환은 반복될 수밖에 없다. 내담자는 감정을 억압하고 표현하지 않는 것이 관계를 위한 것이라고 생각할 수 있지만 감정을 참거나 회피하는 것이 오히려 관계를 파괴하는 것임을 알 필요가 있다.

내담자들이 상담에 와서 우울하다, 불안하다, 슬프다, 화가 난다 등 다양한 감정을 자발적으로 표현해 준다면 매우 고마운 일이다. 상담에서 다양한 감정을 분화시켜서 표현해 주는 내담자를 만나는 것은 결코 쉬운 일이 아니기 때문이다. 많은 경우 내담자들은 자신의 감정을 정확히 인지하지 못하거나 마치 로봇처럼 감정표현을 전혀 하지 않고 사실관계만 늘어놓는다. 또한 현재 자신이 경험하는 문제를 감정과 연결시키지 못하는 경우도 있다. 그래서 자신이 현재 왜 우울하고 불안하고 화가 나는지 그 이유를 잘 모른다. 이유 없이 짜증 나고 화가 나고 불안하다고 호소하는 내담자들의 경우, 부정적 감정을 경험한 전후 상황을 잘 탐색해 보면 내담자에게 불편한 감정을 일으킬 만한 크고 작은 생활 사건들이 원인이라는 것을 확인할 수 있다. 혹은 부정적인 감정을 드러내는 것은 위험하고 심지어 부정적 감정을 완벽히 숨길 수 있다고 생각하기 때문에 감정을 억압하기도 한다. 부정적 감정을 억압하느라 긍정적 감정도 제대로 느끼지 못하고 표현하지 못한다는 것도 인지하지 못한다. 부정적 감정을 느끼고 경험하는 것을 어려워하는 내담자들은 많은 에너지를 부정적 감정을 억압하는 데 사용하기 때문에 내담자의 표현이 생생하지 않고 매우 건조한 느낌이 들며 삶의 에너지와 활력도 느껴지지 않는다.

상담사에 따라 감정반영이 어려운 내담자가 있을 수 있지만 일반적으로 감정을 표현하지 않는 내담자가 감정을 표현하는 내담자보다 더 어렵게 느껴질 수 있다. 우선 감정표현을 어려워하는 내담자들의 경우, 상담사는 감정을 느끼고 경험하는 것이 왜, 어떤 점에서 어려운지를 먼저 파악해야 한다. 감정을 표현하기 어려워하는 내담자들은 부정적인 감정뿐 아니라 긍정적인 감정을 표현하는 것도 불편해한다는 것을 참고할 필요가 있다. 대부분의 내담자는 부정적 감정을 처리하는 과정에서 다양한 어려움을 경험하기 때문에 감정을 느끼고 경험하는 것이 내담자에게 어떤 이유로 어려운지 탐색해야 한다. 감정을 말하는 것이 약해 보일까 봐, 감정을 말한다고 해서 해결이 되지는 않으니까, 단점을 드러내는 것 같아서, 그때의 감정을 다시 느끼고 싶지 않아서, 감정을 이야기하는 것 자체가 불편하니까 등의 다양한 이유가 있을 수 있다. 감정을 표현하는 것을 어려워하는 이유를 파악했다면 그와 관련된 경험, 즉 구체적인 에피소드를 통해 내담자가 감정과 경험을 어떻게 연결하고 해석하는지, 그 경험이 현재 어떤 영향을 미치는지 구체적으로 다루어야 한다.

한편, 부정적 감정을 드러내지 않음으로써 얻는 이차적 이득이 있는지도 파악해야 한다. 즉, 착한 사람으로 인정을 받는다거나, 관계에서 갈등이 덜 생긴다고 생각하거나, 평화주의자라는 평가를 받을 수 있다. 그러나 자신의 감정을 속여 가면서 이어 가는 관계는 결국 오래가지 못한다는 것을 내담자들이 인정해야 한다. 예를 들어, 친구와의 관계가 깨지는 것을 걱정해서 부정적인 감정을 드러내지 않고 참는 내담자가 있다고 가정하자. 내담자는 친구와의 관계가 깨질 것을 염려해서 웬만한 일에 대해서 불편감을 표현하지 않고 관계를 유지하고 있다. 내담자는 자신이 친구에게 불편한 마음을 표현하면 친구가 기분이 나빠져 자신과 멀어지거나 관계가 서먹해질 것이기 때문에 자신이 참는 것이 관계를 위한 최선의 선택이라고 생각한다. 내담자는 자신이 참으면 관계가 유지되기 때문에 괜찮다고 생각할 수 있지만 결론적으로 불편한 감정을 숨기면서 맺는 관계는 오래 유지하기 어렵다. 결국 내담자는 불편한 감정을 숨기면서 친구관계를 유지하는 것의 어려움을 토로할 수밖에 없다. 내담자는 친구와의 관계가 깨지는 것을 염려해서 부정적 감정을 표현하지 않았지만 결과적으로 친구와의 관계가 불편해져서 거리 두기를 하고 관계를 끊으려고 한다면, 불편한 감정을 숨기는 노력이 관계 유지에 도움이 안 된다는 것을 알게 될 것이다. 이 같은 관계 패턴을 가진 내담자들의 경우 상담사와의 관계에서도 불편감을 숨길 수 있으며, 이는 상담관계에 부정적인 영향을 미칠 수 있다. 즉, 내담자가 상담실 밖에서 맺는 대인관계 패턴을 상담에서 상담사와도 반복하기 때문에 상담사는 내담자가 상담사와 관계를 맺는 패턴에 대해서도 잘 살펴야 한다. 상담사는 내담자의 밑마음과 생각을 확인하고 내담자가 상담사와의 관계에서 보이는 모습을 확인하기 위해 다음과 같은 질문을 할 수 있다.

- 감정을 솔직하게 드러내는 것이 왜 어려운가?
- 부정적인 감정을 드러내면 어떤 상황이 벌어질 것 같은가?
- 불편한 감정을 속이면서까지 관계를 유지하고 싶은 이유는 무엇인가?
- 원하는 관계를 맺는 데 자신의 감정을 숨기는 것이 도움이 되는가?

- 이전에도 비슷한 경험이 있는가?
- 혹시 지금 나(상담사)와의 관계에서도 불편한 감정을 숨기고 있는 것은 아닌가?

내담자가 부정적인 감정을 참고 회피하는 것만으로는 자신이 원하는 관계를 맺을 수 없다는 것을 이해해야만 변화를 시도할 수 있다. 상담사는 내담자가 그동안 억눌렀던 부정적 감정을 소화할 수 있도록 도와주어야 한다. 감정을 소화하도록 돕는다는 것은 내담자가 그 감정과 관련된 경험들을 충분히 표현하고 그러한 감정으로 인해 마음이 어려웠을 것이라는 점을 상담사에게 이해받는 경험을 통해 자신의 감정을 타당화하는 과정을 의미한다.

반대로 자신의 감정에 과몰입되어 감정을 훨씬 더 극적으로, 격하게 표현하는 내담자도 있다. 이들은 부정적 감정을 적절한 수위로 표현하기 위해 또는 적절한 시기에 표현하기 위해 일시적으로 감정을 담아 두거나 관리할 수 있어야 하는데 참지 못하고 욱하는 감정을 여과 없이 표현한다. 이렇게 감정에 압도되는 내담자들의 경우 상황을 실제보다 더 부정적으로 지각하고 충동적으로 표현하기 때문에 주변 상황이나 주변인을 배려할 여유가 없다. 감정을 표현하는 방법도 극단적인 방법(언어적 · 물리적 폭력)을 사용할 가능성이 크기 때문에 과도한 감정표현을 완화시켜 표현할 수 있도록 도와야 한다. 내담자가 자신의 감정처리 방법에 대해 문제의식을 가지고 있어야 변화를 위한 노력이 가능하기 때문에 상담사는 내담자가 감정표출 방법에 대한 문제의식을 가질 수 있도록 도와야 한다. 즉, 부정적인 감정을 여과 없이 표현했을 때 내담자가 감당해야 하는 어려움과 이로 인해 파생되는 또 다른 문제들을 내담자가 인지할 수 있도록 돕는다. 내담자에게 문제의식이 생겼다면, 화가 났을 때 감정을 다스리고 평정심이 생겼을 때 자신의 감정을 표현해야 한다는 것을 학습할 수 있도록 돕는다. 특히 상대에게 표현할 때 상대가 방어적인 모습을 보이지 않도록 공격적이지 않은 표현방법을 고민하고 연습할 수 있도록 도와야 한다.

자신의 감정을 민감하게 알아차리지 못하는 내담자든 자신의 감정에만 몰두해 있는 내담자든 간에 내담자의 변화를 도모하기 위해 상담사는 내담자의 감정을 다루어야 한다. 이 과정에서 상담사에게 필요한 기술이 감정반영이다. 내담자의 감정을 반영해 주는 것은 단순한 공감과 이해의 차원을 넘어서 내담자 변화에 매우 중요한 조건이 된다. 상담사는 내담자가 여러 상황에서 반복적으로 경험하는 부정적 감정이 무엇인지, 부정적 감정을 어떻게 처리하는지(억압하는지, 과도하게 표현하는지), 부정적 감정을 처리하는 과정에서 파생되는 이차적인 문제나 어려움은 무엇인지(관계갈등 및 관계단절, 외로움, 고독감 등), 부정적 감정을 표현하기 어려워하는 이유는 무엇인지 등을 탐색해야 한다. 그러나 감정만 다루면 실제적인 변화로 이끌기엔 한계가 있다. 변화를 위해서는 감정과 생각, 행동을 모두 함께 다루는 것이 효과적이다. 상담사는 내담자가 표현하는 감정 밑에 숨어 있는 생각과 다양한 감정을 처리하기 위해 내담자가 대처하는 행동 등을 파악할 수 있어야 한다.

이 장에서는 초보상담사들이 감정반영을 어려워하거나 힘들어하는 이유를 하나씩 살펴보고자 한다. 구체적으로 초보상담사들이 감정반영과 관련하여 자주 경험하는 어려움은 다음과 같다.

1. 언제/어떻게 감정반영을 해야 할지 모르겠다면?
2. 내담자의 감정이 잘 이해되지 않는다면?
3. 감정반영을 제대로 했는지 확신하기가 어렵다면?
4. 내담자의 감정을 제대로 다루지 못할 것 같은 불안함이 생긴다면?

1. 언제/어떻게 감정반영을 해야 할지 모르겠다면?

초보상담사들의 가장 큰 고민은 언제/어떻게 감정반영을 해야 하는지 잘 모르겠다는 것이다. 특히 상담초기에 내담자에 대한 구체적인 탐색이 필요한 상황에서 내담자가 감정표현을 할 경우 내담자의 감정을 따라가야 하는지, 내담자에 대한 탐색을 계속해야 하는지 혼란스러울 수 있다. 결론부터 말하자면, 내담자가 감정을 표현할 때는 탐색을 미루고 감정을 먼저 다루어야 한다.

내담자가 감정을 표현했다는 것은 상담사와 내담자에게 매우 중요한 의미가 있다. 즉, 내담자가 감정을 표현했다는 것은 감정을 다룰 준비가 됐다는 의미일 수 있기 때문에 그 순간이 상담에서 매우 중요하다. 내담자가 부정적인 감정을 표현하는 것은 상담관계에서 어떤 표현을 해도 괜찮다는 안전감을 경험하고 있음을 의미한다. 따라서 상담사는 내담자의 감정반응에 압도되거나 두려워하지 말고, 감정에 초점을 두고, 감정에 머무르고, 떠오른 감정을 정리할 수 있도록 도와야 한다.

감정반영과 관련된 많은 연구를 통해서 감정반영을 해야 할 때, 감정반영을 조심해야 할 상황, 감정반영 기술을 사용하지 말아야 할 경우에 대한 결과들이 보고되었다. 먼저, 감정반영을 해야 할 때는 상담사와 내담자의 상담관계가 잘 형성되었을 때, 감정을 해결하려고 노력할 때, 내담자가 감정을 회피할 때, 감정에 대한 자각이 부족하여 내담자가 부적응적인 행동을 보일 때, 내담자가 충격적인 경험을 되살리려고 노력할 때이다. 반면에 내담자가 상담에 안정감을 갖지 못할 때, 상담사를 신뢰하지 못할 때, 상담사가 내담자에 대한 정보가 충분하지 않을 때는 감정반영을 신중하게 해야 한다. 또한 내담자가 극심한 감정장애, 망상, 극도의 화 때문에 감정을 주체하지 못할 때, 내담자가 감정을 주체하거나 대처할 능력이 부족할 때(폭력, 우울증, 약물남용, 자해 등), 내담자가 감정을 표현하는 것에 극심한 거부반응을 보일 때, 감정을 해결하기 위한 시간이 충분하지 않을 때, 상담사가 감정적으로 비정상적인 행동을 보이는 내담자를 다룬 경험이 많지 않을 때는 감정반영 기술을 사용하지 말아야 한다(Hill & O'Brien, 2001).

상담에서 내담자의 감정을 반영해야 할 시점을 단순하게 구분하면 내담자가 감정을 표현할 때, 내담자가 감정을 표현하지 않을 때, 내담자가 감정을 인식하거나 자각하지 못할 때로 나눌 수 있다. 부정적인 감정을 표현하는 내담자는 자신이 느낀 감정이 정당하다는 것을 확인받거나 지지받기 위해서, 또는 자신이 느낀 부정적 감정으로 인해 죄책감을 경험하면서 죄책감과 같이 파생된 감정으로 인한 불편감을 호소한다. 상담사는 내담자가 경험한 감정을 지지하고 인정해 주는 타당화 작업을 통해 상담관계를 더 공고히 하고 내담자에게 더 깊이 공감할 수 있게 된다. 특히 상담사는 감정을 극단적으로 표현하는 내담자에 대해서는 자신이 감정을 과장되게 느끼고 표현한다는 것을 인식하고 왜 과장된 표현을 하는지 자기이해를 할 수 있도록 도와야 한다. 예를 들어, 내담자가 극단적으로 자신의 감정을 표현해야만 중요한 대상들이 이야기를 들어 주는 환경에서 자랐다면, 자극적인 방법으로 더 과장되게 자신의 감정을 표현했을 때 비로소 원하는 것을 얻을 수 있다는 점을 학습했을 가능성이 높다. 상담장면에서 상담사는 내담자가 경험했던 기존의 중요한 대상들과는 다르게 차분히 감정을 드러내도 수용되고 이해받을 수 있다는 경험을 새롭게 할 수 있도록 반응해야 한다.

반대로 내담자가 감정표현을 자제하거나 회피할 때도 감정반영을 해야 한다. 내담자들 중에는 슬프고 짜증 나고 화나는 감정을 언어로 표현하기 어려워할 뿐 아니라 감정이 복받치는 순간에도 울지 않으려고 참거나 화제를 돌려 감정에 빠지는 것을 피하려 하는 경우가 종종 있다. 감정을 느끼지 않고 차단하거나 회피하려는 내담자들은 부정적인 감정을 경험하고 소화해 내기가 어려워서 감정과 거리를 두는 경우가 많다. 그 당시 힘들었던 자신의 감정과 맞닿을 경우 내담자는 현재도 과거처럼 힘들어질 것 같은 불안감, 버티던 힘이 사라질 것 같은 두려움, 무너질 것 같은 공포감 등 다양한 감정을 경험하게 된다. 그래서 감정과 거리를 두고 마치 자신의 이야기를 남의 이야기하듯이 말하게 된다. 내담자의 말에 감정이 느껴지지 않기 때문에 상담사는 내담자의 이야기에 집중하기 어렵고 공감도 안 되고 심지어 졸린 경험까지 하게 된다. 이 같은 상황에서 상담사가 할 일은 감정표현에 대한 내담자의 어려움을 먼저 다루는 것이다. 감정을 표현하면서 파생되는 두려운 감정들을 다루어 감정을 표현해도 안전하다는 것을 경험하도록 해야 불편한 감정들을 꺼낼 용기가 생긴다.

마지막으로, 내담자가 자신의 감정을 자각하지 못하거나 어떤 감정인지 명명하지 못할 경우에도 상담사는 내담자가 경험했을 감정들에 대해서 반영할 수 있다. 내담자들 중에는 자신이 경험한 감정이나 느낌을 감정단어로 표현하거나 명명하기를 어려워하는 경우가 있다. 감정을 이성과 대척점에 두고 감정적인 것을 열등하게 지각하거나 감정을 느끼는 것 자체가 약한 모습이라고 생각해서 자신의 감정이나 정서에 민감하지 않을 뿐 아니라 오히려 감정이 없는 사람처럼 행동한다. 그러나 이들이 감정을 자각하지 못하는 것은 못 느껴서가 아니라 안 느끼려 해서이다. 감정을 명명하는 그 순간 자신이 그 감정에 굴복되고 몰입되고 압도될까 봐 두려운 것이다. 이들은 감정을 회피하는 사람들보다 감정을 느끼는 것에 대한 두려움과 공포가 더 심할 수 있다. 자신의 감정 상태를 자각하지 못하기 때문에 불일치감을 더 많이 경험할 수 있으며 부적응적인 대처를 할 가능성도 높아진다. 이러한 내담자들에게 상담사가 할 수 있는 것은 내담자가 경험하고 느낄 법한 감정들을 명명해 주고 반영해 주는 것이다. 내담자들이 비언어적으로 감정을 표현하는 방법은 매우 다양하다. 눈물을 흘리거나, 목소리 톤에 변화가 생기거나(높아지거나 낮아짐), 말을 멈추거나, 얼굴이 붉어지는 경우 상담사는 쉽게 내담자의 감정 변화를 알아챌 수 있다. 그런데 눈에 쉽게 보이지 않는 신체적 반응으로 감정을 나타내는 경우 상담사가 주의를 기울이지 않으면 알아차리기 어렵다. 예를 들어, 몸에서 땀이 나거나, 신체 일부(손, 다리, 몸 등)에서 경련이 일어나거나, 몸이 굳어지는 등의 증상은 내담자가 자신의 상태에 대해서 표현해 주지 않으면 알아차리기 어렵다. 이러한 신체적 반응들은 내담자가 부정적인 감정을 자각하지 않으려고 오랜 시간 억압하고 표현하지 않았음을 말해 준다. 내담자는 상담에 와서도 감정을 억압해 왔던 방식대로 부정적인 감정을 처리하기 위해 신체적 반응을 보이는 것이다. 감정을 못 알아채는 내담자들의 경우 신체반응과 감정반응을 분리된 것으로 지각하는 경우가 많다. 감정을 차단하려고 하거나 느끼지 않으려 해도 신체적으로 표현되는 반응은 통제하기 어렵기 때문에 상담사는 내담자의 신체반응에 주목해야 한다. 이때 상담사는 내담자의 신체적 반응이 부정적 감정과 연결되었음을 설명하고, 신체적 반응이 일어나기 전에 어떤 감정이 스쳐 지나갔는지 알아챌 수 있도록 질문을 통해 탐색해야 한다. 또한 이 같은 신체반응이 주로 어떤 상황에서 나타나는지 탐색하고 내담자가 주로 경험하는 부정적 감정에 대해서 탐색해야 한다.

다음 사례들을 살펴보자.

〈감정을 표현하는 상황〉

내담자 1: 제가 형제도 없고 부모님이 너무 바빠서 어릴 때 혼자 지내는 시간이 많았어요. 저한테 외로움은 친구 같은 감정이에요. 그래서 오히려 외로움을 잘 못 느끼는 것 같기도 해요.

상담사 1: 어릴 때부터 혼자 지내는 것이 익숙해서 외로움이라는 감정이 친구처럼 친근한 감정으로 느껴지나 보네요. 그런데 난 외로움이 친구 같다는 말이 더 외롭게 느껴지네요. 지금 말하면서 느껴지는 감정이 있을까요?

내담자 2: 네~ 선생님 말을 듣고 나니 갑자기 눈물이 나네요. 제가 너무 불쌍한 것 같아요.

〈감정을 회피하려는 상황〉

내담자 1: 제가 형제도 없고 부모님이 너무 바빠서 어릴 때 혼자 지내는 시간이 많았어요. 저한테 외로움은 친구 같은 감정이에요. 그래서 오히려 외로움을 잘 못 느끼는 것 같기도 해요. 그리고 외로움을 느낀다는 것을 안 순간부터 더 힘들어질 것 같아서 가급적이면 외로움을 느끼지 않으려고 해요. 외로움에 대한 얘기는 그만해도 될 것 같은데요. 방학 동안은 상담실도 문을 닫나요?

상담사 1: 화제를 바꾸는 것을 보니 외로움에 대해서 얘기하고 싶지 않은가 보네요. 어릴 때부터 혼자 지내는 것이 익숙해서 외로움이라는 감정이 친구처럼 친근한 감정으로 느껴지고, 외로움을 인정하면 더 힘들어질까 봐 피한다고 했는데…… 지금도 피하고 싶은 마음이 생기나 보네요. 지금 어떤 감정인지 얘기해 볼래요?

내담자 2: 뭔가 울컥하는 것 같은 느낌…… 더 얘기하고 싶지 않아요.

상담사 2: 마음은 울고 싶어 하는데 참으려고 애쓰는 게 느껴지네요. 눈물이 나면 울어도 돼요. 상담에서는 ○○ 씨가 표현하고 싶은 것을 모두 표현해도 괜찮아요.

내담자 3: (눈물) 이런 얘기를 해 보지 않아서 어색해요. 남 앞에서 잘 안 우는데…… 울어도 된다고 얘기해 주시니 눈물이 자꾸 나네요.

〈감정 자각이 안 되는 상황〉

내담자 1: 제가 형제도 없고 부모님이 너무 바빠서 어릴 때 혼자 지내는 시간이 많았어요. 저만 그런 게 아니라 다 그렇다고 생각해서 별로 문제라고 생각하지 않고 지냈지요. 근데 어느 순간 힘도 없고 아무것도 하고 싶지 않고 뭔가 제가 동떨어진 느낌 같은 것이 들면서…… 뭐랄까 제가 사람들 사이에서 섬처럼 느껴질 때가 있었어요. 이런 느낌이 들면 우울해지는 것 같기도 하고…… 왜 그런지는 모르겠지만 우울해지니까 일상생활이 불편해져서 상담에 왔어요.

상담사 1: 어릴 때부터 혼자 지내는 것이 익숙해졌다는 얘기를 들으니 많이 외롭지 않았을까라는 생각이 드는데…… 지금 말하면서 느껴지는 감정이 있을까요?

내담자 2: 네~ 선생님 말을 듣고 나니 갑자기 눈물이 나네요. 왜 눈물이 나는지 모르겠네요. 잘 안 우는 편인데…… 외로움에 대해서는 생각을 해 본 적이 없는데…… 제가 외로웠던 걸까요? 당황스러워요.

감정을 표현하는 상황의 대화에서 내담자는 외로움이 오히려 친구 같은 감정이고 외로움을 인정할 때 더 외로워질까 봐 느끼지 않으려 한다고 이야기하고 있다. 이때 상담사 1 반응에서처럼 외로움이 오히려 친구같이 친근한 감정이라는 것에 초점을 맞추어 감정반영을 할 수 있다. 그렇게 하면 내담자는 자신의 외로운 감정에 더 집중할 수 있고 외로운 자신의 모습을 떠올리면 자신이 불쌍해서 슬프다는 메타감정까지 인식하게 된다. 한편, 감정을 회피하려는 내담자에게는 외로운 감정을 피하려 하는 내담자의 모습을 비춰 주면서(반영) 지금 경험하는 감정을 표현하게 하고 어떤 이야기를 해도 괜찮다는 표현을 통해 안전한 분위기를 형성해 주려고 노력해야 한다. 감정을 표현하기 어려워하는 내담자는 자기 경험과 감정을 연결하지 못하기 때문에 자신의 상태를 온전히 인식하고 이해하기 어렵다. 이 경우 상담사가 그때–거기의 감정이 아닌 지금–여기에서 경험하는 내담자의 감정을 반영해 주면 내담자는 훨씬 생생한 감정을 드러낼 수 있게 된다. 여기서 상담사가 할 일은 감정을 잘 따라가면서 내담자가 경험했을 법한 감정들을 반영해 주는 것이다. 만약 내담자가 자신의 감정을 인식하고 언어로 표현하는 것을 어려워한다면 어떻게 할까? 내담자 1 반응을 보면 감정에 대한 표현은 없고 자신의 상태에 대해 나열하고 있다. 내담자가 나열하는 말 속에서 외로움이 묻어 나오는 것을 상담사가 인식했다면, 감정 없이 무미건조하게 말하는 내담자에게 상담사가 느낀 감정을 내담자도 느끼는지 물어보면 좋다. 감정을 자각하지 못하는 내담자들은 자신의 감정을 어떤 단어로 표현해야 하는지, 이 감정이 슬픔인지, 외로움인지를 구분하는 것이 어려울 수 있다. 그러나 감정 자각을 못하는 내담자들도 눈물은 흘린다. 사례의 경우처럼 내담자가 눈물은 흘리지만 눈물이 어떤 감정 때문인지 인식하지 못하는 경우가 종종 있다. 자신의 감정을 자각하고 표현하는 경험이 부족한 사람들은 감정 자극을 받을 때 신체적으로 반응하거나 눈물로 반응하는 경우가 있다. 이때 상담사는 무엇 때문에 눈물을 흘렸는지 내담자가 생각해 볼 수 있도록 질문하고 시간을 주는 것이 좋다. 상담사가 특정 감정 단어를 말했을 때, 또는 내담자가 특정 상황이나 맥락에 대한 대화 중 눈물을 흘린다면, 표현하지는 못하지만 내담자에게 의미 있는 감정일 가능성이 크다. 내담자가 감정 자각을 못할 경우, 또는 눈물의 의미를 감정과 연결해서 말하지 못할 경우, 상담사는 다음과 같이 반응을 할 수 있다.

상담사 1: 잠시 말하는 걸 멈추고 눈물에 집중해 볼까요?(침묵, 내담자가 진정되는 것을 확인 후) 지금 울면서 느꼈던 것들이 있으면 표현해 볼래요? 몸으로 느껴지는 반응도 좋고 감정을 표현해도 좋아요.

상담사 2: 잠시 말하는 걸 멈추고 눈물에 집중해 볼까요?(침묵, 내담자가 진정되는 것을 확인 후) 외로움을 말하는 과정에서 눈물이 난 걸 보면 외로움과 관련이 있을 것 같은데 ○○ 씨는 어떻게 생각하세요?

상담사 3: 눈물 흘리는 모습을 보니 ○○ 씨가 외롭고 슬퍼 보여요. 그런데 ○○ 씨는 외로움에 대해서 생각을 해 본 적이 없다고 하네요. 우는 모습을 보면 외로움이라는 감정을 못 느끼는 건 아닌거 같은데 어떻게 생각해요?

초보상담사들 중에는 자칫 내담자에게 공감 또는 감정반영을 해 준다고 내담자가 표현하지도 않은 감정을 미리 앞서 표현하는 경우가 있다. 특히 감정 인식이나 표현을 못하는 내담자도 아닌데 상담사가 미리 넘겨짚는 반응을 한다면 내담자가 자기 감정을 타당화하고 몰입하는 데 방해가 될 수 있다. 즉, 상담사 입장에서는 도움을 주기 위한 노력일 수도 있지만 내담자 입장에서는 자신의 감정을 떠올리고 재경험하는 데 오히려 방해가 되거나 상담사로 인해 내담자의 감정이 오염될 수도 있다. 자기표현을 잘하고 주장적인 내담자들은 상담사가 표현한 감정에 대해 아니라고 말할 수 있지만, 대부분의 순응적인 내담자들은 상담사가 추측하는 감정을 전달할 때 그런 것 같다고 그냥 받아들이게 된다. 왜냐하면 상담사의 말에 반하는 말을 하기엔 상당한 용기가 필요하고 상담사와의 관계가 불편해질 것에 대한 염려로 인해 굳이 자기 감정을 표현하지 않을 가능성이 있다. 따라서 상담사는 내담자가 표현한 말의 내용과 드러난 감정을 바탕으로 감정반영을 할 수 있어야 한다.

내담자 1: 제가 형제도 없고 부모님이 너무 바빠서 어릴 때 혼자 지내는 시간이 많았어요. 저한테 외로움은 친구 같은 감정이에요. 그래서 오히려 외로움을 잘 못 느끼는 것 같기도 해요.

상담사 1: 어릴 때부터 혼자 지내는 것이 익숙해서 외로움이라는 감정이 친구처럼 친근한 감정으로 느껴지나 보네요. 그런데 난 외로움이 친구 같다는 말이 더 외롭게 느껴지네요. 지금 말하면서 느껴지는 감정이 있을까요?

내담자 2: 네~ 선생님 말을 듣고 나니 갑자기 눈물이 나네요.

상담사 2: 서러운 감정이 느껴지나 보네요

내담자 3: 서럽다기보다는 제가 너무 불쌍하게 느껴져서…….

상담사 3: 그렇군요. 스스로 불쌍하게 느껴져서 눈물이 난 거였네요. 나는 너무 서럽게 울어서 서러움을 느끼나 했는데~

내담자 4: 선생님 말씀 들어 보니 서럽기도 했던 것 같네요. 제가 너무 불쌍하게 느껴져서 서럽게 울었나 봐요.

이 사례에서 상담사는 내담자의 눈물을 서러운 감정과 연결시키려 했으나 내담자는 자신이 불쌍하게 느껴진다는 표현을 하였다. 상담사는 내담자의 눈물에 대한 감정을 넘겨짚기보다는 어떤 감정 때문에 눈물이 나는 것 같냐는 질문을 통해 내담자가 내면의 감정에 접촉하고 표현하도록 돕는 것이 좋다. 사례에서 상담사가 서러움이라는 감정을 왜 말했는지 부연설명을 하자 내담자는 자신의 감정과 상담사가 표현한 감정을 엮어서 자신의 감정을 해석하고 있다. 상담사의 감정반응이 내담자가 자신의 감정을 깊이 인식하는 데 도움이 된 건지, 내담자가 상담사에게 맞추는 반응을 한 것인지는 추가적인 상담을 진행해 보면 알게 될 것이다. 핵심은 내담자가 느끼는 감정을 정확하게 맞추는 것이 상담사의 역할이 아니라 내담자가 감정을 느끼고 표현할 수 있도록 돕는 것이 상담사의 역할이라는 것이다.

2. 내담자의 감정이 잘 이해되지 않는다면?

초보상담사 시절 내담자가 우는데 왜 우는지 공감이 잘되지 않아 당황스러웠던 경험이 있다. 내담자의 감정이 잘 이해되지 않을 때는 두 가지 요인을 살펴보아야 한다. 첫째는 상담사 요인이고, 둘째는 내담자 요인이다. 우선 상담사 요인부터 살펴보자. 내담자의 감정이 잘 이해되지 않을 때 상담사는 우선 내담자의 감정선을 따라갈 만큼 내담자 이야기를 경청하고 충분한 탐색을 통해 이해하고 있는지에 대해 살펴봐야 한다. 초보상담사들이 감정반영을 못하거나 어려워하는 가장 큰 이유 중 하나는 내담자의 감정을 반영해 줄 만큼 내담자에 대한 이해가 충분하지 않기 때문이다. 이해가 충분하지 않다는 것은 내담자가 그런 감정을 느낄 수밖에 없었던 상황에 대한 이해가 부족하거나 정보가 부족하다는 것이다. 상담사가 내담자의 입장에서 그 상황을 바라볼 수 있어야 감정반응을 할 수 있고 내담자를 이해할 수 있다. 그러나 완벽한 이해를 해야 한다는 의미는 아니다. 완벽하게 이해가 되지 않더라도 그 상황에서는 나라도 힘들었을 거라는 이해 정도만 되면 내담자의 감정을 반영하는 데 어려움은 없을 것이다. 단, 상담사가 내담자의 감정을 이해하지 못했을 때는 억지로 이해한 척하기보다는 재진술을 통해 상담사가 이해한 내용을 내담자에게 정리해서 전달하고 동시에 내담자가 왜 그런 감정을 느꼈는지에 대해서 좀 더 구체적인 탐색을 하면 된다.

다음의 사례를 살펴보자. 내담자는 어릴 때 부모에게 혼나는 장면을 떠올리면서 마치 지금도 혼나는 것 같은 느낌과 함께 억울하다고 흐느끼며 울고 있다. 상담사는 침착하게 내담자의 반응을 따라가면서 내담자가 어떤 경험을 했는지 탐색하고 있다. 특히 내담자가 흐느껴 우는 장면에서 상담사는 내담자가 충분히 그 감정을 느낄 수 있도록 10초 정도 기다려 주고 내담자의 울음이 어느 정도 잦아들었을 때 어떤 의미로 억울하다고 했는지 탐색적 질문을 하였다. 이 질문이 중요한 이유는 잘못을 했을 때 벌을 받는 것이 왜 억울한지를 내담자 사고의 틀로 이해할 수 있는 질문이기 때문이다. 즉, 행동에 비해 과도한 벌을 받았다고 생각하는 건지, 아니면 잘못하지 않았는데 부모가 오해해서 혼났다고 생각하는 건지 확인할 수 있다. 내담자가 억울해하는 이유가 명확해질 때 상담사는 내담자의 감정을 이해하고 더 잘 반영해 줄 수 있다. 마찬가지로 상담사 3 반응에서도 상담사는 재진술과 함께 죽고 싶었던 상황에서 대해서 질문을 하고 있다. 죽고 싶었다는 말을 듣고 단순히 "힘들었겠네요."라고 반응하는 것과 내담자가 죽고 싶었던 상황에 대한 구체적인 이해를 통해 내담자가 왜 죽고 싶었는지에 대해 상담사가 이해한 내용을 전달하면서 힘듦을 공감하는 것은 그 깊이가 다르다.

내담자 1: 초등학교 때 혼났던 장면을 떠올리니 갑자기 몸이 떨리네요.

상담사 1: 그때의 고통이 몸으로도 느껴지나 보네요. 어떻게 혼났길래 그 생각만으로도 몸이 떨릴까요?

내담자 2: 네~ 마치 지금도 맞는 것같이 생생하게 느껴져요. 억울하다는 생각이 너무 많이 드네요. (흐느껴 운다.)

상담사 2: (10초 동안 침묵하고, 내담자의 울음이 잦아든 후) 우는 모습을 보니 많이 서럽고 억울했던 것 같네요. 어떤 점 때문에 억울했는지 조금 더 설명해 줄래요?

내담자 3: 내가 이렇게까지 맞을 정도로 잘못했나라는 생각도 들었고…… 내가 잘못한 게 아닌데 왜 나한테 이렇게 화를 내나 싶기도 했어요. 닥치는 대로 물건을 던지고 소리 지르고 잡히는 걸로 무조건 때렸으니까요. 골프채로 맞은 기억도 있어요. 그때는 제가 쓰러지니까 멈추더라고요. 그냥 어릴 때는 죽고 싶다는 생각을 제일 많이 했던 것 같아요.

상담사 3: 어릴 때 죽고 싶다는 생각을 했을 정도면 ○○ 씨에겐 상당히 힘든 시간들이었던 것 같은데…… 죽고 싶다는 생각을 했던 때가 어떤 상황이었는지 좀 더 얘기해 볼 수 있을까요?

내담자 4: 그날 동생과 놀고 있었어요. 평소에 제가 동생을 좀 잘 때리기도 하고 싸워서 혼날 때가 있긴 했는데…… 그날은 동생이랑 잘 놀았는데 제가 잠깐 장난감을 가지러 간 사이에 쿵 하는 소리가 나면서 갑자기 동생이 큰 소리를 내면서 우는 거예요. 그래서 뛰어갔더니 동생이 넘어져 있고 입 주위에 피가 나고 있었어요. 엄마가 보더니 화를 내면서 동생을 밀쳤냐고 하면서 갑자기 저를 때리셨어요. 저는 제가 한 게 아니라고 했는데 엄마가 제 말이 안 들렸는지 계속 때리시더라고요. (눈물을 흘린다.) 그래서 나중엔 그냥 맞았어요. 동생은 계속 소리 지르고 울고…… 엄마가 계모인가라는 생각도 했던 것 같아요.

상담사 4: ○○ 씨가 동생을 때린 것도 아닌데 엄마가 상황 파악도 안 하고 때렸다면 정말 억울했겠네요. 초등학생이 감당하기에 힘들었을 것 같은데…… 죽음을 생각할 정도로 힘들었다는 것이 전달되네요.

두 번째 상담사 요인은 상담사의 역전이 문제이다. 상담사의 역전이는 내담자의 감정을 이해하는 데 방해가 된다. 특히 유사한 상황에서 내담자가 표현한 감정이 상담사의 경험에 반할 경우 상담사는 내담자의 감정을 그대로 따라가기 어려울 수 있다. 그리고 내담자의 감정표현에 대해 징징대는 것 같은 느낌이 들거나 구질구질하다는 생각이 들면서 내담자의 감정표현에 대한 불편감을 경험할 수도 있다. 또 내담자의 감정에 압도당하는 상담사들도 내담자의 감정을 따라가고 감정반영 기술을 사용하기가 어렵다. 상담사가 내담자의 감정에 압도될 때, 상담사는 내담자가 드러내는 감정을 직면하고 그 의미를 들여다보기보다는 오히려 더 불안해하고 감정을 피하게 된다.

상담경험이 부족한 초보상담사일수록 상담장면에서 경험하는 부정적인 감정으로 인해 감정반영을 못할 뿐 아니라 공감적이지 못해서 상담을 망치는 경우가 더러 있다. 초보상담사라면 누구나 경험할 수 있는 일이다. 이 같은 경험을 통해서 상담사는 내담자의 특정 반응에 부정적인 감정이 느껴져서 상담이 뭔가 잘 진행되지 않았다는 것을 인식할 수 있는 자기인식 능력을 키워야 한다. 다시 말해, 상담을 망친 무능력한 상담사라고 생각하면서 자신을 비난할 것이 아니라 상담을 망친 요인이 자신의 역전이라는 것을 알아차리고, 그 문제를 해결하기 위해서 노력하는 상담사의 태도가 중요하다는 것이다. 역전이 문제는 수퍼비전을 열심히 받는 것만으로는 해결되지 않는다. 수퍼비전은 내담자를 이해하고 상담을 좀 더 효과적으로 하기 위한 학습의 시간으로 활용하고 상담사가 해결하지 못한, 상담에 영향을 미치는 자신의 문제를 해결하기 위해서는 상담을 받아야 한다.

다음은 내담자 요인에 대해서 살펴보자. 내담자의 감정이 잘 이해되지 않을 때 상담사 요인뿐 아니라 내담자 요인도 확인해야 한다. 일반적으로 내담자의 감정이 잘 이해되지 않을 때 다음과 같은 내담자 요인을 가정할 수 있다. 감정가가 느껴지지 않을 때, 감정을 과장되게 표현할 때, 감정과 경험이 잘 연결되지 않을 때 등이다. 내담자 요인이라 해도 내담자는 자신의 문제를 객관화하여 인식하기 어렵기 때문에 상담사는 어떤 이유로 내담자의 감정이 잘 이해되지 않는지를 탐색하고 이해하기 위해 노력해야 하며 이 과정을 내담자와 함께 공유해야 한다.

내담자 중에는 자신의 경험을 남 이야기하듯이 감정을 쏙 빼놓고 마치 책을 읽는 것처럼 말하는 경우도 있다. 이 경우 상담사는 모노톤으로 흘러가는 내담자의 이야기를 들으면서 '도대체 저 이야기를 지금 왜 하는 걸까? 뭐가 힘들다는 이야기일까? 무슨 질문을 해야 하나?'를 고민하게 된다. 즉, 감정가가 없는 내담자의 이야기를 들을 때 상담사는 내담자가 얼마나 힘든지 가늠하기 어렵기 때문에 상담사 역시 생각에 빠지게 된다. 이럴 경우 상담사는 내담자의 무미건조한 이야기를 계속 들을 것이 아니라 내담자가 이야기하는 사건과 상황마다 내담자가 느꼈을 감정이나 느낌을 질문으로 표현해 주어야 한다.

상담사 1: ○○ 씨가 지금 엄마와 싸운 얘기를 했는데 엄마와 싸우는 과정에서 ○○ 씨를 힘들게 했던 감정은 무엇일까요?

상담사 2: ○○ 씨가 지금 친구와 다툰 얘기를 했는데 다툰 순간이나 지금 말하면서 느껴지는 감정이 있으면 표현해 볼래요?

상담사 3: 지금 남자친구와 다툰 얘기를 들으니 직접적으로 표현하지는 않았지만 서운한 감정도 느껴지던데…… ○○ 씨는 남자친구와 다투면서 어떤 감정을 느꼈나요?

상담사는 내담자가 느낀 감정을 언어화할 수 있도록 질문을 통해 감정을 물어봐 주고 감정이 표현되면 그때 그 감정에 대해서 반영해 줌과 동시에 좀 더 자세한 탐색을 해야 한다.

두 번째 내담자 요인은 감정을 과장되게, 극적으로 표현하는 경우이다. 상담사는 내담자가 경험하고 표현하는 감정가에 대해 그 정도로 슬프거나, 화나거나, 속상해할 일이 아닌 것처럼 느낄 때가 있다. 이럴 경우 상담사 요인이 아니라는 전제하에 내담자 요인으로 이 상황을 이해해 본다면 자기연민에 빠져 있거나 자기중심적인 사고를 하는 내담자일 가능성이 높다. 자신이 너무 불쌍하고 가엾고 안쓰러워서 조금만 서운해도, 불편해도, 화가 나도 북받쳐 오르는 감정을 참기 어려운 것이다. 세상에서 내가 제일 불쌍한 사람이라는 생각이 든다면 어떨까? 그러면 내담자가 과장되게 표현하는 이유가 이해될 것이다. 또한 과장되게 표현해야 원하는 것을 얻거나 돌봄을 받은 경험이 있는 내담자들도 있다. 이들은 생존본능처럼 자신의 상황을 과장되게 표현해서 주의를 끌려고 애쓴다. 상담사가 극단적으로 표현하는 내담자의 감정이 잘 이해되지 않는다면 이 또한 내담자의 어려움을 이해할 수 있는 중요한 단서가 될 수 있다. 내담자를 이해하려고 노력하는 상담사조차 이해가 안 되는 내담자의 감정과 행동이 다른 사람들에게 쉽게 이해받을 수 있을까? 이런 관점에서 본다면 내담자의 과장된 표현이 이상하게 보이지만은 않을 것이다. 사랑과 관심, 인정을 받고 싶어 애쓰지만 내담자의 말과 행동이 오히려 주변 사람들과 더 멀어지고 이해받지 못하게 하는 원인이 되기 때문에 내담자가 얼마나 외로웠을지를 이해하게 된다면 내담자에게 공감적인 감정반영을 하는 것이 어렵지 않을 것이다. 즉, 내담자의 과도한 감정표현의 원인을 이해한다면 상담사는 내담자를 더 공감하고 이해할 수 있을 것이다. 그러나 정말 내담자가 이해되지 않을 때도 있다. 그럴 때 상담사는 내담자를 이해한 척하지 말고 더 구체적인 탐색을 통해 내담자를 이해하기 위한 노력을 해야 한다. 그럼에도 불구하고 이해가 안 된다면, 솔직하게 이해하는 것이 어렵다고 말하는 것이 더 치료적이고 공감적일 수 있다. 내담자가 공감받지 못했다고 느낄까 봐, 상담사가 무능하다고 생각할까 봐 불안해서 솔직함을 포기한다면 내담자를 진심으로 이해할 수 있는 기회를 잃게 되고 내담자에게도 통찰의 기회를 제한하게 된다. 안정적인 상담관계를 전제로 내담자 입장에서 자신을 도와주려는 상담사에게 이해가 안 된다는 말을 듣게 될 때 내담자는 자신의 얘기가 타인에게도 이해받기 어려울 수 있다는 생각을 할 수 있는 기회가 된다. 또한 내담자는 상담사가 일방적으로 자신의 편을 들어주는 것이 아니라 객관적인 입장에서 자신의 얘기를 듣고 도와주려고 애쓴다는 점을 이해하고 신뢰할 수 있게 된다.

마지막으로, 감정과 경험이 연결되지 않을 때도 상담사는 내담자의 감정이 잘 이해되지 않을 수 있다. 내담자가 자신이 왜 우울하고 불안하고 짜증이 나는지 이해하지 못해 답답하다고 할 때 상담사도 답답하기는 마찬가지이다. 내담자가 자기 상태에 대한 인식이나 지각 능력이 부족할 경우 특정 상황에서 화가 났지만 그 순간에는 화난 감정을 지각하지 못하고 있다가 시간이 지나고 나서 화난 감정을 뒤늦게 지각하게 된다. 이 경우 내담자는 시간이 지난 후에 느껴진 감정이기 때문에 이 감정이 과거의 어떤 일 때문에 화가 난 건지 이해하지 못하고 그냥 막연히 느껴지는 감정만 지각하여 불편감을 느끼는 것이다. 내담자도 자신이 왜 화가 나는지 이해했다면 답답해하지 않고 상담에 오지도 않았을 것이다. 상담사가 해야 할 일은 내담자가 불편한 감정을 인지한 순간부터 과거로 역추적하면서 어떤 일이 있었는지 탐색하는 것이다. 탐색과정에서 내담자의 심기를 불편하게 하는 사건들이 확인되면 그 사건들이 내담자에게 어떤 의미가 있었는지, 왜 화가 났는지, 그 순간에 지각하지 못한 이유가 무엇인지 등을 탐색하면 된다.

3. 감정반영을 제대로 했는지 확신하기가 어렵다면?

감정반영을 할 때 초보상담사들이 걱정하는 것은 내담자가 경험했을 법한 감정을 정확히 짚어 내지 못하는 것이다. 그러나 내담자가 경험했을 법한 감정을 정확하게 표현하지 못했다고 해서 걱정할 필요는 없다. 사람마다 비슷한 상황에서 경험하는 감정은 다를 수 있기 때문이다. 상담사가 해야 할 일은 내담자의 감정이 드러나는 순간을 잘 포착해서 감정을 드러낼 수 있도록 반응을 해 주는 것까지이다. 만약 다른 감정을 반영했다면 내담자는 자신이 경험한 감정으로 친절히 정정해 줄 것이다. 상담사가 다른 감정을 표현했다고 해서 내담자가 상담사에게 불쾌해하거나 상담사의 공감 능력이 부족하다고 생각하지는 않는다. 그러니 정확하게 반영하려다가 오히려 감정반영의 타이밍을 놓치지 말고 유사한 감정이라도 표현해 주려는 노력이 필요하다.

- 지금 어릴 때 맞는 장면을 떠올리면서 몸을 떠는 걸 보니 맞을 때 경험했던 공포감이 그대로 느껴지나 보네요.
- 눈물을 흘리는 것을 보니 많이 슬퍼 보이네요.
- 시험에 떨어진 것을 확인하고 자신에 대해서 실망스러웠나 보네요.
- 얼굴이 빨개지는 것을 보니 지금 말하면서도 그때의 부끄러움이 올라오나 보네요.
- 무기력하다는 말이 널브러지고 싶다는 말로 들리네요.

그러나 감정반영은 내담자가 표현한 감정단어를 그대로 표현해 주는 립싱크식의 단순한 기술은 아니다. 다음의 사례를 살펴보자.

내담자 1: 어릴 때 벌 받았던 장면을 떠올리니 머리가 띵하고…… 너무 슬프네요.

상담사 1: 지금 슬프군요.

대안반응: 어릴 때 벌받던 ○○ 씨 모습을 떠올리니 그때의 고통이 몸으로도 느껴지면서 슬픈가 보네요.

상담사 1 반응에서는 내담자의 감정단어를 그대로 사용하였고, 대안반응에서는 내담자의 말을 재진술하면서 구체적으로 그때의 감각과 감정을 지금도 동일하게 느끼고 있음을 전달해 주고 있다. 내담자 입장에서는 상담사 1 반응보다 대안반응을 들었을 때 더 공감받았다고 느낄 것이다. 슬픈 감정을 느낀 이유를 상담사가 이야기해 주면서 내담자가 느낀 감정을 확인시켜 주었기 때문이다. "~하기 때문에 ~하군요." 혹은 "~라고 느끼시는군요."라는 도식적인 표현은 자칫 내담자에게는 영혼 없는, 상투적인 반응으로 들릴 수 있기 때문에 조심해서 사용해야 한다. 감정반영을 할 때 상담사는 내담자가 왜 그런 감정을 느꼈는지를 설명하는 내용을 잘 듣고 나서 재진술이나 요약을 한 후 내담자가 느낀 감정을 표현해 주면 된다.

4. 내담자의 감정을 제대로 다루지 못할 것 같은 불안함이 생긴다면?

초보상담사일수록 내담자의 감정 문제를 다루는 것이 상당히 조심스럽고 두려울 수 있다. 특히 내담자가 상담과정 중에 눈물을 보이거나, 화를 내거나, 분노의 감정을 표현할 때 초보상담사들은 대부분 당황하게 되고 내담자의 감정을 어떻게 수습해 주어야 하나 고민하게 된다. 그러나 초보상담사들이 가장 많이 하는 실수는 내담자를 위해 무언가를 해 주려고 할 때 발생한다. 상담사가 내담자에게 무언가 해 주어야 한다거나 문제를 해결해 주어야 한다는 부담감이나 책임감을 과도하게 느낄 때 내담자가 부담스러워지게 되고, 결국 상담사는 내담자에게 다가가기보다 주춤하게 되는 상황이 발생한다. 내담자가 표현하는 부정적인 감정을 해결해 줘야 한다는 생각 때문에 내담자의 감정표현을 부담스럽다고 느낀다면 초보상담사로서 자연스러운 경험일 수 있지만 내담자의 감정표현 자체가 부담스럽거나 불편한 상담사라면 상담사의 문제와 관련이 있을 수 있기 때문에 분석을 통해 감정 문제를 다뤄야 한다. 감정을 느끼는 것 자체가 부담스럽고 불편한 상담사라면 내담자가 느끼는 감정을 함께 바라보기 어려워 내담자가 감정을 떠올리고 표현하려고 할 때 오히려 내담자의 감정 작업을 막게 되므로 치료에 방해가 될 수 있다. 내담자의 감정을 상담에서 다루기 위해서는 상담사가 자기 감정을 인식하고 다룰 수 있는 준비가 되어 있어야 한다. 상담사가 자신의 부정적 감정을 처리하지 못하고 회피한다면 내담자가 회피하는 모습을 봐도 문제로 인식하지 못하기 때문에 내담자 문제를 해결하는 데 도움을 주기 어렵다.

상담사가 내담자의 감정을 다룰 때 가장 먼저 해야 할 일은 내담자가 자신이 느낀 감정과 경험을 상담에서 편하게 이야기할 수 있도록 하는 것이다. 이 과정에서 상담사는 내담자가 눈물을 흘릴 때 충분히 울 때까지 기다려 주고, 휴지도 챙겨 주고, 내담자의 울음이 잦아들 때까지 곁에 있어 주면 된다. 우는 모습을 보는 것이 불편해서 딴짓을 하거나 상담사도 따라 울까 봐 딴생각을 하면서 내담자가 우는 장면에 함께 있어 주지 못한다면 내담자의 감정을 제대로 이해하거나 다뤄 주기 어려울 것이다.

감정을 다룬다는 것은 내담자가 느끼는 감정을 상담사도 함께 느끼고 경험하는 것이다. 울면 우는 대로, 화내면 화내는 대로 상담사가 그 장면에 함께 있어 주면서 내담자의 이야기에 장단을 맞춰 주면 된다. 그래서 내담자가 느낀 감정과 경험을 상담과정에서 충분히 이야기할 수 있게 도와주면 감정을 잘 다룬 것이다. 즉, 내담자가 감정을 떠올리는 과거의 그때로 걸어 들어갈 때 상담사가 내담자와 함께 동행해 주면 된다. 상담사가 내담자와 함께 있어 주면서 내담자가 그 상황에서 얼마나 슬펐는지, 화났는지, 무서웠는지, 즉 내담자가 직면하기 두려워하는 감정들을 안전하게 재경험할 수 있도록 해 주는 것이다. 다음 사례를 통해서 살펴보자.

상담사 1: 얘기하다가 갑자기 감정이 올라온 것 같네요. 충분히 울었어요?

내담자 1: 네~ 좀 창피하네요. 얘기하면서 울지 몰랐어요.

상담사 2: 그래요? 울 때 많이 슬퍼 보였는데…… 어떤 감정 때문에 눈물이 났는지 궁금한데…….

내담자 2: 전 지금까지 그때 엄마가 동생을 두둔한 건 어쩔 수 없다고 생각했어요. 그래서 이해했다고 생각했는데…… 말하다 보니 제가 동생이 부러워서 쳐다보는 모습이 떠올랐는데…… 제가 너무 불쌍한 거예요. 엄마 바라기인 제가 오래전부터 엄마가 저를 봐 주기를 기대했었는데 엄마는 동생만 챙겼어요.

상담사 3: 불쌍한 ○○ 씨가 떠오르면서 눈물이 났군요. 엄마가 왜 그 상황에서 동생을 두둔한 걸까요?

내담자 3: 동생이 좀 아파요. 발달장애가 있어서…… 지능도 좀 낮고…… 어릴 때부터 치료받으러 많이 다니고 하면서 엄마가 동생한테만 붙어 있었어요. 동생이랑 제가 싸우게 되면 엄마가 동생이 아픈데 양보도 안 하고 동생을 괴롭힌다고 주로 저를 혼냈어요.

상담사 4: 동생이 아프다고는 하지만 그때 ○○ 씨도 어렸을 텐데 동생만 두둔하는 엄마한테 어떤 감정이 들었어요?

내담자 4: 처음엔 엄마 말을 거역하지 않으려고 동생한테 많이 양보하고 참았는데…… 저도 힘드니까 엄마가 점점 미워지기 시작했어요. 초등학교 때는 '내가 주워 온 앤가?'라는 생각이 들어서 엄마한테 내 진짜 엄마가 누구냐고 물어본 적도 있었어요. 엄마가 무슨 소리를 하는 거냐고 그냥 넘겼는데…… 전 그때 심각했었죠. 중학교 때까지 반항하고 엄마한테 온갖 심술을 다 부렸던 것 같아요. 엄마가 밉고 원망스럽고 화도 나고…… 동생이 아프게 태어난 건 내 잘못이 아닌데 왜 내가 힘들어야 하나 싶고…….

상담사 5: 동생만 챙기는 엄마한테 서운하고 화도 나고 원망스럽기도 하고…… 그 감정들을 어떻게 느끼면서 살았어요? 아까 이해했다고 했는데 정말 엄마를 이해한 거예요?

내담자 5: 아니요. 이해한 척한 것 같아요. 이해해야 내가 편하니까…… 엄마는 변하지 않으니까…… 이해했다고 생각하고 그냥 기대도 안 하고 그러려니 하면서 살았던 것 같아요. 그런데 지금 얘기하다 보니 제게 아직 풀리지 않은 감정들이 많이 남아 있는 것 같아요.

상담사 6: 기회가 된다면 엄마에게 어떤 말을 하고 싶어요?

내담자 6: 생각 안 해 봤는데…… 그냥 나 좀 봐 달라고? (눈물) 나한테도 관심 좀 가져 달라고…… (침묵) 제가 하는 건 다 당연한 거라고 생각하시는 것 같아요. 성적을 잘 받아도 잘했다는 말만 하고…… 더 열심히 하라고만 하고…… 엄마 힘드니까 네가 알아서 하라는 말을 많이 듣고 자랐어요. 그래서 전 엄마한테 혼나지 않을 정도로만 노력해요. 1등을 해도 10등을 해도 엄마의 반응은 똑같아요. 그래서 알았죠. 엄마가 나한테 관심이 없다는 걸…….

상담사 7: 인정받으려 노력해도 엄마의 반응은 별 차이가 없었네요. 엄마가 ○○ 씨에게 관심이 없다는 것을 확인하는 순간 마음이 어땠을까요?

내담자 7: 그럴 줄 알았지만 확인한 순간 너무 허무했어요. 내가 왜 이렇게 인정받으려고 애쓰고 살았나 싶고…… 그 뒤로는 뭐든 열심히 하진 않아요.

이 사례에서 상담사는 내담자가 느끼고 표현하는 감정을 따라가면서 관련 질문을 하고 있다. 내담자가 엄마에 대한 감정을 좀 더 표현하고 엄마에 대해서 어떤 생각과 감정을 가지고 있는지, 엄마와의 관계가 내담자에게 어떤 영향을 미치고 있는지를 이야기하고 있다. 상담사는 내담자가 그때 그 순간에 경험했던 느낌과 생각에 더 몰입할 수 있도록 재진술, 감정반영, 감정에 대한 탐색적 질문을 반복하면서 내담자의 감정을 다루고 있다.

연습하기

사례

50대 중년의 주부가 알코올 문제로 8회기 상담을 받았다. 알코올 문제로 상담을 시작했지만 남편과 자녀들과의 관계 문제도 있음을 확인하였다. 알코올 문제로 가족들과 갈등이 심해진 건지, 가족 간의 갈등이 알코올 중독의 원인인지는 명확하지 않지만 두 가지 문제가 서로 연결되어 있음을 확인하였다. 내담자는 상담에서 자신이 알코올 중독에서 벗어나고 싶다고만 하고 가족관계 문제, 특히 남편과 중학생인 큰딸과의 불편한 관계에 대해서는 말을 하고 싶어 하지 않았다. 알코올 중독이 의심되기 시작한 건 3년 전이고 처음에는 일주일에 한두 번 소주 한 병 정도 먹었는데 최근에 와서는 일주일에 4~5일 소주를 두 병씩 마시고 있다. 주량은 한 병에서 두 병까지 컨디션에 따라 달라진다고 한다.

상담사 1: 남편과 갈등이 생긴 건 언제부터인가요?

내담자 1: 너무 오래 돼서 기억이 안 나는데…… 아마도 바람 핀 것을 저한테 들킨 후가 아닐까요? 남편은 손님처럼 주말에 잠깐 왔다 가니까 차라리 안 오는 게 나을 것 같다는 생각이 들면서 남편이 집에 오면 오히려 더 싸웠던 것 같아요.

상담사 2: 남편이 바람을 피우게 되면서 갈등이 시작됐네요. 주말부부로 지내셨던 것 같은데 언제부터 주말부부로 지내신 건가요?

내담자 2: 결혼한 지 얼마 안 돼서부터 주말부부로 지냈어요. 남편 직장 문제로~ 아이가 생기기 전에는 제가 왔다 갔다 했는데 아이가 생기면서부터는 제가 혼자 힘드니까 친정 근처로 이사 가서 지금까지 산 거죠.

상담사 3: 그럼 신혼 초부터 주말부부로 지내셨네요. 남편과 함께 살 수 있는 상황은 아니었나요?

내담자 3: 그 문제로 많이 싸웠는데~ 전 서울을 떠나기 싫었어요. 서울에서만 자랐고 부모님 안 계신 곳에서 아이 키우고 사는 것도 불안했어요. 그래서 전 지방으로 내려가는 것을 반대했어요. (한숨) 그런데 남편 얘기를 계속 해야 할까요? 남편 얘기를 하려면 계속 그 사람을 생각해야 되는데~ 별로 그러고 싶지 않아요. 저는 알코올 문제를 해결하고 싶은데요.

상담사 4: 남편 얘기를 하고 싶지 않으신가 보네요. ○○ 씨가 술을 먹기 시작한 시점이 남편이 외도한 시점과 일치한다고 하신 걸 보면 알코올 문제가 남편과의 문제와 무관한 건 아닌 것 같아서 질문한 건데……. 남편 얘기를 하고 싶지 않은 마음이 궁금하네요.

설명

내담자가 자신을 알코올 중독이라고 표현했지만 실제로 병원에서 중독으로 진단을 받았는지, 자가 진단으로 중독이라고 말하는지 판단해야 한다. 중독 상태가 아니라면 상담으로 내담자를 도울 수 있지만 중독이라면 입원치료나 약물치료가 필요할 수 있다. 내담자는 자신의 알코올 의존 증상이 남편과 큰 아이 때문이라고 말하고 있지만 남편에 대한 얘기를 회피하고 싶어 한다. 내담자의 반응은 매우 건조하고 감정이 드러나지 않는다. 감정이 느껴질 상황에서 감정을 표현하지 않을 경우, 상담사는 내담자가 어떤 감정인지를 질문하고 감정을 주제로 상담을 진행할 수도 있다. 이 사례에서 내담자가 자신의 감정을 표현할 수 있도록 어떻게 반응하는 것이 좋을지 대안반응을 연습해 보자.

▣ 앞의 설명을 바탕으로 상담사 반응별 대안반응 적어 보기

상담사 1:

상담사 1:

상담사 2:

상담사 2:

상담사 3:

상담사 3:

대안반응 1

상담사 1: 남편의 외도를 확인하면서 갈등이 생겼다고 하셨는데~ 그때 외도를 확인하고 마음이 어떠셨을까요?

상담사 1: 주말부부로 지내면서 두 아이 양육을 전담하느라 많이 힘드셨겠네요. 남편이 손님 같고 집에 오면 오히려 더 싸웠다고 하시니 남편한테 좋은 감정을 가지기 쉽지 않은 상황이었을 것 같네요. 남편을 떠올리면 어떤 감정이 느껴지세요?

상담사 1: ○○ 씨 얘기를 들으니 남편과의 관계가 참 어려웠을 것 같은데~ 표정에서는 그간의 어려움이 잘 드러나지 않네요. 지금 남편에 대해 말하면서 느껴지는 감정을 표현해 보실래요?

대안반응 2

상담사 2: 직장 문제로 어쩔 수 없이 주말부부로 지냈지만 양육을 도움받고 싶어 친정 쪽에서 계속 지내신 거네요. 친정에서 도움받는 것도 쉬운 일은 아니었을 텐데 어떠셨어요?

상담사 2: 직장문제로 주말부부를 하셨다면 어쩔 수 없는 상황이었겠네요. 그런데 아이를 키우는데 남편보다 친정을 선택한 이유가 있을까요?

상담사 2: 남편 없이 아이를 혼자 키우는 건 쉽지 않았을 것 같네요. 남편도 친정 근처로 이사 가는 것에 대해서 동의를 했었나요?

대안반응 3

상담사 3: 남편 직장을 따라가는 것에 대해서 얘기하다가 한숨을 쉬네요. 지금 감정이 어떤지 표현해 보시겠어요?

상담사 3: 한숨을 쉬는 걸 보니 그 당시 남편과 합가를 반대하면서 쉽지 않았던 것 같은데 그때 상황을 좀 더 설명해 주시겠어요?

상담사 3: 남편 얘기를 하고 싶지 않다는 말로 들리는데~ 남편에 대한 감정이 어떤지 설명해 주시겠어요?

상담사 3: 대화주제를 바꾸고 싶으신가 보네요. 남편에 대한 얘기를 하는 것이 불편하신 것 같은데~ 저는 알코올 문제가 남편과 큰 아이와의 갈등이 연결되어 있다고 생각하는데 ○○ 씨는 어떠세요?

상담사 3: 남편에 대한 얘기를 하고 싶지 않은 마음에 대해서 좀 더 들어 보고 싶네요.

셀프 수퍼비전 노트

1. 감정반영 기술에 대한 셀프 모니터링

- 잘하고 있는 부분

- 개선이 필요한 부분

2. 셀프 수퍼비전을 통한 감정반영 대안반응 연습하기

- 실제 사례를 가지고 대안반응 작성해 보기

제 7 장

재진술

1. 언제/어떻게 재진술을 사용해야 효과적인가?
2. 재진술을 하는데 앵무새 같다는 피드백을 듣는다면?
3. 내담자 말의 핵심을 이해하지 못하고 재진술 타이밍을 놓치기도 한다면?

▣ 연습하기

▣ 셀프 수퍼비전 노트

재진술은 경청하기와 관련 있는 기법으로 상담사가 내담자의 이야기를 듣고 이해한 내용이나 의미를 다른 비슷한 말로 바꾸어 표현하는 것을 의미한다(Hill, 2004). 재진술 기법은 상담기술에 대한 저서마다 다양한 정의로 설명하고 있다. Hill(2004) 및 Hill과 O'Brien(2001)은 요약을 재진술의 한 종류로 보았으며, 강진령(2016)은 재진술을 내담자 진술에 대한 내용반영이라고 설명하고 있다. 재진술은 두루뭉술하거나 산만한 내담자의 이야기를 명확하게 정리하여 말하거나, 상담을 시작하거나 마무리할 때 내담자가 이야기한 내용을 요약하여 반응하는 기술이다. 또한 내담자의 말 속에 담겨 있는 핵심 내용을 반영하고, 말 속에 담긴 주된 의미를 부연 설명하는 것으로 내용반영이라고도 할 수 있다. 따라서 이 장에서는 요약하기, 내용반영을 재진술 개념에 포함하여 기술한다.

상담사는 내담자가 자신의 감정이나 생각을 두서없이 이야기하는 경우를 종종 경험한다. 내담자가 자신의 이야기를 정리하지 못하고 혼란스럽게 이야기할 때 상담사 또한 혼란스럽고 내담자를 이해하는 데 어려움을 경험하게 된다. 이런 경우는 내담자가 자신의 생각이나 감정이 정리되지 않았거나, 자신의 경험을 전체적이고 통합적으로 이해하지 못했을 때이다. 이때 상담사는 구체적인 탐색을 통해 내담자가 한 말의 내용을 이해한 후 명료하게 요약하여 재진술해 줌으로써 내담자가 자신의 생각이나 감정 그리고 자신의 경험을 정리하고 통합할 수 있도록 도울 수 있다. 즉, 재진술을 통해 내담자가 자신이 한 말의 내용, 의미나 의도를 자각하고 명료화할 수 있다.

재진술은 다음과 같은 진술문으로 표현할 수 있다.

- ○○ 씨가 ~라고 생각하는 것 같네요.
- ○○ 씨가 말하고 싶은 내용은 ~인가요?
- ○○ 씨의 마음이 ~인 것 같습니다.
- ○○ 씨의 말은 ~라는 의미로 들리네요.
- 정리하자면 ~인 상황이라는 건데 내가 이해한 내용이 맞나요?

재진술은 평서문이나 의문문 형식으로 표현할 수 있다. 진술문처럼 재진술을 한다면 내담자에게 다음과 같은 메시지를 전달할 수 있다. 우선 당신의 말을 잘 듣고 있다는 경청의 메시지를 보내게 된다. 다음은 상담사가 이해한 내용이 맞는지 재진술을 통해 확인하는 과정에서 내담자의 말을 이해하려고 노력하고 있다는 메시지를 전달하게 된다. 이 같은 공감적인 메시지를 전달받은 내담자는 상담사를 믿고 더 적극적으로 자신의 얘기를 하게 될 가능성이 높아진다. 내담자가 이해받는다고 느끼는 모든 상담사 반응이 공감적이라는 것을 기억할 필요가 있다.

재진술은 내담자가 하는 말의 내용을 다른 용어로 바꾸어 말하기 때문에 다른 기술과 비교해서 상대적으로 수월해 보이기도 한다. 그러나 재진술은 내담자가 하는 말의 핵심적인 의미를 파악하고 그 의미를 유지하면서 내용을 반영하고 요약하여 내담자에게 전달해야 하므로 초보상담사들은 어려움을 경험할 수 있다. 재진술을 잘하기 위해서는 우선 경청을 잘해야 하며 그다음 말 속에 담긴 의미를 내담자 입장에서 파악할 수 있어야 한다. 또한 내용의 핵심을 파악해서 전달할 수 있는 표현력도 필요하다. 재진술은 내담자 말을 단순히 따라 하는 것이 아니라 멀티태스킹이 필요한 기술이다. 이 장에서는 재진술 기술의 어려움에 대해 살펴보고 어떻게 대처해야 하는지 설명하고자 한다.

1. 언제/어떻게 재진술을 사용해야 효과적인가?

상담사는 내담자의 말을 명료화하고, 구체화하고, 초점화하여 내담자가 자신을 더 깊이 탐색하고 이해하도록 돕기 위해 재진술을 사용한다. 즉, 상담사의 재진술은 내담자가 자신이 하는 말의 의미가 무엇인지, 자신의 현재 감정이 무엇인지, 어떤 생각을 하고 있는지 알 수 있도록 돕는다. 또한 내담자가 자각하지 못했던 자신의 생각과 감정을 알아차려서 자신의 문제를 탐색해 들어갈 수 있게 방향을 잡도록 도울 때 그리고 상담을 시작할 때와 마무리할 때 사용할 수 있다.

상담사는 내담자가 명확한 주제 없이 사건만 나열하거나 중구난방으로 이야기하는 경우 내담자 말에 집중하기 어렵고, 내담자의 이야기에 초점을 맞추기 어렵다. 이때 상담사는 핵심 없이 말하는 내담자의 이야기에 모두 반응할 수 없고 또 그럴 필요도 없다. 상담사는 내담자가 이야기한 여러 에피소드를 간단히 재진술하고 내담자가 하고 싶은 이야기의 핵심을 탐색하기 위한 질문을 하면서 초점화시키면 된다.

다음 사례를 보자. 내담자는 남편과의 관계가 힘들다고 이야기하면서 시댁과의 관계, 아이들 문제 등 다양한 주제를 동시에 이야기하고 있어서 얼핏 들으면 다 관련 있는 이야기인 것 같지만 자신을 힘들게 하는 핵심 주제에 초점을 맞추지 못하고 에피소드만 나열하고 있다. 상담사는 내담자가 핵심적인 한 가지 주제에 초점을 맞추도록 돕고(상담사 1 반응), 내담자 이야기의 핵심 내용을 재진술함으로써(상담사 3 반응) 내담자가 자신의 생각을 명료화하고 자신을 이해하도록 돕고 있다.

내담자 1 : 지난주에 남편하고 싸웠어요. 집에 일찍 오기로 약속했으면서 갑자기 전화를 해서 시댁에 가야 한다고 통보하듯이 말을 했어요. 이런 적이 한두 번이 아니에요. 처음에는 그냥 작은 말다툼으로 시작됐는데 집에 와서 얘기하다 보니 더 크게 싸우게 됐어요. 시댁에 가서도 비슷해요. 시누와 시어머니는 저를 너무 불편하게 해요. 지난번에는 저희 애들이랑 외손주를 돌봐 주는 일로 사건이 있었어요. 시어머니는 외손주들을 더 편하게 생각하는 것 같아요. 우리 아이들이 친할머니 집에 가면 항상 아웃사이더가 되는 것 같아요.

상담사 1 : 지난주에 남편과 싸움이 있었고, 또 시댁에 가서 시댁 식구들 사이에서 소외감도 느낀 것 같아요. 두 가지 이야기 다 중요하겠지만 ○○ 씨는 지금 우리가 어떤 주제로 더 이야기하기를 원하나요?

내담자 2 : 아…… 저는 남편과 시댁 일이 별개라고 생각하지 못한 것 같아요. 나만 빼고 다 같은 편이라고 생각했어요. 하지만 남편에게 더 화가 난 것 같아요.

상담사 2 : 남편에게 화난 마음에 대해서 이야기해 볼까요?

내담자 3 : 저와의 약속을 너무 쉽게 생각하는 것 같아요. 저하고는 의논하지 않고 그렇게 하기로 했으니 따르라는 말만 하는 것 같았어요. 아이들을 돌보는 일에서도 마찬가지예요. 하나도 도와주려고 하지 않고 자기 하고 싶은 일만 하려고 해요.

상담사 3 : 남편이 ○○ 씨를 배려하지 않는다고 느끼시는 것 같네요. 남편의 일방적인 행동이 ○○ 씨의 불만인가요?

내담자 4 : 네…… 남편은 저를 배려하지 않고 무시하는 것 같아요. 제가 남편에게 중요한 사람이 아닌 것 같아요. 집에서 저녁을 해 놓고 기다리고 있는 저의 마음을 너무 몰라 줘요. 그런 남편이 저를 사랑한다고 믿기가 힘들어요.

상담사는 상담을 통해 내담자가 핵심 문제를 깊이 있게 탐색하고 해결해 가기를 바란다. 그러나 내담자는 자신의 내적 경험을 알아차리지 못하거나, 알아차리더라도 표현해 본 경험이 부족하거나, 표현하는 게 두려워서 명확하게 자신의 감정이나 생각을 표현하지 못하고 돌려 말하거나 주변부의 이야기만 나열할 수 있다. 왜냐하면 우리가 알아차리지 못하거나 표현하지 못하는 것은 대부분 부정적 생각과 감정이기 때문이다. 이런 경우 상담사는 재진술을 통해 내담자가 하는 말을 요약, 정리하면서 하고 싶은 말을 하고 있는지 파악하고 내담자가 표현하지 못했던 생각과 감정들을 말할 수 있도록 도와주어야 한다. 상담사의 도와주고 싶은 마음과 다르게 속마음을 표현하는 것이 익숙하지 않은 내담자들은 자신에 대해서 표현하는 데 시간이 많이 걸릴 수 있기 때문이다.

다음 사례에서 내담자는 자신의 욕구를 누르고 부모에게 요구하지 못했던 억울함에 대해 두루뭉술하게 표현하고 있다. 상담사는 재진술 반응(상담사 2와 3 반응)을 통해 내담자가 이야기하고 싶어 했던 내용을 구체화하면서 내담자가 미처 자각하지 못했던 욕구를 알아차리고 자신의 마음을 이해하도록 돕고 있다.

내담자 1: 어렸을 때부터 진짜 제가 갖고 싶었던 걸 사 달라고 한 적이 없어요. 사고 싶은데 필요 없는 거…….

상담사 1: 꼭 필요는 없지만 그래도 갖고 싶은 것, 그런 걸 얘기해 본 적이 없었군요.

내담자 2: 진짜 크게 산 거는 제일 처음 휴대 전화 샀을 때, 그때도 되게 눈치 보면서 그랬던 것 같아요. 그래서 저는 막 맥북 이런 거 사 주는 엄마 아빠를 보면 신기했어요. 저걸 사 주네, 이러면서…….

상담사 2: 다른 부모님들이 자녀가 원하는 것을 사 주는 걸 보고 부러워하면서도 ○○ 씨가 부모님에게 원하는 걸 말하지 못했군요. 그럴 때 ○○ 씨는 어떤 마음이었을까요?

내담자 3: 집안 사정이 좋지 않은데 저까지 사 달라고 하면 부모님이 힘드실까 봐…… 동생이 말하면 사 주셨는데 동생이 그러니까 저는 더 말할 수가 없었어요. …… 저까지…….

상담사 3: 부모님이 힘드실까 봐 ○○ 씨는 사고 싶은 것도 말 못하고 참았는데 동생이 말하면 부모님은 다 사 주셨네요. 동생이 눈치가 없었던 건지, ○○ 씨가 너무 눈치를 본 건지 잘 모르겠네요. 어느 쪽인 거 같아요?

내담자 4: (11초 동안 침묵) 동생에게 화도 나고 부러웠지만 저는 말을 안 했던 것 같아요. 동생은 눈치를 안 봤고요. …… 애들은 눈치 안 보고 떼를 쓰기도 하는 게 자연스러운 건데…… 제가 못했던 거네요. 저까지 부모님을 힘들게 하면 안 되겠다는 생각이 제가 원하는 것을 말하지 못하게 했던 것 같아요.

상담사 4: 그렇군요. ○○ 씨는 왜 부모님을 힘들게 하면 안 된다는 생각을 했을까요? 부모님이 경제적으로 어려웠으면 동생이 원하는 것도 사 주지 못했을 것 같은데~

내담자 5: 지금 생각해 보니 그때는 제가 우리 집이 굉장히 가난할 줄 알았던 것 같아요. 근데 나중에 알고 보니 그렇게 어렵진 않았던 것 같아요.

재진술은 상담회기를 시작하거나 정리할 때 사용하기도 한다. 지난 회기를 간단히 요약하면서 시작하면 중요한 주제를 연속해서 다룰 수 있는 이점이 있다. 물론 상담의 시작은 내담자가 하고 싶은 이야기로 시작하는 것이 일반적이지만 내담자가 특별히 말할 주제가 없다고 한다면 상담사가 지난 시간 상담내용이나 이전에 다루었던 내용 중 추가적으로 다루어야 할 내용에 대한 요약과 함께 깊은 탐색을 위한 개입을 할 수 있다.

다음 축어록을 보자. 새로운 회기를 시작할 때 내담자가 하고 싶은 말을 꺼내기 어려워하고 있고(내담자 1 반응) 이를 알아차린 상담사는 지난 회기에 대한 기억을 돕기 위해 핵심 내용을 요약해서 제시하고 있다(상담사 4 반응). 이후 내담자는 마음이 복잡해서 선뜻 말을 꺼내지 못했던 이유를 상담사에게 설명하였다(내담자 4 반응). 사례에서 주의해야 할 부분이 있다. 내담자 1 반응을 저항이나 회피로 해석할 여지가 있으나 상담사가 내담자 말의 의미를 질문하고 탐색한 결과, 저항이나 회피가 아닌 복잡한 마음을 표현하기 어려워서 한 말이라는 것을 확인할 수 있었다. 상담사는 내담자의 말과 행동에 대해 섣불리 판단하기보다 말의 의미나 의도를 먼저 파악하는 것이 중요하다.

상담사 1: 오늘 상담을 시작할까요?

내담자 1: 네…… (10초 동안 침묵) 어떤 얘기를 해야 할지 모르겠어요.

상담사 2: 할 얘기가 없다는 의미인가요?

내담자 2: 그건 아닌데 어떤 말을 해야 할지 결정을 못했어요.

상담사 3: 그래요? 지금 고민하고 있는 것을 말해 볼래요?

내담자 3: 지난주에 상담하고 마음이 좀 복잡했던 것 같아요.

상담사 4: 지난 시간에 가족 얘기하면서 ○○ 씨가 힘들어했던 기억이 나네요. 마음이 복잡해진 이유가 뭘까요?

내담자 4: 음…… 지난주에 가족 이야기를 하면서 아버지에 대한 이중감정에 대해서 얘기를 했었는데~ 말할 때는 몰랐는데 집에 가서 아빠를 보는데 기분이 급격히 나빠지고 화가 났어요.

상담사 5: 상담 후 아버지에 대한 부정적인 감정이 조금 더 자각이 된 것 같네요. 한 주 동안 마음이 복잡했겠어요. 아버지에게 화난 감정을 조금 더 말해 볼래요?

또한 상담회기를 마무리할 때 상담사는 내담자에게 회기 중 나누었던 이야기 중 기억에 남는 내용이나 느낀 점을 요약, 정리해 보라고 요청할 수 있다. 내담자가 회기를 정리하고 의미 있다고 생각하는 내용을 표현하면 상담사는 내담자의 반응을 다시 재진술하거나 요약해서 내담자에게 되돌려 줌으로써 내담자가 자신의 생각이나 느낌을 명확하게 인지하고 정리하도록 도울 수 있다. 다음 사례를 보자. 내담자가 상담회기를 정리하여 이야기하면 상담사는 내담자의 반응을 그대로 반복하기보다는 중요한 부분을 명료하고 구체적으로 재진술하고 있다(상담사 3 반응). 이러한 요약과 재진술은 내담자가 상담 중 통찰한 내용들을 더 명확하게 인지하도록 돕는다. 사례 속 내담자의 경우는 아버지와의 관계 속에서 자신의 좌절된 욕구를 확인하고 아버지와의 관계를 새롭게 형성하는 것에 대한 기대를 내보이고 있다.

상담사 1: 이제 마무리해야 할 시간이 되었네요. ○○ 씨는 오늘 상담이 어땠나요?

내담자 1: 오늘은 가족에 대해서 많이 얘기한 것 같아요. 부모님에 대해서 얘기하고 누나에 대해서 얘기하면서 한 번도 생각해 보지 못한 걸 생각해 보게 된 것 같아요.

상담사 2: 구체적으로 어떤 생각들을 해 보게 됐는지 정리해 볼까요?

내담자 2: 평소에 아버지와의 관계에 대해서 생각해 보지 않고 그냥 무시만 했는데 저에게도 아버지에게 인정받고 싶은 욕구가 있었다는 걸 알게 되었어요. 아버지한테 인정받고 싶은 마음을 그동안 회피했던 것 같아요. 그런 저의 마음을 인정하고 나니 조금은 편안해진 것 같아요.

상담사 3: 한동안은 아버지에 대한 불편한 마음을 이야기했었는데 오늘은 아버지에게 인정받고 싶었던 마음이 있다는 것을 확인했네요. 표정도 편안해 보이네요.

내담자 3: 제가 아버지에게 인정받고 싶어 하는 마음이 있다는 걸 알고 좀 놀라기도 했는데 진짜 마음을 확인하고 나니 편안해진 것 같아요. 좀 어색하긴 한데 마음이 조금 따뜻해지는 느낌이 들어요. 그리고 아버지와의 새로운 관계가 기대되기도 해요.

상담사 4: ○○ 씨 말을 들으니 나도 기대가 되네요.

2. 재진술을 하는데 앵무새 같다는 피드백을 듣는다면?

초보상담사가 수퍼비전에서 가장 많이 듣는 피드백 중의 하나는 앵무새처럼 내담자의 말을 따라 한다는 것이다. 아마도 초보상담사들은 내담자의 이야기를 되돌려 주기 위한 적절한 단어가 생각나지 않아 내담자가 한 표현을 그대로 사용하게 되는 것 같다. 내담자가 쓴 단어를 한두 번은 그대로 사용할 수 있지만 너무 자주 내담자 반응을 따라 하게 되면 앵무새 같다는 피드백을 듣게 된다. 상담사가 앵무새같이 내담자의 말꼬리를 따라가면서 반응할 때 내담자는 자신이 무엇을 경험하고 있는지에 대한 깊은 탐색이 어렵게 되고 상담은 지루해진다. 또한 내담자가 상담사의 전문성을 의심하게 될 수도 있다.

상담사가 재진술을 할 때 내담자의 말을 그대로 따라 하게 되는 경우는 상담사가 내담자의 이야기를 통합적으로 이해하지 못할 때나 내담자가 한번에 여러 가지 주제를 말할 때 등이다. 이때 상담사는 어떻게 그리고 어떤 내용에 초점을 두어 반응해야 할지 몰라서 끝에 나오는 주제에 반응하게 되는 것이다. 이런 경우에는 상담사가 많은 주제 가운데 맥락상 가장 중요하다고 생각하는 주제에 초점을 맞추어 재진술하면서 상담의 방향을 잡아 나갈 수 있다. 또는 긴 이야기 속에 나온 주제들을 반영하면서 내담자에게 하나의 주제를 선택하도록 하여 진행할 수도 있다. 다음은 내담자가 여러 가지 주제로 이야기할 때, 상담사가 각 내용들을 재진술한 후 내담자에게 우선적으로 말하고 싶은 주제를 선택하도록 안내하는 반응이다.

상담사: ○○ 씨가 많은 주제의 이야기를 하고 싶은 것 같네요. 그중에는 아버지와의 관계에 대한 이야기도 있고, 학교생활 부적응과 또래와의 관계에 대한 이야기 그리고 진로와 관련된 이야기들을 했는데, 이 모든 얘기를 한꺼번에 할 수 없으니 우선순위를 정해야 할 것 같아요. ○○ 씨는 지금 나열한 내용들 중에 어떤 주제를 먼저 얘기하고 싶은가요?

앵무새처럼 반응하지 않으려면 상담사는 재진술을 할 때 내담자의 구체적이지 않은 표현이나 혼란스러운 진술에 초점을 맞추어 어떤 의미를 전달하고자 했는지 상담사가 이해한 내담자 이야기의 의미를 표현해 주면 된다. 다음 사례에서 앵무새처럼 말하기의 예와 그에 대한 대안반응을 살펴보자.

내담자 1: 너무 정신없이 지냈어요. 진짜 왜 그러는지 모를 정도로요.

상담사 1: 왜 이러는지 모를 정도로요?

대안반응: 많이 바빴군요.

상담사 1 반응에서 생각해 봐야 할 점은 내담자 반응이 복잡하지도 않고 발화량이 많지도 않은데 상담사가 재진술 기술을 사용하는 것이 적절한가이다. 내담자의 단순한 반응마다 상담사가 재진술을 한다면 어떤 상황이 벌어질까? 상담이 지루해지고 상담사가 굳이 안 해도 되는 재진술을 사용하면 상담시간을 허비하게 된다. 그렇다면 상담사는 왜 안 해도 되는 재진술을 하게 될까? 상담사가 할 말이 없을 때, 뭐라고 말해야 할지 모를 때, 반응을 준비할 시간이 필요할 때 재진술을 습관적으로 사용할 가능성이 크다. 내담자 1 정도의 반응이라면 굳이 재진술을 할 이유가 없다. 차라리 정신없었던 상황에 대해서 구체적으로 질문을 하든가 무엇 때문에 바빴는지 물어보는 것이 더 효과적이다.

내담자 2: 시간이 훅 지나가고 바쁘게 지냈던 거 같아요.

상담사 2: 바쁘게 지냈군요.

대안반응: 시간 가는지도 모를 정도로 바빴군요. 어떤 일들이 있었나요?

상담사 2 반응은 상담사 1의 대안반응과 유사하다. 이 사례에서도 내담자 반응이 단문이기 때문에 상담사가 굳이 재진술을 할 이유는 없다. 다만 바로 질문이 들어가면 너무 딱딱하거나 취조하는 것처럼 느껴질까 봐 대안반응처럼 재진술 후 질문을 한 것이다. 정리하면 내담자 반응이 단문이거나 간단한 내용을 말한다면 굳이 재진술을 할 필요가 없다. 다만 재진술 없이 질문만 하게 되면 내담자가 질문에 답하는 형식의 상담이 되기 때문에 재진술을 적절히 섞어서 반응하는 것이 조금 더 부드럽게 상담을 진행할 수 있다. 다음 사례를 보면 어떤 의미인지 알 수 있을 것이다.

내담자 3: 애들 학교 가는 것도 챙기고, 병원에 친정어머니도 모시고 가고, 올케언니가 자기 일하는 것도 와서 좀 도와 달라고 해서 고민 중이에요. 아 참, 그리고 아파트 단지 내에서 하는 독서모임도 새로 시작했어요.

상담사 3: 독서모임은 어떻게 시작하게 됐어요?

대안반응: 많은 일이 있었네요. 활기찬 느낌도 있지만 갑자기 일이 많아진 것 같아요. 올케언니가 도와 달라고 한 일은 어떤 점에서 고민이 되는 건가요?

내담자는 아이들 문제, 친정 및 시댁 문제, 독서모임 등에 대해서 얘기를 하고 있다. 내담자가 이렇게 장황하게 사실 나열 중심으로 얘기를 할 때 상담사는 마지막 말만 기억하고 독서모임에 대해서 질문을 한다면 내담자는 상담사가 독서모임을 더 중요하게 생각한다는 의미로 해석할 수 있다. 대안반응에서처럼 상담사는 내담자에게 갑자기 일이 많아진 상황에 대해 요약하고 고민이 된다는 내용에 초점을 맞춰서 질문을 하는 것이 효과적이다. 왜냐하면 올케언니의 부탁에 고민한다는 것은 내담자에게 갈등 상황이기 때문에 이 부분에 초점을 맞춘 것이다. 내담자는 장황한 얘기 속에 갈등에 대한 얘기를 슬쩍 끼워 넣어서 말하고 넘어갈 때가 있다. 갈등 상황이기는 하지만 중요하지 않다고 생각해서 말만 하고 넘길 수도 있지만 상담사는 호기심을 갖고 내담자가 갈등에 어떻게 대처하고 있는지 다루어야 내담자를 이해하고 도울 수 있다.

상담사가 재진술을 할 때 다양한 진술 형식을 사용하면 앵무새 같다는 피드백을 피할 수 있다. 상담사가 "~하군요." 또는 "~하다는 말이지요."와 같은 재진술 형식을 매번 반복하면 지루할 수 있다. 다음 내담자의 사례를 보면서 다양한 형태의 재진술 반응을 연습해 보자.

내담자 1: 마음속에 자신에 대해서 불만족하는 것을 정리했어요. 그중에서 대인관계를 맺을 때 좀 심하게 긴장하는 거, 특히 어른들하고 관계를 맺을 때, 일상생활에서 관계를 맺는 거, 대화나 식사를 하고. …… 하여튼 일상생활에서 스트레스가 많았거든요. 그리고 놀러 갈 때요. 그래서 혼자 있고 그래요. 많은 사람이 호감을 표시하지만 거의 말을 안 하거든요. 이게 왜 그럴까. 심하게 긴장하고 생각을 많이 하고. 안 좋은 반응이 나타날까 봐 아니면 다른 사람들이 나에게 실망할까 봐 많이 생각하게 되니까 가슴이 아팠던 것 같아요. 저 자신에게 불만을 품었던 기억들이 생생하게 기억났어요.

첫째, 재진술의 공식과 같은 "~하군요." 또는 "~하다는 말이지요."의 방법으로 할 수 있다.

상담사 1-1: 다른 사람이 나를 거부할까 봐, 나에게 실망할까 봐 긴장하고 위축된다는 말이군요.

둘째, 일반 문장으로 재진술할 수 있다.

상담사 1-2: 다른 사람이 나를 거부할까 봐, 나에게 실망할까 봐 긴장하고 위축되었던 자신을 떠올렸나 보네요.

셋째, 하나의 문장뿐 아니라 중요한 단어를 나열하여 재진술함으로써 내담자가 자신의 이야기를 지속할 수 있도록 촉진할 수 있다.

상담사 1-3: 사람들과 말하지 않고…… 나에게 실망할까 봐…….

넷째, 의문문으로 표현할 수 있다.

상담사 1-4: 사람들이 나를 거부하고 나에게 실망할까 봐 걱정하느라 사람들과 편하게 말하지 못했다는 이야기인가요?

3. 내담자 말의 핵심을 이해하지 못하고 재진술 타이밍을 놓치기도 한다면?

상담사의 재진술은 내담자가 자신이 말한 이야기의 핵심이 무엇인지 확인하도록 돕는다. 상담사는 내담자에게 생각나는 대로 편하게 이야기하도록 안내한다. 이때 내담자가 떠오르는 대로 말하다 보면 정리되지 않은 생각을 나열하게 되는데, 상담사는 혼란스러운 내담자의 이야기를 듣고 핵심 내용이나 감정을 요약하여 명료하게 재진술함으로써 내담자가 자신의 상태를 알아차리도록 돕는 것이다. 따라서 상담사가 내담자의 이야기를 이해하지 못하면 재진술 기술을 사용하기 어렵다.

상담사가 내담자의 이야기를 듣지만 핵심 내용을 이해하지 못하고 그로 인해 재진술할 타이밍을 놓치게 되는 이유는 여러 가지가 있을 수 있다. 내담자의 말을 하나라도 놓치지 않으려고 하다가 오히려 긴장해서 경청을 못할 때, 내담자 말의 맥락을 파악하지 못할 때, 내담자가 이야기하는 동안 어떤 얘기에 초점을 맞춰야 할지, 어떤 반응을 해야 할지 고민하면서 내담자 말에 집중하지 못하고 자신에게 집중할 때, 내담자 입장에서 내담자의 경험을 이해하기보다는 자신의 경험에 비추어 내담자 말을 이해할 때 등이다. 또한 다루기 어려운 주제(예: 성이나 폭력의 문제 등)를 상담해야 할 때 불안으로 타이밍을 놓치게 된다.

이와 같이 내담자의 이야기를 이해하지 못하고 재진술할 수 있는 시점을 놓치게 되는 자신을 알아차리면 상담사는 당황하게 되고 어떻게 해야 할지 몰라 이후 내담자의 이야기에 더 집중하기 어렵게 된다. 상담사가 내담자의 말을 이해하지 못하고 방향을 잃게 되는 경우나 상담사가 다른 생각을 하느라 내담자의 이야기를 놓친 경우에는 내담자에게 다시 한번 이야기해 달라고 요청하거나 내담자에게 질문형식으로 재진술하면 된다. 예를 들어, "내가 이해한 바로는 ○○ 씨가 ~~~라고 생각하는 것 같은데 맞나요?"라고 재진술과 질문을 섞어서 반응을 한다면, 내담자는 좀 더 강조하고 싶은 이야기를 다시 얘기해 주거나 맞으면 맞다고 확인해 준다. 다음의 사례에서 상담사는 재진술한 후 자신이 이해한 내용이 맞는지 내담자에게 확인을 하고 있다(상담사 1 반응). 내담자는 상담사가 이해한 내용이 맞다고 동의는 했지만 뒷부분에 자신의 탓이라고 생각해서 우울하다는 내용을 추가적으로 설명하면서 우울한 이유를 명확히 밝히고 있다(내담자 2 반응).

내담자 1: 지금까지 좀 저 편한 대로 살았거든요. 뭐 거의 반찬을 여러 가지 해 줘도 안 먹고 그러니까 찌개에 밥 아니면 단품 음식으로. …… 거의 저만 생각했던 것 같아요. 아이들을 많이 챙겨 주지 못하고…… 엄마, 어쩌고저쩌고 얘기할 때 일일이 답해 주지 못하고 "엄마가 좀 쉬었다 해 줄게."라고 하거나 들었던 얘기도 다 까먹고……. 그랬던 시간들이 있어서 이제는 아이들한테 더 집중해야 하지 않나 그런 생각이 들어요. 제가 힘들어도 애들은 챙겼어야 했는데 저도 미성숙했던 것 같아요. 그런 점에서는 아이들에게 많이 미안하죠. 나 같은 엄마를 만나서 애들도 많이 힘들었을 것 같아요. 그래서 애들이 반항이 심한가 싶기도 하고…… 모든 문제가 다 내 탓 같다는 생각이 들어서 더 우울해지는 것 같아요.

상담사 1: 아이들을 챙겨 주지 못한 미안함에 이제는 아이들에게 에너지를 쏟겠다는 말로 들리는데~ 제가 이해한 게 맞나요?

내담자 2: 네…… 맞아요. 제가 정말 엄마 역할에 대해서는 신경을 안 쓰고 산 것 같아요. 말하다 보니 아이들한테 미안한 마음이 드네요. 오늘은 애들이 좋아하는 반찬을 해 놔야겠어요. 그리고 한편으로는 모든 문제의 원인이 제 탓인 것 같아서 이런 생각들을 하다 보면 우울해져요.

상담사는 자연스럽고 편안하게 내담자의 이야기를 따라가며 반응할 때 더 깊은 이야기를 들을 수 있다. 그러나 상담사가 내담자의 모든 이야기를 듣고 기억해서 반응하려고 한다면, 오히려 경청에 방해를 받기 때문에 자연스러운 재진술 타이밍을 놓치게 된다. 내담자의 이야기를 기억하고 내용을 요약하여 이야기하려고 하면 이미 내담자는 다른 이야기를 시작하고 있어서 이전 이야기에 반응도 하지 못하고 현재 하고 있는 이야기에도 경청할 수도 없게 된다. 상담사가 아무리 집중해서 듣더라도 내담자의 모든 말을 기억할 수 없다는 것을 인정해야 한다. 따라서 상담사는 내담자의 모든 말에 반응하려고 하지 말고 맥락을 따라가며 중요한 이야기를 메모하면서 핵심 내용에 대한 재진술을 하는 연습을 해야 한다.

초보상담사들은 내담자가 말을 할 때 중간에 말을 끊고 재진술하거나 질문하는 것을 부담스러워하는 경우가 있다. 말의 흐름을 끊으면 내담자가 기분 나빠 할까 봐 염려하는데 내담자가 장황하게 폭포수 쏟듯이 말하는 것을 수동적으로 듣고만 있으면 결국 상담사는 내담자가 무슨 말을 하는지 제대로 이해하지 못하고 내담자가 독백하는 것과 동일한 상황을 만들게 된다. 중간에 말을 끊더라도 내담자 말을 이해하기 위해서 노력하는 것이 상담사 역할이다. 물론 초보상담사들은 내담자 말을 끊는 타이밍을 정확히 잡기 어려울 수 있다. 상황에 따라 다르겠지만 내담자가 중언부언할 때, 길게 말하다가 잠시 침묵이 생길 때, 또는 주제가 바뀔 때 재진술 기술을 활용하면 상담내용도 정리하고 중요한 이슈에 좀 더 초점화할 수 있다. 그리고 내담자의 말이 너무 길어서 이해가 안 되고 재진술 타이밍도 놓쳤을 때 상담사는 솔직하게 잘 이해가 안 된다고 말을 하고 다시 한번 얘기해 달라고 정중하게 요청할 수도 있다.

상담사: 지금 ○○ 씨가 많은 이야기를 해 주셨는데 제가 다 이해하지 못한 부분이 있는 것 같아요. 특히 어머니와의 갈등이 왜 생겼는지 이해를 못했는데 그 부분에 대해서 다시 한번 얘기해 줄래요?

상담이 내담자를 돕기 위한 시간이라는 것을 잊지 않는다면, 이해하지 못했다거나, 못들었다는 말을 상담사의 무능력이나 부족함으로 생각해서 솔직하게 말하지 못하는 상황이 발생하지는 않을 것이다. 반복해서 이야기하지만 상담사가 내담자를 이해하지 못하면 내담자 또한 자신을 이해하기 어렵고 결국 내담자의 변화를 돕기 어려워진다. 내담자가 말할 때 중간에 끼어들어 반응하는 것이 불편한 상담사는 불편한 이유를 탐색해야 한다. 내담자가 상담사의 개입을 불편해하고 급기야 조기종결되는 걸 걱정하고 있다면, 조기종결이 상담사에게 어떤 의미인지를 생각해 보는 시간이 필요하다. 그리고 상담사가 조기종결 상황을 만들고 싶지 않아서 망설이는 사이에 내담자에게 개입할 시점을 놓쳐서 상담이 지지부진해진다면 내담자에게도 도움이 되지 않고 상담관계는 깨질 수 있다는 것을 기억해야 한다. 어떤 경우든 상담사는 내담자를 돕는 도구로서 자신의 문제를 분리시키고 온전히 내담자의 이야기에 초점을 맞추어 듣고 반응할 수 있어야 한다. 그러기 위해서 상담사는 상담을 받고 자기에 대한 이해를 통해 내담자의 문제와 자신의 문제를 분리해서 다룰 수 있도록 준비해야 한다.

연습하기

사례

30대 초반 내담자로 우울감 때문에 상담을 신청하였다. 열심히 살아오긴 했지만 현재는 우울감으로 아무것도 하고 싶지 않고 무기력하다고 호소하고 있다. 내담자는 자신이 왜 우울해졌는지를 정확히 기억하지 못했지만 상담사의 재진술과 탐색적 질문을 통해 자신의 상태와 감정을 따라가면서 우울했던 이유들을 조금씩 기억해 내고 있다. 내담자는 예전에 열심히 살았던 때로 돌아가고 싶은 마음이 있지만 우울해서 아무것도 하고 싶지 않은 양가적인 마음을 구체화하며 자신을 이해해 가고 있다.

내담자 1: 저의 우울상태가 오래돼서 빠르게 회복됐으면 좋겠어요. 빠르게 회복돼서 다시 예전의 모습으로 돌아갔으면 좋겠어요. 긍정적이고 열심히 사는 예전의 모습으로 돌아가면 좋겠어요.

상담사 1: ○○ 씨가 힘내서 열심히 살았던 예전의 모습으로 돌아가고 싶은 마음이 느껴지네요.

내담자 2: (기운 없는 목소리로) 네…….

상담사 2: 열심히 살다가 우울해진 시점에 무슨 일이 있었는지 기억하나요?

내담자 3: 우울한 지도 꽤 오래돼서 언제부터인지, 무슨 일이 있었는지 기억이 나지는 않아요. 어느 날 갑자기 쉬고 싶은 마음이 들고 아침에 눈 뜨기 싫고 언제까지 이렇게 살아야 하나? 이런 생각이 들면서 힘들어졌던 것 같아요.

상담사 3: 어떤 계기인지는 기억이 안 나지만 지금처럼 살고 싶지는 않다는 생각으로 우울했나 보네요.

내담자 4: 네~ 똑같은 날의 반복이었고 열심히 산다고 해도 바뀌는 것이 없다는 생각이 들었어요. 조금 더 나은 삶을 살고 싶어서 노력을 해도 힘든 건 여전히 똑같았던 것 같아요.

상담사 4: 노력해도 바뀌는 것이 없다는 생각이 들면 무기력해질 수 있을 것 같아요. 다르게 살고 싶은 마음이 컸던 것 같은데…… 뭘 바꾸고 싶었나요?

내담자 5: 네~ 무기력했던 것 같아요. 지금처럼 미래에도 똑같이 살아야 한다고 생각하면 차라리 가만히 있어도 되지 않을까라는 생각을 많이 했던 것 같아요. 제가 바꾸고 싶었던 건 제 현실이었어요. 경제적인 문제도 있었고 가족 문제도 있었고…….

상담사 5: 현실적인 문제로 쉬고 싶어도 쉴 수 없는 상황이었을까요?

내담자 6: 네~ 그랬던 것 같아요. 버는 돈의 많은 부분을 빚 갚는 데 썼어요. 그래서 한 달 용돈이 30만 원도 안 됐던 것 같아요. 버는 돈의 70~80%는 모두 빚 갚는 데 쓰는데도 빚이 줄지는 않고 더 쌓일 때도 있었어요.

상담사 6: 버는 돈의 대부분을 빚 갚는 데 쓰는데도 빚이 줄지 않고 늘기도 했다니 너무 암담했을 것 같아요. 빚이 왜 생긴 건가요?

내담자 7: 아빠 병원비 때문에 제가 대출을 받았는데 결국 돌아가셨고, 병원비 3천만 원 빚이 그대로 저한테 왔고, 빚을 갚는 과정에서도 동생 학비나 생활비를 대야 돼서 10여 년간 빚을 갚으면서 살았던 것 같아요. 생각해 보니 그때는 저한테 미래가 없었던 것 같아요. 늘 빚에 짓눌려 살았던 것 같아요. 어깨에 솜뭉치를 얹어 놓은 것 같은 느낌…… 너무 무거웠어요. 말하다 보니 기억이 하나씩 나네요. 나는 왜 이렇게 살아야 되나? 이런 생각을 많이 했던 것 같아요. 왜 아무도 나를 도와주지 않나? 이런 생각을 많이 했던 것 같아요.(눈물)

상담사 7: 아빠 병원비로 진 빚과 동생 학비를 대느라 힘든 시간을 보냈네요.

설명

내담자가 자신의 우울의 원인이나 우울한 시점을 대략이라도 기억을 못하고 현재 자신의 힘든 상태를 중심으로 이야기를 전개하고 있다. 이럴 때 상담사는 어디서부터 이야기를 풀어 나가야 할지 암담할 수 있다. 내담자의 무기력감이 상담사에게 전달되어 함께 무기력해질 수 있는 상황이다. 이때 상담사는 내담자의 반응 중 중요한 내용에 초점을 두고 재진술과 질문을 통해 내담자가 찬찬히 자신의 상태나 기억을 탐색할 수 있도록 도울 수 있다. 여러분이 상담사라고 상상하고 내담자 반응에 어떻게 재진술하고 질문할 것인지 연습을 해 보자.

▣ 앞의 설명을 바탕으로 상담사 반응별 대안반응 적어 보기

상담사 1:

상담사 1:

상담사 2:

상담사 2:

상담사 3:

상담사 3:

상담사 4:

상담사 4:

상담사 5:

상담사 5:

상담사 6:

상담사 6:

상담사 7:

상담사 7:

대안반응 1

상담사 1: 예전의 긍정적이고 힘 있는 모습으로 회복되길 바라는군요. 예전이라고 하면 언제로 돌아가고 싶은 건가요?

상담사 1: 예전의 모습으로 회복되고 싶은 마음이 크네요. 긍정적이고 힘내 보자고 생각을 했을 때는 언제쯤인가요?

상담사 1: 예전의 긍정적이고 힘 있는 모습으로 회복되고 싶은 것 같네요. 그때의 모습은 지금과 어떻게 다른가요?

대안반응 2

상담사 2: 긍정적이고 에너지 넘치게 살고 싶어 하는 것 같은데 ○○ 씨는 언제부터 우울감을 느꼈나요?

상담사 2: 갑자기 우울해진 계기가 있을까요?

상담사 2: 힘없는 목소리로 대답하는 걸 보니 열심히 살던 예전으로 돌아가고 싶다고 말하지만 진짜 그때로 돌아가고 싶은지 궁금하네요.

대안반응 3

상담사 3: 기억이 안 날 정도면 꽤 오랜 시간 우울했다는 말이네요. 아침에 눈 뜨기 싫었다는 건 죽고 싶다는 생각도 했던 것 같은데~ 맞나요?

상담사 3: 현실이 견디기 힘들었던 것 같은데~ 그때 당시 ○○ 씨 삶이 어땠는지 궁금하네요.

상담사 3: 열심히 살다가 갑자기 우울해지고 현실이 고통스럽게 느껴졌다면 ○○ 씨도 당황스러웠을 것 같아요. 그때 상황을 좀 더 설명해 줄래요?

대안반응 4

상담사 4: 열심히 살아도, 노력해도 바뀌는 것이 없는 삶이라면 절망스러웠을 것 같은데~ ○○ 씨는 무엇을 위해서 열심히 살았는지 궁금하네요.

상담사 4: ○○ 씨가 좀 더 나은 삶을 살고 싶어서 열심히 노력했는데도 여전히 힘들었다면 미래가 암울하게 느껴졌을 것 같네요. 그 당시 ○○ 씨는 어떻게 살기 위해서 노력했던 걸까요? ○○ 씨가 살고 싶었던 좀 더 나은 삶이 어떤 모습인지 궁금하네요.

대안반응 5

상담사 5: ○○ 씨가 처한 현실에서 벗어나고 싶었네요. 경제적인 문제와 가족 문제에 대해서 좀 더 얘기해 볼까요?

상담사 5: 가족과 경제적인 문제가 ○○ 씨가 감당해야 할 현실적인 문제들이었네요. 어떤 문제가 ○○ 씨를 더 힘들게 만들었을까요?

대안반응 6

상담사 6: 빚을 갚느라 여유롭게 살지도 못했을 텐데 70~80%를 갚아도 빚이 쌓일 정도면 상황이 얼마나 안 좋았던 건가요?

상담사 6: ○○ 씨가 빚을 갚느라 고달프게 살아온 시간들에 대한 얘기를 들으니 미래가 두렵다는 말이 이해가 되네요. 무슨 일 때문에 빚을 지게 됐나요?

대안반응 7

상담사 7: 아버지 병원비에 동생 학비까지 ○○ 씨가 감당해야 하는 상황이었네요. 어쩌다 그 빚을 ○○ 씨가 감당하게 됐을까요?

상담사 7: 20대 초반의 이제 갓 성인이 된 ○○ 씨가 감당하기엔 너무 큰 금액이고 부담스러운 상황이었네요. 어깨가 얼마나 무거웠을까? 어깨에 무거운 짐을 지고 지금까지 버텨 온 자신에게 하고 싶은 말이 있을까요?

상담사 7: 말만 들어도 숨 막히는 상황인데~ ○○ 씨가 포기하지 않고 지금까지 버티고 감당해 온 힘은 어디서 나온 걸까요?

셀프 수퍼비전 노트

1. 재진술 기술에 대한 셀프 모니터링

- 잘하고 있는 부분

- 개선이 필요한 부분

2. 셀프 수퍼비전을 통한 재진술 대안반응 연습하기

- 실제 사례를 가지고 대안반응 작성해 보기

제 8 장

침묵

일반적으로 대화 속에서 발생하는 침묵은 여러 가지 의미를 내포한다. 대인관계에서 불편감을 호소하는 내담자들의 경우 대화 중에 생기는 침묵을 부정적으로 생각하는 경우가 종종 있다. 예를 들면, 다음과 같다.

- 나와 이야기하는 것을 재미없어하는 것 같다.
- 나와 함께 있는 것을 불편해하는 것 같다.
- 내가 말을 잘 못하니까 침묵이 생기는 것이다.
- 나와 만난 것을 후회하는 것 같다.
- 다시는 나와 만나려고 하지 않을 것이다.
- 나를 싫어하는 것 같다.

상담관계를 치료적으로 활용해야 하는 상담사 또한 내담자와의 관계에서 여러 가지 불편감을 경험할 수 있다. 상담과정에서 침묵이 자주 생긴다면 상담사는 어떤 생각을 하게 될까?

- (내담자가) 나와 상담하는 것이 불편한가?
- (내담자가) 나와 상담하는 것이 답답한가?
- (내담자가) 나와 상담하는 것을 후회하나?
- (내담자가) 나와 상담하는 것이 도움이 안 된다고 생각하나?
- (내담자가) 상담을 그만하고 싶은가?
- (내담자가) 내 질문에 기분이 나빠졌나?
- (내담자가) 내게 화가 났나?

침묵에 대한 주관적 해석은 주어가 달라졌을 뿐 상담 상황이나 일상에서나 크게 다르지 않다. 즉, 상담실 밖 세상에서 경험하는 침묵 그리고 내담자와 둘만의 대화에서 경험하는 침묵 모두 유사한 내용의 걱정과 불안을 만들어 낸다. 침묵이 일반적으로 거절, 반항, 저항, 무시 등으로 해석될 수 있기 때문이다. 초보상담사일수록 대화 중에 발생하는 내담자의 침묵을 부정적인 의미로 해석하는 경향이 있기 때문에 내담자와의 대화 속에서 침묵이 길어지거나 자주 발생하면 긴장하게 된다. 그러나 상담에서 내담자의 침묵은 일상적인 대화에서의 침묵과는 다른 치료적 의미와 기능이 숨어 있다. 그렇기 때문에 상담과정에서 발생하는 침묵을 부정적인 의미로 해석하거나 침묵 상황을 미리 걱정할 필요는 없다. 침묵의 의미가 무엇인지 탐색하고 대처방법을 숙지하고 실제로 적용하기 위해 노력하는 자세가 필요하다.

한편, 내담자뿐 아니라 상담사도 침묵할 수 있다. 물론 초보상담사의 침묵과 숙련된 상담사의 침묵은 그 의미와 목적이 다를 수 있다. 초보상담사들은 '내담자의 반응에 뭐라 말해야 할지 몰라서' 의도치 않게 침묵하게 되는 경우가 많다. 예를 들어, 내담자의 반응에 어떻게 질문을 해야 할지 또는 무슨 말을 해야 할지 모를 때, 공감을 해야 하는지 또는 탐색을 해야 하는지 판단이 안 설 때 등과 같이 적절한 반응을 찾지 못해 침묵하는 경우가 생긴다. 이런 경우 상담사의 침묵은 불안을 동반한다. 결국 불안해진 상담사는 침묵을 깨기 위해 말이 많아진다거나, 주제를 바꿔 질문을 한다거나, 부적절한 반응을 함으로써 침묵을 깨려 한다.

많은 초보상담사는 내담자 반응을 잘 정리하고 좋은 질문을 하고 싶다는 생각에, 즉 상담을 잘하고 싶다는 생각에 압도되면 머릿속에서 검열 작업이 진행되기 때문에 의도치 않게 침묵하게 된다. 결국 상담사의 잘하고 싶은 마음이 오히려 내담자와의 대화에 걸림돌이 되고, 내담자는 상담사의 잦은 침묵으로 인해 불편감을 경험할 수 있다. 내담자는 일상생활에서와 마찬가지로 상담사의 침묵을 부정적으로 생각할 가능성이 높으며, 상담사의 의도치 않은 침묵은 상담관계나 상담에 부정적인 영향을 미칠 수 있다. 만약 상담사가 자신이 침묵한 의미를 설명하지 않을 경우 내담자는 상담사의 침묵을 부정적인 의미로 해석하고 결국 침묵에 대한 오해로 조기종결하게 되는 상황이 발생할 수도 있다. 상담사가 내담자에게 어떤 말을 할까 고민하다가 침묵이 생긴 것이라면 내담자에게 다음과 같이 반응할 수 있다.

상담사 1: 지금 내가 잠시 침묵을 했는데…… 침묵하는 동안 어땠어요?

내담자 1: 좀 불안하기도 했는데…… 선생님이 왜 침묵하는지 생각했어요. 제 말을 이해하지 못했나 싶기도 하고, 제가 뭔가 잘못 말했나 싶기도 하고…….

상담사 2: ○○ 씨가 한 말을 어떻게 이해해야 되는지 잠시 생각을 했어요. 그런데 ○○ 씨는 내가 침묵한 것을 뭔가 잘못된 것처럼 부정적으로 해석을 하고 있었네요. 다른 사람들과의 관계에서도 침묵이 생기면 지금과 같은 경험을 하나요?
내담자 2: 음…… 네. 그런 것 같네요. 침묵을 별로 안 좋아해요.

상담사는 내담자에게 상담사의 침묵을 어떻게 느꼈는지 확인한 후 내담자에게 침묵한 이유를 간단히 설명하고 내담자가 다른 사람들과의 관계에서도 침묵하는 상황을 불편해하는지 연결하는 질문을 한다. 이러한 질문을 통해 상담사는 내담자가 평소의 관계 속에서 침묵에 대해 어떻게 해석하고 대처하는지 탐색할 수 있다. 그 밖에 상담사의 컨디션 문제(피로한 상태, 감기 기운 등)도 상담사를 침묵하게 만드는 이유가 될 수 있다. 상담사가 내담자 이야기에 집중하고 경청할 수 있는 컨디션이 아닐 때 침묵하는 횟수가 많아지거나 침묵시간이 길어질 수 있다. 상담사 입장에서는 경청이 잘 안 되기 때문에 적절한 반응을 하기 어려워지고 침묵이나 부적절한 반응이 늘어남으로 인해서 상담시간을 효율적으로 사용하기 어렵다. 내담자 입장에서도 상담사가 컨디션이 안 좋다는 것을 인지하게 되면 상담사에 대한 걱정으로 자신의 어려움을 이야기하는 것이 불편할 수 있다. 상담사의 자기관리는 전문가에게 요구되는 능력이기도 하다. 상담사는 자신을 위해 그리고 내담자를 위해 컨디션 관리를 잘해야 한다.

반면에 숙련된 상담사들은 내담자에게 생각할 시간을 주기 위해, 침묵을 견디는 연습을 시키기 위해, 공감을 표현하기 위해 등의 이유로 의도적인 침묵을 사용할 수 있다. 즉, 숙련된 상담사에게 침묵은 단순히 말 없음이 아니라 적극적인 의사소통 방법이며, 말하지 않아도 교감할 수 있다는 것을 전달할 수 있는 중요한 상담기술이다.

결론적으로 상담과정에서 상담사와 내담자 모두 침묵을 다양한 의도와 의미로 사용할 수 있다. 상담사와 내담자 모두에게 침묵은 함축적 의미를 가지고, 치료적으로 활용 가능하며, 그 자체로 치료적 효과를 가지고 있다. 이 장에서는 초보상담사들이 상담과정 중 침묵과 관련하여 경험하는 어려움에 대해 하나씩 풀어 가고자 한다.

1. 내담자의 침묵이 불안(불편)하다면?
2. 언제/어떻게 침묵을 깨야 할지 모르겠다면?
3. 내담자가 말을 너무 많이 해서 침묵을 사용할 수 없다면?

1. 내담자의 침묵이 불안(불편)하다면?

초보상담사들은 상담과정에서 내담자가 침묵할 경우 불안을 경험하고, 이를 방어하기 위해서 불필요한 말과 행동을 하게 된다. 예를 들면, 다음과 같다.

- 먼저 침묵을 깬다.
- 의미 없는 질문을 한다.
- 장황하게 이야기하거나 말이 많아진다.
- 볼펜을 돌리는 등 딴짓을 한다(다리를 꼬거나, 괜히 상담 자료를 넘겨 보거나, 한숨을 쉰다).
- 화제를 돌린다.

왜 초보상담사들은 내담자의 침묵을 견디는 것이 어려울까? 그 이유는 두 가지로 설명할 수 있다. 첫 번째 이유는 초보상담사일수록 내담자의 침묵을 상담사 능력과 연결하기 때문이다. 즉, 초보상담사는 침묵을 무능한 상담사의 상징처럼 생각하고 침묵을 다음과 같은 의미로 해석한다.

- 내가 유능한 상담사였다면 내담자가 침묵하지 않고 계속 이야기하게 할 수 있었을 것이다.
- 내담자가 침묵하는 이유는 내가 적절한 질문을 하지 못했기 때문이다.
- 내담자가 침묵하는 이유는 내담자가 기대하는 반응을 해 주지 못했기 때문이다.
- 내담자가 침묵하는 건 상담이 도움이 되지 않는다고(만족스럽지 않다고) 생각하기 때문이다.
- 내담자가 침묵하는 건 나에 대한 불편감이 생겼기 때문이다.

초보상담사들은 유능한 상담사일수록 침묵 없이 물 흐르듯이 자연스럽게 치료적 대화를 이끌어 갈 것이라는 환상을 가질 수 있다. 그러나 상담을 받아 본 경험이 있는 상담사라면 상담과정에서 침묵은 자연스러운 현상이고 빈번하게 사용되는 대화기법이자 치료기법이라는 것을 알 것이다. 초보상담사들은 침묵에 익숙해질 필요가 있으며, 침묵이 발생했을 때 자신이 상담을 제대로 하지 못하고 있다는 생각으로 자신의 무능감을 자극해서 불안해할 것이 아니라 내담자가 지금 왜 침묵을 하고 있는지를 이해하기 위해 내담자에게 더 몰두해야 한다. 내담자들은 자신이 얼마나 자주 침묵하는지, 반대로 얼마나 말을 쉼 없이 계속하고 있는지도 인지하지 못하는 경우가 많다. 왜냐하면 내담자는 자신의 생각이나 감정에 빠져 있기 때문에 스스로 어떤 말을 했고 어떻게 감정을 표현했는지 기억하지 못하는 경우가 많기 때문이다. 특히 감정이 북받쳐 있는 상황에서는 더욱더 그렇다. 이런 경우 상담사는 내담자가 침묵을 하는지 또는 말을 많이 하는지 관찰하고 내담자가 현재 자신을 어떤 방식으로 표현하고 있는지를 인식할 수 있도록 반영해 주어야 한다. 상담사가 자신에게 몰두해 있는 순간 경청을 못하기 때문에 결국 내담자에게 적절하게 반응하는 것은 더욱 어려워진다. 유능한 상담사가 되려고 하다가 오히려 경청도 못하고 내담자에게 적절한 반응을 못해 침묵으로 이어진다면 상담사의 의도와 다르게 악순환의 고리에 빠지게 된다. 상담장면에서는 내담자에게 집중하려는 노력이 중요하며, 유능한 상담사가 되기 위한 노력은 상담이 끝난 후 전문가 수퍼비전이나 셀프 수퍼비전을 통해 해결하는 것이 좋다.

두 번째 이유는 평소 의사소통에서도 침묵을 못 견뎌서 먼저 침묵을 깨거나 침묵이 생기지 않도록 말을 많이 하는 습관과 관련 있을 수 있다. 내담자와 마찬가지로 상담사도 침묵을 불편해하거나 부정적인 메시지로 해석할 가능성이 있다. 이럴 경우 상담사는 내담자의 침묵에 초점을 맞추기보다 상담사 자신의 불편감에 더 집중하게 되어 침묵을 깰 수 있다. 상담사는 상담관계에서 발생하는 어색함이나 불편감을 견뎌 낼 수 있는 심리적 힘을 키워야 한다. 상담사는 자신의 대화 습관을 점검하고 그 습관들이 상담에서 방해요인이 되지 않도록 자신의 반응을 교정하기 위해 노력해야 한다. 침묵을 불안해하는 이유는 상담사마다 다양할 수 있기 때문에 그 원인이 무엇인지 확인해야 한다. 수퍼비전에서 상담사가 침묵을 먼저 깰 경우 그 이유를 탐색하는 과정에서 침묵에 대한 상담사의 의미부여나 해석을 확인하게 되는데, 이러한 과정을 반복하게 되면 불필요한 침묵을 줄이고 침묵을 치료적으로 활용하는 방법을 학습하게 될 것이다.

2. 언제/어떻게 침묵을 깨야 할지 모르겠다면?

초보상담사들의 경우 침묵으로 인한 불안함이 야기되면 불편한 침묵을 깨려고 의식하든 의식하지 못하든 먼저 말을 하게 된다. 결론적으로 침묵이 길어진다면 어느 순간 누군가는 침묵을 깨야 한다. 내담자가 침묵하는 이유를 파악하는 것 못지않게 침묵이 일어날 때 누가 먼저 침묵을 깨야 하는지, 언제 침묵을 깨면 되는지 판단하는 것도 중요하다.

일반적으로 내담자가 침묵을 한다면 상담사는 방해하지 말고 내담자가 침묵하는 시간을 충분히 활용할 수 있도록 기다려야 한다. 내담자가 어느 정도 침묵한 후에는 자신이 생각한 것을 표현하기 때문에 상담사가 먼저 개입하지 않아도 된다. 그러나 침묵이 지나치게 길어진다고 느껴진다면 상담사는 개입 시점을 고민해야 한다. 적절한 침묵시간이라든가 침묵시간이 어느 정도 지났을 때 상담사가 개입해야 하는지에 관한 구체적인 가이드라인은 없다. 상담사들은 침묵이 너무 길어진다고 느껴지는 순간이 오면 개입을 하게 되는데, 상황에 따라 다르긴 하지만 저자의 경우 20초 이상 침묵이 길어질 때 개입질문을 한다. 다음 사례를 보자.

상담사 1: ○○ 씨가 부모님께 바라는 것과 부모님이 ○○ 씨에게 거는 기대나 관심사가 달랐던 것 같네요. ○○ 씨가 섬세한 돌봄이나 관심을 바랐다면 부모님은 ○○ 씨가 삶의 목표를 가지고 성취하는 삶을 살기를 바랐던 것 같아요. 그래서 ○○ 씨가 부모님께 요구하고 충족시켜 주기를 바랐던 것들이 부모님에게는 중요하게 보이지 않았던 것 같네요.

내담자 1: ……. (23초 동안 침묵)

상담사 2: 지금 무슨 생각을 하고 있어요?

내담자 2: 갑자기 소름이 돋았어요. 늘 부모님이 목표를 가지고 살라고 얘기하는 것을 듣고 살았어요. 그런데 선생님께 똑같은 말을 들으니까 다르게 들리기도 하고…… 이제야 이해가 됐어요. 제가 원하는 것을 중요하게 생각하지 않으니까 들어 줄 생각도 못했던 것 같네요. 서로 중요하게 생각했던 게 달랐네요. 서로 자기 요구만 했다는 생각이 들어서 소름이 돋았어요.

상담사 1 반응에서는 내담자의 이야기를 듣고 상담사가 이해한 내용을 요약 · 재진술해 주었다. 그 뒤로 내담자는 20초 이상 침묵을 이어 가고 있다. 내담자가 상담사의 반응에 이어 침묵을 할 경우 상담사는 다음과 같은 질문을 할 수 있다.

- 지금 무슨 생각을 하고 있어요?
- 지금 어떤 감정이 느껴지나요?(표정이 변하거나, 눈 주위가 붉어지거나, 얼굴이 붉어질 때)

- 생각할 시간이 더 필요한가요?
- 생각했던 얘기를 함께 나눌 시간이 된 것 같은데 얘기할 준비가 되었나요?
- 어떤 얘기가 ○○ 씨를 침묵하게 했는지 궁금하네요.

이와 같은 질문을 통해 내담자가 침묵하는 동안 무슨 생각을 했는지, 어떤 감정을 갖고 있는지, 침묵을 효과적으로 사용하고 있는지, 아니면 생각하고 있는 척한 건지를 파악할 수 있다. 앞의 사례에서 내담자의 침묵은 부모와의 관계에서 경험한 갈등을 새롭게 이해하는 통찰의 시간으로 활용되었다는 것을 확인할 수 있다.

다음 사례를 살펴보자. 이 사례에서도 내담자는 동일하게 침묵을 사용하였다. 그런데 이 사례에서의 침묵은 상담사 반응에 대한 내담자의 서운한 감정 또는 저항이 담겨 있다. 상담사가 내담자의 행동에 대해 평가하는(잘한 행동이 아니다)듯한 반응을 함으로써 내담자는 상담사가 자신의 행동을 꾸짖는 듯한, 자신이 비난받는 것 같은 느낌을 받으면서 말하기 싫은 마음을 침묵으로 표현하였다.

상담사 1: 어머니 앞에서 과일 접시를 뒤엎은 행동은 아무리 ○○ 씨가 화가 났다 하더라도 과한 행동이라는 생각이 드네요.

내담자 1: ……. (18초 동안 침묵)

상담사 2: 지금 무슨 생각을 하고 있어요?

내담자 2: 글쎄요. 말하는 게 의미 없다는 생각이 드네요.

상담사 3: 왜 의미 없다는 생각이 드는지 설명해 줄래요?

내담자 3: (10초 동안 침묵) 꾸중을 듣는 느낌이 들었어요. 저도 잘못한 것을 알고 있긴 한데…… 선생님께서 저를 이해해 주지 않는다는 생각이 들어서 좀 서운한 것 같아요.

상담사 4: 내가 화난 ○○ 씨 마음을 공감해 주지 않고 던진 행동에 대해서 꾸짖는다는 느낌을 받아서 서운했나 보네요. 서운한 마음이 들어서 말하기 싫어졌던 것 같은데…… 내 느낌이 맞나요? (네~) 그랬다면 서운한 마음을 솔직하게 표현해 줘서 고마워요. 그리고 ○○ 씨가 충분히 자신의 행동에 대해서 반성적인 사고를 할 수 있는 사람이라는 것을 잊고 있었던 것 같아요. ○○ 씨를 믿어 주지 못한 것 같아 미안한 마음이 드네요.

이 사례에서 내담자의 반응에 의아함을 느끼는 상담사도 있을 것이다. 즉, 상담사 1 반응으로 보면 틀린 이야기가 아닌데 왜 내담자가 꾸중을 들었다고 느끼면서 침묵을 하는지 이해하지 못하겠다는 반응을 보일 수도 있다. 내담자 반응에 대해 어떤 태도와 접근법을 사용할지는 상담사의 선택이다. 상담사의 역할이 잘못된 행동을 바로잡아 행동교정까지 할 수 있도록 해야 하는 것이라고 생각한다면 내담자가 자신의 행동에 대해 반성하고 다른 행동을 할 수 있도록 교육 중심의 상담을 진행하게 될 것이다.

반면에 상담사의 역할이 내담자에 대한 공감과 이해에 초점이 맞춰져 있다면 내담자가 무엇 때문에 엄마에게 화가 났는지, 화가 날 때 어떤 행동을 하는지, 화를 내고 나서 어떻게 마무리했는지 등을 좀 더 확인하고 최종적으로 그 행동에 대해서 내담자가 어떤 생각과 평가를 하는지 탐색하는 데 초점을 둘 것이다. 내담자는 자신이 왜 그랬는지 이해하고 자신의 행동에 대한 의도와 밑마음을 공감받게 되면 자신의 행동이 잘한 것이 아니었다는 것을 스스로 말할 수 있다. 결론적으로 상담사는 내담자의 행동에 대해 섣불리 판단하기보다 내담자가 자기 행동에 대해 스스로 정리하고 성찰적 사고를 할 수 있도록 돕는 역할에 충실하면 된다. 상담사가 어떤 이론적 접근과 인간관을 가졌느냐에 따라 선호하는 상담사 반응이 달라질 수 있다. 선택은 상담사 몫이다.

3. 내담자가 말을 너무 많이 해서 침묵을 사용할 수 없다면?

내담자들은 평소에 하지 못한 이야기들을 상담에 와서 하기 때문에 그동안 묵혔던 이야기들을 폭포수처럼 쏟아 내는 경우가 있다. 초보상담사에게는 상담에 와서 침묵을 많이 하는 내담자 못지않게 말을 너무 많이 하는 내담자도 부담스럽다. 축어록을 풀었을 때 A4 용지 반 페이지 이상을 차지할 정도로 내담자가 폭포수처럼 장황하게, 그것도 빠른 속도로 이야기를 한다면 초보상담사들의 경우 대부분 중간에 개입하지 못하고 계속 추임새만 넣으면서 내담자의 이야기가 끝나기를 기다리게 된다. 겉보기에 상담사가 내담자의 이야기를 잘 들어 주는 것 같고 상담이 자연스럽게 진행되는 것처럼 보일 수 있겠지만 실제로는 상담사가 이해하는 척하고 있거나, 개입 시점을 잡지 못해 주저하거나 망설이는 상황일 가능성이 더 크다.

초보상담사일수록 내담자의 이야기가 길어질 때 어디서 끊어야 할지, 계속 이야기를 들어 줘야 할지 말지를 고민하게 된다. 또한 질문할 것을 잊어버릴 것 같은 걱정과 초조

함으로 인해 내담자의 이야기에 집중하지 못하게 된다. 이렇듯 내담자의 말이 많아지고 길어질수록 상담사가 본의 아니게 침묵을 하게 되는 경우가 종종 생긴다. 치료적 목적으로 의도적 침묵을 사용하는 것이 아니라 말할 타이밍을 못 잡아 어쩔 수 없이 침묵하게 되는 경우, 상담사는 상담사로서의 역할을 하지 못했다는 무능력감과 무기력감을 경험하게 된다.

반면에 내담자들은 상담사의 추임새반응을 보고 상담사가 자신의 이야기를 잘 듣고 이해하고 있다고 생각하기 때문에 더 신나서 이야기를 하게 된다. 상담사가 말할 수 있는 타이밍을 만들어 주기 위해, 즉 상담사를 배려해서 말하는 것을 중단하거나 천천히 말해 주는 내담자를 만나는 것은 불가능에 가깝다. 결론적으로 상담사는 내담자의 이야기를 들으며 완급을 조절하고, 필요하면 중간에 개입을 해서 내담자 말의 핵심을 파악하기 위해 노력해야 한다. 다음 사례를 살펴보자. 내담자는 자신이 두 번 휴학한 이유와 그동안 어떻게 지냈는지에 대해 장황하게 설명하고 있다. 상담사는 중간에 '음~'이라는 추임새를 넣으면서 듣고 있다는 메시지를 전달하고 있다.

내담자: 이번 휴학은 휴학다운 휴학이라 너무 좋아요. 저를 위한 시간을 많이 쓸 수 있어서 좋은 것 같아요. 사실 나중에 취업에 도움이 되지 않을 것 같아 걱정이 되긴 하지만. …… 이전엔 영어 공부를 할 목적으로 휴학을 했는데 그때는 영어 성적도 못 만들어서 휴학을 한 의미가 없었어요. 변명하자면 그때 남친을 사귀게 되면서 영어 공부를 열심히 하지 못했어요. 그때 오빠도 휴학을 하고 있었기 때문에 둘이 맨날 만나서 놀기만 했던 것 같아요. 그때 제대로 한 거라고는 아르바이트를 꾸준히 한 건데, 그때 번 돈으로 여행을 다녀와서 남은 돈은 없지만 그래도 아르바이트를 꾸준히 한 건 잘한 일인 것 같아요. (음~) '어차피 내가 놀다가 못한 거니까 내 책임이지.'라는 생각이 들어서 별로 후회하지 않았어요. 그런데 이번에 휴학을 할 때는 이전 휴학 때처럼 시간을 보내면 뭔가 후회하겠다는 생각이 좀 들었어요. 그래서 휴학을 위한 준비를 하고 싶다는 생각을 했는데 지금은 준비된 건 없지만 만족스러워요, 좀. …… (음~) 그때는 나를 위한 휴학이 아니었던 것 같다는 생각이 들었어요. 그냥 알바하고, 영어 공부하고……. 그래도 지금은 제가 습관을 들이기 위해 노력하는 시간이라서 뭔가 잡아 간다는 느낌이 들어요. (음~) 저는 지금 이렇게 안 했으면 못 했을 거라는 생각이 들어요. 오빠랑 헤어진 것도 있지만 휴학 중에 이런 일이 있어서 다행이라는 생각도 약간 들어요. (음~) 스물세 살 나이에 딱 겪을 만했고 잘 겪었어~. (크게 웃는다.) 친

구가 제 얘기를 들으면서 자기는 휴학을 하거나 연애를 해 본 적이 없어서 자기도 그래 보고 싶다고 얘기하는 걸 보면 '아, 이게 그렇게 보편적인 것도 아니구나.'라는 생각도 했고, 저는 그냥 어떻게 보면 그냥 흔한 그런 것 중에 하나라고 생각했는데, (음~) 휴학도 그렇지만 연애를 하는 것도 생각해 보면…… 저도 그전에는 그렇게 좋아하지 않았고 이렇게 많이 좋아한다는 게 좀, 음…… 아쉬운 것도 있지만, 근데 막 이렇게 누군가를 좋아하는 걸 한 번 겪어 봐서 다행이라는 생각이 들어요. (음~) 그리고 사실 헤어지지 않았으면 잘 몰랐을 것 같아요. 사귀었을 때 제가 이만큼 좋아했는지를 사실 잘 못 느꼈던 것 같고, (음~) 이런 것들을 지금이라도 겪어서 다행이라는 생각이 들어요. …… 물론 자소서에 쓸 수 있는 건 아니지만…….

내담자 반응을 읽으면서 어떤 생각이 드는가? 그리고 상담사가 중간에 추임새를 넣으면서 따라가는 것이 어떻게 느껴지는가? 내가 만약 상담사라면 이 내담자의 이야기를 들으면서 어떻게 반응을 했을까? 이상의 질문에 대해 고민해 보길 바란다.

우선 이 사례는 다음과 같은 내용을 탐색하기 위한 목적으로 개입을 시도할 수 있다.

- 첫째, 두 번째 휴학을 위한 준비를 하지 못했지만 만족스러운 이유는 무엇인가?
- 둘째, 아르바이트와 영어 공부도 본인을 위한 일 같은데 첫 번째 휴학이 본인을 위한 휴학이 아니라고 생각하는 이유는 무엇인가?
- 셋째, 뭔가 잡아 간다는 것이 무슨 의미인가?
- 넷째, 휴학 기간 동안 남자친구와 헤어진 것이 다행이라고 했는데 그것은 어떤 의미인가?
- 다섯째, 헤어지고 나서 남자친구를 많이 좋아했다고 생각하는 이유는 무엇인가?

내담자 1: 이번 휴학은 휴학다운 휴학이라 너무 좋아요. 저를 위한 시간을 많이 쓸 수 있어서 좋은 것 같아요. 사실 나중에 취업에 도움이 되지 않을 것 같아 걱정이 되긴 하지만. …… 이전엔 영어 공부를 할 목적으로 휴학을 했는데 그때는 영어 성적도 못 만들어서 휴학을 한 의미가 없었어요. 변명하자면 그때 남친을 사귀게 되면서 영어 공부를 열심히 하지 못했어요. 그때 오빠도 휴학을 하고 있었기 때문에 둘이 맨날 만나서 놀기만 했던 것 같아요.

그때 제대로 한 거라고는 아르바이트를 꾸준히 한 건데, 그때 번 돈으로 여행을 다녀와서 남은 돈은 없지만 그래도 아르바이트를 꾸준히 한 건 잘한 일인 것 같아요. (음~) '어차피 내가 놀다가 못한 거니까 내 책임이지.'라는 생각이 들어서 별로 후회하지 않았어요. 그런데 이번에 휴학을 할 때는 이전 휴학처럼 시간을 보내면 뭔가 후회하겠다는 생각이 좀 들었어요. ① 그래서 휴학을 위한 준비를 하고 싶다는 생각을 했는데 지금은 준비된 건 없지만 만족스러워요, 좀. …… ② 그때는 나를 위한 휴학이 아니었던 것 같다는 생각이 들었어요. 그냥 알바 하고 영어 공부 하고……. ③ 그래도 지금은 제가 습관을 들이기 위해 노력하는 시간이라서 뭔가 잡아 간다는 느낌이 들어요. 저는 지금 이렇게 안 했으면 못 했을 거라는 생각이 들어요. (음~) ④ 오빠랑 헤어진 것도 있지만 휴학 중에 이런 일이 있어서 다행이라는 생각도 약간 들어요. (음~). 스물세 살 나이에 딱 겪을 만했고 잘 겪었어~. (크게 웃는다.) 친구가 제 얘기를 들으면서 자기는 휴학을 하거나 연애를 해 본 적이 없어서 자기도 그래 보고 싶다고 얘기하는 걸 보면 '아, 이게 그렇게 보편적인 것도 아니구나.'라는 생각도 했고, 저는 그냥 어떻게 보면 그냥 흔한 그런 것 중에 하나라고 생각했는데, (음~) 휴학도 그렇지만 연애를 하는 것도 생각해 보면…… 저도 그전에는 그렇게 좋아하지 않았고 이렇게 많이 좋아한다는 게 좀, 음…… 아쉬운 것도 있지만, 근데 막 이렇게 누군가를 좋아하는 걸 한번 겪어 봐서 다행이라는 생각이 들어요. (음~) ⑤ 그리고 사실 헤어지지 않았으면 잘 몰랐을 것 같아요. 사귀었을 때 제가 이만큼 좋아했는지를 사실 잘 못 느꼈던 것 같고, (음~) 이런 것들을 지금이라도 겪어서 다행이라는 생각이 들어요. …… 물론 자소서에 쓸 수 있는 건 아니지만…….

상담사 1: 첫 번째 휴학은 남친을 사귀면서 목표로 했던 영어 성적을 만들지 못해서 아쉽지만 후회되지는 않고 이번 휴학은 자신을 위해 시간을 많이 쓸 수 있어서 만족스럽다는 얘기네요.[요약/재진술]

앞서 제시한 다섯 가지 질문을 모두 할 필요는 없다. 상담사가 생각하기에 중요하다고 생각하는 포인트에서 내담자의 이야기를 잠깐 멈추게 하고 탐색해야 할 내용에 대해서 질문을 하면 된다. 내담자가 감정을 드러내거나 힘든 경험을 어렵게 이야기할 때는 내담자의 이야기를 끊고 개입하는 것을 조심해야 하지만, 이 내담자의 경우는 감정이 드러나지도 않고 자신의 경험을 가볍게 이야기하는 경향이 있으므로 상담사가 중간에 끊고 이야기를 하더라도 내담자에게 큰 방해가 되지 않는다. 오히려 내담자가 생각해 보지 못한 부분에 대해서 상담사가 질문을 하게 되면 질문에 대해서 생각해 보는 시간을 갖게 되기 때문에 자연스럽게 침묵하게 되고 침묵하는 동안 내담자는 반추할 수 있는 기회를 갖게 된다.

마지막으로, 내담자가 이렇게 장황하게 자신의 이야기를 풀어놓을 때 상담사가 요약이나 재진술을 사용한다면 자신이 이해한 것이 맞는지 중간에 확인할 수 있고, 내담자에게 핵심 메시지를 간단히 정리할 수 있다는 것을 간접적으로 교육하는 이차적 효과도 노려 볼 수 있다.

연습하기

사례

고등학교 2학년이 자신의 문제가 무엇인지는 모르겠는데 지금보다 나아지고 싶다면서 상담을 신청하였다. 첫 상담에서 내담자의 목소리는 상담사가 몸을 앞으로 숙이고 다가가야 들릴 정도로 힘없고 작았다. 상담사의 질문에 침묵이 많았고 대부분의 반응은 단답식이거나 모르겠다는 반응이었다. 상담사 입장에서는 어떻게 대화를 풀어 가야 할지 난감한 상황이다.

내담자 1: (작은 목소리로 천천히) 제가 뭔가 문제가 있는 것 같은데 문제가 뭔지 모르겠어요.

상담사 1: 잘 안 들리는데 다시 한번 말해 줄 수 있을까요?

내담자 2: 제가 뭔가 문제가 있는 것 같은데……. (20초 동안 침묵)

상담사 2: 자신에게 문제가 있다고 생각하네요. 뭐가 문제라고 생각하는 건가요?

내담자 3: 음…… (15초 동안 침묵) 그걸 잘 모르겠어요. (20초 동안 침묵)

상담사 3: 지금 말하면서 기분이 어때요?

내담자 4: (20초 동안 침묵) 잘 모르겠어요.

상담사 4: 질문에 잘 모르겠다는 대답을 계속 하네요. 혹시 제가 하는 질문들이 답하기 어려운 질문인가요?

내담자 5: (25초 동안 침묵) 뭐라고 말해야 할지 모르겠어요.

상담사 5: 말하는 것이 편하지 않아 보여요. 상담에서는 ○○ 씨가 하고 싶은 말, 떠오르는 생각들은 어떤 것이라도 말해도 돼요. 상담에서라도 ○○ 씨가 하고 싶은 말을 해야 속이 후련해질 것 같은데~ 편하게 말하기 위해서는 시간이 좀 필요할까요?

내담자 6: (10초 동안 침묵) 네~ 그럴 것 같아요. 아직 편하지는 않아요.

상담사 6: 혹시 ○○ 씨가 말하기 편해지기 위해서 내가 할 수 있는 일이 있을까요?

내담자 7: (6초 동안 침묵) 그냥 지금처럼~ 제가 노력해 볼게요.

상담사 7: 고마워요. 노력해 본다는 말을 들으니 반갑네요.

설명

내담자가 침묵과 모르겠다는 말을 계속하는 경우 저항으로 해석하기도 한다. 하지만 맥락상 첫 상담이고 아직 라포 형성이 안 된 상태로 내담자가 상담에서 편하게 말하기 어려운 상황이기 때문에 저항이라고 단정 지을 필요는 없다. 한편, 내담자의 반응이 단답식이고 목소리가 작고 힘없는 것으로 볼 때 우울을 추정할 수 있다. 내담자가 우울증인지 우울감 수준에 있는지는 내담자의 기능 수준을 확인한 후 판단해야 할 것이다. 내담자가 침묵이 길고 계속 잘 모르겠다는 반응을 하고 있기 때문에 그 이유를 파악하기 위한 상담사의 노력이 필요하다. 내담자가 낯선 상담사나 상담 상황에서 불편감을 느낄 수도 있고 내담자 자신에 대한 전반적인 불만으로 인해 자신의 문제를 명확하게 표현하지 못할 수도 있다. 또한 자신의 어려움에 대해서 말해 본 경험이 아예 없거나 부족해서 자신의 상태를 표현하는 것이 어려울 수도 있다. 따라서 내담자의 이 같은 반응 특징이 어떤 이유 때문인지를 파악하려는 노력이 필요하고 이것 또한 상담사의 역할이다.

▣ 앞의 설명을 바탕으로 상담사 반응별 대안반응 적어 보기

상담사 1:

상담사 1:

상담사 2:

상담사 2:

상담사 3:

상담사 3:

상담사 4:

상담사 4:

상담사 5:

상담사 5:

상담사 6:

상담사 6:

대안반응 1

상담사 1: 미안한데 내가 제대로 못 들었어요. 문제라는 단어만 명확히 들리는데 다시 한번 얘기해 줄래요?

상담사 1: 목소리가 아주 작은데 혹시 지금 목 상태가 안 좋은가요?

상담사 1: 목소리가 작으니까 더 귀 기울이게 되네요. ○○ 씨가 문제가 있는 거 같다고 했는데 어떤 것들을 문제라고 생각하는 건가요?

대안반응 2

상담사 2: 말하다 멈췄는데 혹시 지금 말하기 불편한가요?

상담사 2: 말하다가 침묵을 했는데~ 지금 혹시 느껴지는 감정이 있을까요?

상담사 2: 침묵하면서 무슨 생각을 했어요?

상담사 2: 말하다가 침묵을 했는데~ 좀 더 기다려 줄까요?

대안반응 3

상담사 3: 뭔가 문제가 있는 것 같은데 구체적으로 문제가 뭔지 모르면 답답할 것 같네요. 침묵이 길어지는 걸 보니 이 고민이 많이 무겁게 느껴지네요.

상담사 3: 침묵이 길어지는 걸 보니 말하기 어려운가 봐요. 침묵하면서 어떤 생각이나 느낌이 들었는지 말해 볼래요?

상담사 3: 침묵이 길어지는 걸 보니 말하기 어려워 보이네요. 스스로 자신이 문제라고 생각했던 것들을 하나씩 얘기해 볼까요?

대안반응 4

상담사 4: 잘 모르겠다고 하는데 제가 계속 물어보고 있네요. 알면 여기 오지 않았을 텐데 내가 바보 같은 질문을 했네요.

상담사 4: 모르겠다고 말하는 ○○ 씨도 답답하고 불편할 것 같네요. 잘 모르겠다고 하니까 표현할 수 있도록 도와주고 싶은 마음이 드네요. 어떤 감정인지 모르겠다는 말인지 아니면 어떤 단어로 감정을 표현해야 할지 모르겠다는 건지 궁금하네요.

상담사 4: 뭔가 답답해서 도움받으려고 상담에 왔는데 내가 계속 질문을 해서 혹시 불편한가 싶어 눈치가 좀 보이네요.

대안반응 5

상담사 5: 어떤 도움을 받고 싶은지 알아야 ○○ 씨와 함께 고민해 볼 수 있을 것 같은데…… 하고 싶은 말이 없는 건 아닌 것 같은데~ 말을 골라서 하려면 표현하기 어려울 수도 있어요. 그런 건가요?

상담사 5: 침묵이 길어지는 걸 보니 지금 질문도 어려웠던 것 같네요. 내 질문에 재촉한다는 느낌이 들면 더 불편할 것 같다는 생각이 드는데 어때요?

상담사 5: 지금도 말하는 게 불편해 보이는데 내가 말을 안 하고 기다리는 게 좋을까요?

대안반응 6

상담사 6: 편하지 않다고 솔직하게 말해 줘서 고마워요. 이렇게 말해 주면 돼요. 조금씩 노력해 봅시다.

상담사 6: ○○ 씨가 편하게 말하려면 우리한테 시간이 좀 필요할 것 같네요. ○○ 씨가 상담에서 하고 싶은 말을 편하게 하는 것은 노력이 필요한데 해 볼 수 있을까요?

상담사 6: 이번에는 침묵시간이 짧아졌어요. 벌써 노력을 하고 있는 건가요? ○○ 씨가 상담에서 편하게 얘기할 시간이 오래 걸리지 않을 것 같다는 생각이 드네요.

셀프 수퍼비전 노트

1. 침묵기술에 대한 셀프 모니터링

- 잘하고 있는 부분

- 개선이 필요한 부분

2. 셀프 수퍼비전을 통한 침묵 대안반응 연습하기

- 실제 사례를 가지고 대안반응 작성해 보기

제 9 장

자기개방

1. 언제/어떻게 자기개방을 사용해야 효과적인가?
2. 적절한 자기개방은 어떻게 하는 것인가?
3. 상담사의 자기개방이 내담자에게 수용되지 않는 느낌이 든다면?

▣ 연습하기

▣ 셀프 수퍼비전 노트

자기개방이란 상담사가 자신의 경험이나 생각과 느낌을 상담과정에서 치료적 목적으로 내담자에게 전달하는 것을 말한다. 상담사의 자기개방 기술이 치료적으로 활용된다는 것은 내담자의 자기개방이 촉진되고 자신의 경험을 더 깊이 이해하고 통찰하는 데 도움이 되는 것을 의미한다. 즉, 상담사가 내담자와 상담관계 속에서 느끼고 경험한 것에 대해 솔직한 자기개방을 한다거나 내담자와 비슷한 상황에서 상담사의 경험에 대한 자기개방을 통해 내담자가 문제를 해결하거나 자신을 이해하도록 돕는 기법이다.

상담은 내담자의 솔직한 자기개방을 통해 자신을 이해하고 문제를 해결하는 것을 목적으로 한다. 따라서 상담사의 자기개방은 내담자의 자기이해와 문제해결에 도움이 되는 선에서 제한적으로 사용되어야 한다. 상담사의 치료적인 자기개방은 내담자와 신뢰를 형성하고 내담자의 자기개방을 촉진하고 내담자의 자기이해를 돕고 모델링을 통한 학습을 돕는다. 반면, 상담사의 너무 잦은 자기개방은 상담의 초점을 내담자가 아닌 상담사로 전환하게 만들고 상담사 자신에 대한 개인정보를 노출할 가능성을 높이고, 이는 결국 상담사의 역전이 문제로 귀결될 가능성이 있다. 따라서 상담사는 자기개방 기술의 적절한 사용과 부정적 측면을 고려하여 내담자의 문제해결과 변화에 도움이 되는 수준에서 자기개방 기술을 활용할 수 있어야 한다. 구체적으로 상담사들이 자기개방과 관련하여 자주 경험하는 어려움에 대해서 살펴보자.

1. 언제/어떻게 자기개방을 사용해야 효과적인가?
2. 적절한 자기개방은 어떻게 하는 것인가?
3. 상담사의 자기개방이 내담자에게 수용되지 않는 느낌이 든다면?

1. 언제/어떻게 자기개방을 사용해야 효과적인가?

이 장에서는 자기개방을 위한 적절한 조건을 살펴보겠다. 상담사는 내담자와 상담관계 속에서 느끼고 경험한 것에 대한 자기개방을 할 수 있으며, 또한 내담자와 비슷한 상황을 경험한 상담사는 자신의 경험을 개방하게 된다. 그렇다면 언제/어떻게 자기개방을 하면 좋을까? 우선 서로에 대한 신뢰가 형성된 이후에 사용하는 것이 효과적이다. 내담자가 상담사의 자기개방 이유를 이해할 수 있는 수준의 안정적인 관계가 형성되었다는 확신이 설 때 자기개방 기술을 사용하는 것이 효과적이다. 상담사는 내담자에게 도움이 되고자 하는 목적으로 자신이 극복하거나 깨달은 경험들을 알려 주고 싶은 마음이 생길 수 있다. 그러나 내담자가 상담사의 자기개방을 이해하고 활용할 준비가 되어 있는지 고려하지 않고 자기개방을 한다면 역효과가 나타날 가능성이 있다. 상담사의 자기개방 의도를 내담자가 잘 이해할 수 있을 정도의 신뢰관계 형성 후 자기개방을 하는 것이 도움이 될 것이다. 경우에 따라서는 상담초기에 상담사가 자신의 경험을 개방할 수도 있는데 이때는 상황과 맥락에 맞는 자기개방이어야 한다. 예를 들어, 처음 상담받는 내담자는 상담에서 자신이 무엇을 해야 하는지, 또는 어떤 이야기를 해야 하는지 모르고 당황할 수 있다. 이런 경우 내담자를 안심시키고 현재 내담자의 불편한 마음을 이해한다는 것을 전달하기 위해 상담사가 처음 상담받을 때 낯설고 긴장했던 경험을 개방한다면 내담자에게 도움이 될 수 있다.

반면, 라포 형성이 안 된 상태에서 상담사의 섣부른 자기개방은 상담사가 자기만의 방식을 권유한다거나 자신에 대한 자랑을 늘어놓는다는 오해가 생길 수도 있다. 상담사는 자신의 경험이 효과적이었기 때문에 내담자에게 자신의 경험을 알려 주고 그 방법을 내담자가 적용하길 바랄 수 있다. 그러나 이러한 방법은 내담자에게 오히려 이질감을 느끼게 하고 상담사로부터 이해받지 못한다는 생각으로 발전할 수 있다. 다음 사례는 특목고를 졸업한 상담사와 진로를 고민하는 고등학생 간의 상담내용이다. 상담사 1 반응은 내담자를 격려하면서 포기하지 않기를 바라는 상담사의 마음이 담겨 있지만, 내담자 2 반응은 상담사의 의도와 다르게 자신은 상담사 상황과는 다름을 강조하면서 오히려 포기하는 것을 선택하려는 반응을 하고 있다. 상담사의 의도나 말의 내용은 틀리지 않았지만 내담자가 아직 상담사의 말을 있는 그대로 수용하고 이해할 정도로 상담사를 신뢰하고 이해받는다고 느끼는 것 같지는 않다. 이처럼 상담사의 자기개방이 자기 자랑을 하는 것처럼 들리거나 상담사의 삶이 내담자 자신의 삶과는 다르다는 괴리감을 느낄 때 내담자는 상담사의 자기개방을 수용하기 어렵다. 이러한 경우에는 자기개방이 수용되지 않을 뿐 아니라 상담사에 대한 거리감이 느껴질 수 있어 상담관계에 부정적인 영향을 미칠 수 있다. 따라서 상담사는 자신의 자기개방이 내담자에게 위화감이나 괴리감을 주지 않도록 자기개방의 내용과 전달방법에 대해서 신중해야 한다. 상담사 1의 대안반응을 살펴본다면, 상담사 자기개방보다는 내담자를 이해하기 위한 질문들, 즉 내담자의 좌절된 욕구나 현재 내담자가 바라는 것이 무엇인지를 구체적으로 이야기하는 것이 더 효과적일 수 있다.

내담자 1: △△학교를 가고 싶긴 하지만 다른 애들 부모님처럼 우리 부모님은 밀어주지도 않고 그렇다고 제 실력이 뛰어난 것도 아니고…… 포기하는 게 맞을 것 같아요.

상담사 1: ○○아, 선생님도 부모님이 도와주시지 않았지만 포기하지 않으니까 원하는 학교에 가서 지금처럼 너희를 만날 수 있게 되었다고 생각해. 성적도 등급이 그렇게 좋은 건 아니었거든. 부모님의 도움이나 성적보다 ○○이가 꿈을 포기하지 않고 끝까지 노력한다는 게 중요한 거 아닐까?

내담자 2: 선생님은 그 계통의 특목고였으니까 가능한 거 아닐까요? 저는 시작부터 선생님하고 달라요. 오히려 선생님과 같은 학교를 나온 애들을 생각하면 포기하는 게 맞을 것 같아요.

대안반응 1: ○○이는 △△학교가 무척 가고 싶은 것 같네. 특별히 △△학교에 가고 싶은 이유가 있을까?

대안반응 2: ○○이는 △△학교가 무척 가고 싶은 것 같네. 그런데 부모님이 도와주시지 않은 것 같아 속상한 것 같은데 부모님과는 학교 진학과 관련해서 어떤 얘기를 했어?

상담사의 자기개방이 내담자에게 상담사처럼 해야 한다는 강요나 부담으로 전달되어서는 안 된다. 상담사는 내담자에게 새로운 관점이나 대처방법 또는 희망을 주고자 하는 목적으로 자기개방을 하는 것이라는 점을 잊지 말고 마치 해결사처럼 자신의 경험을 개방하는 것은 조심해야 한다. 즉, '나처럼 하면 당신도 할 수 있으니 해 봐라.'라는 메시지로 전달되면 부담이 될 수 있고, 해결책을 제시하는 패턴이 반복되면 상담사에게 의존하게 된다. 따라서 상담사는 자신의 경험을 먼저 개방하기보다는 내담자의 이야기를 들으면서 내담자가 상담사의 경험을 오해 없이 잘 이해하고 활용할 수 있다는 판단이 설 때 개방을 해야 된다. 예를 들어, 내담자가 다음 학기에 휴학할 것을 고민한다면, 상담사가 자신이 대학 시절 휴학 후 계획과는 다르게 의미 없이 보내면서 겪은 어려움을 사전에 말하기보다는 휴학의 이유나 동기, 목적, 계획 등 휴학에 대한 전반적인 내용을 확인한 후 상담사가 염려하는 상황이 예상될 때 자신의 경험을 개방하면서 내담자가 시행착오를 경험할 수 있는 부분에 대해서 미리 생각해 볼 수 있는 기회를 제공하는 것이 도움이 될 것이다.

간혹 내담자들은 상담사 개인 신상에 대한 질문을 통해 상담사의 자기개방을 요구할 수도 있다. 예를 들어, 상담사의 결혼 여부, 가족구성원, 나이, 학력 등에 대해서 자기개방을 요구할 수 있다. 내담자가 상담사에게 이 같은 사적인 정보공개를 요구할 때 내담자의 궁금증도 해소하고 내담자가 친밀감을 갖는 데 도움이 될 거라는 생각으로 상담사가 개인정보를 공개한다면 치료적으로 자기개방을 한 것일까? 상담사 나름대로 친밀감 또는 라포 형성이라는 이유를 가지고 자기개방을 했으니 치료적이라고 생각할 수도 있다. 그러나 상담사에 대한 사적인 정보 개방이 친밀감 형성에 도움이 되는지에 대해서는 좀 더 신중한 접근이 필요하다. 정신분석적 접근에서는 상담사의 개인적인 정보는 내담자의 활발한 전이작업을 위해 가급적 블라인드 상태를 유지할 것을 권한다. 상담사의 사적인 정보를 개방하는 것은 상황과 맥락에 따라 도움이 되기도 하고 도움이 안 될 수도 있음을 기억할 필요가 있다. 다음 사례를 살펴보자. 내담자는 상담사보다 열다섯 살 이상 많은 전문직 학부모이다.

내담자 1: 선생님~ 결혼하셨어요?

상담사 1: 아니요? 결혼을 안 하긴 했는데~

내담자 2: 아~ 결혼 안 하신 게 맞구나.

상담사 2: 네~ 아직 못했어요.

내담자 3: 눈이 높으신가 보네요~

상담사 3: 아니요~ 그렇진 않아요.

내담자 4: 안 하는 게 좋을 수도 있어요. 나도 다시 돌아가면 결혼을 안 했을 거예요. 선생님이 부럽네요.

상담사 4: 저는 어머님이 부러운데요.

내담자 1: 선생님~ 결혼하셨어요?

상담사 1: 네? 갑자기 제 결혼 여부가 궁금하신 이유가 있을까요?

내담자 2: 아니~ 그냥 궁금해서요.

상담사 2: 혹시 제 나이나 결혼 여부가 상담하는 데 영향을 미친다고 생각하세요?

내담자 3: 그냥 어려 보여서~ 아이를 키워 보셨나 싶어요. 애를 키워 보지 않으면 잘 모를 수 있잖아요.

상담사 3: 네~ 그렇게 생각하실 수 있겠네요. 혹시 지금 말씀 중에 제가 이해 못한다는 느낌을 받으신 건가요?

내담자 4: 아니요. 그런건 아닌데~

상담사 4: 제가 나이도 어려 보이고 육아 경험도 없어 보여서 어머니 얘기를 공감하지 못한다는 생각이 든다면 저를 믿고 솔직하게 말하기 어려우실 것 같아요. 어머님이 상담이나 저에 대해서 어떻게 생각하는지 솔직히 말씀을 해 주시는 것이 상담 진행에 도움이 될 것 같아요. 어떠세요?

내담자 5: 제가 미리 선입견을 가지고 있었던 것 같아요. 선생님 얘기를 듣고 보니 상담하면서 선생님이 저를 불편하게 한 건 없는 것 같아요.

두 사례를 비교해 보면 전자의 사례는 상담사의 결혼으로 대화가 진행되면서 잡담으로 흘러가는 분위기이다. 후자의 사례는 상담사가 왜 결혼에 대한 질문을 하는지에 대해서 되물음으로써 내담자의 선입견에 대한 문제를 다루고 있다. 설령 결혼하지 않았다고 즉답을 하더라도 그 질문을 왜 하는지에 대해서 묻는 것은 중요하다. 상담사는 자신의 결혼 여부가 상담에 영향을 미치는 중요한 요인인지, 상담사 결혼 여부에 대한 대답이 라포 형성에 도움이 되는지에 대한 순간적인 판단을 하고 대답을 해야 한다. 왜냐하면 내담자가 상담사에게 사적인 정보, 특히 경력이나 학력, 자격과 같은 사항을 질문한다면 저항의 의미로 해석할 여지도 있기 때문이다. 만약 상담사의 전문성을 의심하거나 선입견을 가지고 있다면 상담사 입장에서도 불쾌한 경험이 될 것이고 상담사 또한 스스로 자신의 약점이라고 생각하고 있다면 내담자의 저항을 치료적으로 활용하지 못하고 방어적인 대처를 할 가능성이 크다. 내담자의 저항적인 태도와 상담사의 방어적인 대처는 결국 상담관계의 훼손으로 귀결될 가능성이 크다. 따라서 단순해 보이는 상담사의 개인정보 공개도 치료에 도움이 될 수 있는 선에서 조심스럽게 활용하는 것이 필요하다. 결론적으로 상담사의 자기개방은 내담자의 단순한 호기심을 충족시켜 주기 위해서 사용하기보다 내담자의 자기이해를 돕고 문제해결을 촉진하기 위해 사용해야 한다는 것을 기억해야 한다.

상담과정 중 지금-여기에서의 경험을 개방한다는 것은 상담사가 내담자의 이야기를 듣고 느껴지는 감정과 생각을 표현하는 것이다. 만약 상담사가 내담자 경험과 일치된 생각과 감정을 개방한다면, 내담자는 이해받는다고 느끼거나 내 생각과 감정이 이상하지 않다는 보편성을 경험하게 될 것이다. 만약 상담사가 개방한 생각과 감정이 내담자가 경험한 것과 다르다면, 내담자는 불일치에 대한 부분에 대해서 자신의 생각과 감정에 대해서 도전하는 기회를 갖게 될 수도 있고, 상담사에게 이해받지 못한다는 생각으로 불편감을 경험할 수도 있다. 중요한 것은 상담사가 내담자의 경험과 일치되는 생각과 감정을 표현하는 것이 아니라 상담사의 생각과 느낌을 즉시성을 활용해서 전달하고 관점과 입장의 차이를 다루는 경험을 하는 것이다. 상담사와 안전한 환경에서 이 같은 경험을 하게 된다면 내담자는 일상에서 자신과 다른 입장과 생각을 말하는 사람들과 다름을 이야기하고 소통할 수 있을 것이다. 내담자의 관계 문제는 상담사와의 관계 속에서도 반복될 가능성이 크다. 상담사가 지금-여기에서 경험하는 내담자와의 관계경험을 알아차리고 반응할 때, 내담자는 자신의 관계 패턴을 이해하고 변화시킬 수 있는 경험을 하게 된다. 즉, 상담사가 내담자에 대한 느낌이나 생각을 치료적 목적으로 있는 그대로 개방할 때 상담관계가 촉진될 뿐 아니라 내담자에게 새로운 관계경험을 할 수 있는 기회를 제공하게 된다. 이러한 과정은 지금-여기에서 치료적 관계를 다루기 위해 활용하는 즉시성 기술과 유사하다. 즉시성 기술은 치료적 관계를 다루기 위해 지금-여기에서 경험하는 상담사의 생각과 감정을 솔직하게 개방한다는 점에서 상담사의 자기개방 기술과 관련 있다. 이 책의 제13장 '즉시성'에서 더 구체적으로 설명할 것이다. 정리하자면, 상담과정에서 상담사가 자신의 생각과 감정을 내담자에게 개방할 때는 그 목적이나 이유가 명확해야 한다. 만약 내담자에게 공감적인 메시지를 전달하고 싶다면, 내담자와 유사한 감정과 생각을 개방하고 내담자를 직면해야 한다는 생각이 든다면, 내담자와 다른 생각과 감정을 개방하는 것이 도움될 것이다.

다음은 남자친구와 헤어졌지만 감정을 억누르며 편하게 표현하지 못하는 내담자의 사례이다. 내담자의 이야기를 들으며 상담사가 내담자 입장에서 경험할 수 있는 감정을 표현함으로써(상담사 4 반응) 내담자가 자신의 감정을 확인하고 표현할 수 있도록 촉진하고 있다.

내담자 1: 요즘 몸이 너무 피곤하고 모든 일에 의욕이 없어요.

상담사 1: 최근에 어떤 일이 있었나요?

내담자 2: 특별한 일은 없었어요. 있다면 얼마 전에 남친과 헤어진 거요. 남친과 헤어지는 일은 누구나 겪을 수 있는 일이잖아요. 이게 원인인 것 같지는 않아요.

상담사 2: 남친과 헤어지는 일은 누구에게나 일어날 수 있지만 그렇다고 해서 누구나 괜찮은 건 아니에요. 헤어진 남친과는 얼마나 사귀었나요?

내담자 3: 대학교 1학년 때부터 사귀었으니까…… 7년 정도 된 것 같아요.

상담사 3: 7년이요? 7개월도 헤어지면 힘든데 7년을 사귀다 헤어졌으면 상실감이 적지 않을 것 같아요.

내담자 4: 네…… 1학년 때부터 같이 붙어 다녔어요. 남친이랑 항상 같이 다니니까 여자친구들과 사귈 시간이 없었어요. 그래서 전 여자친구들이 없어요. 그래도 괜찮다고 생각했어요. 대학을 졸업하고 나서도 남친과 만났는데…… 이런 얘기를 할 사람이 없어요.

상담사 4: 7년을 만났다가 헤어지면 그 빈자리가 크게 느껴질 것 같아요. 내가 ○○ 씨 상황이어도 남친과의 이별을 받아들이고 이별의 감정을 정리하는 게 쉽지 않을 것 같아요. 대학부터 지금까지 남친과 대부분 시간을 보냈다면 그 빈자리가 더 크게 느껴질 것 같아요. 더군다나 이런 이야기를 맘 놓고 얘기할 친구도 없다면 더 외롭고 쓸쓸할 것 같네요.

내담자 5: (눈물) 너무 슬퍼요. 그런데 울 수가 없었어요. 남친은 저한테 너무 중요한 사람이었어요. 그런데 일방적으로 헤어지자고 하는 거예요. 하늘이 무너지는 것 같은데 그걸 누구에게도 말할 수가 없는 거예요. (눈물) 이제 제 주변에는 아무도 없어요. 그래서 집에 가면 혼자서 매일 울어요. (눈물)

상담사가 내담자와 유사한 경험을 통해 얻은 개인적인 경험이나 느낌, 생각을 개방하는 형태의 자기개방에 대해서 살펴보자. 이것은 내담자가 고민하는 문제와 관련된 상담사의 이전 경험을 개방하는 것으로 상담사가 유사한 경험을 어떻게 해결했는지, 그 경험이 상담사에게 어떤 영향을 미쳤는지, 그 경험이 상담사에게 어떤 생각과 느낌을 갖게 했는지에 대해서 개방함으로써 내담자가 자신의 경험을 이해하고 자신의 문제를 새로운 각도로 바라보며 통찰하도록 돕는다. 또한 내담자가 상담사의 통찰과정과 문제해결 과정을 배움으로써 더 효율적으로 자신의 문제를 해결해 가는 능력을 향상시킬 수 있다. 다음 사례에서 상담사는 내담자 경험과 유사한 자신의 과거경험을 개방하고 있다(상담사 3 반응). 상담사의 자기개방을 통해 내담자는 상대방 탓만 하던 시각에서 벗어나 A 선생님에 대한 자신의 생각과 감정을 새로운 시각으로 바라보고 통찰하게 되었다.

내담자 1: 지난주에 말한 A 선생님이 싫다 보니 이젠 얼굴을 마주치기조차 싫어요.

상담사 1: A 선생님과 무슨 일이 있었나요?

내담자 2: 며칠 전에 저에게 B 과제를 했냐고 물어봤어요. 그때 저는 B 과제를 해야 한다는 생각은 했지만 하기 싫어서 안 하고 있었는데 하필이면 여러 사람 중에 저한테만 물어보는 거예요. 다른 사람들 앞에서 저를 지적하는 느낌이 들어서 너무 싫어요.

상담사 2: 여러 사람 앞에서 과제에 대해서 물어보는 게 ○○ 씨를 지적한다는 느낌이 들었군요.

내담자 3: 네…… 제가 안 하고 있었는데 그걸 물어보니까 제가 못한 부분을 고의적으로 드러내려고 하는 것처럼 느껴졌어요.

상담사 3: ○○ 씨 얘기를 들으니 내가 경험했던 일이 떠오르네요. 초등학교 때 엄마가 내 방 청소를 해 준다고 하셨는데 내가 화를 내면서 엄마를 내 방에 들어오지 못하게 고집을 부렸어요. 왜냐하면 책상 뒤쪽에 며칠 전 받아 온 시험지를 숨겨 놨는데 들킬까 봐 걱정이 됐거든요. 엄마는 평소 하던 일을 했을 뿐인데 괜히 제 발 저려서 혼날까 봐 엄마를 못 들어오게 했던 거죠.

내담자 4: (10초 동안 침묵) 선생님 얘기를 들으니 저도 제 발 저렸나 봐요. 제가 과제를 안 하고 있다는 걸 들키고 싶지 않았던 것 같아요. 그래서 A 선생님은 선생님으로서 그냥 물어볼 수 있는 질문이었는데 제가 선생님이 저를 일부러 곤란하게 만들었다고 생각해서 선생님을 미워한 것 같아요.

또한 내담자가 자신의 감정이나 문제를 이해하고 해결하고 싶어 하지만 기존의 생각하는 방식이나 틀에서 벗어나지 못해 답답해하는 경우가 있다. 이런 경우 상담사가 비슷한 상황을 경험했다면 어떻게 대처했는지 개방함으로써 내담자가 미처 알지 못했던 새로운 방법을 배우고 자신의 경험에 적용해 보도록 도울 수 있다. 다음 사례에서 상담사는 왜 우울한지 몰라 답답해하는 내담자에게 감정을 느끼고 찾아가는 방법에 대해서 상담사가 경험한 것을 개방하고, 내담자는 이를 모델링하고 있다.

내담자 1: 우울할 때 왜 우울한지 이유를 몰라서 답답해요.

상담사 1: 왜 우울한 건지 그 이유를 찾으려고만 하면 이성적으로 나에게 일어난 어떤 사건만을 찾게 되는 것 같아요. 그러면 우울한 이유를 찾을 수 없게 되면서 답답해지지요. 가끔 나도 우울할 때가 있는데 그때는 가만히 나의 감정을 현재부터 거꾸로 시간을 거슬러 올라가며 되짚어 봐요. 그럼 감정의 변화가 일어난 때와 만날 수 있게 되죠.

내담자 2: 네…… 제가 빨리 이유를 찾고 싶은 마음에 제 감정을 생각해 보지 못했던 것 같네요. 잠시 시간을 주세요. 천천히 생각해 보고 싶어요.

2. 적절한 자기개방은 어떻게 하는 것인가?

상담사의 잦은 자기개방은 이야기의 초점이 상담사에게 맞춰지기 때문에 앞서 설명했던 것처럼 역효과가 발생할 수도 있다. 즉, 상담사가 자기개방을 자주 하게 되면 내담자가 상담사의 이야기를 듣느라 자기탐색을 할 기회를 놓치게 되거나 상담의 초점이 상담사에게 옮겨지게 되면서 내담자에게는 의미 없는 상담시간이 될 가능성이 크다. 따라서 상담사는 자기개방이 치료적으로 필요하다는 판단이 될 경우, 내담자의 이야기에 초점을 맞추면서 치료에 도움이 되는 선에서 최소한의 자기개방을 하는 것이 좋다. 상담의 초점을 내담자에게 두기 위해서 상담사는 자기개방을 한 후에 "○○ 씨는 내 얘기를 듣고 나서 어떤가요?" "○○ 씨는 내 경험을 어떻게 생각하세요?"와 같은 질문을 할 수 있다. 또한 상담사는 핵심적인 내용이 전달되도록 간결하게 말하는 것이 좋다. 너무 장황하게 말하면 이야기의 초점이 흐려져 내담자가 상담사의 말을 이해하는 것 자체가 어려울 수 있다.

적절한 자기개방을 위해서 고려해야 하는 점이 상담사의 역전이다. 상담사는 자기개방 기술이 역전이 문제로 인해 무분별하게 사용될 수 있음을 인지해야 한다. 상담사의 해결되지 않은 문제가 내담자의 문제와 연결되어 자신도 모르게 자기개방을 할 경우, 상담사의 자기개방은 내담자에게 치료적으로 도움이 되지 않을 가능성이 커진다. 사례를 보면 쉽게 이해될 것이다. 내담자는 초등학교 때 경험했던 왕따 사건으로 인해 힘들었던 경험들을 말하고 있다. 상담사는 힘든 시간들을 부모에게 도움도 구하지 못하고 어떻게 견뎠냐면서 대처질문을 통해 내담자의 마음을 공감하려고 시도하였다. 그러나 상담사 2 반응에서 상담사는 내담자와 비슷한 시기에 왕따를 당했던 딸의 모습을 떠올렸고 자신의 딸에 대해 자기개방을 하였다. 상담사의 딸에 대한 자기개방은 결국 상담의 주제가 내담자가 아닌 딸의 얘기로 흘러가게 됐다. 상담사 딸에 대한 이야기가 내담자에게 어떤 생각을 하게 만들었을까? 상상의 영역이긴 하지만 내담자가 긍정적으로 이해했다면 '상담사처럼 우리 엄마도 내가 왕따 당하는 것을 알았다면 마음 아파하고 도와주려고 했을까?'라고 생각해 볼 수 있다. 반면, 자기개방이 부정적으로 해석됐다면 내담자 입장에서는 상담사가 왜 내 얘기에 집중하지 않고 관심 없는 자기 딸에 대해서 얘기를 하는지 의아해할 수도 있다. 엄마로서 딸의 왕따 경험이 힘들었던 것은 이해되지만 상담사로의 역할과 엄마 역할의 경계가 모호해지면 전문성에 대한 의심을 받게 될 수 있다.

내담자 1: 제가 초등학교 때 친구들에게 왕따를 당했는데 그때 엄마는 제가 왕따를 당하는 것도 몰랐고 그래서인지 아무 도움을 받지 못했어요.

상담사 1: 엄마한테 도움도 구하지 못했다면 왕따 당하면서 많이 힘들었을텐데 어떻게 견뎠어요?

내담자 2: 그냥 참았죠. 그때는 정말 지금 생각해도 너무 힘들었어요.

상담사 2: ○○씨 얘기를 들으니 우리 딸이 왕따 당했던 때가 떠오르네요. 그때 우리 딸도 많이 힘들어 했어요. 우리 딸은 중학생 때였는데 그때 학교를 안 간다고 해서 가족들이 모두 힘들었던 기억이 나네요.

내담자 3: 선생님도 힘드셨겠네요. 근데 선생님 딸은 왜 왕따를 당했어요?

상담사가 자신도 해결하지 못한 문제를 개방하는 것 또한 주의가 필요하다. 예를 들면, 남편으로부터 언어폭력을 당한다고 느끼면서도 남편에게 자신의 목소리를 내지 못하고 참으면서 힘들어하는 내담자에게 상담사가 "저도 남편이 강하게 나오면 어떻게 반응해야 할지 당황스러워 말문이 막히는 경험을 하기도 해요. 왜 그런지 오랜 시간 고민했지만 쉽게 해결되는 문제는 아닌 것 같아요. 마침 저도 비슷한 경험을 하고 있으니 우리 같이 그 원인을 찾아가 봐요."라고 말한다면, 내담자 입장에서 '상담사도 자기 문제를 해결하지 못했는데 내 문제를 도와줄 수 있을까?'라는 생각을 할 수 있으며 이 경우에는 오히려 상담관계를 깨뜨릴 수도 있다. 상담사도 인간으로서의 한계가 있고 문제를 해결하면서 살아가는 사람이긴 하지만 이 문제를 내담자에게 개방하는 것이 치료적인지에 대해서는 고민이 필요하다. 상담사는 내담자의 고통이 당신만 경험하는 것이 아니라는 보편성에 대한 표현이나 당신의 힘듦을 이해할 수 있다는 공감의 의미로 사용하려고 했는지 모르겠지만 내담자로 하여금 상담사의 전문성을 의심하게 하거나 불안을 야기할 수도 있다. 상담사는 자신의 미해결 과제를 내담자에게 개방할 것이 아니라 분석가에게 개방해야 한다는 것을 기억할 필요가 있다.

더불어 상담사가 자신의 경험을 내담자에게 바로 적용하거나 해석하려고 하는 태도를 주의해야 한다. 예를 들어, 상담사가 상담을 통해 나이 많은 남자와의 관계에서 위축되고 소극적인 이유를 아버지와의 관계로 인한 부정적인 전이 문제라는 것을 통찰했다고 가정해 보자. 이후 상담사는 자신과 비슷한 문제를 가진 내담자에게 자신의 경험을 개방하면서 자기 경험에 비추어서 내담자 문제를 해석하고 내담자에게 아버지와의 관계 문제를 해결해야 한다고 피드백할 수도 있다. 그러나 내담자에게 문제의 대상은 아버지가 아니라 직장상사라면 어떨까? 상담사는 자신의 경험을 내담자에게 그대로 적용하기보다는 내담자가 가진 문제가 무엇인지 호기심을 가지고 더 구체적인 탐색을 하는 것이 필요하다. 상담사가 역전이 문제에 부딪히면 내담자에게 호기심을 갖고 내담자 입장에서 이해하려고 노력하기보다는 섣부르게 자기 식으로 이해하는 경향이 생긴다. 따라서 상담사는 자기개방 기술을 사용할 때 역전이와 관련된 문제가 있는지를 고려해야 하며 역전이 문제와 관련이 된다면 자기개방 기술 사용을 자제하고 수퍼비전이나 분석을 통해 자기개방의 이유를 먼저 이해해야 할 것이다.

3. 상담사의 자기개방이 내담자에게 수용되지 않는 느낌이 든다면?

앞서 살펴보았듯이 상담사의 자기개방이 언제나 내담자에게 도움이 되거나 수용되는 것이 아니다. 그러므로 상담사는 자기개방을 한 후에 내담자의 반응을 살펴보고 자기개방이 효과적인지 아닌지를 확인해야 한다. 자기개방이 효과적이라면 내담자는 언어적·비언어적으로 수용한다는 표현을 할 것이다. 언어적 표현은 다음과 같다.

- "선생님도 그런 경험이 있다고 하니 안심이 돼요."
- "저만 그런 건 아니었네요."
- "그 얘기를 들으니 ~라는 생각이 들어요."
- "저도 그렇게 한번 해 보면 좋을 것 같아요."

언어적 표현과 함께 고개 끄덕임, 안도의 미소, 편안한 표정 등의 비언어적인 표현으로 상담사의 경험을 긍정적으로 수용한다는 것을 표현할 것이다.

마찬가지로, 상담사의 자기개방에 대한 불편감을 언어적·비언어적으로 표현할 수도 있다. 언어적으로는 다음과 같이 표현할 수 있다.

- "선생님과 저는 상황이 다른 것 같아요."
- "제가 할 수 있을까요?"
- "어떻게 할지 고민을 해 봐야 할 것 같아요."
- "잘 모르겠어요."
- "왜 그 얘기를 하시는지 잘 모르겠어요."

더불어 침묵이 길어지거나, 한숨을 쉰다거나, 화제를 돌린다거나, 상담사와 눈을 마주치지 않는 등 비언어적인 반응을 통해 거부감을 표현할 수 있다. 내담자가 상담사의 자기개방에 대해서 수용하지 않을 때 상담사로서는 당황스럽거나 뭔가 잘못했다는 생각이 들어 위축되거나 내담자의 거절을 저항으로까지 생각하면서 내담자 탓을 할 수도 있다. 이 모든 판단은 상담사의 자기개방 기술의 사용이 시기적으로, 내용적으로, 맥락이나 상황에 맞게, 내담자 입장에서 적절했는지를 파악해야 알 수 있다. 그러나 무엇보다 중요한 것은, 상담시간은 내담자를 이해하고 내담자를 돕는 시간이다. 따라서 상담사의 의도와 목적과 다르게 내담자가 반응했다고 해서 기분 나빠하거나 좌절하지 말고 내담자가 상담사의 자기개방의 내용을 어떻게 이해했는지, 내담자가 상담사의 자기개방 내용을 듣고 느낀 점이나 생각한 부분에 대해서 솔직하게 이야기 나눌 수 있는 기회로 활용하는 것이 중요하다.

그리고 내담자가 언어적 또는 비언어적으로 상담사의 자기개방에 대해 수용하지 않거나 불편한 내색을 한다면 상담사는 자기개방 내용이나 전달 방식에 대한 점검이 필요하다. 우선 내용적인 측면에서 상담사는 '옳고' 내담자는 '틀리다'는 메시지로 전달된다면, 내담자 입장에서는 평가나 지적받았다는 느낌을 받을 수 있다. 따라서 상담사는 전달하고 싶은 메시지를 적절한 단어를 사용해서 오해 없이 전달될 수 있도록 노력할 필요가 있다. 더불어 자기개방의 표현방법에 대해서도 유의해야 한다. 상대에게 어떤 메시지를 전달할 때는 표정과 어감(뉘앙스)을 잘 살려야 한다. 상담사가 자신의 경험을 개방할 때 '이런 경험 못 해 봤지?' '이렇게 하는 거야!'라는 식의 뉘앙스나 표정으로 가르치려는 의도가 전달된다면 내담자에게 부정적인 감정을 유발하기만 할 뿐이다. 따라서 상담사가 자기개방을 통해 내담자의 자기이해와 통찰을 이끌어 내기 위해서는 중립적으로 표현하고 자기개방의 내용이 내담자의 경험에 부합해야 하며 뉘앙스와 전달하는 태도에도 신경을 써야 한다.

연습하기

사례

대학교 2학년인 내담자는 아버지의 무능함과 가정폭력으로 인해 어려운 어린 시절을 보냈다. 어머니는 정서적인 돌봄뿐 아니라 아버지의 폭력으로부터 두 자매를 보호하는 역할을 하지 못하였다. 경제적인 이유로 부부싸움이 잦았고, 엄마와 동생을 아빠의 폭력으로부터 보호하려고 내담자가 중간에 개입하는 일이 많아 아버지와 자주 싸우는 상황이 반복되었다. 자녀들 앞에서 무기력하게 울기만 하고 갈등 상황에 대처하지 못하고 불안해하는 엄마를 보면서 자신의 감정을 드러내는 것은 약한 사람이라는 생각을 하게 되었다. 따라서 내담자는 강한 사람이 되기 위해 감정을 억누르며 표현하지 않게 되었다. 기분 나쁜 일이 있어도 내색하지 않고 참았으며 자신보다 약하게 보이는 사람이 있으면 도와주려고 애쓰고 좋은 게 좋은 거라는 생각으로 주변 사람들에게 맞춰 주면서 스스로 잘 살고 있다고 생각하였다. 그런데 언제부터인가 사람들과 대화를 할 때 화나는 마음을 주체하지 못하고 공격적인 말로 인해 갈등 상황이 빈번하게 발생하게 되면서 상담을 시작하게 되었다.

내담자 1: 지금은 아빠가 자식을 많이 위해 주는 것처럼 보이지만, 진짜 위해 주는 게 아니라 잘해 주는 척하는 것 같아서 역겨워요. 언제부터 관심이 있었다고 친구 만나러 가면 용돈 필요하냐고 물어보고, 늦게 오면 마중 나오겠다고 하고 아…… 정말(얼굴을 찡그리며 올라오는 감정을 억누르는 모습).

상담사 1: 아버지한테 화가 많이 난 것 같네요.

내담자 2: 화가 난 게 아니라 그냥 싫은 거예요. 아빠가 엄마한테 그리고 저랑 동생한테 어떻게 했는지 아직도 생생하게 기억하는데 지금 와서 자기가 노력한 건 왜 안 알아주냐는 거예요. 자기가 한 게 뭐가 있다고…… 엄마가 폭력을 쓰는 아빠한테는 말 못하고 다 저를 통해서 얘기했단 말이에요. 저도 무서웠지만 엄마가 불쌍하니까 중간에서 말을 전달하는 역할을 많이 했어요. 제가 하지 않으면 엄마가 도망갈까 봐.(눈물)

상담사 2: 폭력을 쓰는 아버지도 무서웠지만 엄마가 ○○ 씨와 동생을 두고 떠날까 봐 무서웠을 것 같아요.

내담자 3: (눈물) (어깨를 들썩이면서 흐느낌)

상담사 3: (10초 동안 침묵) 무서운 아빠로부터 엄마와 동생을 지키려고 애쓰고 살아온 ○○ 씨를 생각하니 안쓰럽네요.

내담자 4: 감정을 느끼면 무너질 것 같았어요. 엄마도 동생도 지키려면 저는 강해야만 했어요. 슬프고 외롭고 힘들다고 하면 약해 보일까 봐 그래서 울지도 못했는데…….

상담사 4: 약해 보일까 봐 강한 척하며 살아오느라 힘들다는 말도 못하고 울지도 못하고…… 자기 감정을 돌보면서 살기 힘들었던 것 같아요. 살아내느라 많이 애썼어요.

내담자 5: 제가 너무 불쌍해요. 너무 슬퍼요. 그리고 제가 저를 못 보살핀 것 같아서 나한테 미안해요.

상담사 5: 약해 보일까 봐 아무에게도 말을 못하고 혼자서 외롭고 무서웠을 것 같아요. 상담받으면서 ○○ 씨가 자신을 돌보는 방법을 고민하면 좋을 것 같아요. 지금 자신이 불쌍하다고 슬프다고 말하고 나니 어떤가요?

설명

엄마와 동생을 보호하기 위해 강해야만 했던 내담자는 감정을 표현한다는 것이 나약한 것이라고 믿고 있다. 따라서 감정을 억압하며 강함을 유지해 왔던 내담자에게 감정을 드러낸다는 것은 자신이 무너질 수도 있다는 두려운 일이 될 수 있다. 그러나 이 내담자의 경우 감정을 억압하지 않고 드러낼 수 있어야 지난 과거의 경험을 마주하며 자신을 이해할 수 있고, 주변 사람들에게 이해받고 도움도 받을 수 있는 새로운 관계를 시작할 수 있다. 이 축어록에서는 감정을 억압하고 있는 내담자가 자신의 감정을 느끼고 표현할 수 있도록 상담사가 상담과정에서 느껴지는 감정을 개방하고 있다. 상담사의 감정개방이 치료적이기 위해서는 내담자의 감정이 충분히 올라올 때까지 기다려야 한다. 상담사 1 반응에서는 내담자의 감정을 명료화하고, 상담사 2 반응에서는 내담자가 이야기하는 경험에서 감정에 초점을 두는 반응을 할 수 있다. 내담자가 눈물을 보이거나 침묵하는 등의 반응을 통해 감정을 자각했지만 표현을 못하고 있다는 판단이 들면 상담사는 감정개방을 통해 내담자의 감정표현을 촉진할 수 있다. 이후 상담사는 내담자가 표현한 감정을 수용하고, 자신의 감정을 표현한 후의 경험에 대해서도 다루어야 한다.

▣ 앞의 설명을 바탕으로 상담사 반응별 대안반응 적어 보기

상담사 1:

상담사 1:

상담사 2:

상담사 2:

상담사 3:

상담사 3:

상담사 4:

상담사 4:

상담사 5:

상담사 5:

대안반응 1

상담사 1: 역겹다는 ○○ 씨의 말을 들으니 아버지에 대한 화가 느껴지네요.

상담사 1: 아버지가 관심을 보이는 걸 ○○ 씨는 잘해 주는 척한다고 말하고 있네요. 어떤 상황인지 더 이야기해 볼래요?

상담사 1: 얼굴을 보니 하고 싶은 말을 참고 있는 것 같아요. 지금 어떤 마음이 드나요?

상담사 1: 이전과는 다른 아버지의 말에 화가 난 것 같아요. 이전에 아버지는 어떤 아버지였나요?

대안반응 2

상담사 2: 그 어린아이가 어머니와 아버지 사이에서 무서움을 참으며 이리저리 말을 전달할 때 어떤 마음이었을까요?

상담사 2: 폭력적인 아버지를 보며 많이 무서웠을 것 같아요. ○○ 씨가 기억하고 있는 아버지의 모습에 대해서 더 이야기해 볼까요?

상담사 2: 어머니와 아버지 사이에서 많이 불안했을 것 같네요. ○○ 씨는 어머니가 도망갈 거라는 생각을 어떻게 하게 됐나요?

상담사 2: 아버지는 무섭고, 어머니는 불쌍하고…… ○○ 씨의 이런 힘든 상황을 알아주는 사람이 있었을까요?

대안반응 3

상담사 3: 지금 눈물은 어떤 의미일까요?

상담사 3: 어린아이가 감당하기에는 힘든 상황이었네요. 그때를 생각하면 화가 날 것 같은데 ○○ 씨는 어떤 마음이 드나요?

상담사 3: ○○ 씨는 어머니를 지켜 주려고 무서운 마음이 들어도 참았는데, 엄마가 아버지에게 ○○ 씨를 보낼 때 엄마에 대한 감정이 어땠을지 궁금하네요.

대안반응 4

상담사 4: 어머니와 동생을 지키기 위해 강한 모습을 보여야 했네요. ○○ 씨는 누가 지켜 주었나요?

상담사 4: 감정을 느끼고 얘기한다는 게 약하다는 의미로 생각되었군요. 지금도 그렇게 생각하고 있나요?

상담사 4: 무너지지 않으려고 괜찮은 척, 강한 척하고 사느라 많이 고달팠을 것 같아요. 가족을 지키려고 온몸에 힘을 주고 긴장하면서 살아온 자신에게 이제 위로와 휴가를 줄 때가 온 것 같네요.

대안반응 5

상담사 5: ○○ 씨의 슬픔이 느껴져요. 지금 자신이 불쌍하고 슬프다는 감정을 말하고 나니 무너지는 것 같나요?

상담사 5: ○○ 씨가 스스로 돌보지 못했다는 것을 알아차리는 모습을 보니 반갑네요. 다른 사람에게 맞춰 주는 삶이 아니라 자신을 위한 삶이 무엇인지 찾아갈 수 있도록 도와주고 싶네요.

상담사 5: ○○ 씨의 어린 시절 경험들이 안타깝고 슬프지만 그 일들이 더 이상 ○○ 씨를 외롭게 하거나 힘들게 하지 않을 거라는 생각이 드네요.

상담사 5: ○○ 씨의 아픔을 아무도 몰라줘서 혼자 외롭고 힘들었을 것 같아요. 그런데 이제는 ○○ 씨가 자신의 아픔을 이해하고 알아주는 것 같아서 변화가 시작된 것 같네요.

셀프 수퍼비전 노트

1. 자기개방 기술에 대한 셀프 모니터링

- 잘하고 있는 부분

- 개선이 필요한 부분

2. 셀프 수퍼비전을 통한 자기개방 대안반응 연습하기

- 실제 사례를 가지고 대안반응 작성해 보기

제 10 장

지지하기/승인하기

1. 언제 지지하기/승인하기를 사용해야 효과적인가?
2. 지지하기/승인하기를 어떻게 효과적으로 사용할 수 있는가?
3. 지지하기/승인하기가 내담자의 행동을 합리화하는 것 같아 고민된다면?

▣ 연습하기

▣ 셀프 수퍼비전 노트

상담사가 내담자를 지지한다는 것은 내담자가 경험한 생각이나 느낌, 행동을 평가하지 않고 내담자를 있는 그대로 존중하고 인정하는 것이다. 즉, 내담자의 변화 가능성을 믿고 신뢰하는 것, 내담자의 변화 의지를 격려하는 것 그리고 내담자가 행동 변화를 지속할 수 있다는 믿음과 희망을 전달하는 것 등을 말한다. 상담사에게 지지받는 경험을 한 내담자는 혼자라고 느끼지 않게 되고 자신을 긍정적으로 믿으며 자기에 대한 희망을 갖게 된다. 자신에 대해서 부정적인 사고를 하는 내담자들은 '아무도 나를 사랑하지 않는다.'라거나 '내 편은 없고 다른 사람들은 모두 적이다.'라고 생각한다. 이런 생각을 하는 내담자들은 자신이 혼자이고, 외롭고, 무능력하다고 생각하기 때문에 세상을 살아가는 데 두려움과 불안감을 느낀다. 또한 부정적인 생각은 내담자를 무기력하게 만들어 변화할 수 있는 희망을 갖기 어렵게 한다. 이때 상담사의 지지하기가 내담자를 위로하고 원하는 변화를 이룰 수 있다는 힘을 갖게 한다. 이러한 지지하기를 경험한 내담자는 자신에 대해 긍정적인 인식과 자신감을 갖게 될 것이다. 또한 자신을 지지하는 상담사를 신뢰하고, 자신의 변화 가능성에 대한 기대감을 갖게 됨으로써 상담에 적극 참여할 수 있게 된다. 누군가가 '나의 변화를 기다려 주고' '응원하고' '인정하는' 경험을 한다면 내담자는 자신의 삶을 포기하지 않고 변화에 따르는 고통을 끝까지 견뎌 내는 것을 선택할 것이다.

지지받는 경험은 상담을 받는 모든 내담자에게 필요하다. 특히 자신에 대한 확신을 갖지 못하고 타인의 눈치를 보며 위축된 삶을 살아온 내담자에게 도움이 된다. 지지하기를 통해 '내가 이상한 게 아니었구나.' '나만 그런 생각이나 감정을 갖는 것이 아니라 누구나 그럴 수 있다.'는 위로와 보편성에 대한 확인을 해 주는 것으로 내담자에게 안정감을 주고, 자신을 신뢰하게 함으로써 변화할 수 있는 힘을 준다.

지지하기는 상담을 촉진하는 중요한 기술이지만 내담자가 받아들일 준비가 되었을 때 적절히 사용해야 한다. 지지하기를 언제/어떻게 사용해야 하는지, 주의해야 할 점은 무엇인지 등 지지하기를 사용하면서 갖게 되는 초보상담사의 어려움에 대해서 살펴보고자 한다.

1. 언제 지지하기/승인하기를 사용해야 효과적인가?

지지하기는 상담의 모든 단계에서 사용할 수 있는 기법이다. 상담초기에 사용하는 지지하기는 라포 형성에 도움이 되고, 상담중기에는 긍정적 지지를 통해 내담자가 변화할 수 있는 힘을 주며, 상담종결기에는 내담자의 변화를 공고히 할 수 있다. 즉, 상담과정에서 내담자가 자신이 변화할 수 있다는 희망을 갖도록 돕고, 적극적으로 상담에 참여하도록 격려함으로써 상담이 진전되도록 하고 내담자의 변화를 촉진할 때 지지하기 기술을 사용한다.

특히 상담초기에 상담사는 상담에 대한 기대와 변화에 대한 동기를 가질 수 있도록 내담자와 신뢰로운 관계를 만들어 가야 한다. 상담에 대한 기대와 동기는 상담을 시작함과 동시에 자연스럽게 생기고 유지되는 것이 아니다. 내담자는 변화를 이끄는 주체가 자신이라는 것을 인정해야 하고 스스로 변화를 만들어 낼 수 있다는 자신에 대한 믿음이 필요하다. 상담사는 내담자가 변화를 위한 노력을 할 것이라는 신뢰를 바탕으로 내담자를 지지하고 격려함과 동시에 내담자가 변화를 위한 도전을 할 수 있도록 돕는다. 상담초기의 지지하기는 상담사에 대한 신뢰뿐 아니라 내담자가 자신을 신뢰함으로써 상담을 지속할 수 있도록 돕는 중요한 기술이다.

다음은 무능력하고 무가치하여 살아갈 가치가 없어 죽고 싶다며 상담을 시작한 내담자 사례이다. 상담사는 내담자가 자신의 생각을 충분히 이야기하도록 촉진하고 현재 문제를 구체화하도록 돕고 있다. 이후 무능력하고 무가치하다고 하는 말 속에 숨어 있는 내담자의 긍정적인 욕구를 찾아 지지하고(상담사 4, 6 반응), 내담자가 상담에 대한 희망을 갖도록 돕고 있다. 상담초기에는 내담자가 상담과 변화에 대한 희망을 가지도록 내담자의 긍정적인 부분을 강조하고 지지하는 것이 필요하며, 추후 내담자가 주변의 긍정적인 피드백을 수용하지 않고 믿지 못하는 부분이 내담자가 스스로 무가치하다고 느끼는 것과 어떻게 관련되는지를 구체적으로 다루어야 할 것이다.

내담자 1: 제가 너무 일을 못해서 무능력하고 가치 없는 사람인 것 같아 죽고 싶어요. (음……) 회의 시간에 내가 왜 그렇게 일을 했는지 설명하고 싶지만 막상 물어보면 아무 생각도 나지 않아서 무조건 "죄송합니다." "다시 할게요."라는 말만 반복해요.

상담사 1: 그러고는 어떻게 하나요?

내담자 2: 그렇게 말하고 집에 가서 계속 회사에서 있었던 일만 생각해요. 회사에서는 그 자리에서 말도 못하고 있다가 집에 가면 그건 아니었다고 말할 걸 하고 후회해요.

상담사 2: 어떻게 말하면 좋았을까요?

내담자 3: 아직 2개월밖에 되지 않아 실수가 많지만 잘하려고 노력하고 있다고…… 그때 그렇게 한 건 이런 생각 때문이었다고…… 내가 왜 그랬는지 말하면 좋았겠다는 생각이 들어요. 하지만 또 그 앞에 가면 말을 못 해요.

상담사 3: 주변에서 함께 일하는 동료들은 OO 씨에게 뭐라고 얘기해 주나요?

내담자 4: 그 정도면 잘하고 있고 열심히 하고 있다고…… 하지만 믿어지지가 않아요.

상담사 4: 동료들이 긍정적인 피드백을 주는데 OO 씨는 자신에 대해서 못한다고만 말하고 있네요. OO 씨가 말했듯이 회사에서는 말하지 못했지만 시간이 지나고 나서 충분히 그 상황을 생각하면 자신이 해야 할 말이 무엇인지 찾았네요. 그리고 대인관계에서 자신이 무엇을 어려워하는지도 알고 있고요. 그런데 못 한다고만 말하고 있어요. 왜 그런 것 같나요?

내담자 5: 저에게 일이 맡겨지면 빨리 그리고 잘해야 된다고 생각하는 것 같아요. 제가 좀 마음이 급한 것 같아요.

상담사 5: 잘해야 된다고 생각하면서 그렇게 마음이 급한 이유는 뭘까요?

내담자 6: 못하면 저를 싫어할까 봐. 그리고 무시할까 봐…… 빨리 해야 된다고 생각하는 거 같아요. 그래서 그런지 더 긴장하고 실수가 많은 것 같아요. 저는 무능하고 피해만 주는 사람 같아요. (눈물)

상담사 6: 지금 OO 씨는 자신이 왜 그렇게 마음이 급한지도 잘 이해하고 있네요. 지금 우리가 이야기하고 있는 것처럼 OO 씨에게 여유롭게 시간을 주면 충분히 OO 씨가 처한 상황을 이해하기도 하고 정확하게 자신을 이해하기도 하네요. 상담을 하면서 천천히 자기를 이해하는 시간을 갖는다면 OO 씨가 회사에 적응하고 대인관계도 지금보다 편해질 수 있을 거라는 생각이 드는데 어떠세요?

내담자 7: 잘해야 된다는 생각만 했지 제가 이렇게 급한 줄은 몰랐어요. 그래서 항상 힘들었던 것 같아요. 이젠 저를 위한 여유로운 시간이 필요하다는 생각이 들어요.

또한 상담과정 중 내담자가 새로운 경험을 하게 될 기회가 왔을 때 도전할 수 있도록 지지하기 기술을 사용할 수 있다. 상담은 새로운 경험에 도전하고 변화하는 과정이라고 할 수 있는데 지금까지 익숙한 것들만 하려고 하다가 새로운 경험을 시도한다는 것은 누구에게나 쉽지 않다. 따라서 내담자가 지금까지 반복해 왔던 부적응적인 행동, 감정, 생각을 인정하고 새로운 방식으로 시도할 수 있기 위해서는 용기가 필요하고 더불어 주변의 지지가 필요하다. 물론 스스로 자신을 지지하고 믿어 주는 것이 가장 좋지만 내적·외적 자원이 부족한 경우는 상담사가 그 역할을 해야 할 순간이 있다.

상담초기에는 변화에 대한 동기를 갖고 의욕적으로 상담을 진행하였으나 원하는 결과를 얻지 못하거나 실패를 반복하면 자책하거나 실망하여 포기하고 싶어질 수 있다. 이때 상담사는 포기하지 않고 노력하는 내담자를 격려하고 지지할 수 있다. 비록 실패했지만 노력한 부분을 인정하고 작은 변화를 알아차리고 지지하는 것도 필요하다. 원하는 목표를 이루지 못했을 때 'all or nothing'의 사고를 가지고 있는 내담자는 작은 성공도 실패로 생각하고 자신의 노력을 인정하지 않을 수 있다. 이때 상담사가 내담자에게 작은 성공이라도 인정을 할 수 있도록 인지적 오류를 수정함과 동시에 작은 변화를 만든 내담자의 노력과 성취에 지지를 한다면 내담자는 자신의 노력에 대해서 조금씩 인정하게 될 것이다. 처음에는 상담사의 지지와 인정이 필요하지만 시간이 지나면서 내담자는 스스로 자신을 지지하고 인정할 수 있는 힘을 갖게 될 것이다. 상담사는 성과를 다루어야 하는 종결기가 아니더라도 내담자가 보이는 변화를 알아차렸다면 그때그때 지지해 주는 것이 좋다. 그래야 내담자도 자신의 변화를 인식하고 노력하는 자신을 긍정적으로 인정하며 또 다른 변화를 위한 도전을 할 수 있다.

다음은 남자 고등학생이 잦은 짜증과 분노 표현으로 가정과 학교에서 부적응을 나타내는 사례이다. 내담자가 자신의 행동을 조절하려고 노력하여 초반에는 잘되는 듯했으나 그 변화가 지속되지 않자 포기하려고 하였다(내담자 1 반응). 상담사는 내담자가 노력하지만 안 된다는 이야기 속에서 내담자의 긍정욕구를 찾아 지지하고 있다(상담사 2 반응). 그리고 상담사 3 반응에서는 변화가 어떻게 일어나는지 설명하면서 내담자가 변화의 과정을 이해하도록 돕고 있다. 계속해서 상담사는 지속적인 변화가 일어나지 않아도 내담자가 좌절하거나 포기하지 않고 변화를 지속할 수 있도록 격려하고 있다(상담사 9 반응).

내담자 1: 선생님, 아무래도 저는 안 될 것 같아요. 지난주에는 그래도 화가 났을 때 내가 왜 화가 났는지 생각해 보고 감정을 표현해 보려고 노력했는데 이번 주에는 갑자기 저도 모르게 욱해서 기분이 안 좋았어요.

상담사 1: 이번 주에 화가 나서 욱했던 상황이 있었구나. 가끔 안 될 때도 있지. 무슨 일이 있었는지 궁금하네.

내담자 2: 네…… 어떤 새끼가 지나가면서 제 머리를 쳤는데 저도 모르게 소리 지르면서 그 새끼를 똑같이 때렸어요.

상담사 2: 친한 친구라고 해도 갑자기 이유 없이 머리를 때리면 화가 날 수 있는 상황인 거 같은데? 그 친구가 왜 그런 거니?

내담자 3: 몰라요. 친한 친구도 아니고 원래 애들 툭툭 치고 다니는 애라서 평소 가깝게 안 지냈는데 갑자기 저를 건드리니까 '왜 이러지?' 싶고, 순간 움찔했던 것 같아요. 근데 똑같이 때린 거라서 걔도 별 말이 없더라구요.

상담사 3: 그랬구나. 갑자기 누가 머리를 치면 방어할 수밖에 없지. ○○이가 그 상황에서 대응하지 않았다면 어땠을 것 같아?

내담자 4: 그 생각도 해 봤는데 제가 아무 반응을 안 보이고 그냥 맞고 있었다면 걔는 저를 또 건드렸을지도 몰라요. 한편으로는 맞대응한 게 잘했다는 생각도 드는데…… 선생님과 약속을 못 지킨 것 같아서 마음에 걸렸고, '내가 더 이상 안 바뀌면 어떡하지?' 하고 걱정도 됐어요.

상담사 4: 나와의 약속 때문에 그 친구 때린 게 마음에 걸렸구나. 이번 일은 ○○이가 화가 난 감정을 정리하고 표현할 수 있는 상황이 아니었던 것 같은데~ 만약 ○○이가 그 친구를 때린 게 후회되고 사과하고 싶은 마음이 있다면 그건 지금이라도 할 수 있는 일이기도 하고…… ○○이는 어떻게 하고 싶니?

내담자 5: 후회하지 않고 사과하고 싶은 마음도 없어요. 전 이유 없이 저를 때리면 또 똑같이 대응할 거예요. 가만히 있으면 또 때리는 게 걔의 특징이니까요.

상담사 5: 대응하지 않으면 계속 괴롭힌다는 말이니?

내담자 6: 네~ 걔가 그런 애예요.

상담사 6: 그럼 ○○이가 대응한 건 너를 보호하기 위해서는 어쩔 수 없는 일이었네.

내담자 7: 네~ 저도 그렇게 생각해요. 그런데 제가 계속 화를 내고 싸우면 어떻게 하죠? 화를 내고 싸우고 싶지 않은데 걔 때문에 뭔가 다 무너진 기분이에요.

상담사 7: 이번 일로 다시 예전처럼 화내고 싸우게 될까 봐 걱정되는구나. 선생님이 보기엔 ○○이는 예전으로 돌아가긴 어려울 것 같은데?

내담자 8: 진짜요? (응~) 왜요?

상담사 8: 이번 일은 우리가 연습하려고 했던 상황과 다르기도 하고 이미 ○○이는 자신이 화가 난 상황에 대해서 인지하고 있고 본인의 행동에 대한 이유를 잘 생각하고 있잖아. 화를 무조건 참는 게 좋은 방법은 아니니까……. ○○이가 참고 대응하지 않았다면 아마 본인한테 화가 났을지도 모르지?

내담자 9: 네, 맞아요. 대응하지 않았다면 저한테 화가 났을 거예요. 그리고 지금은 걔가 저를 다시 건드리지는 않으니까…… 제가 그 친구를 때린 게 잘한 건 아니지만 그렇다고 제가 아주 나쁜 사람은 아닌 것 같아요.

상담사 9: 그래~ ○○이가 일부러 때린 건 아니니까 스스로를 너무 자책할 필요는 없을 것 같아. 그리고 ○○이가 그동안 노력했던 것들이 소용없어질까 봐 염려하는 것 같은데…… 어떤 변화를 만들 때 처음 노력하다 보면 변화나 성과가 금방 보이기도 하는데 변화가 계속 나타나는 게 아니라 계단식으로 좋아졌다가 잠시 멈췄다를 반복하면서 천천히 변화가 일어나. 지금은 잠시 멈춘 시점이라서 안 변하는 것 같지만 시간이 지나면 또 점프하는 시점이 올 거야.

내담자 10: 그럼 저는 지금 잠시 멈춰 있는 상태일 수도 있네요.

상담사 10: 그럼~ 다시 점프할 때까지 포기하지 않고 노력하는 게 중요하지 않을까?

내담자 11: 그럼요. 포기는 안 하죠.

상담사 11: 그렇지. 포기는 배추 셀 때나 쓰는 말이지!

내담자 12: (웃음) 이제 안심이 좀 됐어요. 기회가 되면 그 친구한테 사과할 생각도 있긴 한데 그 친구가 괴롭히지 않는다는 확신이 들면 사과를 하고 아니면 그냥 지켜볼 거예요. 그렇지만 다른 상황에서는 화가 났을 때 전처럼 바로 욱하지 않고 생각해 보는 걸 먼저 하는 노력을 해 볼게요.

상담종결기는 상담의 전 과정을 정리하며 상담성과를 평가하는 시간이다. 따라서 종결기에 상담사는 내담자와 함께 상담목표의 달성 정도와 변화에 대한 평가를 하는데, 이때 상담사는 상담성과 요인에서 내담자 요인을 찾아 지지함으로써 내담자의 내적 힘을 키울 수 있다. 지지하기는 내담자가 상담종결 후 자신을 믿고 스스로 도전해 볼 수 있는 용기와 힘을 준다. 특히 긍정적인 자원에 대한 지지는 내담자가 자신을 믿고 지속적인 변화를 위해 노력할 수 있게 돕는다.

다음 사례에서 내담자는 종결을 앞두고 아쉽고 불안한 감정을 보이고 있다. 상담사는 내담자의 불안한 감정을 종결과정에서 겪는 자연스러운 감정임을 설명하고 변화를 만들어 낸 내담자를 지지하고 격려하면서 종결을 준비하고 있다.

내담자 1: 오늘이 마지막이라고 생각하니 기분이 이상한 것 같아요. 매주 오다가 다음 주부터 안 오면 허전하겠죠? (웃음)

상담사 1: ○○ 씨가 상담을 종결하는 게 많이 아쉽고 섭섭한 만큼 좋은 시간이 되었다는 생각이 드네요. 상담을 통해 변화가 있었다면 그 변화를 가져온 계기는 무엇이라고 생각하나요?

내담자 2: 사람들이 제가 생각한 것만큼 저를 싫어하지 않았던 것 같아요. 제가 뭔가를 시도하면 잘 받아 주었고, 친구들도 제 생각과는 다르게 좋아했던 것 같아요.

상담사 2: 해 보지 못했던 시도를 해 보기로 결정하고 실제로 행동으로 옮긴 사람은 ○○ 씨 자신이라고 생각해요. 어떤가요?

내담자 3: 예전에는 안 될 거라고만 생각했는데 용기를 내서 했던 것 같아요. 그랬는데 다행히 사람들도 받아 주었고, 운이 좋은 것도 있었던 것 같아요. 그리고 선생님이 함께 도와주셔서 가능했던 것 같아요. 이제부터 혼자서 해야 된다는 생각을 하니 조금은 불안하기도 해요. 혼자서 잘할 수 있을까요?

상담사 3: 종결 앞두고 불안해지는 건 자연스러운 감정이라 시간이 지나면 괜찮아져요. 만약 지금 종결이 너무 불안하면 2주 뒤에 한번 만나서 상담을 종결해도 되는지 그때 가서 결정해도 될 거 같아요.

내담자 4: 선생님 말씀대로 자연스러운 과정이라고 하면 다음 주에 종결하고 지내볼게요. 만약 계속 불안해지면 다시 연락드릴게요.

상담사 4: 좋아요. 상담하면서 도전하고 변화를 만들어 낸 건 ○○ 씨의 노력이었다는 것을 잊지 않았으면 좋겠어요. 상담도 성실히 오고 변화하기 위해 여러 가지 도전도 해 보고 포기하지 않고 꾸준히 노력한 건 ○○ 씨예요.

내담자 5: 선생님 말씀에 힘이 나네요. 남은 한 주 동안 저를 믿고 열심히 살아볼게요. 다음 주가 종결이라는 게 너무 아쉽네요.

2. 지지하기/승인하기를 어떻게 효과적으로 사용할 수 있는가?

지지하기가 어느 상황에서나 또는 누구에게나 효과적인 것은 아니기 때문에 조심스럽게 사용해야 한다. 지지하기는 내담자의 숨겨진 긍정적 자원을 찾아 적절한 시점에 변화 자원과 연결할 때 효과적이다. 내담자가 자신에 대해서 부정적인 측면만을 지각하고 긍정적인 모습을 인정하지 않는 상태에서는 상담사가 내담자의 강점을 지지하고 격려해도 내담자는 상담사의 말을 수용하지 않을 가능성이 크다. 내담자가 자신을 인정하지 않는 상태에서 상담사의 섣부른 칭찬과 인정은 오히려 내담자를 불편하게 만들 수 있다. 또한 상담사는 내담자에게 "○○ 씨는 충분히 할 수 있는 힘이 있어요."와 같이 내담자에게 신뢰와 응원의 메시지를 전달하지만, 상담사의 의도와는 다르게 내담자는 상담사의 믿음과 기대를 오히려 부담스러워할 수 있다. 내담자 스스로 변화에 대한 준비가 되기 전에 상담사로부터 변할 수 있다는 메시지를 전달받으면 등 떠밀리는 느낌뿐 아니라 존재로서 인정받지 못한다는 생각을 할 수 있다. 특히 가치조건화된 내담자들에게 상담사의 지지와 인정은 내담자가 또다시 칭찬과 인정을 받기 위해서 타인지향적인 선택을 하게 만들 수 있다는 점을 인지해야 한다.

지지하기를 효과적으로 사용하려면 지지할 만한 이유가 명확히 있어야 한다. 아무리 내담자에게 공감과 지지를 하는 것이 중요하다고 하더라도 이유도 없이 피상적인 또는 형식적인 지지나 칭찬, 인정을 한다면 상담사의 전문성과 진정성은 의심받을 수 있다. 결국 상담사와 내담자의 신뢰관계에 부정적인 영향을 미칠 가능성이 있다. 따라서 상담사가 내담자를 지지하거나 인정하고 싶다면, 내담자도 지지받을 만한 상황이라는 것을 이해할 수 있을 때 지지하는 것이 효과적이다.

그렇다면 지지하기 또는 인정하기를 어떻게 전달할 수 있을까? 상담사는 언어적 또는 비언어적 방법으로 표현할 수 있다. 언어적으로 지지하는 반응은 다음과 같다.

- ○○ 씨가 ~상황에서 ~한 느낌(생각)이 드는 건 자연스러운 일이죠.
- 그건 좋은 시도네요.
- 서운한 감정을 회피하지 않고 잘 표현하셨네요.
- 쉽지 않은 일인데 참 잘했네요.
- ○○ 씨가 결정한 일이라면 그렇게 선택한 이유가 있을 거라 생각해요.

또한 비언어적 방법으로도 내담자에게 지지를 전달할 수 있다. 내담자의 말에 고개를 끄덕이기, 온화한 표정으로 긍정 표현하기, 내담자와 같은 표정 짓기 등이 있다. 이 같은 비언어적 태도로 지지를 전달할 때 내담자에게는 언어적인 것 못지않게 따뜻하고 공감적으로 전달된다.

지지하기를 효과적으로 사용하기 위한 또 다른 방법은 표현이 너무 과하지 않아야 한다는 점이다. 내담자가 듣기 거북한 과한 표현은 오히려 거부감을 느끼게 할 수 있다. 예를 들어, "~를 해내다니 진짜 대단하네요." "그런 성과를 내다니 최고예요." "이런 성과는 ○○ 씨니까 가능해요." "○○ 씨 아니면 누가 이렇게 해내겠어요?" 등의 말은 '내담자에게 이렇게까지 말할 일인가?'라는 의구심을 갖게 할 수 있다. 특히 인정욕구가 강한 내담자들은 상담사에게 맞추기 위해 스스로 수용이 안 되는 칭찬을 듣더라도 얘기하지 못하고 속으로 불편함을 숨기고 있을 수 있다. 따라서 상황과 내용에 맞는 적절한 언어적 메시지를 전달하는 것이 필요하다. 정리하자면 지지하기는 지지받을 만한 상황일 때 내담자가 수용할 수 있을 만큼 구체적으로 전달하는 것이 좋다.

3. 지지하기/승인하기가 내담자의 행동을 합리화하는 것 같아 고민된다면?

상담사는 지지하기 기술을 사용할 때 지지하기가 '내담자를 안심시키기만 하고 현실을 제대로 못 보게 하는 건 아닐까?'라는 생각이 들 때가 있다. 지지하기는 내담자의 마음을 달래 주기 위한 것이 아니라 내담자의 선택과 결정을 존중하고 신뢰한다는 측면에서의 지지를 의미한다. 이러한 경험을 통해 내담자는 자신을 있는 그대로 수용하고 자신을 믿고 변화를 위한 도전을 시도하게 된다. 상담사는 내담자의 생각이나 행동이 상식적인 수준에서 이해나 동의가 되어야 한다. 그 판단이 설 때 상담사는 내담자의 선택에 대해 전폭적인 지지를 할 수 있다. 이렇게 지지받은 내담자는 새로운 시도나 변화 의지가 꺾이려 할 때 다시 힘을 얻고 변화를 지속적으로 유지하기 위한 노력을 멈추지 않을 수 있다. 따라서 상담사의 지지하기 기술은 내담자가 변화를 위해 노력하는 데 부스터 역할을 할 수 있는 중요한 기술이다.

상담사가 내담자를 지지하고 응원하기 위해서는 내담자의 말과 행동이 합리화인지 아닌지에 대한 판단이 우선되어야 한다. 이러한 판단 없이 지지하기 기술을 사용한다면 내담자의 방어적인 대처를 상담사가 오히려 강화할 수도 있다. 즉, 상담사는 내담자가 합리화 방어기제를 부적절하게 사용할 경우, 적절하게 사용하도록 도와야 한다. 만약 상담사가 내담자의 불필요한 방어기제의 오남용을 인지하지 못하거나 오히려 부추긴다면 상담사의 전문성은 의심받을 수밖에 없다. 예를 들어, "괜찮아, 잘하고 있어." "누구든 그런 생각을 할 수 있어." "그런 감정이 들 수 있어."와 같은 말을 할 때 내담자의 변화에 힘이 될지, 내담자의 방어적 태도를 더 강화시키는 합리화가 될지에 대한 전문적인 판단이 필요하다. 다음 사례를 분석해 보자.

내담자: 이런 상황에서는 누구나 다 이렇게 생각할 거예요.

상담사: 그렇죠. ○○ 씨와 같은 상황에 처한다면 누구나 비슷하게 생각할 거예요.

내담자는 나만 그런 게 아니라 다른 사람도 자신과 비슷하게 생각할 거라는 말로 자신을 합리화하고 있다. 상담은 자신에게 초점을 맞춰 자신이 왜 그렇게 생각했는지를 아는 것이 더 중요하다. 따라서 상담사는 내담자의 말에 동조하기보다는 왜 그렇게 생각하는지 묻거나 다른 사람들이 자신과 비슷한 생각을 하는 것이 왜 중요한지를 탐색해야 한다. 상담사는 내담자의 생각이 상식적인 수준에서 이해가 된다는 말을 하고 싶은 건지, 단순히 내담자를 안심시키려고 하는 말인지를 판단하고 의도를 명확히 전달해야 한다. 전자라면 내담자를 적극적으로 지지하면 되지만 후자라면 자신의 선택과 판단에 타인을 끌어들이는 내담자의 모습을 직면하거나 해석해야 하고, 상담사는 왜 내담자를 안심시키려 하는지, 내담자를 안심시키려고 하는 것이 치료적인지를 파악해야 한다. 더불어 내담자가 상담사의 반응을 어떻게 이해했는지 확인해야 한다. 내담자에게 상담사의 지지하기가 잘 전달되지 않았다는 생각이 들면 상담사는 내담자와 지금-여기에서 일어나는 생각이나 감정을 확인하는 작업을 해야 한다. "지금 잘하고 있다고 한 저의 말이 어떻게 들렸나요?" "다른 사람들도 다 ○○ 씨와 같이 생각할 거라는 말을 들으니 어떤가요?" "지금 내가 ○○ 씨의 선택을 응원했는데 침묵하고 있군요. 나의 응원이 어떻게 느껴졌나요?" 등과 같이 지지하기 피드백이 내담자에게 어떻게 이해됐는지를 확인하는 작업이 필요하다.

다음 사례에서 상담사는 내담자의 감정과 현실적인 여건을 수용해 줌으로써 가족의 위기에서 죄책감을 느끼지 않고 내담자가 할 수 있는 만큼 최선을 다할 수 있도록 돕고 있다.

내담자 1: 얼마 전에 엄마가 다리를 다치셔서 꼼짝 못 하고 계세요. 병원에서는 더 이상 입원이 안 된다고 하고 집에는 나이 드신 아버지만 계시고, 부모님 집은 저희 집에서 멀고…… 어떻게 해야 할지 고민이 많았어요.

상담사 1: 진짜 고민되는 상황이네요. 어떤 마음이 드세요?

내담자 2: 제가 10년 전에 큰아이를 낳자마자 큰 수술을 하고 요양했을 때 엄마가 제 병간호를 다 해 주셨어요. 남편은 직장 때문에 옆에 없었는데, 그 빈자리를 엄마가 다 채워 주시고 아이도 다 돌봐 주셨어요. (눈물) 이제 엄마가 아프시니 제가 돌봐 드려야 하는데 큰아이가 고3이라 제가 옆에서 돌봐 드리지 못해서 미안하고 죄책감이 들어요.

상담사 2: 엄마는 나를 위해 애쓰셨는데 나는 아무것도 못하고 있다는 생각이 들었을 때 미안한 마음이 드는 건 자연스러운 것 같아요. 어머니도 엄마 역할을 하시느라 ○○ 씨 산후 뒷바라지를 해 주신 것처럼, 지금은 ○○ 씨도 엄마로서의 역할도 해야 하니까…… 이 상황을 어머니도 이해하실 수 있지 않을까요?

내담자 3: 네~ 그렇게 말씀해 주시니 조금 안심이 되네요. 저도 지금 할 수 있는 최선을 다하고 있어요. 엄마가 정기적으로 병원에 가서 물리치료 받는 날은 저도 시간을 빼서 엄마 집에 가서 모시고 병원에 갔다가 다시 집에 모셔다 드리고 집에 와요. 동선이 반대편이어서 시간이 걸리긴 하지만 엄마가 힘드실 걸 생각해서 제가 조금 바쁘게 움직이고 있어요.

상담사 3: 처음에 미안한 마음을 얘기할 때는 아무것도 못해서 그러시나 했는데 ○○ 씨 입장에서 할 수 있는 일은 하고 계시네요. 병원 모시고 다니는 일도 병간호하는 일이죠.

내담자 4: 네~ 제가 아무것도 안 하고 있는 건 아닌데도 엄마가 같은 여자로서 안 되어 보이기도 하고 미안해서 그런지 뭔가 더 해야겠다는 생각이 드는 것 같아요.

한편, 내담자가 상담사에게 지지와 위로만 받으려고 하고 변화를 위해 노력하는 모습을 보이지 않을 때 상담사는 지지하기를 멈춰야 한다. 억지로 지지할 만한 거리를 찾아 내담자를 칭찬하거나 응원하는 것은 역효과일 수 있다. 효과적인 지지하기는 내담자가 경험하는 어려움을 스스로 극복할 수 있는 힘을 주는 것이다. 상담사는 내담자가 변화를 위한 노력을 멈추고 상담사로부터 위로받고 안주하려고 할 때 지지하기를 멈추고 내담자가 상담에 오는 이유와 목적을 다시 확인하고 자신을 위해서 상담시간을 사용할 수 있도록 돕는다.

또한 내담자의 합리화에 동조하는 것이 상담사의 문제인지 또는 내담자의 역동인지 확인하여 대처해야 한다. 내담자가 겪는 고통을 직면하는 데 어려움을 느낄 때, 내담자가 느끼는 감정에 접촉하여 함께 느끼는 것이 불편할 때 상담사는 내담자의 경험을 합리화함으로써 내담자 문제를 축소시킬 수 있다. 상담사의 지지하기가 내담자에게 변화를 위한 도전을 하지 않아도 된다는 의미로 전달될 때, 내담자는 변화를 위한 노력을 멈추게 될 것이다. 상담사는 내담자의 성장과 변화를 촉진하는 방법으로 지지하기를 사용하고 있는지 점검하고 지지하기 기술이 목적과 다르게 활용되고 있거나 내담자의 성장에 도움이 안 된다는 생각이 든다면 자신과 내담자를 위해 상담받을 것을 권한다.

연습하기

사례

내담자는 부모로부터의 관심과 인정에 대한 결핍으로 인해 대인관계에서 인정받기 위해 애쓰느라 힘들어지면서 상담을 받게 되었다. 상담중기 이후 내담자가 이전과는 다르게 성숙하게 문제를 해결하고 있다. 이에 상담사가 내담자의 변화된 모습을 지지하기를 통해 강화하고 있다.

내담자 1: 팀원 A가 제출한 내용이 너무 부실하다는 생각이 들어서 제가 A한테 추가하면 좋을 내용에 대해서 개인 메일을 보냈어요. 공개적으로 보내면 기분 나빠 할 것 같아서……. 나름 배려한다고 한 건데 그 친구는 피드백에 대해서 안 해도 될 것 같다고 거절을 했어요.

상담사 1: ○○ 씨는 좀 더 잘해 보고자 제안을 했는데 그 친구가 거부하니 수정할 수 없는 상황이 됐네요.

내담자 2: 그러고 나서 자기가 더 이상 할 게 없냐고 물어보는데 열심히 하는 척하는 것 같아서 좀 얄밉기는 했어요. 근데도 제가 또 과제를 취합하고 수정을 하다 보니 A한테 제안한 내용이 꼭 들어가야 할 것 같아서 고민하다가 다른 팀원들에게도 물어보고 의견을 취합해서 결국은 제가 수정해서 제출했어요.

상담사 2: 거절한다고 포기하지 않고 다른 팀원들의 의견도 들어 보았네요. ○○ 씨가 그런 역할을 하느라 힘들었을 거 같은데 ○○ 씨는 팀장의 역할이 어디까지라고 생각해요?

내담자 3: 저는 이번에 팀장이 되면서 팀원들이 자신의 역할에 충실할 수 있도록 조력자 역할을 하고 싶었어요. 제가 모두 감당하려고 하거나 책임지려고 하지 않고 팀원들이 자기 역할을 할 수 있도록 도우려고 노력했던 것 같아요. A가 제가 한 제안을 거절했을 때 망했다는 생각이 들기도 했지만 감정적으로 대응하지 않고 어떻게 할까 고민했고 그 고민을 팀원들과 함께 논의를 했는데 다행히 A도 동의를 해서 최종안을 만들 수 있었던 것 같아요. 이전에는 혼자 한다는 생각에 화도 나고 속상했었는데 이번에는 잘 마쳤다는 생각도 들었고 팀원들한테 고맙다는 생각이 들어서 맥주 한잔하자고 제안했는데 모두 찬성해서 기분이 좋았어요.

상담사 3: 이전에는 혼자 애쓰면서도 인정도 받지 못해서 맘 상하고 속상했던 경험들이 있었는데 이번에는 혼자 하기보다는 함께 나눠서 하는 경험을 통해서 책임감으로부터 자유로워진 것 같네요. 특히 A와 의견조율을 잘해서 오해 없이 해결된 것도 달라진 점으로 보이네요. 이렇게 변화된 모습을 보니 어떤가요?

내담자 4: 제가 상담하면서 달라진 거 같아요. 특히 누군가 알아주지 않아도 불안하지 않은 게 제일 좋아요. 내가 나를 알아주면 된다는 걸 알게 됐어요.

상담사 4: 자신을 인정하게 됐다는 말이 참 반갑게 들려요. 상담을 받는다고 모두 변화되는 건 아닌데 ○○ 씨는 행동을 통해서 변화를 만들어 내는 능력이 있는 사람이라는 생각이 들어요.

설명

상담사는 상담중기로 넘어가면서 내담자가 이전과 다르게 팀장으로서의 역할을 해낸 후 스스로 만족하는 부분에 대해서 초점을 맞추어 지지를 해 주었다. 상담중기는 내담자가 변화를 위한 노력을 하는 시기이기 때문에 생각이나 행동의 변화가 나타났을 때 상담사는 이 변화를 알아차리고 이전과 무엇이 달라졌는지, 어떻게 달라졌는지를 탐색하면서 내담자의 변화에 대한 지지를 통해 변화를 다질 수 있도록 도와주는 작업을 하는 것이 필요하다. 상담사는 내담자의 변화된 모습을 잘 정리해서 지지해 주고 변화를 만들어 낸 사람은 내담자 자신이라는 것을 다시 확인시키면서 내담자에게 힘을 실어 주고 있다(empowering).

■ 앞의 설명을 바탕으로 상담사 반응별 대안반응 적어 보기

상담사 1:

상담사 1:

상담사 2:

상담사 2:

상담사 3:

상담사 3:

상담사 4:

상담사 4:

대안반응 1

상담사 1: 잘해 보자는 생각으로 메일을 보냈는데 A는 거절을 했네요. 거절을 했으니 수정할 수 없었을 텐데 어떻게 했어요?

상담사 1: 나름 배려를 하며 보낸 ○○ 씨 마음을 몰라주고 거절을 했네요. 거절이라는 걸 알았을 때 어땠어요?

대안반응 2

상담사 2: 다른 팀원들의 의견도 들어 보고 취합해서 수정하는 과정을 거쳤네요. 이번에도 결국 팀장으로서 마무리를 했는데 자료 취합하면서 어떤 생각이 들었어요?

상담사 2: A에게 거절당해서 섭섭하기도 하고 얄밉기도 하다고 했는데~ A에 대한 감정을 어떻게 정리했어요?

상담사 2: A가 거절했는데 다시 팀원들에게 의견을 물어보는 결정을 하기까지 고민이 많았을 것 같은데 어떻게 용기를 낸 건가요?

대안반응 3

상담사 3: 팀장 역할이 힘들었으면 더 이상 팀장을 안 하려고 할 수도 있는데 ○○ 씨는 회피하지 않고 조력자로서의 역할을 하기 위해서 노력했네요. 만약 이번에 팀장 역할을 하지 않았다면 새로운 시도를 못 했을 것 같아요. ○○ 씨의 도전이 만들어 낸 결과라는 생각이 드네요.

상담사 3: A의 거절에 대해서 감정적으로 반응하지 않고 문제를 해결하기 위해서 노력한 점이 이전과 달라진 모습으로 보여요. 어떤 노력을 한 건가요?

대안반응 4

상담사 4: 누군가 알아주지 않아도 불안하지 않는다고 했는데 이 같은 변화가 어떻게 생긴 건가요?

상담사 4: 자기를 인정한다는 말을 들으니 이제 하산해도 될 것 같아요. 자신에 대해서 어떤 점을 인정하게 된 건지 들어 볼 수 있을까요?

셀프 수퍼비전 노트

1. 지지하기/승인하기 기술에 대한 셀프 모니터링

- 잘하고 있는 부분

- 개선이 필요한 부분

2. 셀프 수퍼비전을 통한 지지하기/승인하기 대안반응 연습하기

- 실제 사례를 가지고 대안반응 작성해 보기

제 11 장

정보제공

1. 언제/어떻게 정보제공을 해야 효과적인가?
2. 정보제공을 할 때 충고하거나 조언하는 느낌이 든다면?
3. 정보제공을 위해서는 상담사가 많은 것을 알고 있어야 한다는 생각이 든다면?

▣ 연습하기

▣ 셀프 수퍼비전 노트

정보제공은 내담자에게 특정 자료, 의견, 사실, 자원, 질문에 대한 대답, 또는 의견을 내담자에게 제공하거나 가르치는 것이다(Hill, 2004). 내담자에게 효과적인 정보제공을 하기 위해 상담사는 내담자에게 필요한 정보가 무엇인지 확인하고 제공함으로써 내담자의 변화를 촉진할 수 있다. 그러나 내담자가 원하는 정보를 모두 제공해야 하는지에 대한 판단은 상담사의 몫이다. 내담자가 원하는 정보를 모두 제공할 필요는 없지만 정보제공 방법에 대한 고민은 필요하다. 즉, 내담자에 따라서 정보제공을 어떻게 하는 것이 효과적인지에 대한 판단이 필요하다는 것이다. 따라서 상담사는 내담자에 따라 정보를 제공할 수 있는 다양한 방법을 고려해야 한다. 예를 들어, 내담자에게 직접 정보를 제공할지, 내담자가 스스로 정보를 찾도록 정보 출처를 제공할지 또는 정보를 가진 전문가를 직접 만나도록 안내할지 등을 고민하고 내담자에게 적합한 정보제공 방법을 활용하면 된다.

상담사가 정보제공 기술을 사용하기 전에 내담자에게 정보를 제공하려고 하려는 이유와 제공하는 정보의 내용과 제공 방법이 적합한지에 대해 다음과 같은 자문이 필요하다.

- 내담자에게 이 정보를 주고 싶은 이유는 무엇인가?
- 이 정보가 내담자에게 유용한 것인가?
- 상담사가 직접 정보를 제공하는 것이 내담자의 문제를 해결하는 데 더 효과적인가?

이러한 질문을 통해 정보를 제공하는 것이 치료적이라는 판단이 설 때 내담자에게 정보제공 기술을 활용하는 것이 효과적이다. 많은 경우 상담사들은 내담자 문제해결을 돕기 위해 문제의 원인을 찾고 그에 따른 해결책을 찾으려고 애쓰지만 어떤 내담자들에게는 이 같은 복잡한 분석보다는 정확한 정보제공만으로도 고민이 해결되는 경우가 종종 있다.

다음 사례를 보자. 내담자는 불안함을 호소하며 상담실을 찾았다. 군대에서 제대하기 전에 동기들로부터 자신이 재학 중인 A과는 진로 전망이 좋지 않으니 전망이 좋은 B과로 전과하라는 조언을 들었다. 내담자는 부모님과 의논한 결과, 전과하기로 마음을 먹었지만, 막상 전과하려니 확신이 들지 않아 망설이고 있었다. 그러던 중 복학을 앞둔 시점에 불안하고 무기력해진 상태에서 대학 상담실을 방문하였다. 상담사와 이야기를 나누면서 내담자는 제대 후 B과에 대한 정확한 정보를 알지 못한 채 복학 날짜와 전과 마감

기간이 다가오자 불안이 상승하였다는 것을 알게 되었다. 내담자의 불안과 무기력에 대한 구체화와 명료화를 통해 결정을 내리지 못하는 원인을 두 가지로 압축할 수 있었다. 첫째, 내담자 자신은 A과가 좋고 적성에 맞는다고 생각했지만 B과는 어떤지 알 수 없다는 것이다. 둘째, A과와 B과에 대한 정보가 없어서 자신의 진로 전망에 대해서도 확신할 수 없다는 것이다. 이 사례에서 보듯이 정보 부족은 다른 이차적 문제(우울, 불안, 학교 부적응 등)를 수반할 수 있다. 반대로 정확한 정보는 내담자가 문제를 해결하고 결정을 내릴 수 있도록 도울 수 있을 뿐 아니라 내담자의 행동과 사고, 감정의 변화에 긍정적인 영향을 미칠 수 있다.

정보제공은 내담자가 원하는 정보를 제공하기만 하는 간단한 과정이 아니다. 우선 정보제공이 내담자에게 도움이 되어야 한다는 판단이 선행되어야 하며, 그다음에 어떤 정보를 어떻게 제공할지 결정해야 한다. 정보제공 기술과 관련하여 초보상담사들이 경험하는 어려움에 대해서 알아보자.

1. 언제/어떻게 정보제공을 해야 효과적인가?
2. 정보를 제공할 때 충고하거나 조언하는 느낌이 든다면?
3. 정보제공을 위해서는 상담사가 많은 것을 알고 있어야 한다는 생각이 든다면?

1. 언제/어떻게 정보제공을 해야 효과적인가?

정보제공이 효과적이기 위해서는 정확한 정보와 함께 필요한 시점에 적절한 방법으로 제공해야 한다. 내담자가 정보가 필요하다고 요구할 때, 변화를 위한 새로운 대안이 필요할 때, 내담자가 잘못된 정보를 가지고 있다는 것이 명확해 보일 때, 내담자가 자신에게 필요한 어떤 정보도 가지고 있지 않을 때 등이 내담자에게 정보제공이 필요한 때이다.

내담자는 상담사에게 다음과 같이 정보를 요구한다. "선생님, ~할 때는 어떻게 해야 하나요?" "진로를 결정할 때 무엇을 기준으로 결정해야 되나요?"와 같은 식으로 정보를 요구할 때가 있다. 이때 상담사는 내담자에게 정보제공 이유를 탐색하고 정보를 제공할 것인지, 또는 내담자가 정보제공을 요구하는 심리적 특성(예: 요구적, 의존적 등)을 먼저 다룰 것인지를 판단해야 한다. 만약 단순한 정보제공만 해도 되는 상황이라면 정보제공

방법에 대해서 결정하고 필요한 정보를 제공하면 되지만, 내담자의 요구적 태도나 의존성의 문제로 정보제공을 요구한다면 정보제공보다는 정보제공을 요구하는 내담자의 욕구와 이유를 먼저 탐색하는 것이 좋다.

상담사는 다음과 같은 질문을 통해 내담자가 필요한 정보나 알고 있는 정보에 대해서 생각해 보도록 하고 의사결정을 위해 더 필요한 정보가 있다면 그 정보를 스스로 찾도록 돕거나 정보를 수집하는 데 필요한 도움을 제공하면 된다.

상담사: ○○ 씨가 ~에 대한 결정을 위해 더 필요한 정보가 있을까요?
상담사: ○○ 씨가 ~에 대해서 알고 있는 내용은 무엇인가요?
상담사: 이제 필요한 정보를 찾으면 되는데 정보를 얻는 방법에 대해서 생각해 봤어요?

새로운 대안을 찾거나 중요한 결정을 해야 할 때 내담자가 가진 정보가 충분하지 않다는 생각이 든다면 상담사는 자신이 가진 정보를 바로 제공할지, 내담자가 새로운 정보를 탐색하도록 제안할지 추가적인 고민이 필요하다. 정보제공이 효과적이기 위해서는 내담자가 새로운 정보제공의 필요성을 느껴야 한다. 내담자가 스스로 정보를 찾는다 하더라도 정보접근에 한계가 있거나 정보획득에 제한이 있다면 상담사가 가진 정보를 제공하는 것이 더 효율적일 수 있다.

만약 상담사가 제공하는 정보를 내담자가 활용할 준비가 되어 있지 않다면 제공된 정보는 무용지물이 된다. 정보를 요구하는 내담자 중에 의존적인 내담자, 자신이 해야 할 일을 미루는 내담자 그리고 정보를 주면 활용하겠다고 말만 하고 행동하지 않는 내담자들에게는 아무리 좋은 정보를 제공한다 하더라도 무의미하다. 따라서 상담사는 변화에 대한 동기가 높고 제공된 정보를 충분히 다룰 수 있는 능력이 있는 내담자를 대상으로 상황에 따라 필요한 정보를 제공하는 것이 좋다. 또한 많은 양의 정보를 한꺼번에 제공하면 내담자가 모두 기억하거나 소화할 수 없기 때문에 필요한 정보를 적절하게 제공할 필요가 있다.

상담사는 내담자가 자신에게 필요한 정보를 스스로 찾기 위해 이미 노력했을 가능성이 있다는 점을 기억해야 한다. 따라서 상담사는 내담자의 정보탐색 과정과 취득한 정보를 검토하면서 내담자가 그동안 노력해 온 과정을 지지하고, 내담자가 스스로 자신의 노력 과정을 검토하고 수정할 수 있도록 도와야 한다. 이러한 과정 후에 추가적인 정보를 제공한다면 내담자는 제공된 정보를 더 잘 활용할 것이다.

다음은 고등학교를 중퇴하고 검정고시를 준비하는 학교 밖 청소년의 사례이다. 이 내담자는 부모와의 갈등과 학원에서 또래들과 잘 어울리지 못하는 문제로 스트레스를 받고 있다며 스트레스 해소방법에 대해 알고 싶어 한다. 상담사는 내담자의 스트레스 원인을 명료화하고 내담자가 이 문제를 해결하기 위해 어떤 노력을 해 왔는지 탐색한다. 이후 내담자가 새로운 대안을 찾을 수 있도록 정보를 제공하고 있다.

내담자 1: 평소처럼 먹는 걸로 스트레스를 못 풀게 되니까 점점 더 예민해지고 날이 서더라고요. 그래서 스트레스를 푸는 좀…… 건강한 방법? 그런 걸 알고 싶어요.

상담사 1: 다이어트 때문에 먹을 수 없으니 다른 방법으로 스트레스를 풀어야 한다고 생각했구나. 어떤 방법을 찾아봤니?

내담자 2: 제가 다 한 번씩은 해 봤고, 효과도 별로 보지 못했고요.

상담사 2: ○○이가 스트레스를 푸는 건강한 방법들을 이미 해 봤다고 했는데 어떤 방법이 효과가 없었는지 얘기해 줄래?

내담자 3: 운동이랑…… 일찍 자고 일찍 일어나는 거, 맛있는 거 먹는 거, 그 외에 집단 프로그램에서 배웠던 것들이요.

상담사 3: 스트레스 해소를 위한 방법을 찾아도 보고 실천도 해 봤구나. 참 잘하고 있었네. 그 여러 가지 방법 중 조금이라도 ○○이에게 도움이 된 방법이 있었다면 어떤 걸까?

내담자 4: 좀 도움이 된다? 아, 이거 정말 나한테 힐링이 된다 싶은 거는 야옹이랑 시간을 보내는 거요. 제 손가락도 빨고 제 옆구리에 와서 자기도 하고. …… 야옹이하고 있으면 편안해져요.

상담사 4: 야옹이가 ○○이 옆에 와서 애교도 부리고 편안하게 안기면 어떤 마음이 들지?

내담자 5: 야옹이가 저를 좋아하는 것 같아요. …… (울먹이며) 야옹이만 저를 좋아하는 것 같아요. 아무도 저를 좋아하지 않아요. 친구들도 없고요.

상담사 5: ○○이에게는 지금 무엇인가를 함께할 친구가 필요하구나…….

내담자 6: (눈물) 아무도 없어요. 친했던 친구들은 학교에 있고, 엄마 아빠도 잘해 주려고 하지만 항상 저랑 같이 있어 주는 것도 아니니까.

상담사 6: ○○이가 새로운 친구들을 만날 수 있는 기회가 필요할 것 같네. 또래 친구들을 만날 수 있으면서도 검정고시도 준비하는 데 도움이 될 만한 곳이 필요할 것 같은데 ○○이 생각은 어떠니?

내담자 7: 그런 데가 있을까요?

상담사 7: 검정고시를 준비하는 친구들을 도와주는 곳이 있어. 혹시 학교 밖 청소년들을 위해서 시에서 운영하는 꿈드림 센터가 있는데 알고 있니?

상담에서의 정보제공은 상담을 시작하는 시점부터 시작된다고 볼 수 있다. 즉, 상담사는 상담을 시작하면서 상담사에 대한 정보를 제공할 뿐 아니라 상담 진행과정에 대한 정보도 제공하게 된다. 내담자는 상담사가 어떤 자격을 갖추고 있는지, 상담 경력은 얼마나 되는지, 상담 시작부터 끝날 때까지 어떤 과정을 거치는지에 대해서 궁금할 수 있다. 따라서 상담사는 상담사에 대한 정보뿐 아니라 상담 과정과 절차에 대한 정보제공을 통해 내담자가 안심하고 상담에 참여하도록 도울 수 있다.

특히 상담초기에는 내담자뿐 아니라 상담을 의뢰하는 부모나 교사 또한 상담사의 전문성과 상담 진행과정에 대해서 알고 싶어 할 수 있다. 상담사는 상담을 촉진하는 범위 내에서 정보를 제공할 수 있지만 단순한 호기심으로 상담사에 대한 사적인 정보를 알고 싶어 한다면 정보제공에 신중할 필요가 있다. 상담사 입장에서는 어디까지 개방해야 하는지 경계에 대한 고민이 있을 수 있다. 상담사가 불편감을 느낄 정도의 사적인 정보를 내담자가 요구할 때 상담사는 내담자가 개인정보를 요구하는 이유가 무엇인지를 탐색하고, 내담자와 상담관계를 유지하는 데 도움이 되는 수준까지 정보를 제공하면 된다. 상담사는 상담과정에서 내담자에게 도움이 된다는 판단이 들면 학위나 경력, 자격 등의 개인정보는 제공할 수 있지만 나이, 가족관계나 결혼 등 사생활 내용에 대한 질문을 할 때는 거절할 수 있다.

다음 사례는 내담자가 상담사의 경력과 학력에 대해서 묻고 있다. 상담사는 자신이 개방 가능한 선에서 자기개방을 하고 있으며 내담자가 상담사를 궁금해하는 마음을 탐색하며 내담자의 문제를 다루고 있다.

내담자 1: 선생님은 상담공부 하신 지 얼마나 되셨나요?

상담사 1: 음~ 석사과정까지 합치면 3~4년 정도 됐습니다.

내담자 2: 그 정도 경력이면 2급 자격 정도 되는 것 같네요.

상담사 2: 상담 자격증에 대한 정보를 알고 계신 것 같네요. 제가 2급 상담사라는 것이 상담하는 데 영향을 미칠까요?

내담자 3: 아는 분이 가급적이면 경력 있는 상담사한테 상담받으라고 해서 선생님이 어떤 자격인지 궁금했어요.

상담사 3: 아~ 그럼 제가 1급 상담사이길 바라셨을 수도 있겠네요.

내담자 4: 그냥~ 젊어 보이셔서 1급 상담사가 아닐 수 있다는 생각은 했어요. 선생님이 2급이더라도 상담에 대한 불만이 있는 건 아니라서……. 1급 선생님이 아니라는 게 조금 아쉽긴 하지만 지금 상담하는 데 당장 문제가 되는 건 아니에요.

상담사 4: 제 자격수준이 상담하는 데 문제가 되지 않는다고 말씀해 주시니 안심이 되네요. 만약 상담하다가 저 또는 상담에 대한 불편한 마음이 생기면 그때는 꼭 제게 솔직하게 말씀을 해 주세요.

청소년 상담의 경우 학부모는 상담사에게 자녀양육 관련 정보 및 자녀문제 해결방법에 대한 정보를 제공해 주길 원하는 경우가 종종 있다. 예를 들면, 자해 문제로 의뢰된 청소년의 경우 부모에게 자해하는 청소년의 기본적인 심리와 자녀가 자해를 하게 되는 원인에 대해 설명해 줄 수 있다. 자녀의 자해행동을 알았을 때 부모는 어떻게 행동해야 하는지 정보를 주면서 교육할 수 있다. 즉, 자해행동을 한다는 것은 자녀에게 감당하기 어려운 스트레스가 있다는 것을 의미한다고 설명한다. 또한 상담사는 부모에게 자해행동은 짧은 시간에 변화하지 않으며 상담 중에도 반복적으로 자해행동이 나타날 수 있으므로 상담사를 믿고 기다리는 시간이 필요하다는 점을 설명해 준다.

내담자는 상담 중 자신의 상태(인지, 정서, 행동)에 대한 정확한 인식 및 변화 과정에 대한 정보가 필요하다. 심리검사를 실시했다면 검사결과를 해석하면서 내담자가 자신을 이해할 수 있는 정보를 제공할 수 있다. 또한 상담을 하면서 알게 된 내담자의 현재 상태에 대한 정보를 제공함으로써 내담자가 자신의 상태를 이해하고 변화하도록 도울 수 있다. 예를 들면, 상담사는 불안한 내담자에게 불안의 과정에 대해 알려 주고 불안의 원인을 찾아서 확인하는 과정이 필요하다는 것을 말해 줄 수 있다. 게다가 상담사는 불안하기 때문에 나타나는 행동들이 내담자의 적응에 어떤 영향을 미치는지 설명하고, 항불안제라는 약물이 어떻게 작용하는지 설명할 수 있다. 상담사가 내담자의 증상이나 증상 완화를 위한 정보를 제공하면 내담자는 자신이 현재 어떤 상태이며, 어느 정도의 기능 수준인지 알게 됨으로써 자신과 자신의 문제를 이해하게 된다.

다음은 대학생 내담자 사례로 자신의 증상에 대해 보고하면서 진단명이 무엇인지, 약물을 복용하면 변화할 수 있는지에 대해 궁금해하고 있다. 상담사는 내담자가 궁금해하는 약물복용에 대한 정보를 제공하고 증상에 맞는 약물복용을 통해 필요한 도움을 받는 것에 대한 이점을 설명하고 있다.

내담자 1: 저에게 병이 있는지 없는지 알고 싶어서 왔어요.

상담사 1: 어떤 증상 때문에 병이라고 생각했나요?

내담자 2: 제가 시험을 볼 때마다 너무 불안해서 공부한 만큼 결과가 나오지 않아요. 수능처럼 큰 시험에서는 너무 불안해서 1교시 시험을 망쳤어요. 대학교에서 보는 시험도 불안하기는 마찬가지인데 그래서 더 열심히 준비를 해요. 그런데 이번에 큰 시험을 보는데 자꾸 걱정이 돼요. 이렇게 불안한 게 혹시 병은 아닌지, 시험을 볼 때 또 불안해서 시험을 망치지는 않을지 걱정이 돼서 공부가 잘 안 돼요.

상담사 2: 시험 이외의 다른 분야에서 불안이 나타나는 경우가 있나요?

내담자 3: 불안하기는 하지만 시험불안이 나타날 때보다는 심하지 않아요. 이런 증상이 불안장애인가요?

상담사 3: 불안장애라고 진단하려면 병원에서 진료를 받아야 해요. 지금까지 시험불안으로 많이 힘들었을 텐데 병원진료를 받은 적은 없나요?

내담자 4: 병원에 가는 건 부모님이 반대하고 주변 사람들이 어떻게 볼까 걱정이 돼서 안 갔어요. 병원에 가야 하나요? 제가 약을 먹으면 평생 먹어야 하는 건 아닌가요?

상담사 4: 병원에 간다는 게 부담스러웠군요. 특히 불안 관련 증상은 약물복용으로 호전되는 경우가 많고 증상이 완화되면 약물을 줄이기도 하고 끊을 수도 있어요. 불안 때문에 일상에서 필요한 일을 못하는 것보다는 약물을 복용하면서 중요한 시험을 무사히 치르는 게 도움이 될 것 같은데 어떻게 생각해요?

상담사가 내담자에게 필요한 정보를 모두 제공하는 것은 불가능하기도 하지만 바람직하지도 않다. 내담자가 원하는 정보를 상담사가 모두 제시해 주는 것보다 필요한 정보를 스스로 찾아가는 전략과 방법을 학습할 수 있는 경험을 주는 것이 필요하다. 그래야 상담사에게 모든 것을 의존하지 않고 내담자가 자신에게 필요한 정보를 스스로 찾고 문제를 해결하는 능력을 향상할 수 있다.

2. 정보제공을 할 때 충고하거나 조언하는 느낌이 든다면?

상담에서 상담사가 정보제공을 하는 것은 내담자가 정보획득을 통해 필요한 의사결정을 하거나 문제해결을 돕기 위함이다. 그러나 상담사가 제공한 정보를 활용할지 말지는 내담자의 선택이기 때문에 상담사가 정보 활용에 대해 내담자에게 강요할 수는 없다. 상담사의 역할은 내담자가 필요한 정보를 취득할 수 있도록 안내하는 것이며 그 정보를 선택하고 문제해결을 위해 활용할지 여부를 결정하는 것은 내담자의 몫이다. 따라서 상담사는 자신의 문제를 해결해야 할 선택과 책임이 내담자에게 있다는 것을 인식하고 내담자가 필요한 정보를 선택할 수 있도록 도와야 한다.

정보제공이 일방적인 충고나 조언으로 보일까 봐 걱정이 된다면 상담사는 정보를 제공하는 자신의 의도를 잘 살펴보아야 한다. 내담자에게 정보를 제공할 때 상담사는 내담자에게 도움이 된다는 것에 보람도 느끼지만 한편으로는 많은 정보를 알고 있는 자신에 대해서 뿌듯하기도 할 것이다. 이때 상담사는 내담자에게 정보를 제공하면서 자신도 모르게 생색을 내게 되거나, 가르치려 한다거나, 충고나 조언을 한다는 느낌을 줄 수 있다. 따라서 상담사는 정보를 제공할 때 자신의 욕구를 볼 수 있어야 한다. 예를 들어, 상담사가 자신의 유능성을 인정받고 싶을 때 의존적인 내담자를 만나서 정보를 제공한다면, 내담자에게 도움이 되기보다는 의존성을 강화한다든지 소극적인 태도를 유지하게 하는 것과 같이 내담자의 문제를 더욱 강화할 것이다. 상담사가 정보를 제공할 때 내담자를 돕기 위한 목적보다 자신을 능력 있는 상담사로 보이고 싶어 하는 마음이 더 크다면 이는 상담사의 역전이일 가능성이 있다.

정보제공이 충고나 조언처럼 전달되지 않게 하려면 상담사는 내담자에게 정보를 전달한 이후 다음과 같은 질문을 통해 내담자가 그 정보에 얼마나 관심을 기울이고 자신의 문제해결에 적용하는지 확인해 보아야 한다.

- 제공된 정보가 ○○ 씨에게 도움이 되나요?
- ○○ 씨가 지금 들은 정보를 어떻게 생각하는지 궁금하네요.
- 제공된 정보 중 무엇을 활용해 보고 싶나요?

이와 같은 질문에 대한 내담자 반응을 보면 제공된 정보를 제대로 이해했는지 또는 제공된 정보를 내담자가 받아들이고 있는지 확인할 수 있다. 이러한 질문과 확인을 할 때도 상담사는 내담자를 불신해서 확인하려고 한다거나 상담사가 제공한 정보대로 하도록 강요하는 느낌을 주지 않아야 한다.

상담사가 조급한 마음이 들면 내담자가 정보를 찾고 수집하는 과정을 기다려 주지 못하고 상담사가 모든 정보를 주려고 하거나 충고를 하게 된다. 충고는 상대방으로 하여금 불쾌한 감정을 유발하여 방어적 태도를 취하게 한다. 그러나 상담사가 충분한 공감과 이해를 통해 내담자에게 필요한 정보를 제공한다면 내담자는 흔쾌히 제공받은 정보를 수용하거나 스스로 정보를 탐색하여 문제를 해결하는 데 사용할 것이다.

3. 정보제공을 위해서는 상담사가 많은 것을 알고 있어야 한다는 생각이 든다면?

상담사는 내담자가 원하는 정보를 제공하기 위해 다양한 분야의 정보를 알고 있어야 한다는 부담감을 가질 수 있다. 그러나 상담사는 세상의 모든 것을 다 알 수도 없고 내담자가 가진 문제를 모두 해결할 수도 없다. 즉, 상담사는 전지전능한 존재가 아니다. 초보상담사들의 경우 유능한 상담사는 모든 정보를 알고 있어야 한다는 환상을 가질 수 있다. 그러나 많은 정보를 가지고 있다는 것이 유능한 상담사의 조건은 아니다. 유능한 상담사에 대한 환상은 초보상담사들이 경험하는 열등감과 관련될 수 있다. 상담 경력도 짧고, 연륜도 적고, 정보도 부족하다는 생각이 상담사로서의 열등감을 자극하는 것이다. 내담자에게 정보제공 기술을 사용할 때 상담사는 정보의 양이 아니라 내담자에게 필요한 정보가 무엇인지 알고 그 정보를 찾아가고 활용할 수 있도록 돕는 것이 중요하다는 것을 잊지 말아야 한다.

또한 상담사는 정보제공을 원하는 내담자의 목적이나 의도가 무엇인지를 파악해야 하고 그에 맞는 정보를 제공할 수 있어야 한다. 즉, 상담을 정보제공 과정으로 오해해서인지, 그것이 내담자가 관계를 맺는 패턴인지, 상담사가 의사처럼 진단을 내리고 처방하는 사람이라고 잘못 알고 있어서인지, 의존성 때문인지 등을 탐색하고 그에 맞게 대응해야 한다. 내담자가 자신이 가진 정보가 문제해결을 하는데 유용한 것인지 검토하고 필요한 정보를 수집할 수 있도록 온・오프라인 등의 정보 출처 또는 관련 기관이나 사람을 찾는

데 필요한 도움을 제공하면 된다.

다음은 경제적인 어려움을 겪고 있는 대학교 1학년 내담자의 사례이다. 내담자는 집안 사정상 등록금 마련이 어려워 대출을 받으며 학교를 다니고 있다. 내담자는 등록금을 해결할 방법을 찾지 못하고 학기가 시작되자 학교생활 부적응이라는 이차적인 문제가 나타나 상담실을 찾아왔다. 상담사는 내담자의 학교생활 적응에 필요한 선행조건이 등록금 해결을 위한 정보라는 것을 알아차리고 그와 관련된 정보를 찾도록 돕고 있다. 또한 상담사는 내담자에게 필요한 정보를 모두 제공해 주는 것이 아니라 내담자가 자신에게 필요한 정보를 획득할 수 있는 방법을 알려 줌으로써 내담자가 직접 정보획득을 위한 행동을 하도록 격려하고 있다.

내담자 1: 등록금이 비싸서 돈 낭비 같다는 생각이 들어요. 이 과를 졸업해도 미래에 잘될 수 있을 거란 확신이 없고요. 이번에 국가장학금이 안 돼서 대출을 하든지 해야 하는데 그렇게까지 해서 다녀야 하나 싶어요. 그런 생각이 드니까 수업시간에 자꾸 빠지게 되고 친구들이나 선배들을 피해 다니는데 이런 저를 볼 때마다 이렇게 학교 다니는 게 무슨 의미가 있나라는 생각이 들어요. 오히려 돈을 버는 게 맞는 게 아닌가라는 생각을 하고 있어요.

상담사 1: 경제적인 어려움이 학교생활을 하는 데도 영향을 미치고 있네요. 혹시 장학부서 담당자와 상담을 해 봤나요?

내담자 2: 아니요…… 아마 제가 성적이 안 좋아서 장학금이 안 되는 것 같아요.

상담사 2: 국가장학금이 안 되더라도 학교 내에서 주는 장학제도도 있더라고요. 알아봤으면 좋겠어요.

내담자 3: 어디요? 홈페이지에요? 기간은 안 지났어요?

상담사 3: 그렇게 구체적인 부분까지는 내가 잘 모르겠고요, 그런 부분을 ○○ 씨가 확인해 봐야 할 것 같아요. 장학부서를 직접 찾아가서 확인하거나 홈페이지에서 확인하면 될 것 같네요.

내담자 4: 네…… 감사해요. 상담 끝나면 바로 가서 확인해 봐야겠네요.

최근에는 상담사라는 직업에 대한 관심이 높아지면서 중 · 고등학생이나 대학생들이 상담사가 되는 방법에 대해서 궁금해하는 경우가 있다. 다음 사례처럼 상담사는 그 분야의 전문가로서 정보를 줄 수도 있지만 정보 출처를 제공하여 내담자가 직접 정보를 찾아보게 한다면 더 많은 정보를 습득할 수 있을 것이다.

내담자: 오랫동안 상담사가 되고 싶었어요. 인터넷으로 찾아보면 전망이 좋은 직업이라고 나오는데 대학 관련 학과만 나오면 되는 건가요? 선생님은 어떻게 상담사가 되셨어요?

상담사: 상담사가 되려면 대학에서 관련 학과를 나오면 좋겠지만 그러지 못하더라도 대학원에서 상담 관련 전공을 하면 상담사가 될 수 있어요. 관련 학회에서 자격증을 받으려면 석사를 마치고 수련을 따로 해야 해요. ○○ 씨가 상담사가 되기 원한다면 △△학회 홈페이지에 들어가 보세요. 자격증과 관련된 내용이 나와 있어요. 확인해 보고 모르는 것이 있으면 물어보세요.

내담자가 정보를 요청할 때마다 상담사가 정보를 제공하는 것은 내담자의 효능감을 낮추고 의존성을 강화할 수 있다. 따라서 상담사는 내담자가 스스로 필요한 정보를 찾고 활용할 수 있을 때 자신의 삶에 대한 책임감과 자신감을 가질 수 있다는 것을 유념하면서 정보를 제공해야 한다.

연습하기

사례

내담자는 남편과의 갈등으로 상담을 하고 있는 40대 주부이다. 상담 중 내담자는 중학교 2학년 사춘기 자녀와의 관계가 힘들다고 말하고 있다. 내담자는 자녀가 사춘기라서 말을 안 하고 반항적인 모습을 보인다고 생각했지만 내담자의 보고를 통해서 상담사는 딸이 우울감이 있음을 인지하고 내담자가 자녀를 이해하고 도울 수 있도록 정보제공을 하고 있다.

내담자 1: 요즘에는 남편하고 힘든 것보다 딸아이와 지내는 게 더 힘든 거 같아요. 딸아이와 내가 잘 안 맞아서 그동안 힘들었는데 요즘에는 더 심해진 거 같아요.

상담사 1: 딸과의 관계에서 어떤 점이 힘든지 좀 더 말씀해 주세요.

내담자 2: 워낙 애가 예민해서 조그만 일에도 짜증 내고 잘 삐지고 그랬거든요. 그런데 요즘에는 짜증 내면서 갑자기 소리도 지르고 내가 왜 태어났는지 모르겠다고 하고. 어떤 날은 혼자 방에서 우는 것 같더라고요. 사춘기여서 그런가 보다 하고 이해하고 넘어가려고 하는데 너무 자주 그러니까 제가 못 참고 소리 지르고 혼내니까 더 사이가 안 좋아지는 거 같아요.

상담사 2: 딸한테 무슨 일이 있었나요? 왜 울었는지 궁금하네요.

내담자 3: 물어보지는 않았어요. 얼마 전 성적이 떨어졌는데도 공부가 안 된다고 학원 쉬면 안 되냐고 해서 안 된다고 혼냈거든요. 지금 중요한 시기인데 지난번 시험에서도 성적이 떨어졌는데 이번에 더 떨어지면 안 되거든요. 시험을 못 봐서 그런가 싶기도 하고…….

상담사 3: 딸이 왜 울었는지 정확한 이유는 모르시네요. 학원을 쉬고 싶은 이유가 공부 때문이라고 생각하신 이유가 있어요?

내담자 4: 저는 공부하기 싫어서 그런 거라고 생각했는데~ 더 자세히 물어보지는 않고 혼내기만 했네요. 선생님은 짐작 가는 이유가 있으세요?

상담사 4: 잘 모르긴 하지만 학원에서 친구들이나 학원 선생님과 문제가 생겨도 학원을 가기 싫을 것 같아요. 학원 생활도 확인해 보시면 좋을 것 같고…… 요즘 성적이 계속 떨어지고 있다면 공부에 집중하지 못하는 이유가 있을 것 같아요. 사춘기 때문이라고 하면 오히려 다행이죠. 발달상 사춘기를 경험할 나이이기도 하고~

내담자 5: 그런가요? 저는 사춘기로 방황하다가 공부 시기를 놓칠까 봐 너무 불안해요. 그런데 사춘기 때문이 아닐 수도 있다고 하시니 더 걱정되네요.

상담사 5: 딸과 성적이 떨어진 이유에 대해서 이야기를 해 보시면 명확한 이유를 알 수 있겠죠. ○○ 씨가 너무 걱정하고 불안해하면 딸이 어머니에게 고민이나 힘듦을 말하기 어려울 것 같아요.

내담자 6: 제가 걱정이 좀 많기는 하죠. 생각해 보니 딸이 저한테 힘들다거나 고민을 얘기한 적이 별로 없는 것 같네요. 제가 너무 무심했나 싶어요. 남편 때문에 정신이 없어서 애들한테 신경을 못 쓴 것도 사실이고…….

상담사 6: ○○ 씨는 딸이 어떤 모습을 보일 때 반항한다고 생각하세요?

내담자 7: 집에서는 입 다물고 말도 안 하고 불러도 대답 없고 방에서 잘 안 나오고 주말에는 거의 하루 종일 잠만 자는 것 같아요. 하라는 공부는 안 하고 잠만 자고 잘 먹지도 않고 학원도 안 가겠다고 하니까 그런 게 모두 반항하는 것처럼 보이죠. 무기력해 보여요. 욕심도 없는 것 같고…… 하고 싶은 것도 없는 것 같고…… 답답해요. 애가 좀 어두워 보여서 속상할 때가 있어요.

상담사 7: 얘기를 들어 보니 아무리 사춘기라고 해도 딸의 모습이 걱정될 만하네요. 딸이 언제부터 이런 모습을 보이기 시작했는지 기억하세요?

내담자 8: 글쎄요. 근래에 좀 심해졌다고 느끼긴 했는데~ 뭘 시키면 하기 싫다는 말을 부쩍 많이 하는 것 같아요.

상담사 8: 혹시 우울하다고는 하지 않던가요?

내담자 9: 우울하다는 말도 몇 번 듣긴 했는데~ 심각하게 듣진 않았는데 혹시 우울증인가요?

상담사 9: 어머니가 설명하시는 딸의 모습에서 우울한 사람들이 보이는 특성들이 있어요. 잘 먹지 않고 잠 많이 자고 부정적이라거나 무기력한 모습 등이 우울한 사람들의 특성과 유사해요. 우울증으로 진단을 할 만한 수준인지는 진단을 받아 봐야 알겠지만 만약 우울증이라고 한다면 치료를 받도록 도와주셔야 할 것 같아요. 지금 상태에서는 의욕도 없고 효율이 떨어지기 때문에 공부를 하려고 해도 성적을 올리기는 힘들 수 있어요. 잠은 잘 자는지, 최근에 몸무게가 많이 줄었는지도 확인해 보는 것도 도움이 될 거예요.

내담자 10: 전 그냥 사춘기를 유별나게 보낸다고 생각했는데 그게 아닐 수도 있네요. 살이 찔까 봐 안 먹는다고 생각했는데 우울 증상이기도 하네요. 그럼 제가 어떻게 해야 될까요?

상담사 10: ○○ 씨는 어떻게 하고 싶으세요?

내담자 11: 일단 딸과 대화를 해 봐야 할 것 같네요. 일단 아이 상태가 어떤지 확인해 볼게요.

상담사 11: 네~ 좋은 생각이네요. 딸이 무엇 때문에 힘들어하는지 이야기해 보시고 함께 방법을 찾는 게 좋을 것 같아요. 딸이 무엇을 원하는지를 아는 게 우선이에요. 병원을 억지로 끌고 갈 수는 없으니까…… 딸의 상태에 대해서 생각하지 못했던 우울증에 대한 얘기를 나눴는데 지금 마음이 어떠세요?

설명

상담사는 청소년기 자녀와의 갈등을 겪는 내담자를 상담하고 있다. 내담자는 딸과의 갈등이 사춘기 때문이라고 생각하고 있지만 상담사는 딸에 대한 다양한 정보를 확인한 후 단순히 사춘기라기보다는 우울과 관련된 증상들도 있음을 내담자에게 설명(정보제공)하고 있다. 내담자는 딸이 왜 우는지, 왜 학원을 그만두고 싶어 하는지에 대해 딸과 함께 대화를 나누지 않고 추측을 하고 있으며 상담사에게 어떻게 하면 좋겠냐는 질문을 자주 한다. 상담사는 내담자에게 '어떻게 하고 싶냐'고 되물었다. 내담자가 잘 모르는 분야는 상담사가 아는 범위 내에서 전문적인 정보를 제공해도 되지만 내담자가 스스로 생각해야 할 부분까지 정보제공을 한다면 내담자의 의존성을 더 키우게 된다. 상담사는 내담자에게 정보제공을 할 때 내담자의 의존성을 해치지 않는 선에서 정보제공을 하는 것이 좋다. 다음에서 정보제공 과정에 대한 대안반응을 연습해 보자.

▣ 앞의 설명을 바탕으로 상담사 반응별 대안반응 적어 보기

상담사 1:

상담사 1:

상담사 2:

상담사 2:

상담사 3:

상담사 3:

상담사 4:

상담사 4:

상담사 5:

상담사 5:

상담사 6:

상담사 6:

상담사 7:

상담사 7:

상담사 8:

상담사 8:

상담사 9:

상담사 9:

상담사 10:

상담사 10:

상담사 11:

상담사 11:

대안반응 1

상담사 1: 딸과 어떤 점에서 잘 맞지 않는다고 생각하세요?

상담사 1: 딸과의 관계가 어떤 점에서 힘든지 좀 더 구체적으로 말씀해 주세요.

대안반응 2

상담사 2: 요즘이라면 언제부터 달라지기 시작한 건가요?

상담사 2: 아이가 심해졌다고 하는데 평상시 모습과 어떻게 달라진 건가요?

상담사 2: 딸의 모습을 보면서 ○○ 씨가 느끼는 감정은 뭔가요?

대안반응 3

상담사 3: 학원을 쉬고 싶다고 말하는 걸 보면 지쳐 있는 것 같다는 생각이 드네요. 학원을 쉬고 싶다는 말을 듣고 어땠어요?

상담사 3: 딸의 성적이 떨어진 이유가 뭐라고 생각하세요?

상담사 3: 성적이 떨어졌으면 딸이 많이 힘들었을 텐데…… 어머니는 성적 떨어진 것에 신경을 많이 쓰시는 것 같네요. 딸에게 기대하는 건 뭔가요?

대안반응 4

상담사 4: 딸이 공부하기 싫어한다면 이유가 있을 텐데 딸이 왜 그러는지 궁금하지 않으세요?

상담사 4: 딸이 이전에도 학원에 가기 싫다고 얘기한 적이 있나요?

상담사 4: 글쎄요. 저보다는 엄마가 더 잘 알 것 같은데~ ○○ 씨는 어떠세요?

대안반응 5

상담사 5: ○○ 씨는 사춘기 때 어땠어요?

상담사 5: ○○ 씨가 너무 걱정하고 불안해하면 딸이 어머니에게 고민이나 힘듦을 말하기 어려울 것 같아요.

상담사 5: ○○ 씨가 딸의 공부나 성적을 중요하게 생각하는 이유가 궁금하네요.

대안반응 6

상담사 6: ○○ 씨도 남편과의 갈등으로 힘들었겠지만 딸도 외로웠을 것 같네요.

상담사 6: 딸에게 무심했던 마음이나 신경을 못 쓴 것에 대한 미안한 마음을 솔직하게 표현해 보면 어떨까요?

대안반응 7

상담사 7: 딸의 모습을 보면서 ○○ 씨가 걱정하는 미래는 뭘까요?

상담사 7: 어떤 모습의 딸이면 ○○ 씨가 흡족할까요?

대안반응 8

상담사 8: 최근에 심해졌다면 이미 이런 증상들이 나타난 지는 시간이 꽤 된 것 같은데~ 이전에도 딸의 이런 모습을 알고 계셨어요?

상담사 8: 하기 싫다는 말을 들으면 어떠세요?

대안반응 9

상담사 9: 딸이 우울하다고 말했을 때 귀담아듣지 않으셨네요.

상담사 9: 혹시 딸이 우울증 진단을 받는다면 어떨 것 같으세요?

상담사 9: 사춘기 때 정서적으로 불안정하고 부정적인 생각을 많이 하기는 하지만 딸의 경우에는 그 정도가 조금 심한 것 같아요. 그냥 사춘기 때문이라고 넘기기에는 우울증을 의심해 볼 수 있는 여러 증상이 보이네요.

상담사 9: 우울한 사람들은 무기력하고 지쳐 있어요. 딸이 주말에 잠도 많이 자고 아무것도 안 하려고 하고 학원을 쉬고 싶다는 것도 지쳐 있는 모습으로 보여요. 현재 얼마나 힘든지, 엄마의 도움이 필요한 건 아닌지에 대해 대화를 시도해 보고 딸이 치료를 받겠다고 하면 약물치료와 상담을 받을 수 있도록 도와주시면 좋을 것 같아요. 필요하면 아빠에게도 도움 요청을 하시면 좋을 것 같아요. 지금까지 설명한 내용 중에 궁금한 것이 있을까요?

대안반응 10

상담사 10: 딸이 외모에 신경을 많이 쓰는 편인가요?

상담사 10: 다른 학부모들도 아이들의 반항이나 변하는 모습을 사춘기라고 생각하는 경우가 있어요. 지금이라도 딸의 마음을 돌볼 수 있다면 다행이지 않을까요?

대안반응 11

상담사 11: 딸한테 어떻게 얘기할지 미리 연습해 볼까요?

상담사 11: 딸에게 어떤 말을 하고 싶으세요?

셀프 수퍼비전 노트

1. 정보제공 기술에 대한 셀프 모니터링

- 잘하고 있는 부분

- 개선이 필요한 부분

2. 셀프 수퍼비전을 통한 정보제공 대안반응 연습하기

- 실제 사례를 가지고 대안반응 작성해 보기

제 12 장

조언하기

1. 언제/어떻게 조언하기를 사용해야 효과적인가?
2. 내담자가 지속적으로 조언을 구한다면?
3. 조언하기를 무분별하게 사용하지 않으려면?

▣ 연습하기

▣ 셀프 수퍼비전 노트

상담에서 조언하기는 내담자의 변화를 촉진하기 위하여 내담자가 할 수 있는 것에 대해서 상담사가 제안하는 것이다(Hill, 2012). 상담사는 조언하기를 통해 내담자의 문제해결을 신속하고 효과적으로 도울 수 있고 내담자는 자신의 문제를 해결하는 경험을 하게 된다.

초보상담사일수록 내담자의 문제를 빨리 해결하도록 돕고 싶은 마음에 조언을 자주 할 가능성이 크다. 필요할 때 조언을 사용한다면 가장 좋겠지만, 초보상담사들의 경우 조언을 필요 이상으로 사용하는 경우가 빈번하다. 이럴 경우 상담사로서 고민해야 할 부분은 도움이 되고 싶은 마음과 내담자가 빨리 변화되기를 바라는 조바심과 불안한 마음이다. 한편, 문제해결에 대한 기대가 큰 내담자는 상담사의 조언이 정답이라고 생각하거나 조언대로 할 때 모든 문제가 해결될 것이라는 마술적인 기대를 할 수 있다. 그러나 상담사가 조언을 하는 중요한 목적은 단순한 해결책 제시가 아니라 내담자가 자신의 상황을 이해하고 최선의 선택을 할 수 있도록 선택과정을 돕는 것이다. 즉, 상담사의 조언을 통해 내담자는 의사결정 과정을 점검하고 자신의 욕구를 더 선명하게 자각하고 자기다운 선택을 할 수 있게 된다.

상담사가 조언을 할 때 고려해야 할 점은 다음과 같다. 첫째, 상담사의 조언이 내담자에게 치료적으로 도움이 되는지에 대한 판단이 필요하다. 상담사의 섣부른 조언은 내담자를 의존적으로 만들거나 상담사의 한계를 드러내는 상황을 만든다. 즉, 내담자의 선택과 책임에 대한 부분을 간과한 채 상담사 관점에서 조언을 하게 되면 내담자는 상담사에게 의존하게 되고 스스로 문제를 해결하는 능력을 제한하게 될 수도 있다. 또한 내담자가 문제해결을 위해 스스로 노력했던 부분들과 효과가 없었던 이유들을 탐색하지 않고 상담사가 섣부른 조언을 하게 될 경우 상담사의 조언이 의미 없게 될 가능성이 커진다. 왜냐하면 내담자가 이미 시도했지만 실패했던 방법을 상담사가 조언했을 가능성이 있기 때문이다. 결국 내담자는 상담사의 조언이 자신이 생각했던 방법과 별 차이가 없다는 실망감과 함께 상담을 받아도 별다른 방법이 없다고 느낄 가능성이 크다. 둘째, 내담자가 상담사에게 조언을 원하는지 여부를 파악하는 것이다. 상담사는 내담자에게 도움이 되기 위해 조언을 했다고 생각할 수 있지만 내담자는 상담사의 조언이나 충고나 지시와 같은 내용보다는 자신의 어려움을 더 공감받고 싶어 할 수도 있다. 주변에 조언과 충고를 하는 사람들이 넘쳐나는 내담자에게 상담사의 조언이 얼마나 큰 도움이 될까? 상담사의 조급증, 특히 도움을 주고 싶은 조바심은 내담자가 상담에 왜 왔는지, 내담자가 상담사에게 무엇을 원하는지를 놓치게 하는 원인이 될 수 있다. 따라서 상담사의 조언이 내담자에게 언제나 도움이 되는 건 아니라는 점을 기억해야 한다. 내담자가 필요로 할 때 내담자에게 필요한 조언을 하는 것이 더 중요하다. 즉, 내담자가 절실하게 조언을 필요로 해야 상담사의 말에 귀를 기울이고 자신의 상황을 돌아보며 변화를 시도하려고 할 것이다. 상담사의 조언을 받아들일지 여부는 내담자의 선택이다. 따라서 내담자가 조언에 대한 필요성을 느끼지 않는다면 상담사가 아무리 중요한 조언을 하더라도 내담자에게 도움이 안 될 가능성이 있다.

다음은 대학을 휴학하고 아르바이트를 계획하는 학생의 사례이다. 내담자는 사람들과 친해지고 싶은 마음이 있지만 어떻게 친해져야 할지 모르고 사람들 속에 있으면 긴장되고 불안해서 휴학을 결정하였다. 휴학을 하고 일을 하면서 사람들과의 불편감을 극복해 보려고 마음을 먹었지만 막상 아르바이트를 시작하려고 하니 더 불안해져서 일자리도 찾지 못하고 있는 상태에 놓였다. 이에 상담사는 내담자가 아르바이트를 구하지 못하는 이유를 탐색하고 내담자의 불안에 대한 해석과 함께 조언을 통해 행동 변화를 도모하고자 하고 있다.

내담자 1: 제가 아르바이트를 하면 같이 아르바이트하는 사람이 "너는 왜 아르바이트 해?"라고 물을까 봐 아르바이트를 알아보지도 못하고 있어요.

상담사 1: 그 질문이 ○○ 씨가 아르바이트를 알아보지도 못할 만큼 두려운 질문인가요?

내담자 2: 물론 왜 아르바이트하냐는 질문을 할지 안 할지 모르겠지만 이런 질문을 받으면 뭐라고 대답해야 될지 걱정이 돼요. 마치 정답이 있는데 제가 틀린 답을 말할 것 같은 느낌이 들어요.

상담사 2: 아르바이트를 하는 이유는 사람마다 다양할 텐데~ ○○ 씨는 다른 사람들은 왜 아르바이트를 한다고 생각해요?

내담자 3: (침묵) 잘 모르겠어요.

상담사 3: ○○ 씨는 다른 사람들이 아르바이트를 하는 이유에 대해 어떻게 말하면 틀렸다고 생각할 것 같아요?

내담자 4: 정답은 없을 것 같은데…… 왜 휴학하고 아르바이트하냐고 물으면 뭐라고 말해야 할지 모르겠어요. 제가 친구를 못 사귀어서, 사람이 불편해서 휴학했다고 말하면 이상하게 볼 것 같고…… 학교를 안 다니는 이유를 설명하는 게 제가 학교생활을 적응하지 못하는 사람으로 보일까 봐 걱정돼요.

상담사 4: ○○ 씨도 휴학하고 아르바이트하는 사람들은 대부분 학교생활에 적응하지 못하는 사람들이라고 생각하나요?

내담자 5: 그렇지는 않은데~ 왠지 다른 사람들은…… 아니 저를 적응 못하는 사람으로 볼까 봐 걱정하는 것 같아요. 제가 적응 못해서 휴학하고 아르바이트한다고 생각하니까 다른 사람들도 그렇게 생각할 것 같아요. 나아가서 '학교도 적응 못하는 애가 여기서 일을 제대로 할까?'라고 생각하면 저를 능력 없는 사람으로 볼 것 같아서요. 저 같아도 능력 없는 사람은 안 뽑을 것 같아요. 말하다 보니 나를 안 뽑아 줄 것 같다는 생각에 아르바이트 자리도 알아보지 못하고 있었던 것 같아요.

상담사 5: ○○ 씨가 능력 없는 사람으로 보일까 봐 불안해서 일자리를 알아보지 못했던 거였네요. 대학생들 중에 휴학하고 아르바이트하는 학생들이 많아서 ○○ 씨가 염려하는 것처럼 능력의 문제로 생각하지 않을 것 같아요. 혹시 하고 싶은 아르바이트가 있나요?

내담자 6: 음…… 커피를 좋아하니까 카페 아르바이트나 편의점 아르바이트 정도로 생각하고 있어요.

상담사 6: 커피를 좋아하는구나~ 카페나 편의점 아르바이트가 능력이 많이 필요한 일이라고 생각하나요?

내담자 7: 메뉴를 외우거나 만드는 걸 잘해야 할 것 같긴 해서…… 사실 어느 정도의 능력이 필요한 일인지는 잘 모르겠어요.

상담사 7: 학생들이 쉽게 선택하는 아르바이트가 카페나 편의점 아르바이트인 것 같아요. 카페 아르바이트는 경력직을 많이 뽑는다는 말을 듣기는 했지만 채용해서 가르치기도 한다고 들었어요. 아르바이트를 하고 있는 친구들에게 정보를 얻는 게 더 도움이 될 것 같은데 ~ 주변에 도움을 줄 만한 친구들이 있을까요?

내담자 8: 친구는 아닌데…… 사촌 형 중에 군대 가기 전에 휴학하고 편의점 아르바이트하는 형이 있어요. 그 형한테 물어볼 수 있을 것 같아요.

상담사 8: 좋네요. 그 형도 휴학 중에 아르바이트를 하고 있네요.

내담자 9: 네~ 그러네요. 말하다 보니 사람들이 제가 왜 휴학했는지 별로 궁금해하지 않을 것 같기도 해요. 형처럼 군대 간다고 말해도 될 것 같고…….

상담사 9: 다른 사람들의 시선에 신경을 많이 썼던 것 같은데 말하면서 생각이 바뀐 건가요?

내담자 10: 네~ 다른 사람과 상관없이 제가 자신이 없어서 불안해했던 것 같아요. 왜 휴학했냐고 하면 쉬고 싶어서 휴학했다고 말해도 될 것 같아요.

사례에서 상담사는 내담자가 카페나 편의점 아르바이트에 관심이 있다는 것을 확인했고 실제로 아르바이트를 하고 있는 주변 사람들에게 정보를 얻는 것이 좋을 것 같다는 조언을 하였다. 내담자는 사촌 형을 떠올렸고 형도 휴학하고 아르바이트를 하고 있다는 것을 재인식했으며 자신의 대인관계 능력이나 업무능력 문제를 아르바이트하는 것과 등치시켜서 생각하는 부분을 확인하고 불안의 이유를 확인하였다.

사례에서 볼 수 있듯이 상담사는 조언을 내담자에게 일방적으로 전달하기보다 내담자가 상담사의 조언을 스스로 선택하고 결정할 수 있도록 돕는 것이 필요하다. 내담자가 필요하다고 생각하면 상담사의 조언은 내담자에게 문제해결을 위한 좋은 팁이 될 수 있다.

실제 상담에서 많이 사용하는 조언하기 기술을 효과적으로 사용하기 위한 구체적인 방법과 유의점을 살펴보고자 한다. 언제 어떻게 조언을 하는 것이 효과적인지, 내담자가 상담사에게 지속적으로 조언을 구한다면 어떻게 하는 것이 좋은지, 조언을 무분별하게 사용하지 않으려면 어떻게 하는 것이 좋은지 알아보자.

1. 언제/어떻게 조언하기를 사용해야 효과적인가?
2. 내담자가 지속적으로 조언을 구한다면?
3. 조언하기를 무분별하게 사용하지 않으려면?

1. 언제/어떻게 조언하기를 사용해야 효과적인가?

내담자는 자신의 문제를 해결하기 위해 상담사로부터 조언을 듣고 싶어 한다. 상담사는 내담자에게 조언이 필요한지 판단하고, 필요하다면 조언을 해야 한다. 그리고 상담사의 조언을 들은 내담자가 새로운 대안을 스스로 선택하도록 돕는 것이 상담사로서의 역할이다.

상담사들은 조언하기를 자주 사용하지만, 조언하기가 상담장면에서 효과적인 기술로 사용하기 어려운 점은 내담자가 상담사의 조언에 대한 필요성을 느끼는지 여부와 효과성에 대한 판단 때문이다. 즉, 조언을 듣고 일상에서 적용할 사람은 내담자이기 때문에 내담자가 조언을 얼마나 절실하게 원하는지에 대한 판단이 필요하다. 내담자가 조언을 구한다는 것은 자신의 욕구를 잘 인식하고 있다는 것이고 도움을 구하는 능력이 있다는 점에서 조언 구하는 태도를 단순히 의존성으로 폄훼할 이유는 없다.

다음 사례는 상담사가 내담자의 욕구를 구체화한 후 조언을 함으로써 내담자가 새로운 대안을 찾아가도록 돕는 과정을 제시하였다. 내담자는 학교에서 따돌림을 당하는 청소년으로 반 친구들에게 다가가고 싶은데 어떻게 해야 할지 모르겠다며 도움을 요청하였다. 이에 상담사는 섣불리 사회성 기술에 대해 조언하기보다 내담자가 따돌림 상황에서 어떻게 행동하고 있는지 확인하고 내담자가 자신의 욕구에 맞는 대안행동을 찾아갈 수 있도록 돕고 있다.

상담사 1: 지금 ○○에게 필요한 도움이 무엇인지 말로 표현할 수 있을까?

내담자 1: 친구들에게 다가가고 싶은데 어떻게 해야 하는지 모르겠어요. 어떻게 해야 하는지 방법을 알고 싶어요.

상담사 2: ○○이가 친구들과 친해지는 방법을 알고 싶구나. 그간 친구들과 친해지기 위해서 ○○이가 어떤 노력들을 했는지 먼저 얘기를 들어 보고 싶은데~

내담자 2: 그냥 애들이 모여서 얘기할 때 옆에 가서 서 있어요.

상담사 3: 친구들에게 다가가려는 시도를 했었구나~ 친구들의 반응은 어땠어?

내담자 3: 자기들끼리 얘기하고 저는 신경도 안 써요.

상담사 4: 저런~ ○○이가 옆에 서 있는데 아무도 눈치를 못 챈 건가? (그건 아닌 거 같고…….) 그럼 어떤 상황이었는데?

내담자 4: 애들이 하는 얘기가 제가 관심이 없는 얘기여서 제가 그냥 아무 말 안 하고 서 있었어요. 게임 얘기가 나오면 나도 끼어들 수 있지 않을까 해서 옆에 그냥 서 있었는데 애들이 계속 축구 얘기만 하더라고요.

상담사 5: 관심사가 달라서 얘기에 낄 수가 없었구나. ○○이가 친구들과 어울리고 싶어서 옆에 가서 서 있기도 하고, 게임 얘기하려고 기다리면서 친구들 얘기를 듣기도 하고…… ○○이가 노력한 부분들이 있었네. 그런데 노력한 것에 비해서 원하는 결과를 얻지는 못했던 것 같아서 아쉽네~ ○○이가 먼저 말을 걸진 않았던 것 같은데~

내담자 5: 음…… 네~ 걔네들이 먼저 말을 시켜 주길 바랐던 거 같아요. 옆에 서 있으면 먼저 말을 걸어 주지 않을까…….

상담사 6: 먼저 말을 걸어 주길 바랐구나. 다가가긴 했는데 그다음은 친구들이 어떻게 해 주길 바랐었던 것 같은데~ (네.) 그 메시지가 전달이 안 된 것 같네. 만약 다시 그 상황으로 돌아간다면, ○○이가 더 해 볼 수 있는 게 있다면 뭘까?

내담자 6: 음…… 잘 모르겠어요. 다른 방법이 또 있을까요?

상담사 7: 같이 한번 생각해 볼까? 친구들이 축구 얘기를 할 때 ○○이가 관심이 없던 주제였더라도 잘 듣고 있다는 의미로 고개를 끄덕인다거나 친구들의 얘기 중 궁금한 걸 물어볼 수도 있을 것 같고…… 뭔가 공통의 관심사가 있다는 것을 표현하는 것이 필요하지 않을까 싶은데~ ○○이는 어떻게 생각하니?

내담자 7: 그런 생각은 못 했던 것 같아요. 제가 잘 모르는 거는 얘기를 잘 안 하는 것 같아요. 그리고 제가 얘기하면 사람들이 재미없어 할까 봐 말을 안 하기도 하고…… 또 저는 티를 내는 타입도 아니기 때문에 상대한테 관심 있다는 것을 잘 표현하지 않는 편이에요. 그날도 그냥 멀뚱히 서 있었는데 친구 한 명이 "너 축구 안 좋아하잖아."라고 해서 "안 좋아하는 건 아니야."라고 대답했어요. 아무 생각 없이 서 있는데 갑자기 저한테 물어봐서 깜짝 놀랐어요.

상담사 8: 그럼 친구들은 ○○ 이가 옆에 와 있다는 걸 알고 있었구나. 그 친구는 ○○이가 축구를 싫어한다고 생각을 하고 있었네. 그 친구는 왜 ○○이가 축구를 싫어한다고 생각했는지 알 수는 없지만 ○○이에게 무관심한 것 같지는 않은데…… ○○이는 어떻게 생각해?

내담자 8: 그때는 그 질문이 당황스러워서 생각을 못 했었는데 선생님 얘기를 들으니 저한테 무관심한 건 아닌가 싶기도 하고…… 왜 내가 축구를 좋아하지 않는다고 생각할까? 내가 안 좋아하는 건 아니라고 말한 게 잘한 건가 싶기도 하고…….

상담사 9: 그럼 지금 다시 생각해 보자. 친구들이 왜 ○○이가 축구를 안 좋아한다고 생각할까?

내담자 9: 아마 제가 축구할 때 같이 하자고 하지도 않고 친구들이 하자고 해도 제가 안 한다고 해서 그런 것 같아요.

상담사 10: ○○이의 행동을 보면 축구를 안 좋아한다는 생각을 할 수 있을 것 같은데? (네) 친구들과 축구를 하고 싶은 마음은 있는 거니?

내담자 10: 네. 그런 것 같아요. 그런데 제가 축구를 하다가 실수를 해서 저 때문에 질까 봐, 아니면 제가 뛰는 걸 잘 못하고 몸싸움도 못하니까 축구하다가 오히려 더 무시당할까 봐 피했던 것 같아요.

상담사 11: ○○이가 축구하는 것을 피한 건 이유가 있었는데 친구들은 피하는 모습만 보게 되니 안 좋아한다는 생각을 하게 된 거네. 다시 말한다면 어떻게 말할 수 있을까?

내담자 11: "나도 축구를 좋아해. 그런데 내가 잘 못하니까 팀에 도움이 안 될까 봐 걱정이 돼서 못 했던 거야."라고 솔직하게 말하면 좋았을까요?

상담사 12: ○○이가 솔직한 마음을 전달하면 친구들이 ○○이가 축구를 좋아하는 것도 알게 될 것 같고 이기는 것보다 같이 운동하는 게 더 중요하다고 생각하는 친구들은 ○○이한테 같이 하자고 제안할 수도 있을 것 같은데…… 선생님은 솔직하게 말하면 좋을 것 같은데 ○○이는 어떠니?

내담자 12: 용기를 내야 할 것 같긴 한데~ 선생님의 말을 들으니 기회가 되면 말을 해 보면 좋겠다는 생각이 들어요.

상담사 13: 그럼 우리 용기를 내서 한번 준비해 볼까? 우선 어떤 상황에서 말하는 게 더 좋을까를 생각해 보자. 여럿이 있을 때 말하는 것과 단둘이 있을 때 말하는 것 중 어느 쪽이 더 편하니?

내담자 13: 어느 쪽도 불편하긴 한데 저한테 축구 안 좋아하냐고 물어본 친구한테 먼저 말을 해 보면 어떨까 싶어요.

상담사 14: 그 친구한테 좀 더 설명하고 싶은 마음이 있구나. 그럼 그 친구한테 어떻게 말할지 한번 연습해 볼까? 여기 그 친구가 앉아 있다고 생각하고 말해 볼까?

이 사례에서 상담사는 내담자가 친구 사귀는 방법을 알고 싶다는 호소 문제를 확인한 후 친구 사귀는 방법에 대해서 바로 교육하거나 정보를 제공하지 않고 내담자에게 친구를 사귀기 위해서 그동안 어떤 노력을 했었는지 질문을 하였다(상담사 2 반응). 이 같은 질문의 의도는 그간 내담자가 어떤 노력을 했고, 그 노력이 어떤 성과가 있었는지 혹은 왜 성과가 없었는지를 파악하기 위해서이다. 이후 내담자의 노력이 의미 있는 성과를 내기 위해서 어떤 부분을 개선하거나 추가적인 노력이 필요한지, 또는 새롭게 시도해야 하는 부분에 대해서 함께 고민하고 조언할 수 있다. 상담사는 친구가 먼저 말을 걸어 주길 바랐던 내담자의 좌절된 욕구를 알아주고 내담자가 어떤 대안행동을 생각하고 있는지를 확인하고 있다(상담사 6 반응). 내담자는 자신이 물리적으로 곁에 다가가는 것 이외의 다른 방법은 잘 모르겠다고 했고 상담사는 내담자에게 함께 생각해 보자고 제안하면서 대안적인 행동의 예를 제시하였다. 상담사 7 반응은 정보제공 성격의 교육적인 접근인 동시에 새로운 행동을 위한 조언일 수도 있다. 다만 이 사례에서 상담사는 '이렇게 행동하면 좋겠다'는 의미가 아닌 여러 옵션을 제시하고 이 같은 행동에 대해서 어떻게 생각하는지 내담자의 의사를 물어보고 있다. 즉, 권유나 강제의 느낌보다는 상담사의 제안이나 조언에 대해서 내담자가 어떻게 생각하는지, 여러 제안 중 내담자가 노력 가능한 행동을 선택한 후 성공 가능성을 높이기 위해서 어떤 노력을 할 것인지 구체적인 논의를 할 수 있다. 이후 내담자는 자신이 축구를 좋아하지만 친구들과 함께 어울리는 것에 적극적이지 않았고, 그 이유는 자신이 축구를 하다가 실수를 해서 팀에 도움이 안 될까 봐 걱정하거나 불안해하는 마음이 있었기 때문이라는 것을 확인하게 되었다. 이후 상담사는 내담자에게 자신의 마음을 친구들에게 솔직하게 말하는 것에 대해서 조언했고, 마지막으로 상담사는 내담자가 실천할 수 있도록 역할연습을 통해 준비하도록 돕고 있다.

상담사의 조언은 일방적으로 전달하고 끝나는 것이 아니라 조언이 실행으로 옮겨질 수 있도록 구체적인 방법을 함께 논의해야 하며 이후 실행을 했는지, 실행 후 내담자가 경험한 내용을 확인하는 시간이 필요하다. 실행한 방법이 성공적이었다면 그 방법을 더 발전시켜서 이후 지속적으로 적용할 수 있도록 돕고 만약 내담자의 시도가 원하는 결과를 얻지 못했다면 이유를 분석하고 개선된 방법을 모색한 후 다시 실행할 수 있도록 준비하고 연습하면 된다.

조언하기 기술을 사용하는 시점은 상담초기보다는 상담중기 이후 내담자가 자신의 문제를 이해하고 변화하고자 하는 동기가 있을 때 사용하는 것이 효과적이다. 그러나 내담자 중에는 상담초기에 적극적으로 자신의 변화 의지를 표현함과 동시에 상담사에게 적극적인 조언이나 충고를 바라는 경우가 종종 있다. 이 경우 상담사는 내담자의 변화하려는 동기에 부응해서 조언하고 싶은 유혹에 빠지기 쉽다. 특히 자신의 경험에 빗대어서 "나는 이렇게 해 봤는데 성공적이었다. 이 방법을 쓰면 도움이 될 것 같다." 등의 자기개방을 통해 내담자에게 조언을 하기도 한다. 그러나 이 같은 조언은 내담자에게 도움이 안 될 가능성이 크다. 왜냐하면 상담사는 자기 경험을 개방했을 뿐 그 방법이 내담자에게도 효과적일지에 대한 다차원적인 검증을 해 보지 않았기 때문이다. 특히 상담초기는 상담사와 내담자가 서로에 대한 신뢰감이 충분히 쌓일 시기가 아니기 때문에 내담자가 상담사의 조언에 대해서 동의하지 않거나 효과성을 의심하게 될 수도 있다. 이 경우 상담사의 조언은 상담사의 자기만족으로 끝날 가능성이 크다. 즉, 상담사는 내담자에게 도움이 되기 위해서 조언을 했고 그것을 선택하는 것은 내담자의 몫이니 상담사로서 역할을 충분히 했다고 생각할 수 있다. 그러나 상담사의 자기만족을 위한 조언은 내담자에게 상담이 도움이 안 된다는 생각을 하게 만들 가능성도 있다는 점을 기억해야 한다. 따라서 조언하기는 내담자가 자신의 문제에 대해서 충분히 숙고하는 시간을 갖고 문제를 해결하기 위해서 어떤 방법이 좋은지 고민하는 과정에서 내담자가 필요로 하는 시점에 조언을 하는 것이 효과적이다.

다음 사례를 살펴보자. 어릴 때부터 공부를 잘했던 내담자는 대입을 준비하기까지 부모님과 과외선생님이 시키는 대로 잘 따라갔고, 그 결과 원하는 대학에 입학하였다. 이후 내담자의 부모님은 내담자에게 대학생이 되었으니 이제부터 스스로 알아서 하라며 내담자의 대학생활에 대해서 관심을 갖지 않았다. 자기주도적으로 의사결정을 해 본 적이 없는 내담자는 1학기 내내 학교생활에 적응하지 못했고 결국 자퇴 고민을 하면서 상담실을 방문하였다. 내담자는 첫 회기에 자신을 갑작스럽게 독립시킨 부모에 대한 원망과 함께 계속 부모가 자신을 방치하면 부모가 원했던 대학에 입학한 기쁨을 누리지 못하게 자퇴를 하겠다는 말을 하였다. 더불어 상담사에게 자신이 자퇴하지 않게 도와주면 좋겠다면서 학교 적응을 위한 방법 또는 해결책을 제시해 달라고 요청하였다. 내담자가 요구하는 대로 적응방법에 대한 조언을 하는 것이 효과적일까? 아니면 시간이 걸리더라도 내담자가 스스로 적응방법을 찾아갈 수 있도록 시행착오를 하더라도 최대한 상담사의 개입이나 조언을 제한하는 것이 효과적일까? 두 방법 모두 극단적이긴 하지만 궁극적으로 내담자가 성인으로서 독립적인 삶을 살도록 돕는 것이 상담의 목적이라면 상담사는 후자를 선택할 수밖에 없다. 부모님처럼 내담자가 요구하는 대로 떠먹여 준다면(spoon feeding) 상담사는 부모님을 대신해서 내담자의 의존성을 키울 가능성이 크다. 자기결정권이 없는 사람처럼 행동하는 내담자에게 상담사의 조언은 달콤한 독약이 될 수도 있다. 내담자가 스스로 자신의 문제를 해결하기 위해 노력하고 책임질 수 있을 때 상담사의 조언이 효과적일 수 있다는 점을 기억할 필요가 있다.

이상으로 설명한 효과적인 조언방법을 정리하면 다음과 같다. 첫째, 내담자가 문제해결을 위해 어떤 노력과 시도를 했는지 먼저 살펴본다. 둘째, 내담자의 여러 시도가 실패했다면, 왜 실패했는지 분석한다. 셋째, 내담자가 상담사의 조언을 필요로 하는지 확인한다. 넷째, 상담사의 조언을 실제 행동으로 실천하려는 의지가 있을 때 조언을 제공한다.

내담자 1: 저는 시키는 일을 굉장히 잘해요. 선생님이 저한테 방법을 알려 주시면 저는 열심히 해서 선생님이 원하는 결과를 만들어 낼 수 있어요. 제가 자퇴하지 않게 도와주시면 좋겠어요.

상담사 1: 자퇴보다 학교에 적응하고 싶은 마음이 더 커 보이네요. 학교생활을 잘하고 싶은데 방법을 모르니 도와달라는 말로 들리네요.

내담자 2: 네, 도와주시면 전 뭐든 잘할 수 있어요.

상담사 2: 물론 ○○ 씨가 잘할 수 있다고 하면 도와줘야지요. 그런데 우선 학교 적응의 문제가 왜 생겼는지부터 생각을 해 봐야 할 것 같아요. ○○ 씨의 얘기로 유추해 보자면 대학 와서 갑자기 부모님의 관심이 끊어지면서 혼자 알아서 하는 일이 힘들었고 그 과정에서 학교에 적응하는 것도 힘들었다는 얘기로 이해되는데…… 내가 이해한 게 맞을까요?

내담자 3: 네~ 어느 정도는 맞는 것 같아요. 스스로 알아서 하는 것이 처음이라 친구를 사귀는 것도, 밥을 먹는 것도, 학교에서 시간을 보내는 것도 다 어려웠던 것 같아요. 다른 애들은 다 적응을 잘하는 것 같은데 저만 혼자 못한다는 생각에 더 자괴감이 들었어요. 나는 왜 이럴까 생각해 봤는데 혼자 하는 걸 잘 못하더라고요.

상담사 3: 중요한 발견이네요. 혼자 하는 것에서 어려움을 경험한다는 점을 발견했네요. 아마 지금까지는 부모님이 세팅해 주는 것에 맞춰서 생활하면 됐기 때문에 공부만 열심히 했으면 됐을 텐데 지금은 하나부터 열까지 모두 스스로 결정해야 했기 때문에 이런 상황이 낯설고 익숙하지 않아서 불편했을 것 같아요. 지금 ○○ 씨가 겪는 시행착오는 능력의 문제가 아니라 경험이 부족해서 생기는 문제라고 생각해요.

내담자 4: 그런가요? 전 능력의 문제라고 생각했어요. 저는 문제 푸는 건 잘하는데 일상생활에서 생긴 문제는 답이 없으니까 너무 답답했어요. 신입생 OT에 오라고 톡이 왔는데 저는 가야 되는지 몰라서 엄마한테 물어봤더니 마음대로 하라고 해서 고민하다가 안 갔는데…… 학교에 가 보니까 애들이 다 친해져 있었어요. 알고 보니 OT 가서 친해졌다고 하더라고요. 엄마가 가라고만 했어도 제가 이렇게 외톨이가 되지는 않았을 거라는 생각이 들었어요.

상담사 4: 신입생 OT가 친구들 사귀는 시간인데 OT를 왜 가는지 몰랐나 보네요. 엄마가 마음대로 하라고 했지만 ○○ 씨가 가고 싶으면 갈 수 있지 않았을까요?

내담자 5: 그건 그런데 제가 아까 말했듯이 낯선 상황을 별로 안 좋아하기도 하고 갈까 말까를 결정하는 데 너무 시간이 많이 걸려서 이미 신청기간이 지났더라고요. 그래서 안 간 것도 있고 못 가기도 하고…….

상담사 5: 고민하다가 신청 기회를 놓친 거네요. 스스로 선택하는 데 익숙하지 않으면 고민하는 데 시간이 많이 걸릴 수 있죠. 고민을 하는 데 시간을 많이 쓰는 것의 장단점을 경험했을 것 같은데…… 생각해 봤어요?

내담자 6: 그건 생각해 보지 않았는데~

상담사 6 : 그럼 지금 복기하면서 생각해 봅시다. 결론적으로는 신입생 OT를 참여하지 않았기 때문에 친구 사귈 수 있는 기회를 놓쳤다는 것이 단점으로 크게 보일 수도 있지만 정리하다 보면 고민을 신중하게 하는 것이 단점만 있는 건 아닐 수 있어요.

내담자 7 : 생각해 보지 못한 것 같아요. OT를 안 갔기 때문에 내가 선택을 잘못했다는 것만 보였어요. 장점이 있을까요?

상담사 7 : ○○ 씨에게 신입생 OT 참여 여부를 결정하는 고민을 하는 건 스스로 선택하고 결정하려는 노력의 과정이었던 것 같아요. 자신이 무엇을 선택하기 위해서 이렇게 고민한 경험이 있나요?

내담자 8 : 아니요. 생각해 보니 처음 진지하게 무엇을 선택할지 고민했던 것 같아요.

상담사 8 : 그럼 고민했던 경험을 결과론적으로 해석할 것이 아니라 처음 진지하게 고민한 경험도 의미 있게 해석을 해야 하지 않을까요?

내담자 9 : 그러네요. 제가 결과가 좋지 않으면 의미 없다고 생각하는 경향이 있긴 해요. 그런데 다시 똑같은 상황이 온다면 너무 길게 고민하지 않을 것 같아요. 어차피 갔어도 안 갔어도 후회한다면 차라리 경험해 보고 후회하는 것이 더 나을 것 같아요.

상담사 9 : 좋은 생각이네요. 고민하다가 기회를 놓치기보다는 경험하고 나서 좋았던 점과 아쉬운 점을 정리하면 조금씩 선택의 기준도 만들어지고 자신감도 생길 것 같네요.

내담자 10 : 네~ 그 방법이 좋을 것 같아요. 제가 너무 모든 것을 성과 중심으로 생각하는 편인 것 같아요. 아마 또 다른 기회가 오겠죠?

상담사 10 : 그럼요. 찾으면 기회는 얼마든지 있어요. 매 학기 시작하면 동아리마다 신입부원을 모집하는 홍보를 많이 해요. 관심 있는 동아리를 찾아보고 신입부원 모집할 때 찾아가서 동아리 분위기나 활동들을 확인해 보고 마음에 드는 동아리에 가입하는 것도 방법이에요. 동아리 친구들은 여러 학과 학생이 모이니까 친구들의 폭도 넓어지고 타 대학과 교류하는 동아리도 있으니까 ○○ 씨가 원하면 얼마든지 다양한 기회를 찾을 수 있을 거예요.

내담자 11 : 아~ 그 생각을 못했네요. 동아리도 가입하고 싶었는데 차일피일 미루다가 잊고 있어요. 찾아봐야겠어요. 제가 아직 포기하지 않아도 된다는 생각이 드니 기운이 좀 나는 것 같아요.

이 사례의 내담자는 상담사에게 문제를 해결할 수 있는 방법을 알려 달라고 요구적인 태도를 보였지만 실제 상담 진행과정에서는 인지적인 통찰 능력도 있고 상담사의 말을 잘 이해하고 스스로 변화하려고 노력하는 모습을 보이고 있다. 이런 훌륭한 내담자를 만나는 것은 쉬운 일이 아니다. 많은 경우는 상담사가 조언하기 기술을 사용하면서 내담자의 의존성과 변화에 대한 동기나 의지의 문제 사이에서 딜레마를 경험하게 된다. 내담자가 노력해 볼 것 같아서 조언을 하지만 결국에는 내담자가 기존의 패턴대로 무기력한 대응이나 행동을 한다든가, 문제해결책을 찾는 과정에서 소극적인 태도를 보이는 등의 모습을 보여 상담사를 무기력하게 만들기도 한다. 상담사의 조언에 대한 내담자들의 반응은 매우 다양할 수 있으며 조언의 결과가 늘 성공적이지만은 않다는 것을 기억해야 한다. 상담사의 기대를 좌절시키기 위해, 자신의 무기력감을 상담사도 느끼게 하려고, 스스로 잘되길 바라지 않는 마음 등 다양한 역동이 내재되어 있기 때문에 내담자의 말과 행동이 다를 때 상담사는 내담자의 무의식적 의도나 동기를 먼저 파악하는 것이 중요하다.

반면, 상담사가 조언하기를 어려워하거나 불편해하는 경우도 있다. 상담사의 조언을 불쾌하게 받아들일 것에 대한 염려, 조언을 거절당할 것에 대한 두려움 또는 잘못된 조언에 대한 불안, 결과에 대한 과도한 책임감 등이 있을 때이다. 내담자에게 필요한 조언이라고 생각하면 내담자를 위해서 조언한 후 그 이후 발생하는 문제에 대해서 대처하면 된다. 만약 상담사의 염려나 불안이 미해결된 상담사 문제와 관련 있다면 이는 수퍼비전이나 개인분석을 통해 도움받는 것이 좋다.

2. 내담자가 지속적으로 조언을 구한다면?

내담자는 왜 지속적으로 상담사의 조언을 기대할까? 지속적인 조언을 요청하는 내담자들은 어떤 특성이 있을까? 상담을 하다 보면 이 같은 고민을 하게 될 때가 있다. 내담자가 상담사에게 의존하고 기대하고 요구하는 것은 치료과정에서 나타나는 자연스러운 모습일 수 있다. 중요한 것은 내담자의 기대와 요청을 상담사가 모두 수용하고 받아 줄 것인지 판단하는 것이다. 상담사의 역할은 내담자에게 도움이 되는 치료적 활동을 하는 것이다. 따라서 상담사의 조언이 단순히 도움이 되고 안 되고의 문제보다 더 중요한 것은 상담사의 조언이 궁극적으로 내담자의 성장과 발달에 도움이 되는지를 판단하는 것이다. 따라서 상담사는 내담자가 조언이나 해결책 제시를 요구할 때 이유가 무엇인지 먼저 탐색한 후 이유에 부합한 반응을 할 필요가 있다.

만약 여러 가지 방법으로 문제해결을 하려고 노력했지만 문제해결 방법을 적용하는 데 어려움을 경험한 내담자라면 상담사로서 조언을 하는 데 주저할 이유는 없다. 왜냐하면 내담자가 무기력하게 대처하지도 않고 무분별한 행동을 한 것도 아니기 때문이다. 단순히 문제를 해결하는 데 방법론의 문제만 있었다면 비교적 단순한 조언만으로도 내담자의 변화를 이끌 수 있다. 특히 내담자들이 조언을 잘 적용해서 문제를 해결해 본 긍정적인 경험이 있다면 상담사와 내담자 모두에게 성공적인 경험이 될 것이다.

반면, 상담사가 조언하기 기술을 조심히 활용해야 하는 경우는 내담자가 지나치게 의존적이거나 회피적인 경우이다. 즉, 자신의 문제를 혼자 판단하고 결정하는 것이 어렵거나 선택에 대한 책임을 회피하려는 내담자들의 경우, 상담사가 그 역할을 대신해 준다면 오히려 의존과 회피 성향을 더 강화하게 될 것이다. 이미 타인의 조언이나 도움을 통해 문제를 해결해 왔던 경험이 많았거나 권위자로부터 자신의 결정을 확인 또는 승인받아야만 행동으로 옮길 수 있는 내담자들은 상담에서도 조언을 요구하거나 조언을 받는 것을 당연하거나 자연스러운 것으로 생각할 수 있다. 특히 상담사의 역할이 문제를 해결해 주는 사람이라고 생각한다면, 상담사가 자신의 문제를 해결하는 데 적극적인 도움을 주지 않을 경우, 상담사로서 역할을 제대로 못한다고 생각하거나 자신에게 관심이 없다고 생각할 가능성이 크다.

실존주의적 관점에서 내담자의 행동을 이해해 본다면 선택에 따른 책임을 감당하기 어려울 때 우리는 대신 결정을 내려 줄 사람을 찾거나 책임질 일에 대해서 회피하게 된다. 자신을 믿고 선택하고 책임지는 경험을 조금씩 하면서 자기다운 삶을 이끈 경험이 적은 내담자들일수록 인생에서 대리결정을 해 줄 수 있는 사람을 찾아다니게 된다. 그 역할을 상담사가 대신 하려고 한다거나 상담사가 그 역할을 대신해 주길 바란다면 이 둘의 관계는 역기능적일 수밖에 없다. 내담자가 요청하는 대로 조언과 해결책을 제시하다 보면 어느 순간부터 상담이라기보다는 컨설팅이나 'Q & A' 시간으로 변질될 것이다. 상담에서 컨설팅이나 질의응답을 하기도 하지만 그건 상담과정에서 아주 작은 부분일 뿐이다.

조언하기는 내담자가 자신의 문제에 대해 이해한 이후 행동의 변화를 촉진하기 위해 전략적으로 사용하는 기술이기 때문에 내담자의 통찰 없이 문제해결을 위한 조언이나 해결책을 제공하는 것은 내담자 변화에 전혀 도움이 되지 않는다. 그렇다고 절실하게 조언을 구하는 내담자에게 "상담사가 해답을 주는 게 아니라 ○○ 씨가 스스로 찾아야 되는 거예요. 생각해 보시죠."라고 거리를 두는 반응도 내담자 입장에서는 자신의 절박함을 이해받지 못한다는 생각을 하게 만들 가능성이 크다. 이 또한 상담사 역할을 충분히 했다고 말하기 어려울 것이다.

내담자가 상담과정에서 지속적으로 의존적인 태도와 함께 조언을 요청한다면 상담사는 우선 내담자가 지속적으로 조언을 구하는 이유에 대한 이해를 위해 노력해야 한다. 내담자가 스스로 문제해결을 위한 자신의 생각을 말하면서 상담사에게 의견을 묻는 것과 어떻게 해야 할지 모르겠으니 방법을 알려 달라는 내담자의 태도는 자명하게 구분이 될 것이다. 내담자가 자신의 인생에 대한 선택권이 본인에게 있다는 것을 명확히 알고 상담사의 조언을 수용할지 여부도 자신의 선택이라는 것을 명확히 인지하는 내담자라면 상담사는 내담자를 믿고 자신의 생각을 내담자에게 전달할 수 있다. 그러나 내담자가 이전에도, 상담을 받고 있는 현재에도 자신의 문제를 타인의 힘을 빌려 해결하려고 하고 대신 결정해 줄 것을 기대한다면, 상담사는 조언을 해 줄 것이 아니라 내담자의 의존적이고 회피적인 패턴이 반복되고 있음을 먼저 다루어야 한다. 이 과정이 내담자에게는 직면적이고 도전적인 시간이 될 가능성이 크지만 이 문제를 충분히 다루어 내담자가 자신의 삶에서 주체적이고 독립적인 선택을 하려고 노력하는 모습을 되찾을 수 있도록 도와야 한다. 이 부분을 간과하고 조언만을 제공한다면 이는 내담자를 돕는 상담이 아니라는 점을 기억해야 한다. 내담자가 자신을 위해 어떤 선택을 하고 행동을 할 준비가 되어 있다면 내담자에게 조언을 제공할 수 있으며, 내담자가 조언을 얻은 후 실행하기 위해서 어떤 노력을 하고 있는지에 대한 점검과 피드백이 필요하다. 조언을 구해 놓고 구체적인 노력을 하지 않거나 결과에 대해서 얘기하지 않는다면, 상담사는 내담자가 조언을 구한 후 왜 아무 노력을 하지 않는지, 시도를 했다면 그 결과에 대해서 왜 말을 하지 않는지에 대해서 다루면 된다.

다음의 예를 보자. 중학교 1학년과 3학년 자녀를 둔 학부모로 중3 자녀와의 갈등으로 상담을 시작하였다. 자녀와 힘겨루기를 하는 것 같은 상황이 반복되면서 사이가 나빠져서 어떻게 하면 자녀와 관계를 회복하면서도 자녀의 행동을 수정할 수 있을지를 알고 싶어 하는 적극적인 내담자였다. 내담자는 자녀와의 갈등을 이야기하며 그럴 때마다 어떻게 해야 하는지 지속적으로 조언을 듣고 싶어 했지만 자녀와 갈등에서 중요한 요인인 자신의 양육 태도나 행동에 대해서는 생각해 보려 하지 않았다. 이에 상담사는 조언하기를 멈추고 내담자가 자신의 모습을 볼 수 있도록 돕고 있다.

내담자 1: 지난주에 선생님이 말씀해 주신 대로 핸드폰만 하는 아이에게 공부하라는 얘기도 안 하고 밥 먹으면서도 공부 얘기를 안 했더니 아이도 신경질 내지 않고 조용히 지나갔어요.

상담사 1: 시험기간이라 공부 얘기를 안 하기 어려웠을 텐데 잘 참으셨네요.

내담자 2: 집에 같이 있으면서 핸드폰만 하는 걸 보니 너무 참기 힘들었어요. 이번에는 어떻게 됐는데 계속하기 어려울 것 같아요. 어떻게 해야 할까요?

상담사 2: 눈에 보이면 더 힘드니 ○○ 씨 자신의 생활에 집중하는 것이 필요할 것 같아요. 친구도 만나고, 혼자서 카페에 가서 책을 읽거나 아이들이 뭐 하는지 신경 쓰지 말고 자신의 할 일에 집중하면 어떨까요?

내담자 3: 아, 좋은 방법인 것 같아요. 그런데 선생님, 책상 위에 과자봉지를 치우라고 하면 자기가 알아서 한다고 놔두라고 하면서 짜증을 내는데 계속 제가 청소해 주는 게 맞나요? 그리고 요즘에는 첫째가 하는 행동을 배워서 그런지 안 그러던 둘째도 엄마를 대하는 태도가 달라졌어요. 전에는 숙제하고 놀라고 하면 그렇게 했는데 요즘에는 자기가 알아서 한다고 하는데 둘째한테는 어떻게 하면 될까요?

상담사 3: 첫째도, 둘째도 ○○ 씨 맘에 들지 않게 행동하는 것 같네요. ○○ 씨는 두 아이를 어떻게 키우고 싶으세요?

내담자 4: 잘 키우고 싶죠. 그러려면 애들이 제가 시키는 걸 잘했으면 좋겠는데 컸다고 말을 안 들으니 무력감이 드는 것 같아요. 저렇게 맘대로 살다가는 남한테 욕이나 먹고 살지 않을까 걱정도 되고…….

상담사 4: 애들이 남한테 욕먹을 만큼 부적절한 행동을 한다고 생각하시는 건가요?

내담자 5: 그렇게까지는 아니지만…… 제가 걱정이 너무 많은 것 같아요. 제가 일을 안 하니까 애들이라도 잘 키워야 한다는 생각도 있고…….

상담사 5: 전업주부로 애들 교육을 잘 시켜야 한다는 부담감이 아이들 행동을 통제하려고 하거나 잔소리를 하게 되시는 것 같네요.

내담자 6: 네, 그런 것 같네요. 제가 생각해도 애들한테 너무 집착하는 게 있는 것 같아요. 저도 아이들과 잘 지내고 싶어요.

상담사 6: 애들과 잘 지내고 싶은 마음이 있다면 아이들이 무엇을 원하는지 관심을 갖고 들어 주려는 노력이 필요해요. 아이들이 엄마가 자신들과 잘 지내고 싶어 한다는 것을 이해한다면 관계가 훨씬 더 편해질 수 있을 거예요. 아이들도 엄마와 잘 지내고 싶지 않을까요?

내담자 7: 그렇네요. 제가 시키기만 했지 애들이 무엇을 요구하는지 주의 깊게 들어 볼 생각을 못 한 것 같아요. 애들을 믿는 것도 필요할 것 같네요.

상담사 7: 중요한 부분들을 잘 알아차리셨네요. 노력해 보실 수 있을까요?

내담자 8: 네, 한번 해 볼게요.

3. 조언하기를 무분별하게 사용하지 않으려면?

내담자가 상담사에게 지속적인 조언을 기대하기도 하지만 상담사가 조언하기를 무분별하게 사용하는 경우도 있다. 수퍼비전을 하다 보면 조언하기를 자주 하는 사례를 접하게 된다. 문제가 되는 상황은 내담자가 상담사에게 조언을 요청하지 않았는데도 상담사가 내담자에게 조언이나 충고를 제공하는 경우이다. 물론 내담자가 요구하지 않았어도 상담사가 판단할 때 조언이 필요하다면 할 수 있다. 중요한 것은 내담자가 요청하지 않았는데도 상담사가 조언하기 기술을 빈번하게 사용할 경우, 조언하기를 빈번하게 사용하는 이유를 스스로 자문해야 한다.

조언하기를 무분별하게 사용하고 있다면, 상담사는 자신의 인간관을 먼저 살펴볼 필요가 있다. 즉, 내담자에 대해 자신이 어떠한 태도를 가지고 있는지 돌아보아야 한다. 왜냐하면 상담사의 인간관은 상담 시 내담자를 대하는 태도와 연결되고, 이는 내담자를 적극적으로 돕기 위한 상담기술을 활용할 때 영향을 미치게 된다. 실존이론과 인간중심 이론에서 인간은 불안하지만 스스로 선택하고 책임질 수 있으며 자신이 가진 자원을 충분히 발현하면서 살아갈 수 있는 실현 경향성을 가지고 있다는 관점을 가진다. 그러나 상담사가 내담자를 문제가 있는 사람으로 보거나 내담자 스스로 자신의 문제를 해결할 수 없다고 생각한다면, 상담사는 내담자를 어떻게 도와줄 수 있을까? 상담사를 찾는 내담자들은 삶의 문제를 해결하는 데 일시적인 도움이 필요해서 상담을 받는 것이며 상담사들은 내담자를 돕기 위해 조언이나 충고, 정보제공 등을 할 수 있다. 그러나 내담자가 지금까지 자신의 삶을 책임지고 살아온 사람이라는 존중이 있다면 내담자에게 함부로 상담사의 생각이나 경험을 강요하거나 조언하지 않을 것이다.

다른 한편으로, 상담사가 조언하기를 무분별하게 사용하지 않으려면 조언하는 자신의 욕구와 동기를 파악해야 한다. 겉으로는 내담자를 돕기 위한 것이라고 하지만 그 이면에 다른 이유들이 있을 수 있다. 예를 들어, 내담자가 조언이 필요하다거나 해결책을 알고 싶다고 할 때마다 상담사는 자신이 활용했던 방법이나 자신이 알고 있는 해결책을 내담자에게 제시해 준다고 하자. 내담자가 조언을 요구할 때마다 상담사가 자판기처럼 내담자의 요구를 왜 다 받아 주고 있을까에 대한 의문을 가져야 한다. 특히 내담자는 상담사의 조언을 자신의 삶에 적용하려는 노력을 하지 않는데도 불구하고 상담사에게 조언을 구하고 상담사는 조언을 한 후 사후 결과에 대해서는 무관심하거나 내담자의 변화를 살피지 않는다면 상담사의 조언이 내담자를 위한 것인지, 상담사의 자기만족을 위한 것인지에 대해서 진지하게 고민해야 한다. 이 같은 비정상적인 치료적 관계에서 분명한 건 서로에게 이득이 있다는 점이다. 상담사는 상담사로서 내담자가 원하는 것을 제공했고 해결책을 제시했으니 역할을 다했다고 생각할 수 있다. 반면, 내담자는 여전히 자신의 요구를 잘 받아 주고 해 달라는 대로 해 주는 상담사에게 좌절된 애정욕구를 충족하고 의존 대상이 있다는 것만으로 이 관계를 만족할 수 있다. 그러나 이 같은 공모하는 관계는 내담자 성장에 도움이 안 되기 때문에 상담사는 상담과정에서 하는 말의 의도를 민감하게 인식할 필요가 있다.

또한 상담사가 내담자를 도와주려는 마음이 강할수록 조언이나 충고를 하기 쉽다. 즉, 내담자가 빨리 변화되길 바라는 조바심으로 인해 빠른 문제해결에 초점을 맞추고 조언이나 충고를 제공할 수 있다. 조언이나 충고로 인해 내담자가 변화되고 도움을 받을 수 있을 것이라는 확신이 클수록 '빨리' '강하게' 조언을 사용하게 된다. 그러나 조언을 '빨리' 급하게 할수록 내담자가 수용하지 않거나 수용하더라도 일시적인 대안일 뿐이다. 더불어 '강하게' 조언하게 되면 면전에서는 거절하지 못하고 조언을 수용하는 것처럼 보이지만, 결국 실행하지 않을 가능성이 크다. 따라서 '빨리' '강하게'가 아니라 내담자가 배울 수 있는 준비가 되었는지 확인하고 조언하기를 해야 한다.

한편, 조언하기를 상담사의 유능성을 가늠하는 근거로 생각하는 것은 지양해야 한다. 내담자는 상담사에게 조언을 구할 수 있으나 모든 요구에 답할 수도 없고 답하지 않아도 된다. 내담자의 요구를 다 들어주는 것이 상담사 역할이라고 생각하는 것은 위험하다. 전지전능 환상에서 빠져나와야 한다. 더불어 내담자의 변화를 상담사의 유능감과 연결시켜서 상담하다 보면 성과 중심의 상담을 진행하게 되고 내담자의 변화과정을 놓치게 된다. 내담자의 성장이 상담사 유능감 발달과 상관이 있지만, 내담자의 변화 속도가 느리다는 것이 상담사가 조바심 내고 자신의 유능감을 의심할 문제는 아니다. 진심으로 내담자를 돕기 위해 조언을 하고 싶다면, 일방적인 조언보다는 내담자가 스스로 자신의 문제를 해결할 수 있는 힘이 있다는 점을 믿고, 내담자가 변화를 시도하고 시행착오를 경험하는 시간 동안 버텨 주고, 그 과정에서 내담자가 요청할 때 조언하는 것이 효과적이다. 이후 내담자가 상담사의 조언대로 행동할지 여부는 내담자의 선택이며 더 중요한 것은 상담사의 조언대로 행동하는 것이 아니라 내담자가 스스로 선택하고 행동하고 책임지는 경험을 하는 것이다.

다음은 고3 학생이 수능이 얼마 남지 않은 상황에서 남은 기간 동안 어떻게 수능을 준비해야 할지 모르겠다며 불안감을 호소한 사례이다. 이 학생은 대학에 꼭 합격했으면 좋겠다는 바람은 있지만 남은 기간을 어떻게 보내야 하는지 상담사의 구체적인 조언을 바랐다. 상담사는 현재 수능까지 남은 기간과 내담자가 대학을 왜 가려 하는지, 남은 기간 무엇을 해야 할지 모르겠다는 의미를 파악하고 내담자가 남은 기간 할 수 있는 것을 스스로 선택해서 할 수 있도록 방향을 제시하고 있다.

내담자 1: 요즘 수능이 얼마 안 남아서 너무 불안하고 잠도 안 와요. 무엇부터 해야 할지 모르겠어요.

상담사 1: 수능이 얼마나 남았지요?

내담자 2: (상담사 말을 가로채며) 이제 겨우 네 달 남았어요. 시간이 얼마 안 남아서 할 수 있는 게 없어요.

상담사 2: 네 달이나 남았는데 할 수 있는 게 없다고 생각하는군요. 지금 현재 공부 상태가 어느 정도인지 알 수 있을까요?

내담자 3: 거의 안 되어 있다고 봐야죠.

상담사 3: 아무 준비도 안 되어 있다고요? 내가 가늠할 수 있게 수치로 말해 줄 수 있을까요?

내담자 4: 음…… 대부분 4.5등급이에요.

상담사 4: 8등급까지인 걸로 알고 있는데 그럼 중간 정도 되는 건가요?

내담자 5: 중간 정도면 거의 바닥이죠. 서울에서는 이 등급 컷으로는 갈 곳이 없어요.

상담사 5: 인서울을 가고 싶은데 성적이 안 된다는 말이네요. 인서울이라면 어디를 생각하고 있는 건가요?

내담자 6: 원래 중경외시까지 생각했는데 지금 성적은 경기권도 못 갈 성적이에요.

상담사 6: 중경외시를 기대했다면 중경외시 정도는 기대할 만한 성적이었던 건가요?

내담자 7: 목표를 중경외시로 잡긴 했는데 원래 성적은 경기권 정도 갈 성적이었죠. 그런데 지금은 경기권도 위험한 것 같아요.

상담사 7: 성적이 떨어진 이유가 있을까요?

내담자 8: 첫 모의고사를 너무 못 봐서 이래서는 대학 근처도 못 가겠다는 생각이 들었어요. 지방대는 부모님이 절대 안 된다고, 차라리 전문대 가라고 하는데 저는 전문대는 가고 싶지 않아요. 지방대 갈 성적밖에 안 되는데 지방대는 안 된다고 하니까 차라리 대학을 포기할까 싶기도 해요.

상담사 8: 부모님이 지방대를 반대하시는 이유가 있을까요?

내담자 9: 여자라서 집을 떠나면 위험하다고 그리고 돈이 없어서 방은 못 구해 준다고…….

상담사 9: 아~ 그럼 전문대는 왜 가기 싫은 건가요?

내담자 10: 전문대는 제가 싫어요. 전문대 갈 거였으면 공부를 아예 안 했을 거예요. 4년제는 나와야 취업을 할 수 있을 것 같아요.

상담사 10: 취업은 전문대를 나오는 것이 더 유리할 수도 있는데~ 어떤 분야에서 일하고 싶어요?

내담자 11: 그건 아직 잘 모르겠어요. 아직 결정은 못 했어요.

상담사 11: 그럼 전공은 결정했나요? 아니면 공부하고 싶은 분야가 있나요?

내담자 12: 그냥 제가 문과니까…… 경영이나 경제를 가야 하지 않을까 싶어요. 그래야 취업이 될 것 같아요.

상담사 12: 경영이나 경제학과에서 무엇을 공부하는지는 알아요? (아뇨~) 경영이나 경제가 수학적 개념의 공부가 많다고 하던데…….

내담자 13: 그럼 힘들 것 같은데…… 전 수학을 진짜 싫어하고 못하거든요.

상담사 13: 전공에 대한 고민도 더 해 봐야겠네요. 전문대는 가기 싫고 지방대는 못 간다고 하면 남은 선택지가 있나요?

내담자 14: 경기도권이라도 가야 되는데…… 그것도 쉽지 않을 것 같아요.

상담사 14: 경기권 대학에 가려면 성적을 어느 정도 올려야 하나요?

내담자 15: 과마다 다르긴 하지만 최소 3등급은 만들어야 할 것 같아요.

상담사 15: 그럼 지금 할 수 있는 건 등급 올릴 수 있는 과목들에 집중해서 최대한 성적을 올리는 거네요. 여기서 조금 더 노력하면 성적을 올릴 수 있는 과목이 있을까요?

내담자 16: 그나마 국어는 성적이 좀 나올 때가 있어요. 3등급도 나올 때가 있긴 한데…….

상담사 16: 국어는 3등급 받아 본 경험이 있으니까 일단 국어 공부부터 시작해 보는 게 어때요?

내담자 17: 공부해도 성적이 안 나오면 어떻게 하죠?

상담사 17: 성적이 잘 나올지, 안 나올지는 알 수 없죠. 만약 노력해도 안 되면 그때 가서 선택할 수 있는 걸 선택해야겠죠. 지금은 국어 공부라도 시작해서 기회를 만들어 볼 것인지, 아니면 포기를 선택할 것인지 결정해야 할 것 같아요.

내담자 18: 포기할 수는 없으니까…… 국어 공부라도 해야 할 것 같아요.

상담사 18: 좋아요. 그럼 국어 공부를 어떻게 하면 3등급으로 올릴 수 있을지 공부방법에 대해서 고민해 볼까요?

내담자 19: 국어는 제가 좋아하는 과목이라서 꾸준히 공부하면 성적이 나올 것 같아요. 고전도 좋아해서 제가 포기 안 하면 될 것 같아요.

상담사 19: 그렇죠. 지금 포기하는 건 너무 아깝죠. 4개월이 적은 기간은 아니니까 국어를 차근히 공부해 봅시다. 국어 공부하는 것이 익숙해지면 그다음 도전 과목을 찾아보면 좋을 것 같아요.

내담자 20: 그다음 과목은 이미 결정했어요. 암기과목도 성적이 들쑥날쑥하기는 한데 한국지리 과목을 좋아해요. 일단 국어와 한국지리를 집중적으로 하고 영어도 틈틈이 해서 올릴 수 있는 만큼 올려 보는 게 좋을 거 같아요. 내신도 신경 써야 해서 너무 부담스럽긴 했는데 일단 포기하는 건 아니니까 할 수 있는 걸 해 볼게요.

내담자는 지방대 입학을 반대하는 부모와 전문대는 가고 싶지 않은 본인의 욕구가 충돌하면서 어떻게 해야 하는지 결정을 못해 공부도 방향을 잡지 못하고 우왕좌왕하는 상황이다. 내담자의 현재 상황을 살펴보니 내담자의 현재 성적은 경기권도 지원하기 어려운 상황이며 전공도 구체적인 탐색이 되어 있지 않고 하고 싶은 일도 구체적이지 않다. 현재 내담자는 자신의 성적 수준으로 갈 수 있는 대학에 대한 정보와 성적을 올릴 수 있는 방법을 고민하면서 현재 할 수 있는 일을 하는 것이 최선이다. 다행히 내담자는 포기를 선택하지 않았기 때문에 상담사의 조언대로 현재 성적을 올릴 수 있는 국어 공부부터 시작하기로 결정하였다. 이제부터 상담사가 해야 할 일은 내담자가 선택한 국어, 한국지리, 영어 공부를 내담자가 잘하고 있는지, 생각대로 안 되고 있다면 개선방법이 무엇인지 확인하면서 내담자가 자기 계획을 실행할 수 있도록 돕는 것이다.

연습하기

사례

학급 내에서 친하게 지내는 친구와 갈등이 생겨 상담을 신청한 내담자는 상담에 적극적으로 참여하며 변화하기 위해 상담사에게 조언을 구하고 있다. 이전 상담과 마찬가지로 이번 회기에서도 친구관계에서 구체적으로 어떻게 해야 하는지 조언을 구하고 있다.

내담자 1: 선생님이랑 연습한 대로 "약속을 안 지킨 너한테 화가 났고 서운했어. 그래서 그 부분에 대해서는 너한테 사과를 받고 싶어."라고 친구한테 톡을 보냈어요. 보내면서 친구가 어떻게 생각할까 걱정도 되고 떨리기도 했지만 속이 시원하기도 했어요.

상담사 1: ○○이 생각과 마음을 표현한 것은 아주 잘한 일이야. 친구의 반응은 어땠어?

내담자 2: 그런데 친구는 사과할 생각이 없는 것 같아요. 사과할지 생각해 보겠다고 톡이 왔어요.

상담사 2: ○○이는 친구가 어떻게 반응해 주길 기대했어?

내담자 3: 저는 친구가 제게 바로 사과할 거라고 생각했는데 그렇지 않아서 좀 당황했어요. 이제 어떻게 해야 할지 모르겠어요.

상담사 3: 그러게 좀 당황스럽긴 하네~ ○○이는 이 친구와의 관계를 어떻게 하고 싶어?

내담자 4: 잘 모르겠어요.

상담사 4: 만약 친구가 사과를 안 한다고 한다면, 그래도 이 친구와의 관계를 유지하고 싶어?

내담자 5: 만약에 사과를 안 한다면 전 친구 하고 싶은 마음이 안 생길 것 같아요.

상담사 5: 그럼 사과를 안 하면 절교를 생각한다는 의미인가?

내담자 6: 지금은 그 친구가 사과를 해 주면 좋겠다는 마음이 있긴 한데 만약 사과를 안 한다면 절교까지 생각해야 하지 않을까요?

상담사 6: 절교까지 생각하고 있구나. 그런데 사과를 받고 친구와의 관계를 유지하고 싶은 마음도 있는 것 같은데?

내담자 7: 네~ 그런데 저도 제 마음을 잘 모르겠어요. 그냥 사과받지 말고 넘어갈까 하는 생각도 들고, 나를 친구로 생각하면 사과를 해야지라는 마음도 있고…….

상담사 7: 그 친구랑 잘 지내고 싶은 마음을 직접 표현해 보면 좋을 거 같은데~ ○○이는 어떻게 생각하니?

내담자 8: 직접 만나서 말할 생각은 못 했어요. 평상시에 톡을 많이 하니까 편한 방법을 쓴 거 같아요. 만나서 얘기하는 게 중요하다는 걸 몰랐어요.

설명

사례에서처럼 내담자가 자신이 원하는 것이 무엇인지 혼란스러워하거나 잘 모르겠다는 말을 하면 상담사는 답답한 마음이 들기도 하고 조급해져서 말이 많아지거나 섣부른 조언을 하고 싶어진다. 이때 상담사는 조급해하지 말고 내담자가 이 문제를 해결하기 위해서 어떻게 하고 싶은지, 이전에 어떤 방법을 시도해 봤는지, 새롭게 시도할 방법은 없는지 등을 탐색하면 된다. 이 과정을 통해 상담사는 내담자의 생각이나 욕구를 명료화할 수 있고, 상담사의 조언을 스스로 선택할 수 있도록 도울 수 있다. 이 사례에서 내담자가 친구에게 사과를 요구하는 것이 친구와의 관계를 좀 더 개선하고 친해지기 위해서인지, 단지 형식적인 사과를 받고 싶은 것인지에 대한 구체적인 탐색이 필요하다. 다음에서 조언하기 대안반응을 연습해 보자.

▣ 앞의 설명을 바탕으로 상담사 반응별 대안반응 적어 보기

상담사 1:

상담사 1:

상담사 2:

상담사 2:

상담사 3:

상담사 3:

상담사 4:

상담사 4:

상담사 5:

상담사 5:

상담사 6:

상담사 6:

상담사 7:

상담사 7:

대안반응 1

상담사 1: 전에는 참기만 했는데 이번에는 ○○이 생각을 확실하게 잘 표현했네. 떨렸다고 했는데 말하고 나니 어땠어?

상담사 1: 떨렸지만 ○○이가 하고 싶은 말을 정확하게 잘 표현했구나. 친구에게 ○○이 마음이 전달된 것 같니?

대안반응 2

상담사 2: 친구가 사과할 마음이 없어 보인다고 생각한 이유가 있을까?

상담사 2: 친구의 생각해 보겠다는 톡을 보고 마음이 어땠어?

대안반응 3

상담사 3: 생각과 다른 반응이어서 당황스러웠겠네. 사과를 요구하면 친구가 당연히 사과할 거라 생각했구나.

상담사 3: ○○이는 친구에게 꼭 사과를 받고 싶은 마음이 있구나. 예상과 다른 반응 때문에 ○○이도 혼란스러운 상태인 것 같네.

대안반응 4

상담사 4: 친구가 사과를 안 한다면, 이 친구와의 관계에 어떤 영향을 미칠까?

상담사 4: ○○이는 친구와 갈등이 생겼을 때 어떻게 하는 편이야?

대안반응 5

상담사 5: ○○이에게는 사과를 받는 게 굉장히 중요하구나. ○○이에게 사과를 한다는 건 어떤 의미야?

상담사 5: 친한 친구라고 했는데 ○○이가 생각하는 친한 친구의 기준이 뭐야?

대안반응 6

상담사 6: 사과를 안 할 수도 있다는 생각을 하는 것 같은데 그렇게 생각하는 이유가 있을까?

상담사 6: 만약 사과를 받는다면, 이 친구와의 관계가 더 좋아질 수 있을까?

대안반응 7

상담사 7: 사과받지 않고 넘어가고 싶은 마음에 대해서 좀 더 설명해 볼래?

상담사 7: 친구라면 사과를 해야 한다고 생각하는구나. 사과를 받지 않고 넘어가고 싶은 마음과는 반대인 것 같은데 네가 진짜 원하는 건 뭐야?

상담사 7: 갈등이 있는 친구에게 내 생각을 전달할 때는 톡보다는 직접 만나서 말하는 게 좋을 것 같아. 글로만 전달하면 오해할 수도 있고 감정도 전달이 안 되거든. 어떻게 생각하니?

셀프 수퍼비전 노트

1. 조언하기 기술에 대한 셀프 모니터링

- 잘하고 있는 부분

- 개선이 필요한 부분

2. 셀프 수퍼비전을 통한 조언하기 대안반응 연습하기

- 실제 사례를 가지고 대안반응 작성해 보기

제 13 장

즉시성

1. 언제 즉시성을 사용해야 효과적인가?
2. 어떻게 즉시성을 사용해야 효과적인가?
3. 즉시성을 사용할 때 내담자에 대한 역전이가 아닌지 걱정된다면?

▣ 연습하기

▣ 셀프 수퍼비전 노트

즉시성은 상담사가 내담자와의 관계에서 상담사 자신에 대하여, 내담자에 대하여 그리고 치료적 관계에 대하여 지금-여기에서 어떻게 느끼고 생각하는지를 개방하는 것이다(Hill, 2012). 즉, 상담사와 내담자의 현재 관계를 다루기 위해 상담장면에서 상담사와 내담자가 서로에게 일어나는 감정이나 느낌, 생각을 솔직하게 나누는 것이다. 상담사의 느낌과 감정, 생각을 현재 시점으로 개방한다는 점에서 자기개방과 유사하지만 즉시성은 상담사와 내담자의 치료적 관계나 상호작용에 대해 의사소통한다는 점에서 차이가 있다.

Kiesler(1988)는 즉시성을 함께하는 의사소통이라고 하였는데, 상담사는 내담자와의 의사소통에 즉각적으로 반응함으로써 내담자가 지금-여기에서 일어나는 의사소통 과정을 이해하도록 도울 수 있다. 또한 내담자가 상담사와 상호작용하는 효과적인 의사소통을 경험하고 모델링함으로써 일상에서도 자신의 의사소통에 적용하도록 변화를 촉진할 수 있다.

상담에서 상담사와 내담자의 관계를 다루는 일은 매우 중요한데 이를 위해서 즉시성 기술을 활용하는 능력이 요구된다. 내담자는 상담실 밖에서 겪는 대인관계 문제를 상담사에게 그대로 반복할 가능성이 크다. 이때 상담사가 즉시성 기술을 활용해서 지금-여기에서 일어나는 상호작용에 대한 생각과 느낌, 감정을 솔직히 다룬다면 내담자에게는 대인관계 문제를 해결하는 방법을 배우는 새로운 학습경험이 될 수 있다. 예를 들어, 내담자가 지나치게 상담사에게 공손하고 매번 간식이나 음료를 사온다거나, 상대방에게 지나치게 맞춘다거나 비언어적인 태도에 대한 인식이 부족해서 자신의 부정적인 태도가 타인에게 어떻게 비춰지는지를 이해하지 못할 때 상담사가 지금-여기 상담장면에서 느껴지는 내담자의 모습에 대해 피하지 않고 다룬다면 내담자는 자신의 행동이나 태도가 상대에게 어떻게 전달되는지를 이해하게 되고 자신의 말과 행동의 의도나 이유를 이해하는 기회를 갖게 될 것이다.

즉시성은 상담의 전 과정을 통해 치료적 관계를 다루기 위해 필요한 기술이지만 초보상담사가 사용하기 쉬운 기술은 아니다. 그러나 상담관계를 직접적으로 다루었을 때 서로에게 더 솔직할 수 있고 피상적인 관계에서 더 깊이 있는 관계로 전환할 수 있는 계기가 되기 때문에 상담에서는 매우 중요한 기술이다. 따라서 상담사는 즉시성 기법을 사용하는 데 익숙해지도록 노력해야 한다. 이 장에서는 초보상담사들이 즉시성을 사용할 때 궁금해하는 사항을 중심으로 즉시성을 어떻게 사용해야 하는지 설명하고자 한다.

1. 언제 즉시성을 사용해야 효과적인가?
2. 어떻게 즉시성을 사용해야 효과적인가?
3. 즉시성을 사용할 때 내담자에 대한 역전이가 아닌지 걱정된다면?

1. 언제 즉시성을 사용해야 효과적인가?

즉시성 기술은 치료적 관계를 형성하는 데 방해되는 요인들이 발생했을 때 또는 강력한 치료적 관계로 변화시켜야 할 때 활용한다. 또한 내담자가 인식하지 못하거나 회피하려는 점을 다루어야 하기 때문에 직면기술을 활용할 때와 유사하게 상담사에게는 다소 도전적인 기술이며 내담자에게도 긴장되고 도전적인 순간이기 때문에 어느 정도의 라포와 신뢰관계가 형성되었을 때 사용해야 효과적인 기술이다. 즉시성을 사용하기 적절한 시점에 대해서 구체적으로 설명하면 다음과 같다. 내담자의 역기능적인 대인관계 패턴을 알아차리고 통찰하도록 돕고자 할 때, 억압된 감정을 표현하도록 돕고자 할 때, 상담 또는 상담사에 대한 내담자의 회피나 저항을 다루고 의사소통을 촉진하고자 할 때 그리고 지금-여기에서 내담자에게 느껴지는 상담사의 감정을 개방하여 내담자가 상대에게 미치는 영향과 상호작용 패턴을 이해하도록 돕고자 할 때, 상담이 정체된다고 느껴지는 상황에서 내담자의 상담에 대한 동기나 불편감 등을 다룰 때 유용하게 사용할 수 있다.

앞에서 기술한 즉시성 기술을 사용하는 상황에 대해서 구체적으로 하나씩 살펴보자. 첫째, 내담자가 자신의 역기능적인 대인관계 패턴을 알아차리고 통찰하도록 돕고자 할 때 즉시성 기술을 사용할 수 있다. 내담자는 일상에서의 대인관계 패턴을 상담관계에서도 그대로 반복할 가능성이 높기 때문에 이때 상담사는 내담자의 부적응적인 또는 역기능적인 대인관계 패턴을 지금-여기 상담관계에서 생생하게 다룰 수 있다.

다음 사례는 상담사가 내담자에게 상담경험에 대해서 중간점검을 하고 있다(상담사 1 반응). 내담자는 상담이 편하고 좋다고는 하지만 변화되는 모습을 보이지 못한다는 생각에 상담사가 지칠 것 같다고 말을 하면서 상담사 눈치를 보고 있다(내담자 1 반응). 이에 상담사가 지금-여기에서 내담자에 대한 생각을 표현하고 내담자가 상담사와의 관계에서 구체적으로 염려하는 것이 무엇인지 질문을 통해 내담자를 이해하고자 했다(상담사 2 반응). 이 질문을 통해 내담자는 대인관계에서 자신의 염려와 힘듦을 얘기하지 않고 상대가 힘들까 봐 먼저 멀리하는 패턴을 자각하고 결국 대상이 떠날 것에 대한 염려로 자신이 먼저 회피한다는 것을 인식하게 되었다(내담자 3 반응). 내담자의 관계 패턴을 이해한 상담사는 내담자가 상담에서 괜찮은 척하고 상담을 종결하려고 했던 내담자의 회피적 관계 패턴이 상담관계에서도 반복되고 있음을 다루고 있다(상담사 4 반응).

상담사 1: 우리는 지금까지 10회기 상담을 했어요. 10회기 동안 ○○ 씨가 경험한 상담이 어땠는지 궁금하네요.

내담자 1: 상담에 오면 편하고 좋은데 제가 변화되는 좋은 모습을 보여 드리지 못하고 매주 똑같은 문제를 얘기하고 있는 것 같아요. 그래서 저를 만나면서 선생님이 지치실 것 같아요.

상담사 2: ○○ 씨 자신이 나아지고 있는지 잘 모르겠다는 얘기로 들리네요. 그런 ○○ 씨의 모습에 내가 힘들어할까 봐 걱정하는 것 같기도 하고……. 지금 제일 힘든 건 ○○ 씨일 텐데 왜 상담사를 걱정하는지 궁금하네요. 나와의 관계에서 어떤 부분이 걱정되는 건지 구체적으로 얘기해 줄래요?

내담자 2: 음…… 그런 얘기를 해 본 적이 없는 것 같아요. 저는 상대방이 힘들까 봐 힘들다는 얘기를 하지 않고 좋은 모습만 보여 주려고 노력해요. 그러다 더 이상 참고 노력하는 게 힘들면 그 사람을 피했던 것 같아요. 다른 사람이 저 때문에 힘들어하는 게 싫어요.

상담사 3: 힘든 얘기를 하면 상대방이 힘들까 봐 힘든 얘기를 하지 못했군요. 다른 사람이 ○○ 씨 때문에 힘들어지면 어떤 일이 생길 것 같나요?

내담자 3: 제가 힘들게 하면 질려서 저를 떠날까 봐……. (눈물)

상담사 4: 상대방이 ○○ 씨를 떠날까 봐 두려웠나 봐요. 그래서 상대방이 좋아할 것 같은 모습을 보이기 위해 노력하다가 지치면 ○○ 씨가 먼저 떠났군요. 그래서 최근 상담에서 괜찮다는 말을 자주 하고 마치 상담을 더 이상 안 받아도 되는 것처럼 얘기했던 건가요?

내담자 4: (침묵) 제가 또 피하려고 했던 것 같아요. 선생님이 저를 위해서 애써 주시는데 제가 별로 변화되지 않는다는 생각이 드니까 저 때문에 힘드실 것 같아서 저도 모르게 괜찮다는 말을 자주 했던 것 같아요. 이 정도 상담했으니까 됐다는 생각도 들었고요.

둘째, 즉시성은 내담자의 억압된 감정을 표현하도록 촉진할 때 사용할 수 있다. 감정을 억압하는 이유를 탐색하는 것도 중요하지만 그보다 먼저 내담자가 지금-여기에서의 감정을 느껴 보고 안전한 관계에서 표현하고 수용되는 경험을 하는 것이 필요하다. 내담자는 자신의 감정이 수용되는 경험을 하면서 감정을 억압하고 있다는 것을 알아차릴 수 있고, 감정을 억압하는 이유와 억압하기 때문에 일어나는 관계에서의 어려움을 통찰할 수 있게 된다.

사례를 살펴보자. 상담사는 앞 상담시간이 길어져서 5분 늦게 다음 상담을 시작하였다. 내담자는 상담이 늦게 시작된 이유에 대해서 묻기보다는 상담사가 힘들 것에 대해 염려하는 말을 하고 있다. 그러나 내담자의 비언어적인 메시지는 시선을 피하면서 말을 하고 있기 때문에 상담사는 내담자가 비언어적으로 불편함을 표현하고 있다는 것을 알아차리고 지금-여기에서 감정을 다루고 있다(상담사 1 반응). 상담사의 질문에 내담자는 언어적으로 표현하지 않았던 질투라는 감정을 언어로 표현하고 있다(내담자 2 반응). 상담사는 질문을 통해 질투 감정에 대해서 더 자세히 표현할 수 있도록 도왔고 상담사에게 솔직하게 표현하지 못한 이유에 대해서 탐색하고 있다(상담사 2, 3 반응). 솔직하면 자신에게 실망하고 싫어할까 봐 걱정된다는 내담자의 말을 통해 내담자의 염려를 확인했고 상담사는 지금-여기에서 서로에게 솔직하게 말하고 있는지를 다루고 있다(상담사 4 반응). 이를 통해 내담자는 솔직하기보다 회피했음을 인지하게 되었다(내담자 5 반응).

내담자 1: (시선을 피하며) 선생님, 앞 시간에 상담하고 바로 상담하느라 힘드시겠어요.

상담사 1: ○○ 씨가 나를 걱정해 주는 말을 하는데 왠지 불편한 것처럼 보이네요. 상담시간을 기다리면서 어떤 기분이 들었어요?

내담자 2: 사실…… 좀…… 말하기 그런데…… 질투가 났어요.

상담사 2: 질투 나는 마음에 대해서 좀 더 설명해 줄래요?

내담자 3: 음…… 선생님이 그 사람을 더 예뻐하는 거 아닐까? 나보다 더 좋아하는 거 같다는 생각이 들었던 것 같아요. 기다리면서 마음이 좀 복잡했어요. 선생님한테도 질투를 느끼는 제가 좀 이상하게 느껴지기도 하고…… 사실 들어올 때는 그런 마음을 숨기려고 했는데 말하고 나니 좀 더 후련하긴 하네요.

상담사 3: ○○ 씨가 솔직하게 표현하면서 후련하다고 하니 나도 속이 시원해지네요. 나에 대해 여러 생각이 들었는데 솔직하게 말하는 게 왜 어려웠을까요?

내담자 4: 솔직하게 얘기하면 선생님이 저에게 실망할까 봐 두려웠어요. 저를 싫어하면 어떻게 하나 걱정을 했던 것 같아요.

상담사 4: 나는 지금껏 서로에게 솔직했다고 생각했었는데 ○○ 씨는 내가 실망할까 봐 솔직하게 말을 못했다고 생각하니 내가 ○○ 씨를 제대로 이해하지 못했다는 생각이 드네요. 우리 서로에게 얼마나 솔직했는지 얘기해 볼까요?

내담자 5: 음…… 솔직하게 말하지 못했던 것 같아요. 그래서 제 감정이나 생각을 물어보는 자리를 피했던 것 같아요.

셋째, 상담 또는 상담사에 대한 내담자의 저항을 다루고 의사소통을 촉진하고자 할 때 상담사는 지금-여기에서 일어나는 역동을 다루어야 한다. 이때 즉시성 기술을 사용해야 한다. 상담과정에 나타나는 내담자의 저항은 상담관계에 영향을 미치고 결국 상담성과에 부정적 영향을 미치기 때문에 상담과정에서 나타나는 저항을 피하지 말고 다루어야 한다. 앞에서도 설명했지만 내담자는 상담에서 경험하는 부정적인 감정이나 불편감을 회피나 저항으로 대처하기 때문에 치료장면에서 상담사가 이 문제를 다루지 않으면 내담자는 상담으로 도움받기 어렵다. 안전한 상담에서 상담사와 불편함에 대해서 이야기를 나누고 감정이 해소되고 문제가 해결되는 경험을 하게 될 때 내담자는 비로소 자신의 대처방법의 문제점을 확인하고 새롭게 학습한 해결방법을 일상에서 적용할 수 있는 용기를 갖게 된다.

다음 사례를 보자. 내담자는 최근 3주 동안 미리 연락하지 않고 지각을 하고 있다. 상담사는 내담자의 지각하는 행동이 상담 또는 상담사에 대한 회피나 저항이라 생각하고, 즉시성 기술을 활용해서 내담자의 회피와 저항을 다루고 있다(상담사 2, 3 반응). 내담자는 자신만 변화를 위해 노력하는 것이 억울하기도 하고 자신이 변화를 위해 노력하는 것이 문제가 있는 사람이라는 것을 인정하는 것 같아서 상담을 받으러 오지만 변화를 위한 직접적인 노력을 못하고 있음을 확인할 수 있었다(내담자 4 반응). 이후 상담의 과제는 치료적 관계에서 회피하고 저항하는 문제를 직접적으로 다루면서 내담자가 엄마와의 관계 패턴이 상담사와도 반복되고 있음을 다루게 될 것이다. 또한 2주 전에 엄마와 싸운 일에 대해서 상담사에게 솔직하게 말하지 못한 이유, 변화를 위한 노력이 자신의 잘못을 인정하는 것이라는 비합리적 사고, 엄마와 반복적으로 싸우는 것이 상담의 효과가 없다는 식의 단선적 사고방식 등을 다루어야 할 것이다.

상담사 1: 지금 3주 동안 계속 지각하고 있는데 ○○ 씨 알고 있어요?

내담자 1: 아침에 늦잠을 자기도 하고 일찍 오려고 하면 차도 막혀서 그런 것 같아요.

상담사 2: ○○ 씨가 말한 이유들이 지각한 이유가 될 수 있지만, 이렇게 3주간 계속 상담에 지각하고 있는 건 다른 이유가 있을 수 있다는 생각이 들어요. 혹시 상담에 오기 싫은 마음도 있지 않을까 싶은데~ 어떤가요?

내담자 2: (15초 동안 침묵) 사실 최근에 상담을 계속할지 말지 고민하고 있었어요. 2주 전에 엄마와 또 싸우고 나서 엄마가 저한테 상담을 받아도 안 바뀐다는 얘기를 했어요. 저도 똑같은 문제로 엄마랑 싸우는 게 한심하기도 하고, 엄마한테 안 바뀐다는 얘기를 들으니 상담이 효과가 없는 것 같아서 상담받는 것에 대해서 고민을 했던 거 같아요.

상담사 3: 그런 일이 있었군요. 나와도 관련된 중요한 내용인데 혼자 생각하고 있었다니 좀 서운하네요. 2주 전에 엄마와 싸운 것도 얘기하지 않은 것 같은데 ○○ 씨가 나를 신뢰하지 않는 것 같다는 생각도 드네요. ○○ 씨는 어떻게 생각하나요?

내담자 3: 똑같은 문제로 엄마와 갈등을 하고 있는 걸 말하기가 창피했어요. 결국 제가 노력하지 않으면 안 바뀐다는 걸 알기 때문에……. 그래서 선생님 탓이라고 생각하지 않아요. 제가 변하려고 노력하지 않는 것 같아요.

상담사 4: 자기 탓을 하네요. 상담에 오는 것도 변화하려는 노력 중의 하나인데 변화하려고 노력하지 않는다는 건 어떤 의미인가요?

내담자 4: 저만 바뀌는 건 억울하다는 생각이 들었어요. 제가 변해야 한다는 게 제가 문제가 있는 사람이라는 걸 확인한 것 같았어요.

넷째, 지금-여기에서 내담자에게 느껴지는 상담사의 감정을 개방함으로써 내담자의 언어적 · 비언어적 표현이 관계에 미치는 영향을 다룰 때 즉시성 기술을 활용할 수 있다. 내담자 또한 지금-여기 상황에 초점을 맞추어 자신의 생각과 감정을 솔직히 표현하고 비언어적 표현도 상대방이 느낄 수 있다는 것을 실시간으로 경험할 수 있게 된다.

다음은 휴학을 해야 할지 또는 졸업유예를 해야 할지의 문제로 반 년째 고민만 하다가 상담을 신청한 대학 4학년생의 사례이다. 상담을 시작한 이후에도 상담과정 중에 휴학은 지속된 주제로 나왔지만 갈팡질팡하면서 5회기가 지나고 있다. 내담자는 여전히 결정을 못하고 상담사에게 결정을 대신 해 줄 것을 기대했지만 좌절되자 상담사에게 서운한 감정을 비치고 있다. 상담사는 내담자의 서운한 마음을 경청한 후 즉시성 기술을 활용해서 서로에게 서운한 마음을 솔직하게 표현하고 이를 통해 내담자의 통찰을 이끌어 내고 있다.

내담자 1: 지난주에 휴학하기로 결정하고 보니 불안하더라고요. 그래서 여기저기 묻고 다녔는데, 주변에서 학기가 얼마 남지 않았는데 휴학하면 손해라고 하는 거예요. 그냥 졸업유예로 해야겠다 싶었죠. 부모님께 졸업유예 하겠다고 했더니 그럼 취업준비를 하라고 하시는 거예요……. 점점 마음은 조급해지는데……. (상담사를 빤히 바라보며) 저는 어떻게 하면 좋을지 모르겠어요.

상담사 1: 상황이 많이 답답하겠네요. 표정을 보니 화가 난 것 같기도 하고…… 지금 어떤 감정인가요?

내담자 2: (웃으며) 어떻게 아셨어요? 답답하고…… 짜증도 나고…… 어떻게 해야 할지 잘 모르겠어요.

상담사 2: 자꾸 어떻게 해야 할지 모르겠다는 말이 ○○ 씨가 결정을 못하겠다는 말로 들리네요. 혹시 내가 결정해 주길 바라는 건가요?

내담자 3: 네~ 제 결정에 대한 자신이 없어요. 부모님이 취업을 준비하라고 하니까 더 불안해지면서 졸업유예를 결정하는 것도 자신이 없어졌어요. 그래서 선생님이 저를 잘 아시니까 결정해 주면 좋겠다는 마음이 솔직히 있어요.

상담사 3: 내가 선택해 주길 바라는 마음이 있었네요. 그런데 중요한 결정을 내가 대신할 수는 없죠. ○○ 씨가 원하는 선택을 할 수 있도록 도와줄 수는 있어요. 부모님과 나에게 결정을 기대하는 것을 보니 자신의 선택에 대한 확신이 없는 것 같아요.

내담자 4: 네~ 제가 그런 면이 좀 있죠. (20초 동안 침묵)

상담사 4: 침묵이 길어지는데 어떤 생각을 하고 있었는지 얘기해 볼 수 있을까요?

내담자 5: 제가 결정을 못 내리고 도움을 청하면 도와주는 사람이 있었으면 좋겠어요. 이럴 때마다 혼자라는 생각이 들어요. 선생님도 저를 잘 아시니까 도움을 주실 수 있을 것 같다는 생각이 드는데 원칙만 얘기를 하시니까 서운해요.

상담사 5: ○○ 씨가 원하는 도움을 못 받고 혼자라는 생각이 든다고 하니 미안하면서도 한편으로는 나도 서운한 마음이 생기네요. 내가 ○○ 씨의 기대를 충족시켜 주지 못해서 실망한 것 같은데…… 우리 서로에게 서운한 마음이 있는 것 같은데 지금 서운한 마음에 대해서 솔직하게 얘기를 해 볼까요? 어때요?

내담자 6: (20초 동안 침묵) 기대했다가 실망한다는 말을 들으니 제가 왜 다른 사람들한테 서운함을 많이 느꼈는지 알겠어요. 저는 사람들한테 기대를 많이 했던 것 같아요. 부모님한테는 인정받기를 기대했고 선생님한테도 대신 선택해 주길 바랐고……. 그런데 그건 제 기대이고 상대는 그 기대를 맞춰 줄 이유는 없죠. 그리고 선생님이 제가 해야 할 것을 대신 해 주시는 분은 아니죠. 제가 왜 서운해했는지 이해하고 나니 나에 대한 확신이 없다는 것이 문제라는 게 더 확실히 보이네요.

다섯째, 상담이 정체된다고 느껴지는 상황에서 내담자의 상담에 대한 동기나 불편감 등을 다룰 때 즉시성 기술을 활용할 수 있다. 상담이 정체되는 이유는 다양하지만 결국 상담에 대한 동기가 낮아졌거나 상담과정에서 경험하는 불편감이 영향을 미치는 경우가 많다. 상담이 지지부진하고 내담자가 성실하게 상담에 참여하지 않고 상담에 대한 동기가 낮아졌다면 상담사는 내담자의 태도에 대해서 직접적으로 다루어야 한다. 이때 즉시성을 활용한다면 상담관계를 전환하거나 치료적 동맹이 더 단단해지는 계기가 될 수 있다.

다음은 내담자가 매번 상담에 오면서도 할 얘기가 없다고 하여 상담사로 하여금 답답함을 느끼게 하는 사례이다. 상담사는 5회기째 내담자가 할 얘기 없다는 말을 즉시성 기술을 사용해서 다루고 있다. 할 얘기가 없다는 내담자의 말에 답답함을 느낀다고 전달했고 내담자도 답답하다는 감정을 표현했기 때문에 상담사는 지금-여기에서 경험하는 답답함을 다루기로 하였다. 상담사는 내담자에게 어린 시절을 기억하지 못하는 자신이 제일 답답할 텐데 왜 상담사에게 도움이 되지 못한다는 이유로 상담사의 눈치를 보고 정작 도움을 못 받고 있는지에 대해서 질문을 했고 내담자는 도움 주는 사람이 되어야 사람들이 나를 싫어하지 않을 것 같다는 생각을 표현하였다. 결국 내담자는 상대의 반응보다는 자신이 미움받지 않기 위해서 뭔가를 해야 한다는 생각에 빠져 있었음을 인지하고 상담사와의 관계에서 안정을 되찾고 있다.

상담사 1: 오늘은 어떤 얘기를 하고 싶으세요?

내담자 1: 음…… (15초 동안 침묵, 내담자가 웃으면서) 오늘은 진짜 할 얘기가 없어요. 그게…… 오늘 무슨 얘기를 할까 생각했었는데 잘 생각이 안 나더라고요.

상담사 2: 오늘 상담이 5회기째인데 계속 상담에서 할 얘기가 없다고 하시네요. 할 얘기가 없는데 상담을 오는 것도 ○○ 씨에게 쉬운 일은 아닐 것 같은데~ 매번 할 얘기가 없다고 하시니 '저도 어떻게 도와드려야 하나?' 하는 고민도 되고 좀 답답하기도 하네요. ○○ 씨는 어떠세요?

내담자 2: 네~ 맞아요. 저도 답답해요. 그래서 올까 말까 고민하다가 그냥 오긴 했는데…… 또 와서 얘기하다 보면 저에 대해서 이해되는 것도 있고 나쁘지 않아서 오게 되는 것 같아요.

상담사 3: 혹시 상담목표가 뭔지 기억하세요?

내담자 3: 네~ 기억하죠. 부정적인 감정을 표현해 보는 거.

상담사 4: 기억하고 계시네요. 그럼 상담을 받고 싶은 마음이 있는 건지 궁금해요.

내담자 4: 그건 정확히 모르겠어요. 아까 선생님이 답답하다고 하셨는데 저도 좀 상담하면서 답답한 게 있거든요. 선생님이 가끔 어린 시절에 대한 질문을 하실 때가 있는데 잘 기억이 안 나서 대답을 못할 때 저도 많이 답답해요. 선생님이 물어보는 것에 대답을 잘해서 도움을 드리고 싶은데 잘 안 되니까…… 제가 제대로 못하고 있다는 생각이 들어서 상담을 계속 와야 되나 고민이 돼요.

상담사 5: ○○ 씨도 상담하면서 답답했던 부분이 있었네요. 비슷한 느낌을 가졌다고 하니 답답함에 대한 얘기부터 시작해 보는 게 좋을 것 같네요. 어떠세요?

내담자 5: 네~ 좋아요. 답답함에 대해서 얘기를 하고 시원해지면 좋겠어요.

상담사 6: 함께 노력해 보죠. 우선 어린 시절에 대한 기억이 없으면 ○○ 씨가 가장 답답할 텐데 왜 내 눈치를 보고 나한테 도움이 되려고 노력하는지 궁금하네요.

내담자 6: (20초 동안 침묵) 전 언제부터인가부터 남에게 도움이 되는 사람이 되어야 한다는 생각을 많이 했었던 것 같아요. 누구한테 도움이 되는 사람이라면 나를 싫어하지 않을 거라는 생각을 했던 것 같아요.

상담사 7: ○○ 씨가 내 질문에 답을 못해서 내가 ○○ 씨를 싫어할 거라는 생각을 했던 건가요? 그 얘기를 들으니 서운한 마음이 드네요. 난 기억 못하는 ○○ 씨가 더 답답할 것 같아 안쓰러웠었는데~ 내 마음을 내가 잘 전달하지 못한 것 같네요.

내담자 7: 선생님이 그런 마음인 줄 몰랐어요. 전 그냥 미움받지 않으려고 상대가 어떻게 생각하든 상관없이 저만 바라본 것 같아요. 선생님이 저를 미워하지 않고 안쓰럽다는 말을 들으니 안심이 돼요. 이제 상담을 편하게 올 수 있을 것 같아요.

2. 어떻게 즉시성을 사용해야 효과적인가?

즉시성은 지금-여기에서 일어나는 관계를 다루는 것이지만 상담사가 하고 싶은 말을 여과 없이 다 표현하는 것이 아니라 내담자가 자기를 이해하고 통찰하는 데 도움이 되는 내용을 피드백하는 것이다. 상담사는 내담자를 돕기 위한 방법으로 즉시성을 사용하지만 내담자가 준비되지 않은 상황에서 듣는 즉시성은 직면처럼 내담자를 공격하거나 비난하는 것으로 전달될 수 있다. 잘못 활용된 즉시성 기술은 내담자에게 상처를 줄 수 있고, 상처받은 내담자는 상담을 지속하기 어려울 수 있다. 따라서 상담사는 내담자와 라포가 형성된 이후에 주의 깊고 신중한 태도로 표현해야 한다.

상담사는 내담자의 관계 문제가 상담사와의 관계에서 반복되어 표출된다는 것을 안다. 따라서 상담사는 내담자의 관계 문제를 피하지 말고 상담사가 느끼고 생각하는 부분을 솔직하게 지금-여기에서 다루어야 한다. 상담사와 내담자 모두 서로에게 솔직하게 얘기할 수 있을 때 서로를 신뢰하고 효과적인 상담을 진행할 수 있다.

다음은 자녀문제로 상담을 하는 내담자의 초기 사례로 자신보다 어려 보이는 상담사가 부모상담을 하는 것 같아 불편감을 느끼고 있다. 상담사는 이러한 내담자의 마음을 알아차리고 지금-여기에서 내담자가 경험하는 불편감의 이유를 확인하고 있다. 상담사는 내담자의 이해받고 싶은 마음을 수용하면서 내담자가 아무도 자신을 이해하지 못할 거라는 생각으로 인해 상담에서 이해받기 위한 노력을 하지 않고 있음을 인식하도록 돕고 있다.

내담자 1: 선생님은 어려 보이는데 부모상담도 많이 해 보셨나요?

상담사 1: 제가 어려 보여서 걱정되는 부분이 있으신 것 같네요. 어떤 부분이 염려가 되는 건가요?

내담자 2: 제가 엄마로서 고민하는 문제에 대해 아이를 키운 경험이 없는 선생님이 도움을 줄 수 있을지 조금 걱정이 되네요. 기분 나쁘게 듣지 않으셨으면 해요.

상담사 2: 도움받고 싶은 마음에서 하시는 말씀이라는 거 이해하니까 염려하지 않으셔도 돼요. ○○ 씨는 비슷한 경험을 해야 좀 더 이해할 수 있을 거라는 생각을 하시는 것 같네요.

내담자 3: 네~ 제가 좀 그런 걸 따지는 것 같아요. 경험해 보지 않으면 이해하지 못한다는 생각이 있어요. 그래서 선생님이 저를 이해하는 데 한계가 있지 않을까 싶어요.

상담사 3: ○○ 씨 얘기를 들으니 이해받고 싶은 마음이 더 느껴지네요. 그런데 한편으로 ○○ 씨는 자신을 이해할 수 있는 사람이 없다고 생각하시는 건 아닌가라는 생각도 드네요.

내담자 4: 음…… 아이의 상담선생님들이 아이 문제는 엄마 문제라고 엄마가 바뀌어야 한다고 말을 했어요. 그런 얘기를 들을 때마다 경험도 없는 사람들이 무조건 부모 탓을 한다는 생각이 들었던 것 같아요. 남의 사정도 모르면서 내 탓을 한다는 생각에 억울했던 것 같아요. 선생님 얘기를 들으니까 내가 문제가 있다는 것을 인정하기 어려워서 애를 안 낳아서 나를 이해하지 못한다는 생각을 했던 것 같아요. 그러고 보니 저는 똑같은 경험을 하지 않는 이상, 사람을 이해하는 것은 어렵기 때문에 누구한테 이해받는 건 불가능하거나 힘든 일이라는 생각을 했던 것 같아요. 그래서 내가 힘들어도 이해받지 못할 거니까 말을 잘 안 했던 것 같네요.

상담사 4: ○○ 씨의 설명을 들으니 이해가 되네요. 나를 이해할 수 있는 사람들이 없다는 생각을 했다면 참 많이 외로웠을 것 같아요. 저한테도 이해받을 수 있다는 확신이 없었다면 상담을 계속 올지에 대해서도 고민이 됐겠네요.

내담자 5: 음…… 그랬던 것 같아요. 그래서 오늘 오면서 상담을 그만 받아야 되나 고민을 했어요. 생각해 보니 제가 이해받을 수 있다는 생각을 잘 안 하니까 사람을 섣부르게 판단하고 미리 거리 두거나 관계를 끊는 것을 반복했던 것 같네요. 이번에는 다른 선택을 해 보고 싶어요.

상담사는 즉시성을 사용할 때 내담자의 진술에 너무 빨리 반응하지 않아도 된다. 핑퐁 게임처럼 쉴 새 없이 주고받는 대화에서 내담자와 상담사는 내용이나 감정에 집중하지 못하고 '이야기만' 하게 된다. 이러한 경우 단답식의 반응이 많아지고 결국 내담자뿐 아니라 상담사도 지금-여기에 충분히 머물지 못하고 피상적인 대화로 흐를 수 있다. 따라서 상담사는 상담장면에서 잠시 머무르지 않고 성급하게 반응한다면 그렇게 하는 이유를 파악해야 하며, 이러한 반응 패턴이 상담을 무료하게 하거나 상담성과에 부정적인 영향을 미치지 않도록 주의해야 한다. 특히 수퍼비전을 준비할 때 축어록 분량이 많아지는 이유는 상담사와 내담자가 쉴 새 없이 반응을 주고받거나, 짧은 대화로 계속해서 말을 하거나, 침묵을 허용하지 않기 때문이다. 초보상담사는 상담사가 내담자의 이야기에 너무 빨리 반응하게 되면 내담자의 지금-여기에서의 경험을 놓칠 수 있다는 것을 염두에 두고 내담자의 이야기에 초점을 맞추고 충분히 이해하며 상담의 흐름을 따라가는 훈련을 해야 한다. 그 과정에서 내담자의 태도, 내담자에 대한 상담사의 감정 등 상담관계에 영향을 미치는 요인들을 잘 파악하면서 상담을 진행해야 한다.

다음 사례에서는 상담사와 내담자가 많은 이야기를 빠르게 진행해 나가지만 내담자의 감정을 놓치고 지나침으로써 깊이 있는 상담으로 들어가지 못하고 있다. 내담자의 이야기와 감정에 반응하는 즉시성을 사용하여 대안반응을 해 보자.

내담자 1: 네…… 자세 때문에 그런 게 아니라 선천적으로 그냥 휘게 됐나 봐요. 몸 여기저기가 다 문제예요……. 지난주에만 병원을 세 군데나 갔어요. (하하)

상담사 1: (하하하) 지난 일주일이 정말 힘들었겠네요. ○○ 씨가 여기 온 것만 해도…… 대단하네요.

대안반응: 병원을 세 군데나 다녔으면 많이 힘들었을 텐데 웃으면서 말하네요(직면). 힘든 얘기를 할 때마다 웃으면서 얘기를 해서 안타깝게 느껴져요. 상담에서 힘들다는 말을 하는 게 ○○ 씨에게는 어려운 일인가요?

내담자 2: 여기 오는 거는 그렇게 힘들지 않아요.

상담사 2: 고마워요……. (하하)

대안반응: 상담에 빠지지 않고 오니 고마운 마음이 들지만 힘들면 힘들다고 얘기하는 게 더 안심이 될 것 같아요. ○○ 씨는 상담에 어떤 마음으로 오고 있나요?

상담사는 즉시성을 활용하기 위해서 상담사 자신과 내담자 그리고 상담사와 내담자 관계에 대해 지금–여기에서 느껴지는 자신의 감정을 있는 그대로 인식할 수 있어야 한다. 즉, 상담사는 내담자가 말할 때 들었던 자신의 느낌과 신체적 반응까지도 놓치지 않고 알아차릴 수 있어야 즉시성을 기법으로 활용할 수 있다. 즉시성은 지금–여기에서 일어나는 관계에 대한 직면이기도 하기 때문에 내담자에게는 긴장되는 상황이 될 수도 있다. 따라서 상담사는 단정적이거나 딱딱하지 않으며 절제된 표현을 함으로써 내담자가 방어하지 않고 자신의 행동이나 감정을 말할 수 있도록 해야 한다.

3. 즉시성을 사용할 때 내담자에 대한 역전이가 아닌지 걱정된다면?

즉시성 기술이 잘 활용된다면, 내담자는 상담사와의 대화에 집중하고 상호작용에 적극적으로 참여하며 자신의 문제에 대한 통찰을 얻게 될 것이다. 그러나 이와는 대조적으로 상담사 반응 뒤에 내담자의 침묵이 길어지거나, 이전과 다른 태도를 보이거나, 상담에 더 이상 참여하지 않으려고 하는 등 부정적인 결과가 나타나면 즉시성을 부적절하게 사용하지는 않았는지 살펴보아야 한다. 상담사와 내담자의 관계에서 일어나는 느낌과 감정 그리고 생각을 다룰 때 상담사의 역전이가 영향을 미칠 수 있다.

내담자가 인정하고 싶지 않은 감정이나 행동을 상담사가 다루려 할 때 대화 주제를 바꾸려 하거나 이야기하기 싫다고 직접적으로 혹은 간접적으로 표현하기도 한다. 이때 상담사는 당황하거나 위축되기도 하고 지루하거나 화가 나기도 하는 등 역전이 감정을 경험할 수 있다. 만약 내담자가 상담사에게 유도하는 감정이라면(투사적 동일시) 상담사가 느끼는 감정은 내담자와 관계를 맺는 사람들이 느낄 수 있는 감정임을 알아차리고 내담자가 자신의 관계 패턴을 이해하도록 돕는 방법으로 역전이 감정을 활용해야 한다. 그러나 만약 상담사의 미해결 문제 때문에 역전이 감정을 경험한다면 이때는 즉시성 기술을 활용하는 것을 지양해야 한다. 상담사의 미해결된 감정은 상담관계에 부정적인 영향을 미칠 가능성이 있기 때문에 관계에 직접적으로 영향을 미치는 즉시성 기술을 활용하는 것은 조심하는 것이 좋다.

상담사가 역전이 감정이 생긴 것을 알아채지 못하고 내담자가 불러일으킨 감정대로 반응한다면 내담자의 부적응적 관계 패턴 변화에 도움이 되지 않는다. 상담사는 먼저 자신의 역전이 감정을 알아차리고 역전이 감정을 불러일으키는 내담자의 직·간접적인 의사소통 내용을 지금-여기에서 다루어 줌으로써 내담자의 관계 문제를 해결하도록 도울 수 있다.

다음 사례는 내담자의 반응에서 상담사를 인정하지 않는다는 느낌을 받는 상담사가 섭섭한 마음이 드는 자신의 감정을 지금-여기에서 다루고 있다. 상담사는 자신의 역전이 감정을 활용하여 내담자가 자신의 대인관계에서 보이는 특징을 통찰하도록 돕고 있다.

내담자 1: 아무도 저를 이해하지 못하기 때문에 저를 도와주지 않아요. 그래서 저는 항상 혼자서 했고요. 그래서 외로웠어요. 지금도 외롭고 힘들어요.

상담사 1: 혹시 저도 ○○ 씨를 잘 이해하지 못한다고 생각하세요?

내담자 2: …….

상담사 2: ○○ 씨를 이해하려고 애쓰고, 함께 어려움을 해결하기 위해서 내가 옆에 있는데도 외롭고 힘들다고 하니 상담이 도움이 안 되는 건가 하는 걱정이 드네요.

내담자 3: 선생님은 상담사니까…….

상담사 3: 그 말이 무슨 뜻인가요?

내담자 4: (6초 동안 침묵) 말 그대로 선생님은 상담사니까 저를 이해하고 도와주려고 하는 거죠. 진짜 저를 위로하고 싶거나 이해하고 싶어서가 아니라 직업적으로 하시는 일이니까……. 저는 진짜 저를 이해해 주고 위로해 주는 사람이 있었으면 좋겠어요. 누구나에게 하듯이 그냥 하는 말이 아니라…….(10초 동안 침묵)

상담사 4: 제가 하는 말이 ○○ 씨에게는 의례적으로 하는 말로 들렸나 보네요. 그 말을 들으니 섭섭하네요. 전 ○○ 씨 얘기를 듣고 이해하기 위해서 매 시간 노력했다고 생각했는데…… 저의 노력이 ○○ 씨에게는 진정성 있게 전달되지 않았나 보네요. 제가 어떻게 해야 할까요?

내담자 5: 글쎄요. 선생님이 저를 위해 노력했다고 하니 제가 조금 죄송해지네요. 저는 오래전부터 사람들이 솔직하지 않다고 생각했던 것 같아요. 그래서 형식적으로 대한다는 생각이 들어서 사람들이 저한테 하는 말을 잘 안 믿었던 것 같아요. 마음으로 받아들이지 않았던 것 같네요.

상담사 5: 사람들이 솔직하지 않다고 생각하면 그들의 말을 믿기는 어렵겠네요. 제 말도 ○○ 씨가 믿기 어려웠던 것 같은데~ 지금은 어떤 생각이 드나요?

내담자 6: 생각해 보면 저에게 다가왔던 친구들은 항상 있었던 거 같아요. 그 친구들을 믿지 않았던 건 저고…… 친구들이 저를 멀리했던 게 아니라 제가 친구들을 멀리하면서 외롭다고 했던 것 같네요.

내담자의 반응에 역전이 감정이 드는 다른 원인은 상담사의 미해결 과제가 내담자의 이야기에 의해서 자극받을 때이다. 상담사 자신의 문제와 내담자 문제를 혼동하게 하는 역전이 감정이 들면 내담자 문제에 집중하지 못하고 왜곡할 수 있기 때문에 조심해야 한다. 또한 상담사는 미해결 과제로 인해 상담과정에서 내담자에게 편하게 피드백하지 못하기도 한다. 내담자를 화나게 만들어 상담관계가 깨질 것에 대한 두려움으로 위축된 피드백을 하는 것, 상담사 자신의 감정에 대해 자신이 없는 것, 자신의 반응을 어떻게 평가할까에 대한 두려움을 갖는 것 등은 상담사 자신의 미해결 과제와 관련이 있다. 상담사 자신의 미해결 과제에 따른 역전이는 내담자와 상담사 모두에게 도움이 되지 않는다. 따라서 초보상담사는 지속적인 수퍼비전과 교육분석을 통해 자신의 미해결 과제를 자각하고 다룸으로써 내담자를 도울 뿐 아니라 상담사 자신을 돌볼 수 있어야 한다.

연습하기

사례

내담자는 대학교 2학년 남학생으로 인간관계에서 갈등이 생기면 조용히 관계를 철수하는 패턴을 반복하였다. 내담자는 어느 순간 주변에 자신을 이해해 주는 사람이 아무도 없다는 생각이 들면서 혼자 남을 것만 같은 불안함으로 상담을 신청하였다. 사례에서 내담자는 상담사가 자신을 싫어한다는 생각이 들어서 불편하지만 얘기하지 않고 다른 관계처럼 말없이 멀어지려고 하는 패턴을 보이고 있다.

내담자 1: 그 친구들 생각만 하면 머리가 아파요. (찡그린 얼굴로 시선을 회피)

상담사 1: 지금 컨디션이 안 좋은가요?

내담자 2: 아니요? 괜찮은데요.

상담사 2: 오늘은 친구들에 대한 얘기를 안 하고 싶어 하는 것 같네요. 머리도 아프다고 하고 시선도 회피하고…… 괜찮아 보이지 않는데 진짜 괜찮은 거 맞나요?

내담자 3: 오늘은…… 머리가 아프네요.

상담사 3: ○○ 씨가 말하는 게 왠지 불편해 보이는데 그 불편함이 혹시 나와 관련이 있을까요?

내담자 4: (음…… 12초 동안 침묵) 어…… 사실 제가 선생님 눈치를 보는 것 같아요. 선생님이 저를 이상하게 생각할까 봐…….

상담사 4: ○○ 씨가 왜 그렇게 생각하는지 궁금하네요. 이상하게 본다는 게 어떤 의미인가요?

내담자 5: 상담을 하면은 제가 좋게 변해야 하는데 맨날 친구들과 갈등 상황을 얘기하고 문제가 반복되니까 선생님이 저한테 실망하거나 제가 문제가 있다고 생각할 것 같아요.

상담사 5: 관계 문제가 쉽게 해결되긴 어렵죠. ○○ 씨 입장에서도 문제가 반복되니까 스스로 문제가 있다고 생각하는 건가요? 아니면 문제가 반복된다는 점에서 상담이 효과가 없다고 생각할 수도 있을 것 같네요. 지금은 우리 둘 사이의 관계 문제를 다루어야 할 것 같다는 생각이 드네요.

내담자 6: 네~ 제가 친구들 얘기를 할 때 어느 순간부터 선생님이 지루해하는 것 같았고 질문 없이 그냥 듣고만 계셔서……. 그리고 전에는 선생님이 제가 얘기를 하면 열심히 적었는데 지금은 아무것도 안 적으셔서 제가 뭔가 잘못하고 있다는 생각이 들었어요. 나한테 관심이 없어진 건가 싶기도 하고…… 뭔가 더 솔직하게 제 문제를 얘기하면 안 된다는 생각이 들었던 것 같아요.

상담사 6: ○○ 씨가 내 눈치를 많이 보고 있었네요. 눈치를 보고 있었다면 나한테 솔직하기 어려웠을 것 같아요. 우리 서로한테 얼마나 솔직하게 임했는지 얘기하는 게 좋을 것 같아요. 지금은 ○○ 씨가 솔직하게 말한다는 생각이 드는데 어떤가요?

내담자 7: 네~ 조금 전보다는 솔직하게 말하고 있어요. '어떤 말을 해야 하나?' '또 관계 문제를 얘기해도 되나?'라는 생각에 말을 하기 어려웠는데 선생님 눈치를 보게 된다는 말을 한 후부터는 말하는 게 편해졌어요. 막상 말하고 나니까 시원하네요. 그리고 선생님이 나를 이상하게 본 게 아니라는 생각이 들어서 안심이 됐어요. 생각해 보면 제가 관계에서 불편해지면 말 안 하고 회피하려고 했던 것 같아요. 선생님과도 그렇고 친구들과의 관계에서도 반복됐던 것 같아요. 지금처럼 얘기할 수 있으면 좋았을 것 같은데…… 솔직하게 말하는 게 어려운 것 같아요.

설명

내담자가 갈등 상황에서 회피하는 패턴은 상담관계에서도 반복된다. 상담사는 내담자의 관계 패턴이 상담과정에서 어떻게 드러나는지 확인하고 이를 지금-여기에서 즉시성 기법을 활용해서 다룰 수 있다. 중요한 것은 내담자의 회피 패턴을 알아차리는 것이다. 즉, 내담자의 언어적·비언어적 회피 패턴을 직면하기도 하고, 즉시성을 활용해서 다룬다면 내담자는 자신의 부적절한 대처 패턴을 알아차리게 될 것이다. 이 사례에서 상담사는 내담자가 불편하다는 말을 하면서도 괜찮다고 말하는 불일치성을 알아차리고 직면하면서 즉시성 기법을 활용하여 상담사와의 관계 문제로 화제를 전환시켰다. 내담자는 상담사가 자신을 이상하게 볼 것 같다고 했지만 이것은 스스로 자신을 이상하게 생각하는 투사일 수도 있으며, 다른 한편으로는 문제가 반복되는 것에 대해서 상담사나 상담이 도움이 안 된다는 불만의 표시일 수도 있다. 상담사는 내담자가 상담에서 솔직하게 자신의 문제를 얘기하지 못하는 문제를 다루었고 이를 통해 내담자의 통찰을 이끌어 냈다.

▣ 앞의 설명을 바탕으로 상담사 반응별 대안반응 적어 보기

상담사 1:

상담사 1:

상담사 2:

상담사 2:

상담사 3:

상담사 3:

상담사 4:

상담사 4:

상담사 5:

상담사 5:

상담사 6:

상담사 6:

대안반응 1

상담사 1: 친구 얘기하는 게 불편한가요? 지금 ○○ 씨가 어떤 마음인지 봤으면 좋겠어요.

상담사 1: 친구들과 무슨 일이 있었는지 좀 더 설명해 볼래요?

대안반응 2

상담사 2: 오늘은 얘기하고 싶어 하지 않는다는 느낌이 드네요. 하고 싶은 얘기를 하고 있는 게 맞나요?

상담사 2: 말과 표정이 불일치해서 뭐가 진심인지 잘 모르겠네요.

대안반응 3

상담사 3: 더 묻지 말라고 나를 밀어내는 것 같은 느낌을 받는데 ○○ 씨는 어떤가요?

상담사 3: 머리가 아픈 게 혹시 상담과 관련 있나요?

대안반응 4

상담사 4: 솔직하게 말해 줘서 고마워요. 눈치를 보고 있었다면 말하는 것이 어려웠을 것 같아요. 내가 ○○ 씨를 이상하게 본다고 생각한 이유가 있을까요?

상담사 4: 내가 ○○ 씨를 이상하게 볼 거라는 생각을 언제부터 했나요?

대안반응 5

상담사 5: 친구관계에서 눈치를 보는 것과 상담에서 내 눈치를 보는 것이 반복되네요. 지금은 친구 얘기보다 우리 얘기를 하는 것이 더 좋을 것 같아요.

상담사 5: 관계 문제가 반복된다면 ○○ 씨에게 힘든 일인데 내가 실망할 것에 대해서 더 염려하네요. 내가 왜 ○○ 씨한테 실망할 거라고 생각하나요?

대안반응 6

상담사 6: 상담에서 좋은 모습을 보이고 싶었는데 그렇지 못한 것 같아서 ○○ 씨 혼자 불편했네요. 얘기를 들으니 오늘 말하기 어려워한 ○○ 씨가 이해가 되네요. 솔직하게 얘기하고 나니 어떤가요?

상담사 6: 상담사의 반응 하나하나에 의미부여를 했네요. 나는 ○○ 씨 얘기에 더 집중하려고 한 행동이었는데~ 상담에서 솔직하기 어려우면 상담 오는 것이 힘들었을 것 같은데 어떤 마음으로 상담에 왔나요?

셀프 수퍼비전 노트

1. 즉시성 기술에 대한 셀프 모니터링

- 잘하고 있는 부분

- 개선이 필요한 부분

2. 셀프 수퍼비전을 통한 즉시성 대안반응 연습하기

- 실제 사례를 가지고 대안반응 작성해 보기

제 14 장

직면

1. 언제 직면을 사용해야 효과적인가?
2. 어떻게 직면을 사용해야 효과적인가?
3. 상담관계가 깨질까 봐 직면하기가 어렵다면?

▣ 연습하기

▣ 셀프 수퍼비전 노트

직면의 사전적 의미는 '정면으로 맞닥뜨림'이다. 번역서나 다른 여러 책에서는 '도전'이라는 단어를 사용하기도 하는데, 도전의 사전적 의미는 '정면으로 맞서 싸움을 걺'이다. 이 두 단어의 의미를 종합하면 문제를 피하지 않고 정면으로 다루는 것[1]을 의미한다. 상담기술에서 직면[2]의 의미는 '내담자의 말과 행동, 감정에서의 불일치, 모순, 내담자가 인식하거나 지각하지 못하는 모습을 상담사가 피하지 않고 다루는 것'이다. 직면기술을 사용하는 목적은 내담자가 인식하지 못하거나 인정하려고 하지 않는 모순되거나, 불일치하거나, 비합리적인 사고, 감정, 동기 등을 인식하도록 돕기 위함이다.

상담에서 의사소통 기술로 사용하는 '직면'은 상담사와 내담자에게 도전적인 기술이다. 상담사들은 내담자에 대한 무조건적인 긍정의 태도로 정서적 이해나 지지를 통해 공감적으로 상담해야 한다고 배웠을 것이다. 그러나 직면은 그 의미부터 공감과는 거리가 먼 기술로 보이기 때문에 초보상담사들에게는 혼란스러운 기술이며, 그래서 직면기술을 사용하는 데 주저하게 되거나 사용할 엄두를 내지 못할 수 있다. 직면기술의 사용을 꺼리는 이유 중 하나는 공감과 직면을 양 끝 대척점에 있는 개념처럼 생각하는 경향이 있기 때문이다. 특히 공감이 상담사의 중요한 태도이자 덕목이라고 배운 상담사들은 직면기술을 사용하는 데 더 갈등할 것이다. 상담사들은 내담자의 말과 행동, 감정 등이 이해되지 않아서 내담자의 경험과 불일치되는 느낌('왜 화를 내지?' '왜 울지?'와 같은 질문과 함께)을 한 번쯤 받은 적이 있을 것이다. 이때 초보상담사들은 자신의 공감 능력이 부족해서 내담자에게 공감하지 못하는 것이라고 생각하기 때문에 내담자에게 미안해하거나 자책하기도 한다. 그런데 인간중심적 접근에서는 진솔성도 상담사의 중요한 태도로 강조한다. 무조건적인 긍정적 존중을 통해 공감도 해야 하지만 진솔한 태도로 상담에 임한다면 상담사는 내담자에게 불일치한 느낌을 솔직하게 표현해야 한다. 이때 초보상담사들은 또 갈등하게 된다. 즉, 공감을 하라고 배웠는데 내담자에게 공감이 안 된다고 말하거나 왜 그런 감정을 느끼는지 이해가 안 된다고 솔직히 말해야 한다고 하면 초보상담사들은 '어떻게 해야 하나?'라고 고민하게 될 것이다. 이러한 갈등은 공감과 직면을 이분법적으로 나누어 생각하기 때문에 야기되는 문제이다.

1) 상담에서 '다룬다'라는 말의 의미는 상담사와 내담자가 관련한 내용을 깊이 있게 이야기한다는 의미이다.
2) 이하 직면으로 통일한다.

내담자를 공감하고 이해하는 것은 상담과정에서 매우 중요하긴 하지만 상담을 공감과 지지를 해 주는 것으로만 이해하면 곤란하다. 내담자 입장에서 함께 느끼고 생각하고 이해하는 것이 무조건적인 긍정적 존중의 개념이며 내담자를 중립적으로, 객관적으로 바라보고 내담자에게 이해되고 느껴지는 부분을 솔직하게 이야기할 때 진솔한 태도를 가졌다고 할 수 있다. 상담사의 솔직하고 진솔한 태도를 통해 내담자가 자신을 객관적인 시선으로 볼 수 있을 때 변화가 시작될 수 있다. 따라서 상담사의 진솔성은 내담자의 통찰과 변화를 유도하는 데 중요한 태도이며 직면의 개념이 포함된 것으로 볼 수 있다. 상담사 입장에서 내담자가 이해되지 않을 때 공감이 안 된다고 솔직하게 표현하는 것이 오히려 내담자에게 공감할 수 있는 기회를 갖게 되는 것이다. 따라서 상담사는 공감적 이해와 직면이 상반되는 개념이 아니라 내담자를 이해하고 변화를 도모하기 위해서 필요한 개념으로 이해해야 할 것이다.

한편, 직면은 상담사들에게도 낯설고 시도하기 어려운 기술이지만 내담자에게도 당황스럽긴 마찬가지이다. 내담자 또한 상담사에게 이해나 지지를 받기만 원하는 경우가 많기 때문에 상담사의 직면은 자칫 비난이나 지적으로 느껴질 수 있다. 내담자들 중에는 상담사를 무조건 자기편이 되어 주고 공감해 주는 환상적인 대상으로 지각하는 경우가 있다. 따라서 상담사는 상담에 대한 구조화를 할 때 내담자가 상담이나 상담사에 대해서 오해나 환상을 가지지 않도록 상담사의 역할과 내담자의 역할에 대해서 설명해야 한다. 더불어 직면 상황은 내담자 입장에서 인정하고 싶지 않은 자기 모습과 맞닥뜨려야 하거나 모순적인 자신을 인식하고 인정해야 하는 순간이기 때문에 불편한 감정을 느낄 수 있다. 그러나 상담사와 이런 감정을 나누고 다룰 수 있을 때 내담자가 성장할 수 있다는 것을 기억해야 한다.

이렇듯 상담사에게도, 내담자에게도 직면은 사용하기 어렵고 맞닥뜨리기 불편한 기술이지만 반드시 배워야 하는 상담기술이라는 것에 동의할 수 있을 것이다. 이 장에서는 초보상담사들이 직면기술을 사용하는 데 있어 경험하는 어려움을 중심으로 직면기술을 어떻게 사용해야 하는지 설명하고자 한다.

1. 언제 직면을 사용해야 효과적인가?
2. 어떻게 직면을 사용해야 효과적인가?
3. 상담관계가 깨질까 봐 직면하기가 어렵다면?

1. 언제 직면을 사용해야 효과적인가?

수퍼비전을 하다 보면 직면기술을 언제 사용해야 하는지에 대한 질문을 받을 때가 있다. 사실 직면기술의 사용 시점은 정해져 있지 않다. 다시 말해, 내담자의 심리 상태에 따라, 상담 진행 단계에 따라 상담내용 등을 상담사가 종합적으로 판단해서 결정해야 한다. 다만 직면기술을 사용하기 위한 적절한 시점과 관련하여 몇 가지 확인할 사항이 있다.

첫째, 직면기술은 내담자와 신뢰관계가 형성된 후에 사용해야 한다. 상담사가 자신을 위해서 고민하고 지지하는 대상이라는 내담자의 믿음과 신뢰가 있을 때 직면기술을 사용해야 한다. 상담관계가 형성되기 전에 직면기술을 사용하는 것은 조기종결의 가능성을 높일 수 있다. 내담자가 직면을 수용할 준비가 되지 않은 상태에서 이루어지는 상담사의 직면은 내담자에게 부끄러움과 수치심, 분노 등의 감정을 불러일으킬 가능성이 크다. 이럴 경우 내담자는 방어하거나 저항하는 모습으로 상담사의 직면에 대해 불쾌함을 표현할 수 있다. 물론 상담사가 말의 뉘앙스나 단어 선택을 신중하게 한다면 불쾌감을 줄일 수는 있지만, 중요한 건 내담자가 상담사의 직면을 오해나 저항 없이 들을 준비가 되어 있냐는 것이다. 특히 초보상담사일 경우 내담자에 대한 정보 파악이나 이해가 덜 된 상태에서 직면을 사용하는 것은 오히려 내담자와의 라포 형성에 방해가 될 수도 있다. 앞에서도 설명했듯이 직면의 내용은 내담자의 불일치되고 모순된 모습을 전달하는 것이기 때문에 상담사와 내담자의 안정적이고 협력적인 상담관계가 선행되어야 한다. 연구에 따르면, 상담관계의 기초가 되는 작업동맹은 상담초기에 이루어지고, 3회기 직후 평가된 작업동맹 수준이 상담성과와 관련 있다고 한다(윤정숙, 유성경, 홍세희, 2012). 따라서 언제부터 직면기술을 사용해도 되냐는 질문을 한다면 최소 3회기는 지난 다음에 사용하는 것이 비교적 안전하다고 할 수 있다. 그러나 내담자에 따라 라포를 형성하는 데 시간이 오래 걸리는 경우(내폐적인 내담자, 편집증적인 내담자, 불안정 애착 내담자 등)도 있기 때문에 수퍼비전을 통해 직면을 사용할 만큼 안전한 상담관계가 형성되었는지 확인할 필요가 있다.

다음은 접수상담 이후 상담사가 배정되어 진행한 첫 회기 상담 사례이다. 내담자는 첫 회기에 상담을 통해 도움을 받을 수 있을지 모르겠다는 도전적인 태도로 상담에 임하였다. 이 이야기를 듣고 침착할 수 있는 상담사는 그리 많지 않을 것이다. 특히 초보상담사라면 어떻게 반응해야 할지 몰라 당황할 가능성이 매우 높다. 가뜩이나 초보상담사라서 내담자에게 도움을 줄 수 있는지에 대한 고민과 걱정을 하고 있는 상태에서 상담경험까지 많은 내담자의 도발적인 화두는 상담사를 긴장하게 만들 수 있다. 그러나 상담의 효과에 대해서 의심하면서도 상담에 온다는 것은 내담자가 도움받고 싶은 마음 한 켠에 도움을 받지 못할 것에 대한 두려움이 있음을 표현한 것으로 이해할 수도 있다. 즉, 내담자의 진심은 도와 달라는 메시지일 수 있으며 상담사에게 자신을 도울 수 있다는 확신을 얻고 싶은 마음을 표현한 것으로 이해할 수 있다. '솔직하게 도움을 받고 싶다고 말하면 되지, 왜 이렇게 말하는 것일까?'라는 생각이 들 것이다. 두려워하는 것을 솔직하게 표현하지 못하는 것이 내담자의 문제이기 때문에 내담자가 말을 밉게 하는 것을 타박할 것이 아니라 왜 속마음과 다르게 표현하는지를 탐색하고 이해하는 것이 상담사의 역할이다.

내담자 1: 제가 상담을 신청하긴 했지만…… 상담에서 도움을 받을 수 있을지는 잘 모르겠어요.

상담사 1: 접수상담에서도 그 얘기를 했다고 들었어요. 상담에서 도움을 받을 수 있을지 모르겠다는 말을 좀 더 구체적으로 얘기해 줄래요?

내담자 2: (10초 동안 침묵) 저는 상담경험이 많아요. 중학생 때부터 상담을 받았어요. 고등학생 때도 받았고요. 그리고 대학생인 지금도 상담을 받으려 하고 있어서…… 제가 상담으로 도움을 받았다면 뭔가 변화가 생겨서 더 이상 상담을 안 받아야 할 것 같은데…… 상담이 도움이 안 되는 건지, 제가 안 바뀌는 건지 잘 모르겠어요. 제가 너무 의존적이라는 생각도 들고…….

상담사 2: 상담을 받으면 변화되어서 더 이상 상담을 안 받아도 되는 상태가 되어야 한다고 생각하나 보네요. (네~) 매번 같은 문제로 상담을 받았다면 변하지 않는다는 생각이 들 것 같기도 하네요.

내담자 3: 매번 같은 문제는 아니었어요. 중학생 때는 부모님 문제였고, 고등학생 때는 학교생활 문제였고, 지금은 진로 문제예요.

상담사 3: 매번 고민하는 문제가 달랐다면 상담실을 찾을 만한 이유가 있었던 것 같은데요. 상담을 통해 도움을 받은 경험이 있으니까 상담실을 찾는 거 아닐까요?

내담자 4: 상담이 그렇게 도움이 되는 건지는 잘 모르겠어요. 그냥 말할 수 있는 곳이 생겼다는 정도의 위안이라고 할까?

상담사 4: 상담을 통해 변화될 수 있을 거라는 기대와 함께 변화되기 위해 노력하지 않는다면 도움을 받기는 어려울 것 같네요. ○○ 씨가 변화하기 위해 노력할 준비가 되어 있는지 잘 모르겠네요. 의존적이라고 했는데 상담사가 변화시켜 줄 거라는 기대를 한다면 상담받는 것에 대해서 다시 생각해 봐야 할 것 같아요.

내담자 5: 제가 변화되기 위한 노력을 하지 않겠다는 건 아닌데…… 이 상태로는 저도 도움을 받기 어렵겠다는 생각이 드네요. 상담에 대해서는 조금 더 생각하고 오겠습니다.

〈대안반응〉

상담사 4: 상담을 통해 위안을 받는 것도 도움받는 것이라 할 수 있죠. 그런데 ○○ 씨는 위안받는 것을 도움이라고 생각하지 않는 걸 보니 위안 이상의 어떤 것을 원하는 것 같네요. 그렇다면 일상에서 변화되기 위한 노력을 많이 해야 돼요. 이전에 변화되기 위해 어떤 노력들을 했는지 얘기해 줄래요? 노력을 했는데도 원하는 변화가 나타나지 않았다면 노력한 방법이 효과적이었는지도 확인해 봐야 할 것 같네요.

내담자 5: 글쎄요. 위안을 받는 것이 도움받는 것이라는 생각을 못해 본 것 같아요. 솔직히 제가 변화를 위해서 뭔가 열심히 노력한 것 같지는 않아요. 상담에 와서 얘기를 한 정도였던 것 같네요. 그리고 변화를 위해서 구체적으로 어떻게 행동해야 하는지도 잘 모르겠어요.

상담사 5: 그럼 상담을 받은 후 어떤 변화가 생기면 도움을 받았다고 생각할 수 있을까요?

내담자 6: 음…… 혼자 해결하는 능력이 생기면 도움을 받았다고 생각할 수 있을 것 같아요. 상담에 오지 않고 혼자 해결할 수 있는 힘이 생기면 좋을 것 같아요.

이 사례를 살펴보자. 상담사 4 반응은 내용적으로 잘못된 반응은 아니지만, 타이밍이 적절했는지는 고려해 볼 문제이다. 내담자는 반복적으로 상담을 받으러 오는 것에 대해 의존성이 너무 커질까 봐 또는 자신의 문제가 해결되지 않을 것에 대한 염려를 표현했는데, 상담사는 액면 그대로 내담자가 도움받을 준비가 되어 있지 않다고 생각하고 내담자에게 상담받는 것에 대해서 다시 생각하고 오라고 권하였다. 문제는 상담사가 너무 성급하게 내담자가 변화될 준비가 안 된 것으로 단정해 버린 것이다. 내담자가 걱정하는 내용을 좀 더 구체적으로 파악한 후 라포가 형성된 상태에서 변화되기 위한 노력을 해야 한다는 이야기를 했다면 최소한 내담자가 변화될 준비가 안 된 사람으로 오해받았다는 생각은 하지 않았을 것이다.

상담사 대안반응 4에서는 상담사가 위안도 도움받는 것이라는 것과 변화를 만들기 위해서는 일상에서 많이 노력해야 한다는 점을 직면하였다. 그리고 내담자가 변화를 위해 어떤 노력들을 했는지 질문을 했지만 내용은 직면적이었다. 변화를 위해 노력을 하지 않고 결과를 얻고자 하는 것은 마술적 사고의 연장선에서 나타나는 기대이다. 내담자가 변화를 위해 어떻게 노력해야 하는지도 모르겠다는 말을 하는 것을 보면 내담자는 상담을 받으면 자연스럽게 변화가 이루어질 것이라고 생각했던 것 같다. 내담자가 변화를 위한 구체적인 노력을 통해 스스로 문제해결 능력을 키우게 된다면 상담에서 도움을 받게 되는 것이다.

어떤 상담사들은 내담자에 대한 정제되지 않은 공격적인 표현을 직면으로 착각하는 경우가 있다. 내담자의 통찰을 돕기 위해 직면을 했다고 하지만 그 밑마음에는 내담자에 대한 불편한 마음이 숨어 있는 경우가 있다. 특히 이 사례의 경우 의존성이라는 이슈가 내담자뿐 아니라 상담사에게도 불편한 주제라면(상담사도 아직 해결하지 못한 주제라면) 상담사 입장에서는 내담자를 떠나보내고 싶은 마음이 생길 수 있다. 그래서 직면기술을 사용할 때는 내담자에게 도움을 주기 위한 직면인지, 직면을 가장해서 상담사가 하고 싶은 말을 내담자에게 하려고 하는 것인지를 고민해야 한다. 내담자를 위한 직면이라고 한다면 직면의 내용은 마음이 아플지라도 공감적으로 전달할 수 있어야 한다. 공감적 직면은 내담자가 저항이나 방어 없이 자신을 통찰하고 있는 그대로 자신을 돌아볼 수 있도록 돕는 기법이다.

둘째, 직면기술은 상담사가 내담자에 대한 충분한 이해가 된 상태에서 사용해야 한다. 상담사는 직면할 내용에 대한 확신이 있어야 직면기술을 사용할 수 있다. 물론 직면은 가설적이어야 하고 내담자에게 확인하는 과정을 거쳐야 하지만, 상담사가 직면 내용에 대한 확신이 없을 경우 직면기술을 사용할 수가 없다. 따라서 상담사가 확신을 가지고 직면기술을 사용하기 위해서는 내담자에 대한 정확한 정보와 이해가 바탕이 되어야 한다. 즉, 내담자의 언어적·비언어적 모순, 불일치, 비합리적인 부분에 대한 충분한 정보와 이해가 바탕이 되어야 한다는 의미이다. 만약 상담사도 자신의 생각이나 판단에 확신이 없는 채로 단편적인 정보로 내담자를 직면하려 한다면 오히려 내담자의 거센 저항에 부딪힐 가능성이 커진다.

한편, 상담사가 충분히 준비하고 직면한다 하더라도 내담자가 직면 내용에 대해 모두 동의하거나 수용하는 것은 아니기 때문에 내담자가 저항을 보인다고 해서 의기소침해질 이유는 없다. 만약 내담자가 상담사의 직면에 동의하지 않을 경우, 상담사는 무리하게 자신의 생각이나 판단이 맞다고 우길 것이 아니라 내담자가 동의하지 않는 이유를 먼저 파악하면 된다. 내담자가 직면을 수용할 준비가 안 되었다고 판단될 경우에는 직면 내용을 잘 기억하고 있다가 나중에 비슷한 이야기를 다룰 때 다시 직면하면 된다. 다음 사례를 살펴보자.

상담사 1: 지난 한 주는 어떻게 보냈어요?

내담자 1: 여전히 우울하게 보냈어요. 친구들한테 서운하기도 하고 화가 나기도 하고. (한숨)

상담사 2: 음…… 친구들한테는 서운하고…… 화도 나고…… ○○ 씨는 친구들한테 참 화를 많이 내네요.

내담자 2: (10초 동안 침묵) 제가 늘 친구들한테 화를 내지는 않는데…… 친구들이 게임 얘기를 할 때 저는 게임을 안 하니까 낄 수가 없어서 듣고만 있었는데…… 어떤 친구가 방송 본 얘기를 해서 저도 본 거라 얘기를 했더니 애들이 제 얘기에는 반응이 없는 거예요. 순간 침묵도 흐르고…… 그 순간에 반응이 없는 친구들한테 서운하기도 했고…… 애들이 저랑 같이 있는 걸 안 좋아하는 것 같아서 기분도 나빴고 재미없는 얘기를 한 저한테 화도 났어요. 제 문제라고 생각해서 기분이 안 좋았던 것 같아요. 그냥 별일은 아니었는데 그냥 그랬어요.

상담사 3: 음…… 무엇 때문에 친구들이 ○○ 씨랑 같이 있는 걸 좋아하지 않는다고 느낀 거예요?

내담자 3: ……. (20초 동안 침묵)

상담사 4: 지금 무슨 생각을 하고 있는지 궁금한데…… 말하기 불편해 보이네요.

내담자 4: 네~ (10초 동안 침묵) 왜 화가 났냐고 질문을 하거나 왜 그렇게 생각하냐고 물어보면…… 아닌 건 아는데 뭔가 제 문제라는 얘기로 들려요. 제가 화를 낸 게 제 잘못이라고 얘기하시는 것 같아요.

상담사 5: ○○ 씨가 화난 이유에 대해서 물어보지도 않고 친구들한테 화를 자주 낸다고 말한 건 내가 경솔했던 것 같아요. 사과할게요. 그리고 나는 ○○ 씨가 어떤 생각과 감정으로 불편해하는지 이해하고 싶어서 한 질문이었는데 이런 질문이 ○○ 씨를 불편하게 했다고 생각하니 미안하기도 하고 앞으로 어떻게 질문을 해야 할까 고민도 되네요.

내담자 5: 선생님 불편하시라고 한 말은 아니고…… 이게 제 문제라는 거 알아요. 선생님이 저를 도와주시려고 한 질문이라는 것도 알고요. 근데 제가 어떤 이유나 생각을 묻는 질문을 받으면 움츠러들어요. 그냥 대답하면 되는 건데 마치 제가 뭔가를 잘못한 것 같다는 생각이 들어서…….

상담사 6: 이유를 묻는 질문을 받으면 움츠러드는데…… 혹시 기억나는 장면이 있을까요?

내담자 6: (13초 동안 침묵) 제가 뭔가를 요구하면 엄마는 저한테 늘 이유를 물었어요. 그리고 제가 말하는 이유에 대해서 반박하시면서 안 된다는 말을 하셨죠. 그래서 전 이유를 묻는 질문을 받으면 제가 공격당하는 느낌을 늘 갖게 되는 것 같아요. 제가 틀렸다고 비난하는 것처럼 느껴져서…….

상담사 7: 그렇군요. ○○ 씨 얘기에 이유를 물으면 공격당하는 느낌을 받을 수 있을 것 같네요. 나는 엄마와는 다른 사람인데 내가 엄마와 같은 사람으로 느껴지면 상담에서 내가 하는 질문들이 반박하는 것처럼 느껴질 것 같네요. [공감적 직면]

내담자 7: 가끔 제가 스스로 뭔가 잘못했다는 생각이 들 때 선생님이 왜 그러냐고 물어보면 '엄마처럼 공격하지 않을까?'라는 생각이 들 때가 있어요. 그럴 때 제가 움츠러드는 것 같아요.

상담사 8: 내가 질문하는 의도를 안다고 하면서도 ○○ 씨가 엄마에게 공격당하는 것 같은 느낌을 경험하는 걸 보면…… [직면] 내가 ○○ 씨에게 편안한 상담사가 아니라는 생각이 드네요.

내담자 8: (8초 동안 침묵) 선생님 말을 들으니 정신이 번쩍 드네요. 제가 엄마한테 느꼈던 감정을 선생님한테도 그대로 하고 있었던 것 같아요.

상담 시작은 잘되었으나 내담자가 여전히 우울하고 화가 난다는 말로 상담을 시작하였다. 이럴 경우 상담사는 언제까지 내담자에게 우울하고 화난다는 이야기를 들어야 하는지, 계속 힘들다고 하는 내담자를 자신이 도와줄 수 있을지 등 여러 가지 상념에 빠지게 될 수 있다. 상담사는 친구들에게 화를 많이 낸다는 말로 내담자에게 되돌려 주었다. 늘 친구들에게 화를 내는 건 아니라는 내담자의 반응은 상담사의 말에 대해 서운함을 표현한 것으로 보인다. 상담사가 내담자에 대해서 충분히 파악하고 한 말이라고 하더라도 이 같은 직면은 부적절할 수 있다. 왜냐하면 "친구들한테 참 화를 많이 내네요."라는 상담사의 반응은 내담자가 친구들에게 화를 많이 낸다는 의미로 들릴 수 있다. 이 같은 반응은 화를 내는 것이 부정적이라는 메시지를 전달할 수 있어서 내담자가 오해할 소지가 있다. 즉, 내담자가 왜 화가 났는지, 화를 어떻게 표현했는지 확인하지 않고 화를 많이 낸다고 했기 때문에 내담자 입장에서는 비난의 말로 들릴 수 있다. 내담자는 자신이 왜 화가 났는지를 상담사에게 설명했고, 상담사가 친구들이 내담자와 같이 있는 걸 안 좋아한다고 생각하는 이유를 탐색하기 위한 질문에는 침묵하였다. 상담사가 내담자의 침묵을 탐색하는 과정에서 내담자는 상담사가 탐색하기 위해 한 질문("무엇 때문에 화가 났나요?" "그렇게 생각하는 이유가 있나요?")도 자신이 제대로 못하고 있다는 말로 들린다고 할 정도로 상담사의 반응에 예민함을 보였다. 내담자가 상담사의 질문에 대해 위축되고 움츠러드는 경험을 표현하게 되면서, 상담사는 이 문제가 단순히 내담자가 지금 경험하는 것이 아닌 오래전부터 경험해 왔던 것임을 가정하고 과거 경험을 탐색하는 질문을 하였다. 내담자는 과거 엄마와의 관계를 떠올렸는데, 엄마에게 요청하거나 요구할 때마다 엄마는 여러 가지 이유로 내담자의 요구를 반박하면서 거절하였다. 반복된 거절경험으로 인해 내담자는 엄마가 아닌 자신을 도와주려고 하는 상담사에게도 비난받거나 거절당할 것에 대한 걱정이나 두려움으로 미리 움츠러들거나 위축되는 경험을 반복적으로 하고 있다는 것을 확인하게 되었다. 즉, 거절하는 어머니에 대한 방어적인 태도가 상담사에게도 동일하게 나타나고 있음을 알게 된 것이다. 상담사는 내담자가 자신에게 호의적인 사람들에게도 부정적인 전이가 일어나 방어적으로 대처하고 있다는 점을 직면시켜, 방어적인 태도가 상황과 대상이 다름에도 동일하게 나타나고 있음을 인지하도록 도왔다. 상담사가 주의해야 할 점은 내담자의 방어적 태도에 대해 무조건 나쁘게 판단하면 안 된다는 것이다. 방어적인 태도를 보인다는 것은 내담자가 불안하다는 의미이고 자신을 보호하기 위한 행동이라는 것을 이해해야 한다. 저항, 부정적 전이 등과 같은 방어적 태도들은 무의식적으로 일어나기 때문에 내담자가 의식하지 못한다는 점에서 신중하게 접근하는 것이 필요하다.

상담 마무리에 내담자는 상담사의 직면에 정신이 번쩍 들었다는 이야기를 하였다. 아마 라포가 형성되기 전에 내담자에게 직면을 했다면 이 내담자는 상담사로부터 이해받지 못한다는 생각에 조기종결을 고려할 가능성이 높다. 이 사례에서 상담사의 직면기술이 효과적일 수 있었던 이유는 라포 형성이 된 후에 직면기술을 사용하였고(시점이 적절), 동시에 내담자가 자신에 대해 이해하고 생각하는 능력이 있었기 때문이다. 즉, 직면을 통한 통찰이 가능했던 것은 내담자가 자신의 행동을 부정적으로 판단하고 평가하는 사고 패턴이 있다는 것을 이해하고 상담사의 탐색적 질문에 불편함을 느꼈던 이유가 어머니와의 관계경험이 전이되어서임을 수용할 만한 충분한 정보가 있었기 때문이다. 물론 충분한 정보와 이해가 있다 하더라도 이는 상담사의 관점이기 때문에 직면은 가설적인 접근이 필요하다.

2. 어떻게 직면을 사용해야 효과적인가?

초보상담사들이 직면기술을 사용하기 어려운 이유는 내담자의 이야기를 듣고 따라가기도 바쁜데 내담자 말의 내용에서 불일치하거나, 모순적이거나, 비합리적인 내용들을 선별하면서 들어야 하기 때문이다. 더군다나 직면기술 사용 시 내담자를 돕기 위한 의도로 하는 말임에도 불구하고 부정적인 메시지로 전달될 것에 대한 걱정과 부담감에 직면기술의 사용을 주저하게 된다. 특히 라포가 형성되지 않은 상태에서 상담사가 직면기술을 사용할 경우 내담자들은 상담사로부터 공격받았다고 느낄 수도 있다.

직면기술을 사용하는 데 있어서 내담자의 저항이나 방어를 줄이기 위해서는 안정적인 상담관계가 바탕이 되어야 한다. 즉, 내담자가 상담사의 직면에 대해 공격적으로 느끼지 않고 자신을 도와주려는 목적이 있음을 이해할 수 있을 정도의 안정적인 신뢰관계가 형성되어야 한다. 따라서 초보상담사들이 직면기술을 사용하기 위해서 가장 먼저 해야 할 일은 내담자와 신뢰로운 관계를 형성하는 것이다. 내담자에게 상담사는 평가하거나 비난하는 사람이 아니라 자신의 이야기를 있는 그대로 들어 주고 이해하려고 노력해 주는 안전한 대상이라는 믿음이 생겨야 한다. 물론 이러한 믿음이 생긴 후에도 직면받는 순간은 기분 나쁠 수 있지만 상담 진행과정에서 내담자가 자신의 모습을 객관화하고 이해할 수 있게 된다면 통찰에 도움이 될 것이다.

직면기술은 말과 표정의 불일치, 말과 행동의 불일치, 비합리적 사고와 관련된 내용을 다룬다. 다음 사례를 통해 하나씩 살펴보자.

내담자 1: (웃으면서) 사실 너무 힘들었는데 얘기를 해도 사람들이 도와주지 않아서 섭섭했어요.

상담사 1: ○○ 씨는 힘든 얘기를 할 때도 웃으면서 얘기하는 거 알아요? 힘들다는 얘기를 웃으면서 하니까 사실 얼마나 힘든지 잘 모르겠어요. 웃으면서 얘기하기 때문에 별로 안 힘들어하는 것 같기도 하고……. 다른 사람들도 나처럼 느낄 것 같은데…….

내담자 2: 그런 얘기를 전에도 들었던 것 같아요. 그리고 제가 힘들다는 얘기를 원래 잘 못해요. 그래서 괜찮은 척 웃으면서 얘기를 하는 것 같은데…… 선생님 말처럼 웃으면서 얘기하니까 사람들이 제가 얼마나 힘든지 잘 모를 것 같네요. 웃으면서 얘기하는 것이 습관이 되어서 진지하게 힘들다는 얘기를 하는 것이 쉽지 않아요.

상담사 2: 힘든데도 괜찮은 척하려는 마음이 궁금해지네요.

내담자 3: 힘든 걸 내색하거나 다른 사람한테 도움을 받는 것이…… 왠지 의존적이고 무능력한 사람처럼 보일 것 같아서…… 의존적인 사람으로 보이고 싶진 않아요.

상담사 1 반응은 말과 표정의 불일치에 대한 직면반응이다. 내담자는 힘들다고 이야기했는데도 사람들이 도와주지 않아서 섭섭하다고 한다. 언어적 반응만 듣는다면 내담자 주변의 사람들은 냉정하거나 내담자에게 관심이 없는 사람들이다. '어떻게 힘들다고 말하는데도 도와줄 생각도 하지 않을 수 있나.'라는 생각이 들 것이다. 초보상담사들이 자주 하는 실수 중 하나는 주변 사람들이 내담자를 배려하지 않는다며 내담자와 공모해서 주변인들에 대한 서운함이나 화를 부추기는 것이다. 그러나 평소 내담자가 상담에 와서도 자신의 어려움을 표현할 때 표정과 말의 내용이 불일치한다는 것을 상담사가 인지하고 있었다면, 상담사는 내담자의 서운함을 공감해 주면서 동시에 내담자가 자신의 어려움을 어떻게 전달했는지 탐색해야 한다. 더불어 주변 사람들의 반응에 내담자가 기여한 부분을 확인하고 자신의 관계 특성과 패턴을 알아차리도록 도와야 한다.

이 사례에서도 내담자 말의 내용과 얼굴 표정을 함께 보면 내담자가 힘든 상황을 전달하는 방법에 있어서 개선이 필요하다는 것을 알 수 있다. 힘든 일이 있어서 도움이 필요할 때 그 힘듦이 상대에게 잘 전달되도록 언어적·비언어적 메시지가 일치해야 한다. 그런데 내담자는 웃으면서 자신의 어려움을 이야기했기 때문에 듣는 입장에서는 그 어려움이 얼마나 심각한 수준인지 예측하기 어렵다. 내담자가 자신의 요구나 필요를 언어적·비언어적으로 정확히 전달하지 못해서 도움을 받지 못했다는 것을 이해할 수 있다면 주변 사람들에 대한 섭섭함의 강도나 인간관계에서의 불편감을 줄일 수 있을 것이다. 다음 사례를 살펴보자.

내담자 1: 시험이 다가오니 불안해지는 것 같아요.

상담사 1: 중간고사가 다음 주네요. 어떤 점에서 불안한 건가요?

내담자 2: 이번 중간고사는 맘잡고 공부해서 평점을 좀 올리려고 했는데 생각보다 잘 안 되고 있어서……. 주말에도 친구를 만나서 잠깐 놀다가 저녁에 공부하려고 했는데 새벽까지 놀아버렸어요. 계획이 한번 틀어지니까 맘잡고 공부하기가 힘들어요.

상담사 2: 그래서 불안하다고 했군요. 마지막 학기라서 성적을 올려야 한다고 했던 것 같은데 막상 공부에 집중을 못하고 있는 것 같네요.

내담자 3: 네~ 오랜만에 친구가 놀자고 하니까 거절을 못해서…… 노는 게 재밌기도 하고…….

상담사 3: 노는 것도 재밌고 거절도 못하면 공부시간을 확보하기가 어려울 것 같은데……. 친구에게 ○○ 씨 상황을 설명하고 다음에 만나자고 얘기하기 어려웠나요?

내담자 4: 네~ 이기적인 사람으로 보일까 봐 다음에 보자고 말하지 못했어요. 그리고 좋아하는 게임을 같이 하다 보니 시간 가는 줄 모르고 밤새 놀다가 이렇게 된 거죠.

상담사 4: 취업 때문에 평점을 올려야 한다고 들은 것 같은데 친구랑 게임한다고 중간고사 준비를 못 했다고 하니 취업과 성적에 대해서 진짜 걱정을 하고 있는 건지 잘 모르겠네요.

내담자 5: 말하다 보니 제가 좀 한심한 거 같네요. 시험이라고 말을 하면 다음에 봐도 된다고 했을 친구인데. …… 친한 친구한테도 솔직하지 못했던 것 같네요.

이 사례는 내담자의 말과 행동의 불일치에 대한 직면을 보여 준다. 내담자는 취업을 위해 성적 관리가 필요한 상태였다. 그래서 열심히 준비하겠다고 해 놓고선 친구를 만나 게임을 하느라 주말에 공부를 못 했고, 이로 인해 시험불안을 호소하고 있다. 내담자가 시험에 대해서 걱정을 하고 있긴 하지만 정작 내담자가 다뤄야 할 문제는 시험불안이 아니라는 것을 직면을 통해서 확인할 수 있다. 상담사 4 반응에서 상담사는 평점을 올려야 한다고 말하면서 정작 행동은 친구의 제안을 거절하지 못해서 게임을 하느라 주말을 날려 먹은 내담자의 불일치한 행동에 대해서 말하고 있다. 이 같은 상담사의 직면은 내담자가 친한 친구에게도 솔직하지 못해서 자신을 위해 정작 해야 할 것들을 하지 못한다는 점을 스스로 되돌아보게 하는 기회가 되었다. 이후 상담은 내담자가 인간관계에서 솔직하지 못한 이유, 거절이 어려운 이유, 이기적인 사람으로 보일 것에 대해서 걱정하는 이유 등에 대한 탐색을 통해 내담자가 자신을 위해 해야 할 일을 할 수 있도록 도와야 할 것이다.

초보상담사들은 내담자에 대한 공감이 우선이라고 생각할 수도 있을 것이다. 공부할 계획이었는데 모든 계획이 틀어져서 얼마나 속상할까 하는 마음으로 내담자의 속상함이나 후회에 대해서 공감해 주고 싶은 마음이 들 수도 있다. 물론 내담자의 속상한 마음을 이해해 주는 것은 중요하지만, 앞 사례의 내담자는 자신이 뭔가 제대로 하지 못하고 있다는 사실에 자책하고 있는데 상담사가 속상한 마음만 이해해 주고 넘어가면 내담자는 스스로에게 도전할 기회를 잃게 된다. 즉, 상담사가 공감만 하고 직면하지 않는다면 내담자는 해야 할 일을 왜 하지 못했는지 스스로 이해하고 자신의 생각과 행동을 변화시키기 위한 반성적인 성찰을 해야 할 기회를 놓치게 되는 것이다.

마지막으로, 내담자의 비합리성에 대한 직면을 살펴보자. 다음 사례는 실수를 하면 안 된다는 내담자의 비합리적 사고에 대한 직면을 다루고 있다. 내담자는 술 먹고 기억을 잃은 자신이 용납되지 않아서 괴로워하고 있다. 상담사는 내담자가 술 먹고 실수하면 안 된다고 생각하는 이유를 탐색한 결과, 술 먹고 민폐를 끼치면 안 된다는 생각과 함께 형과 관련된 경험으로 인해 생긴 사고 패턴 때문임을 확인하였다.

내담자 1: 전 자신한테 너그러운 사람들을 제일 싫어해요.

상담사 1: 무슨 의미인지 구체적으로 얘기해 볼래요?

내담자 2: 사람들은 그럴 수 있다고 얘기를 많이 하더라고요. 술 먹고 실수해도 그럴 수 있다고 얘기하고, 지각을 해도 그럴 수 있다고 얘기하고……. 그런데 전 실수를 하거나 잘못하는 것에 대해서 그럴 수 있다고 생각하지 않아요. 그러면 안 되는 거고 그렇게 하지 않는 게 맞다고 생각해요.

상담사 2: 실수하면 안 된다는 생각을 하는 것 같네요. 무슨 일이 있었나요?

내담자 3: 지난주에 제가 술을 먹고 뻗었어요. 친구들은 실수한 거 없다고 하는데…… 제가 실수를 했어도 그들은 관계를 생각해서 솔직히 얘기해 주지 않겠죠. 술 먹고 기억을 못한 적은 없었는데…… 제가 제일 혐오하는 유형인데 제가 그랬네요. 술 먹고 어떻게 집에 왔는지 기억도 안 나고. …… 기억이 안 난다는 게 참을 수가 없어요. (손으로 얼굴을 가린다.)

상담사 3: 친구들이 실수하지 않았다고 하는 얘기를 믿지 않는 것 같네요. 술 먹고 실수하면 안 된다는 생각을 하는 이유가 있을까요?

내담자 4: 술 먹고 주정하는 건 모든 사람이 싫어하는 거잖아요. 저도 술 먹고 주정하거나 실수하는 사람을 보면 혐오하거든요. 왜 저렇게 사나 싶고…… 한심하게 보이죠. 자기통제를 못하는 것 같고……. 어쨌든 남한테 실수를 하는 모습을 보이는 건 최악이에요.

상담사 4: 친구들의 말도 믿지 않고…… 술 먹고 기억을 잃은 것도 실수라고 생각하는 것 같네요. 혹시 술 먹고 실수한 적이 있나요?

내담자 5: 그런 사람이 되지 않기 위해 노력하면서 살았죠. 민폐를 끼치는 사람이 되고 싶지 않아요. 절대 남한테 피해를 끼치는 사람이 되면 안 된다고 생각해서 그런지 실수하는 것에 대해서 용납이 안 돼요. 기억이 안 난다는 건 제가 술 먹고 민폐를 끼쳤을 수도 있다는 가능성을 배제할 수 없는 거니까……. 특히 술 먹고 실수하는 것에 대해서는…… 아마도 형의 영향이 있다는 생각도 드네요.

상담사 5: 술 먹고 주정하는 것을 실수라고 생각하네요. 그리고 그런 실수는 절대 하면 안 된다는 생각을 아주 강하게 가지고 있는 것 같아요. 그래서 본인이 술 먹고 기억을 잃었다는 것도 용납이 안 되나 봐요. 아직 실수한 것이 구체적으로 확인된 것도 아닌데 기억을 잃었다는 것만으로 자신을 너무 비난하는 것 같다는 생각이 드네요. 술 먹고 실수하는 것은 절대 용서받을 수 없는 일이라고 생각하는 것 같아요. 주변 사람들을 실수를 용서하지 않을 만큼 냉정하고 모진 사람이라고 생각하는 것 같네요.

내담자 6: 저도 술 먹고 실수하는 형을 용서하고 싶지 않거든요. (한숨)

상담사들 중에는 술 먹고 실수하면 안 된다는 내담자의 생각에 동의해서 그런 생각을 굳이 탐색하지 않을 수도 있다. 그러나 내담자 입장에서 이해하기 위해서는 아무리 당연하고 의심스럽지 않은 것이라고 하더라도 내담자의 생각이나 판단의 근거를 확인해야 한다. 만약 앞의 사례에서 상담사가 질문하지 않았다면 민폐를 끼치면 안 된다는 생각과 그것이 형과 관련된 경험 때문임을 확인하지 못했을 것이다. 더불어 상담사는 술 먹고 실수한 것이 확인도 되지 않은 상태에서 자신의 실수를 확정적으로 생각하고 괴로워하는 내담자를 직면하였다. 내담자가 자신의 실수에 대해 엄격한 잣대를 대고 실수를 하면 안 된다는 당위적 사고를 하고 있음을 전달하였다. 이후 상담사는 내담자와 형의 관계에서 술과 관련된 에피소드를 탐색해야 할 것이다. 더불어 내담자가 자신에게 적용하는 엄격한 잣대와 당위적 사고로 인해 자신도 행동의 제약을 받거나 힘들 수 있다는 것에 대해 공감하고 대안적인 사고를 할 수 있도록 상담을 진행해야 한다.

3. 상담관계가 깨질까 봐 직면하기가 어렵다면?

상담이 아니더라도 우리는 가까운 지인들로부터 공감, 지지 및 이해를 받을 수 있다. 그러나 일상적인 대화에서는 직면기술을 활용하기가 쉽지 않다. 만약 일상 대화에서 직면을 자주 사용한다면 공격적인 사람으로 인식되거나 듣는 사람 입장에서 자신을 싫어한다고 오해할 수도 있다. 그래서 말하는 사람 입장에서도 좋은 게 좋은 거라는 생각으로 직면을 하려고 하지 않는다. 아마도 관계가 끊어질 것을 각오하지 않는 한 일상적인 대화에서 직면을 편안하고 자연스럽게 사용하기는 어려울 것이다. 마찬가지로 상담에서도 직면은 관계를 망가뜨리게 될까 봐 사용을 주저하게 되는 대화기술이다. 그러나 직면기술은 상담과 잡담을 구분하는 기준이 될 수 있을 정도로 상담에서 매우 중요한 기술이다.

상담에서는 내담자의 통찰과 변화를 촉진하기 위해 직면기술의 사용이 요구된다. 초보상담사들은 내담자의 모순된 표현과 불일치를 발견해도 직접적으로 언급하기를 불편해하거나 꺼리는 경향이 있다. 내담자의 말이 이해도 안 되고 이상하다는 생각이 들긴 하지만 그것을 내담자에게 드러낼 자신도 없고 자신의 판단에 대한 신뢰가 부족하기 때문에 주저하게 된다. 특히 직면과 같은 도전적인 기술을 사용할 경우 자칫 상담관계가 깨져서 결국 조기종결로 이어질 것에 대한 걱정과 불안이 내담자에게 적절한 개입을 하기 어렵게 만들 수 있다. 상담이 조기종결되지 않고 상담을 계획된 회기까지 이끌어 가는 것도 상담사의 능력이라고 생각하기 때문에 상담사들은 조기종결에 대해 더욱 예민할 수밖에 없다. 그러나 조기종결의 원인은 상담사와 내담자 모두에게 있을 수 있기 때문에 조기종결이 무조건 상담사가 라포 형성을 못하거나 상담을 못해서 생긴 결과라고 단정 짓고 상담사로서 자신의 능력에 실망할 필요는 없다. 만약 상담사가 직면기술의 사용이 어렵고 부담스러워서 또는 조기종결에 대한 불안함과 두려움으로 직면기술을 사용하지 않는다면 내담자를 돕기 위한 상담이 아니라 상담사를 위한 상담이 될 수 있다는 것을 기억해야 한다.

직면기술을 활용하기 어려운 이유가 직면기술 사용방법을 몰라서라면 수련을 통해 숙달하는 것이 가능하지만, 상담사 자신의 문제로 내담자에게 사용해야 할 상담기술을 활용하지 못하고 해야 할 말을 하지 못한다면 상담사가 먼저 상담을 받아야 한다. 말의 내용과 의미는 내담자에게 아플 수 있지만 그 의도가 내담자를 돕기 위한 것이라면 그 말을 하는 데 주저할 이유가 없다. 즉, 조심스럽게 표현해야 하지만 피하면 안 된다는 것이다. 상담사가 내담자를 위해서 해야 할 말을 하지 못한다면, 내담자의 기분을 살피느라 상담사가 자신의 역할과 본분을 망각한다면, 상담을 해야 할 때가 아니라 상담을 받아야 할 때라는 것을 알아야 한다.

다음 사례에서 살펴보자. 상담사는 내담자에게 여러 장면에서 직면기술을 사용하고 있다. 이 사례에서 상담사는 우선 내담자의 반복된 문제행동(상담을 잊고 두 번이나 오지 않음)에 대해서 직면을 시도하였다. 내담자가 상담에 오는 것을 두 번씩이나 잊은 것에 대해서 다루지 않으면 내담자는 반복적으로 상담에 성실히 오지 않을 가능성이 높다. 변화를 시도하는 첫 시작은 내담자가 꾸준히 상담에 오는 것이기 때문에 상담사는 내담자의 상담에 대한 태도, 즉 상담을 어떻게 생각하는지, 어떤 마음으로 상담에 오는지에 대해 직면을 하였다. 다음으로 상담사는 내담자가 게임중독을 인정하지 않지만 현재 내담자의 행동들이 게임중독 증상임을 직면시켰다. 이전에도 부모님이나 주변에서 게임중독이라고 이야기했지만 내담자는 게임중독임을 인정하지 않았는데, 상담사가 비슷한 상황이 현재도 반복되고 있다는 것을 직면시키고 있다. 이러한 직면을 통해 내담자는 자신이 게임중독 상태임을 인정하게 되었고, 자신이 제대로 살고 있지 않다는 생각을 표현하고 있다. 상담사는 여기서 끝내지 않고 상담에 오는 것만으로는 변화되지 않는다는 점을 내담자에게 직면시켰다. 즉, 상담에 와서 자신의 문제를 나열하는 것만으로는 변화될 수 없다는 것이다. 내담자가 게임중독을 인정하고 중독에서 빠져나오기 위한 생각과 행동의 변화를 시도해야 한다는 것을 내담자에게 전달하고 있다. 내담자는 그나마 상담에 오는 것이 변화하려는 노력의 일환이라고 말하고 있다. 물론 상담에 오는 것도 노력일 수 있지만 상담에 오는 것만으로 내담자가 할 일을 다 했다고 생각하면 안 된다. 상담사는 상담에서 자신의 문제를 말하면 해결할 수 있을 거라는 상담에 대한 환상이나 잘못된 인식이 내담자의 변화를 더디게 하거나 방해한다는 것을 인지하고 있어야 한다. 이런 환상에 빠져 있는 내담자들은 자칫 상담의 성과가 없음을 상담사 탓으로 돌릴 수 있다. 상담에서 변화를 만들어 내기 위해서는 내담자의 노력이 절실히 필요하다. 상담사가 아무리 유능해도 내담자가 변화 의지를 갖고 노력하지 않으면 변화는 불가능하다.

내담자의 변화를 위해서는 두 가지 조건이 필요하다. 하나는 내담자가 자기이해를 하고 변화를 시도할 때까지 기다려 주고 실망하지 않고 버텨 주는 상담사의 노력이다. 다른 하나는 내담자가 변화 의지를 갖고 포기하지 않고 변화되기 위해 노력하는 것이다. 이 두 가지 조건이 맞을 때 내담자의 변화가 가능하다. 이런 변화의 원동력은 내담자가 자신의 문제를 이해하고 통찰하는 것이며, 내담자의 통찰을 돕기 위해서 직면기술이 활용되는 것이다. 내담자의 마음을 이해해 주고 공감해 준다는 이유로 직면하지 않는다면 내담자는 자신의 모순이나 불일치한 모습을 변화시키기보다는 위로받고 안심하면서 문제행동을 반복하게 되는 악순환을 경험할 수 있다. 이 사례에서 내담자는 자신이 변화를 시도하지 못하는 이유로 실패에 대한 두려움을 이야기하였다. 이후 상담사는 실패에 대한 두려움이 어떤 의미인지, 실패에 대한 두려움이 언제부터 생긴 것인지 등 실패와 관련된 에피소드를 탐색해야 할 것이다.

상담사 1: 지난주 상담 날짜를 잊어서 2주 만에 얼굴을 보네요.

내담자 1: 네~ 그러게요. 죄송해요.

상담사 2: 상담을 잊은 게 이번이 두 번째인 거 기억하죠? (네.) 죄송하다고 하면서도 반복되는 걸 보니 뭔가 이유가 있을 거라는 생각이 들어요. 상담에 어떤 마음으로 오는지 궁금해요.

내담자 2: (침묵) 제가 잘못했죠. 죄송해요. 상담이 도움이 되긴 하는데……. 지난번에 왜 못 왔냐면…… 솔직히 방학하고 나서 계속 게임만 했어요. 밤낮이 바뀌어서 눈을 뜨니 이미 상담 시간이 지난 거예요. (한숨) 사실 오늘 처음 밖으로 나온 거예요.

상담사 3: 그럼 보름 동안 게임만 했다는 건가요? (네.) 오늘은 어떻게 잊지 않고 왔네요. (3주씩이나 안 오면 안 되죠.) 방학 동안 어떻게 지낼지 계획을 세운다고 했던 것 같은데…… 방학 동안 무슨 일이 있었는지 좀 더 얘기해 보실래요?

내담자 3: 글쎄요. 사실 계속 게임만 했더니 아무 생각이 없어요. 계획을 세우려고 했던 기억도 안 나고…… 시간 감각도 없고 요일도 모르겠고…… 본능적으로 살았던 것 같아요. 뭔가 뒤죽박죽된 느낌이에요.

상담사 4: 왠지 오늘 상담에 오기 싫었을 것 같은데…….

내담자 4: 싫다기보다는…… 마음이 좀 불편했죠. 할 말도 없고…… 제가 열심히 살지 않았다는 생각이 드니까 부끄럽기도 하고…… 제 상태가 정상은 아닌 것 같아요. 밥 먹고 자는 시간 빼고는 게임만 했어요. 거의 하루 16시간 이상 게임한 것 같아요. 미친 거죠.

상담사 5: 전에도 비슷한 상황에서 본인은 게임중독은 아니라고 했던 것 같은데…… 인정하고 싶지 않겠지만 그 정도면 게임중독 수준인데…… 어떻게 생각해요?

내담자 5: (8초 동안 침묵) 사실 부모님이 게임중독이라고 말하면 아니라고 우겼는데 지금은 왠지 인정해야 할 것 같다는 생각이 들어서 좀 씁쓸하네요.

상담사 6: 이번엔 어떤 이유에서 인정이 된다는 말인가요?

내담자 6: 정말 폐인처럼 살았거든요. 게임 외에는 아무것도 한 게 없어요. 방 청소도 한 번도 안 하고 먹은 건 방에 쌓아 두고, 쓰레기가 가득해요. 아침에 나오려고 준비하는데 방이 너무 더러워서 제가 봐도 한숨이 나오더라고요. 방에 형광등이 깜빡이는데 그것도 오늘에야 알았어요. 오면서 선생님께 무슨 말을 해야 하나 고민이 됐어요. 게임만 해서 할 얘기는 없는데…… 이런 제 모습을 보니 답답하기도 하고…….

상담사 7: 나도 얘기를 듣는데 한숨이 나오네요. 상담에 와서 말만 한다고 변하는 것도 아닌데 이렇게 시간을 쓰고 차비를 쓰고 에너지를 쓰면서 상담에 오는 이유가 뭘까요? 상담에 오는 것 외에 진짜 변화를 위해 어떤 노력을 하고 있는지 모르겠네요.

내담자 7: 그나마 상담이라도 안 하면 제가 노력하지 않을 것 같아요. 오늘 일어나서 겨울 이불도 여름 이불로 바꾸고 오랜만에 방 청소도 했어요. 하고 나니 개운하기는 하더라고요. 그리고 이렇게 게임만 하면서 제가 여전히 아무것도 안 하고, 하고 싶은 것만 하면서 살려고 한다는 걸 더 확실히 알게 됐어요. 그래도 최소한 먹고살 수 있는 준비는 해야 하는데 아무것도 하지 않으려 하는 것 같다는 생각이 들었어요. 어떻게 해야 할지 잘 모르겠어서 좀 더 생각을 해야 할 것 같아요.

상담사 8: 자신이 아무것도 안 하고 싶어 하는 이유도 알고 아무것도 안 하고 있다는 것도 알고 있는데 또 어떻게 해야 할지 생각을 하겠다고 하네요. 정말 어떻게 해야 할지 몰라서 생각을 하겠다는 건가요? 이제 생각은 그만하고 행동으로 옮겨야 할 때인 것 같은데…….

내담자 8: 저는 행동으로 옮기는 것이 어려운 것 같아요. 실은 어떻게 행동으로 옮겨야 하는지 잘 모르겠어요. 실패가 두려워서인 것 같기도 하고…….

연습하기

사례

30대 남자 내담자는 직장생활에서 여직원들과의 갈등으로 상담실을 찾았다. 내담자의 호소 문제는 여직원들과의 관계가 불편하다는 것이었다. 관계가 불편한 이유는 자신이 아무리 잘해 줘도 여자들이 자신에 대해서 오해를 한다는 것이다. 자신도 싫은 걸 참고 버티는데 여자들이 대놓고 자신에 대해서 이상한 소문을 내거나 오해를 할 때는 화가 나서 견딜 수가 없다고 한다. 최근에 호감 있던 동료 여직원에게 오해를 받고 화가 났는데 차마 화를 낼 수 없어서 참다 보니 잠도 안 오고 회사도 출근하기 싫어서 상담실을 방문하였다.

내담자 1: 여자들이 이해가 안 가요. 도와줄 때는 좋아하면서 왜 뒤에 가서는 욕을 하는 건지 모르겠어요.

상담사 1: 뭔가 불쾌한 일을 경험한 것 같은데~ 제가 이해할 수 있게 어떤 상황인지 좀 더 자세히 얘기해 주실래요?

내담자 2: 호감 가는 동료 여직원이 무거운 짐을 들어 옮겨야 하는 상황이어서 제가 도와줬어요. 도움받을 때는 고맙다고 하더니 나중에 다른 여직원한테 제가 여직원들한테 잘해 주면서 호감을 사려고 하는 것 같다고…… 잘해 주는 것에 대해서 조심하라고 했다는 거예요. 그래서 제게 이 상황을 말해 준 분이 여자들이 도와 달라고 하기 전에 먼저 도와주지 말라고 하더라고요. 나는 호의를 베푼 건데 그런 말을 들으니 너무 모욕적이어서 화가 났어요. 그런데 저는 대놓고 화를 내는 편이 아니에요. 화가 났지만 얼마 뒤에 그 여직원을 엘리베이터에서 마주쳤는데 순간 갑자기 머리가 띵하면서 화가 확 치밀어 오르는 거예요. 대놓고 화를 내지는 못하고 인사를 안 하고 그냥 무시하고 지나쳤죠. 그리고 며칠을 그렇게 보냈는데 그 여직원이 갑자기 오더니 자기한테 화가 났냐면서, 왜 인사를 하는데 안 받고 무시하냐고 하더라고요. 그래서 아니라고 왜 사람을 이상한 사람 만드냐고 한마디하고 자리를 피했죠. 여자들은 진짜 답이 없어요. 평소에 화를 잘 안 내는데~ 그 여자 때문에 제 이미지만 나빠진 것 같아요.

상담사 2: 호감 가는 여직원을 도와주려고 했던 ○○ 씨의 행동이 여직원들 사이에서는 다르게 해석된 것 같네요. 오해를 받으면 섭섭하고 화가 날 수도 있는데 화를 참았다고 하시네요. 평소에도 화가 날 때 참는 편인가요?

내담자 3: 화를 내면 안 되니까…… 주로 혼자 삼키는 편이죠. 화가 나더라도 말을 안 하기 때문에 사람들은 제가 화가 났다는 걸 모를 때가 많아요. 제가 화가 난 걸 티 안 내니까 사람들이 저를 더 무시하는 것 같기도 하고…….

상담사 3: 말로 표현하지 않고 혼자 끙끙 앓는 편이시네요. 감정은 말로 표현하지 않아도 비언어적으로 전달되는 메시지가 있어서 상대가 알아채는 경우가 있어요. 여직원을 엘리베이터에서 만났을 때 인사를 안 받고 지나간 행동이 말을 안 했지만 여직원에게는 화난 것처럼 보였을 것 같아요. 어떻게 생각하세요?

내담자 4: 그랬을까요? 저는 말을 안 하면 모를 거라고 생각했는데……. 기분이 안 좋은데 아무 일 없었던 듯이 웃으면서 인사를 받을 수는 없었어요.

상담사 4: 네~ 호의에 대해서 오해를 하는 사람한테 좋은 감정으로 대하는 건 쉬운 일이 아니죠. 불편한 감정이 생기는 건 자연스럽죠. 그런데 ○○ 씨가 전해 들은 얘기기 때문에 말한 당사자한테 직접 확인해 볼 필요도 있을 것 같은데~

설명

내담자는 자신의 호의를 몰라주고 오해하는 여직원들에 대해서 화가 나 있는 상태로 상담에 왔다. 내담자는 자신의 입장에서는 호의일지 모르지만 여직원들 입장에서 자신의 행동이 어떻게 비치는지에 대해서 생각해 볼 필요가 있다. 또한 자신은 회피하는 타입이라 화를 내지 않는다고 했지만 비언어적으로 화를 내고 있다는 것을 인지하지 못하고 있다. 내담자의 통찰과 자기인식의 확장을 위해 직면기술을 어떻게 활용할 수 있는지 연습해 보자.

▣ 앞의 설명을 바탕으로 상담사 반응별 대안반응 적어 보기

상담사 1:

상담사 1:

상담사 2:

상담사 2:

상담사 3:

상담사 3:

상담사 4:

상담사 4:

대안반응 1

상담사 1: 여직원과 문제가 생긴 것 같은데~여직원이 ○○ 씨에게 무슨 욕을 한 건지 구체적으로 얘기를 들어 볼 수 있을까요?

상담사 1: 누구한테든 욕을 들었다는 건 기분 나쁜 일인데~ 무슨 상황인지 설명을 해 주실래요?

상담사 1: 앞에서는 고맙다고 하고 뒤에 가서 욕을 했다고요? 무슨 상황인지 궁금하네요.

대안반응 2

상담사 2: 도움을 받고 뒤에 가서 여직원들에게 조심하라고 했다고 하니 이해가 안 되네요. 평소에도 여직원들을 도와주는 편인가요?

상담사 2: 그 여직원이 ○○ 씨가 호의를 가지고 한 행동을 다르게 해석하는 것 같은데~ 혹시 그 여직원이 그렇게 말하는 이유를 알고 계세요?

상담사 2: ○○ 씨의 도움행동이 여자들한테 환심을 사려고 하는 것이라든가, 여직원들이 도와 달라고 할 때 도와주라는 말을 듣고 어떤 생각이 드셨어요?

상담사 2: 호감 가는 여직원을 도와주다가 오해를 받으신 것 같은데~ 호감 가는 여직원은 ○○ 씨가 자신에게 호감이 있다는 것을 알고 있나요?

대안반응 3

상담사 3: 말로 표현하지 않아도 인사를 안 받고 지나쳤다면 상대한테는 ○○ 씨의 불편한 감정이 전달됐을 것 같아요. ○○ 씨는 인사를 안 받고 지나쳤을 때 상대에게 그 행동이 어떻게 비칠 거라 생각하나요?

상담사 3: 화를 안 내고 혼자 삼키는 것도 또 화를 안 내서 무시한다는 생각을 하는 것도 ○○ 씨에게는 불편한 상황이라는 생각이 드네요. ○○ 씨는 어떻게 생각하세요?

상담사 3: 말로 화를 표현하지 않지만 행동으로 화를 내고 있는 것 같은데~ 말로 화를 내지 않으면 사람들이 못 알아챌 거라는 생각을 하시는 건가요?

대안반응 4

상담사 4: 감정은 말보다 비언어적인 태도로 전달되는 경우가 더 많아요. 기분이 안 좋은데 아무 일 없는 것처럼 인사를 받는 건 어렵죠.

상담사 4: 말을 안 하면 사람들이 모를 거라고 생각했다면 지금까지 말을 안 하고 행동으로 화를 표현한 적이 또 있었을 거라는 생각이 드는데~ 보통 화를 어떻게 표현하세요?

상담사 4: 나쁜 기분 상태를 숨기는 건 쉽지 않죠. 화가 나도 표현하지 않고 혼자 삼킨다면 갈등이 해결되지 않은 채로 남아 있을 텐데…… 그렇게 되면 그 여직원을 대하는 데 영향을 미치지 않을까요?

상담사 4: 서로에 대해서 불편한 감정이 커지는 상황인 것 같은데…… 그 여직원과의 관계를 어떻게 하고 싶으세요?

셀프 수퍼비전 노트

1. 직면 기술에 대한 셀프 모니터링

- 잘하고 있는 부분

- 개선이 필요한 부분

2. 셀프 수퍼비전을 통한 직면 대안반응 연습하기

- 실제 사례를 가지고 대안반응 작성해 보기

제 15 장

해석

1. 언제/어떻게 해석을 해야 효과적인가?
2. 해석을 위해 필요한 정보는 무엇인가?
3. 내담자가 상담사의 해석을 수용하지 않을 때는 어떻게 해야 하는가?

▣ 연습하기

▣ 셀프 수퍼비전 노트

해석은 내담자가 겪고 있는 문제에 대한 가설로 내담자의 말 속에 담긴 다른 의미를 상담사가 내담자에게 전달해 주는 적극적 상담기술이다(Evans, Heam, Uhlemann, & Jvey, 2000). 상담사는 과거부터 현재까지 내담자가 살아온 경험을 정보로 하여 내담자의 무의식적인 행동방식과 반복되는 주제들, 현재의 문제와 과거 경험 간의 관계, 내담자의 변화를 방해하는 방어와 관계 문제를 보이는 패턴에 대해서 해석함으로써 내담자의 문제해결을 돕는다. 즉, 내담자는 상담사의 해석을 통해 자기이해와 통찰 그리고 자기 감정과 행동에 대한 새로운 시각을 갖게 된다.

해석은 지금까지 내담자가 이해하던 방식과는 다르게 새로운 관점으로 자신의 경험을 이해하도록 돕는 것으로 직면기술과 함께 대표적인 도전기술이다. 내담자 입장에서는 지금까지 유지하던 사고의 틀을 새로운 사고의 틀로 바꿔야 한다든지, 자신의 경험에 대해 다른 시각으로 바라보고 새로운 의미를 부여하는 것은 쉬운 일이 아니다. 따라서 상담사가 내담자의 통찰을 돕기 위한 해석을 하기 위해서는 내담자가 상담사의 해석을 수용할 만큼 신뢰로운 관계가 형성되어야 한다. 내담자가 상담사를 신뢰하지 않는다면 상담사의 해석을 수용하기 어려울 것이다. 또한 상담사는 내담자의 경험에 대한 새로운 시각과 과거의 경험이 현재의 사건과 어떻게 연결되는지 등을 해석하기 위해 내담자에 대한 충분한 정보를 얻기 위한 시간이 필요하다.

한편, 해석을 위해서는 상담사가 내담자 이해를 위한 상당한 노력과 함께 치료적 관계를 맺기 위해 노력해야 하지만 이 같은 노력을 기울였다고 해서 상담사의 해석이 맞거나, 내담자에 의해 수용되는 것이 아니라는 것도 잊지 말아야 한다. 해석 또한 상담사가 내담자를 이해하기 위한 노력의 일환이기 때문에 중요한 것은 해석의 맞고 틀림이 아니라 해석하는 과정에서 함께 해석의 내용에 대해서 의미부여를 하는 것이다.

해석은 가설적인 작업이기 때문에 확정적으로 내담자에게 전달하는 건 지양해야 한다. 그럼에도 불구하고 상담사 입장에서 해석을 시도할 때 유혹에 빠질 수 있다. 고급 상담기술인 해석을 사용하게 되면 내담자에게 유능한 상담사처럼 보일 수 있다. 해석을 듣는 내담자들은 간혹 상담사가 마치 점쟁이인 양 자신에 대해서 잘 알아맞힌다고 놀라기도 한다. "어떻게 아셨어요?" "생각하지도 못했던 부분이었는데 역시 선생님은 저에 대해서 잘 아시네요."와 같은 반응을 해 주면 상담사 입장에서는 우쭐해질 수 있다. 상담사의 해석을 내담자가 수용했다는 것은 상담사의 능력이기도 하지만 내담자가 상담에 솔직하고 성실하게 임했기 때문이기도 하다. 즉, 내담자가 변화되기 위해 상담사의 치료적 개입(질문, 직면, 명료화 등)에 협조했기 때문에 상담사는 해석을 위한 충분한 정보를 획득할 수 있었던 것이다. 이렇게 만들어진 해석이 내담자에게 이해되고 의미 있게 해석된다면 내담자의 통찰과 성장을 돕는 중요한 자료가 될 것이다. 조심해야 하는 것은 해석하는 과정에서 상담사가 마치 예언자처럼 또는 점쟁이처럼 내담자가 말하지 않아도 꿰뚫어 보는 능력을 가지고 있는 것처럼 보이고 싶은 유혹을 떨쳐 내는 것이다. 상담사는 내담자가 말을 안 해도 다 알 수 있는 전지전능한 신이 아님을 기억해야 한다. 단지 내담자의 말을 잘 경청하고 이해하기 위해서 노력하는 전문가일 뿐이다.

상담사가 해석을 할 때 부담감을 느끼는 것은 자신의 해석이 내담자에게 수용이 될지, 자신의 해석이 내담자의 통찰에 도움이 될지 확신이 들지 않기 때문이다. 그러나 앞에서 설명했던 것처럼 해석은 정확한 것도, 틀린 것도 없다. 즉, 해석의 내용에 내담자가 의미를 부여하고 자신의 경험을 재해석할 수 있도록 돕는 과정이 더 중요하다. 이 과정을 통해 내담자의 자기이해 수준이 깊어지고 통찰로 이어질 수 있기 때문이다.

상담사는 자신이 하고자 하는 해석에 확신이 서지 않을 때는 서두르지 말고 내담자에 대한 충분한 정보를 가지고 내담자가 이해가 될 때까지 기다렸다가 해석을 해야 한다. 또한 내담자에게 해석을 어떻게 전달할지에 대한 고민도 함께해야 한다. 해석을 전달할 때는 가설적으로 전달하는 것도 중요하고 타이밍도 중요하다. 신경증적인 내담자들의 경우, 해석하기 가장 좋은 시점은 환자가 정서적으로 각성되어 있을 때이다. 이렇게 해야 치료자의 관찰 내용이 주지화되지 않으며 논의 중인 주제가 가진 정서적 힘이 제대로 발휘되기 때문이다. 반면, 경계선적인 내담자들의 경우는 정서적으로 고조된 상태에서는 혼란이 심하여 어떤 것도 받아들이지 못한다. 경계선 내담자들에게 해석의 타이밍은 지금-여기에서 정서적 상황을 다루는 것이 효과적이다(McWilliams, 2018).

내담자가 해석의 의미를 한번에 수용할 것이라는 기대를 하기보다는 내담자가 해석에 대해 의미를 부여할 수 있는 기회와 시간을 가질 수 있도록 기다려 주는 것이 필요하다. 그래서 해석은 한 번으로 끝나는 경우가 드물다. 만약 내담자가 해석의 의미를 잘 흡수했다면 해석된 내용을 숙고하면서 수용하고, 자신의 삶에 적용하는 과정을 거치면서 변화하고 성장해 나갈 것이다. 해석은 내담자와 충분한 신뢰가 구축되고 내담자에 대한 사례개념화를 통해 확인된 내용을 바탕으로 활용하는 것이 효과적이다. 이 장에서는 초보상담사들이 해석을 사용하는 데 느끼는 어려움에 대해서 살펴보고 설명하고자 한다. 구체적으로 초보상담사들이 해석과 관련하여 자주 경험하는 어려움은 다음과 같다.

1. 언제/어떻게 해석을 해야 효과적인가?
2. 해석을 위해 필요한 정보는 무엇인가?
3. 내담자가 상담사의 해석을 수용하지 않을 때는 어떻게 해야 하는가?

1. 언제/어떻게 해석을 해야 효과적인가?

해석기술을 사용할 때 상담사는 내담자의 문제를 더 깊이 다룰 수 있고, 이를 통해 내담자가 자신을 이해하도록 촉진할 수 있다. 초보상담사가 내담자의 문제에 대한 명확한 이해를 바탕으로 해석을 하는 것은 어려울 수 있다. 그러나 해석은 내담자가 자기이해와 통찰을 하도록 돕는 중요한 기법이기 때문에 상담사는 상담과정 중 해석을 사용할 수 있어야 한다.

상담사는 스스로 해석할 만한 정보와 내용이 쌓일 때까지 기다려야 하고, 또한 내담자가 해석을 받아들일 준비가 될 때까지 해석의 적기를 찾아야 한다. 즉, 상담사는 단편적인 정보로 내담자를 해석하기보다는 좀 더 깊이 이해될 때까지 기다릴 필요가 있다. 또한 내담자의 전이나 저항이 나타날 때까지 기다릴 필요가 있고 해석이 성공할 때까지 지속적이고 반복적으로 해석해야 한다. 정신분석에서는 내담자의 통찰을 위한 전이해석과 저항해석을 치료의 중요한 기법으로 설명한다. 즉, 전이와 저항이 나타났을 때 해석하는 것이 효과적이라는 의미이다. 전이와 저항은 치료과정 중 어느 시점에서나 나타날 수 있다. 그러나 그것이 전이인지, 저항인지 명확히 하고 전이와 저항을 드러내는 내담자를 통합적으로 이해하기 위해서는 시간이 필요하다. 따라서 해석의 적기라 함은 상담사가 내담자의 전이와 저항의 이유를 이해하고 내담자도 상담사의 해석을 수용하고 받아들일 수 있을 때라고 할 수 있다.

상담사는 내담자가 현재의 생각, 감정, 행동이 과거 사건과 연관이 있음을 설명할 때, 내담자가 새로운 관점을 갖도록 할 때, 내담자가 하는 말에 내재된 무의식적 욕구를 의식화할 때 등과 같이 내담자가 자신의 감정과 행동 그리고 생각에 대한 통찰이 필요할 때 해석을 사용할 수 있다. 해석을 구체적인 상담장면에서 어떻게 사용할 수 있는지 사례를 중심으로 살펴보자.

첫째, 내담자가 현재의 생각, 감정, 행동이 내담자가 경험한 과거 사건과 연관이 있음을 설명할 때 해석을 사용한다. 내담자의 현재 문제는 과거의 사건과 연관되어 있다. 상담사가 내담자의 과거와 현재를 연결하는 해석을 할 때 내담자는 그동안 이해되지 않았던 현재의 문제를 이해하고 해결방법을 찾을 수 있게 된다.

다음 사례에서 내담자는 작은어머니의 병문안을 하면서 느꼈던 사촌 동생들에 대한 감정이 자신의 과거 미해결된 감정과 관련되어 있음을 알게 되었다. 해석을 통해 내담자는 자신의 현재 감정을 이해하고, 미해결 과제를 직면하고 있다.

내담자 1: 작은어머니가 갑작스럽게 쓰러지셔서 병원에 다녀왔어요. 친하게 지내지 않았지만 다녀오니 마음이 많이 힘들어요.

상담사 1: 작은어머니가 갑자기 쓰러져서 마음이 쓰이나 보네요. 힘들다는 건 어떤 의미인가요?

내담자 2: 막내 사촌 동생을 보는데 그냥 마음이 슬펐어요. 계속 눈물이 났어요.

상담사 2: 사촌 동생을 보면서 왜 슬펐는지 얘기해 볼래요?

내담자 3: 병원에 갔는데 아빠가 돌아가셨을 때가 생각났어요. 그때는 제가 사촌 동생보다 어렸을 때인 것 같아요. 아빠가 돌아가시고 난 뒤에 모두 힘들어졌어요. 각자 바빠서 서로를 챙기기 어려웠던 것 같아요. 막내 사촌 동생이 계속 안됐다는 생각이 들었어요. 근데 제가 왜 계속 슬픈지 모르겠어요.

상담사 3: 아마도 사촌 동생에게 ○○ 씨의 힘들었던 어린 시절이 겹쳐 보인 것 같네요. 아버지가 갑자기 사고로 돌아가시고 가족이 모두 바쁜 상황에서 돌봄을 받지 못했던 그때 상황이 떠오른 것 같아요.

내담자 4: 맞아요. 작은어머니가 위중한 상황은 아닌데 사촌 동생이 우는 모습을 보면서 어린 시절 힘들었던 제가 떠오른 거 같아요. 아직도 제 마음이 돌봄을 받지 못하고 가족에게서 배려받지 못했던 그때에 멈춰 있는 것 같아요. 슬픔이 남아 있었나 봐요.

둘째, 내담자가 새로운 관점을 갖도록 할 때 해석을 사용할 수 있다. 관계에서 어려움을 보이는 내담자는 상대방에 대한 고정된 사고의 틀을 가지고 있을 때 상대방의 의도를 편협하게 해석할 수 있다. 상담사는 내담자의 경험을 다른 각도에서 이해하고 내담자가 새로운 관점을 가질 수 있도록 해석할 수 있다. 다음 사례에서 내담자는 지난주에 어머니와 얘기를 하다가 자신이 화났던 상황을 설명하고 있다. 내담자는 어머니와의 갈등의 골이 깊은 상태였기 때문에 어머니의 얘기가 자신을 비난하는 것처럼 들렸고 이로 인해 화가 났던 상황이었다. 상담사는 어머니 말의 의미를 다른 관점으로 해석하고 있다.

내담자 1: 상담에서 있었던 일을 엄마와 얘기하면서 울었어요. 엄마가 듣더니 갑자기 "내가 너를 잘못 키워서 그래."라고 하시니까…….

상담사 1: "내가 너를 잘못 키워서 그래."라는 엄마의 말을 들었을 때 어땠나요?

내담자 2: 제가 지금까지 했던 노력을 부정당하는 느낌을 받았어요. 변하기 위해서 제가 얼마나 노력하고 있는데 엄마는 알아주지도 않고 제가 잘못한다고만 말하는 것 같았어요.

상담사 2: ○○ 씨가 상담에서 있었던 일을 엄마에게 얘기하는 건 ○○ 씨가 변하기 위해 얼마나 애쓰고 노력하는지를 엄마가 알아주고 인정해 주기를 바라는 마음에서 하는 거였군요.

내담자 3: 네…… 그런데 제가 어떻게 노력하고 있는지 엄마는 알려고 하는 것 같지 않았어요. 오히려 엄마의 말은 제가 실패자라고 말하는 것 같았어요. 엄마가 변명만 하려고 해서 그만하라고 하니까, 저보고 왜 엄마 말을 제대로 듣지 않고 오해하냐고만 해요.

상담사 3: 엄마가 ○○ 씨를 실패자로 보고 ○○ 씨의 노력을 무시한다고 생각하니 화가 났군요. 엄마가 하는 말을 끝까지 듣지 못한 이유가 뭘까요?

내담자 4: 엄마는 사과하지 않을 거예요. 그런 말은 듣고 싶지도 않아요. 그냥 화만 나요.

상담사 4: 엄마가 말한 "내가 너를 잘못 키워서 그래."라는 말을 ○○ 씨는 내가 실패자라고 말하는 것 같다고 했지만 내가 듣기에는 엄마가 ○○ 씨에게 '잘해 주지 못해서 미안하다.'라는 이야기를 하는 것처럼 들리기도 해요. 아마도 지금 변하기 위해 ○○ 씨가 애쓰고 노력하는 것을 엄마는 누구보다도 잘 알고 있기 때문에 그동안 잘 못해 준 생각이 들어서 그런 말을 한 것 같은데, ○○ 씨는 어때요?

내담자 5: (눈물) 엄마가 정말 미안하다는 의미로 그런 말을 한 거면 좋겠어요.

셋째, 상담사는 내담자가 하는 말에 내재된 무의식적 욕구를 의식화하기 위해 해석을 사용할 수 있다. 무의식을 의식화하는 해석에는 꿈 해석, 저항해석, 전이해석이 있다. 다음 사례는 전이해석에 대한 내용이다. 부부관계 문제로 상담을 받고 있는 내담자가 6세 된 큰아들의 행동에 화가 나서 혼내게 된 상황을 이야기하고 있다. 상담사는 큰아들에 대한 내담자의 화가 과거 남편과의 관계에서 경험했던 일로 인해 남편에게 화났던 상황과 연관되어 있음을 알아차려 내담자에게 해석해 줌으로써 내담자가 두 사건의 연관성을 이해하게 되었고, 아들에 대해 화내는 행동을 멈출 수 있었다.

내담자 1: 아침에 아이 훈육 때문에 남편과 안 좋았어요.

상담사 1: 어떤 일이 있었나요?

내담자 2: 아침에 아이에게 내복을 갈아입혔는데 내복이 마음에 안 들었는지 옷에다가 물을 쏟는 모습을 봤어요. 옷을 갈아입고 싶어서 물을 쏟은 것 같아요. 그 모습을 보고 너무 화가 나서 아이를 혼냈는데 아이가 잘못했다고 하지 않고 자꾸 핑계를 대는 거예요. 제가 생각해도 좀 심하게 혼을 냈는데 남편이 옆에서 보고 뭐라고 하지는 않았지만 기분이 안 좋았는지 그 뒤로 말을 하지 않아요.

상담사 2: 남편과 직접적인 갈등이 있었던 건 아니네요. 아이의 행동에서 무엇이 가장 화가 났나요?

내담자 3: 아이들은 종종 거짓말도 하고 엉뚱한 행동을 한다는 것도 알아요. 그런데 아이가 나를 속이고 거짓말을 한다는 거 그리고 아무리 얘기해도 잘못을 인정하지 않는 걸 참을 수가 없었어요.

상담사 3: 아이의 행동을 이해하기는 하지만 ○○ 씨를 속이고 잘못을 인정하지 않는 것 같아 화가 났네요. 신혼 초부터 남편이 ○○ 씨를 속이고 친구들을 만나러 나가고 PC방을 갔으면서도 현장을 들키지 않으면 인정하지 않아 속상하다고 말했던 기억이 나네요. 남편과 있었던 갈등의 내용이 첫째 아이와의 관계에서도 반복되는 것 같은데, 어떠세요?

내담자 4: 그러네요. 큰아이를 보면서 남편이 저를 속이고 자기 하고 싶은 대로 하고, 제 얘기는 들어 주지 않을 때 들었던 감정이 떠오른 것 같아요. …… 남편은 제 편이 아니라는 생각을 했던 것 같아요. 저는 언제까지 속아 주고 이해해 주기만 해야 하는지…… 왜 저만 참아야 하는지 화가 났던 것 같아요.

상담사 4: 그래서 오늘 아침 아이의 행동을 보며 아이가 남편처럼 ○○ 씨를 속이고 ○○ 씨 편이 되지 않을까 봐 불안하고 화도 났군요. 게다가 남편에게는 아직 그때 ○○ 씨가 얼마나 힘들었는지 인정도 받지 못하고 사과도 받지 못했으니 더욱 화가 날 수밖에 없었겠네요.

내담자 5: 남편은 아직도 자기가 뭘 잘못했는지 모르는 것 같아요. 나를 좀 이해해 달라고, 내 편이 되어 달라고 말해도 자기는 이미 그렇게 하고 있다고 말하면서 오히려 화를 내요……. (눈물) 그런 마음이 풀어지지 않으니까 큰아이 행동을 보면서 걱정도 되고 겁도 나서 더 화를 냈던 것 같아요. 이제야 큰아이 행동이 이해되면서 화가 났던 이유를 알 것 같아요.

상담사 3 반응에서 상담사는 내담자가 남편에 대한 감정을 아들에게 투사하고 있음을 해석했고 내담자는 바로 그렇다고 인정을 하고 있다. 내담자가 저항 없이 바로 상담사의 해석을 수용했다는 점에서 전이해석 시점이 적절했다고 할 수 있다.

해석의 과정은 먼저 내담자 말 속의 숨은 내용을 파악하고, 다음으로 이 숨은 메시지를 다른 관점으로 제시하는 두 단계로 이루어진다(Evans et al., 2000). 따라서 상담사는 내담자의 말 속에 담긴 메시지를 먼저 파악해야 한다. 즉, 내담자의 말은 내담자가 의식하지 못하거나 의식하더라도 인정하고 싶지 않은 메시지를 숨길 수 있으므로 상담사는 적극적으로 숨겨진 메시지를 이해해야 한다. 상담사는 자신이 이해한 내담자 말 속에 숨어 있는 메시지를 가설의 형태로 내담자에게 해석해 준다. 이러한 과정을 거치면서 내담자는 자신의 말과 행동, 감정에 대한 통찰을 하고 새로운 관점을 가질 수 있게 된다.

해석반응을 한 후 상담사는 내담자가 해석 내용에 대해 생각할 시간을 주고, 내담자의 반응을 탐색한다. 내담자는 자신과 자신의 경험 뒤에 숨어 있는 메시지의 해석을 듣고 수용하거나 거절할 수 있다. 상담사는 내담자가 해석 내용을 수용하면 해석과 관련된 주제를 더 깊이 탐색하거나 추가적인 해석을 할 수 있다. 그러나 내담자가 상담사의 해석을 수용하지 않을 때는 내담자가 상담사의 해석에 대해 어떤 생각이나 감정이 드는지 탐색하며 진행한다.

해석을 전달할 때 상담사는 다양한 언어적 표현을 할 수 있다. 먼저, 해석은 가설적 표현으로 전달될 수 있다. "○○ 씨는 ~ 때문에 ~하게 행동하는 것 같네요." 또는 "○○ 씨의 ~한 태도는 ~으로 인한 것 같아요."와 같은 가설적 표현은 내담자가 방어하지 않고 자신에 대해서 다시 한번 생각해 볼 수 있도록 한다.

상담사: 아무리 해도 부모님을 기쁘게 해 드릴 수 없을 것 같다는 두려움이 ○○ 씨가 공부를 포기하게 된 원인인 것 같네요.

또한 해석은 직접적인 진술로 표현될 수도 있다.

상담사: ○○ 씨는 거절을 못하니 항상 바쁘기만 하네요. 남자든 여자든 상관없으니 나한테 관심을 보여 줬으면 좋겠고, 나랑 함께 시간을 보냈으면 좋겠고, 나를 예뻐해 줬으면 좋겠고, 그런 갈구하는 마음들이 다른 사람들의 요구를 거절하지 못하게 하고 있네요.

해석은 질문을 통해서도 표현될 수 있다.

상담사: 부모님의 불행한 결혼생활과 그로 인한 이혼이 나에게도 되풀이될까 두려워서 다가오는 이성에게 마음의 문을 못 여는 것일까요?

상담을 마쳐야 할 시간에 해석을 해야 할 상황이 생기면 내용을 기록해 두었다가 다음 시간에 그 주제를 다루는 것이 좋다. 왜냐하면 해석은 일방적으로 전달하는 것이 아니라 내담자와의 충분한 이야기를 통해 내담자가 상담사의 해석을 수용하거나 거부하는 과정을 거쳐야 하기 때문이다.

2. 해석을 위해 필요한 정보는 무엇인가?

상담사는 다양한 유형의 해석을 통해 내담자가 자신의 문제에 대한 통찰에 이르도록 돕는다. 상담사는 해석을 하기 위해서 내담자의 과거 경험, 현재 관심, 대인관계 특징, 내담자가 현재 처한 상황 등 내담자 전반에 대한 정보를 통해 내담자를 이해하고 있어야 한다.

예를 들어, 상담사는 내담자가 과거에 중요한 인물에 대해 느꼈던 감정을 알면 현재 특정한 인물과의 관계에서 나타나는 문제를 이해하고 해석할 수 있다. 즉, 상담사가 과거 의미 있는 대상과의 관계에서 일어났던 내담자의 무의식적 소망과 기대 혹은 좌절 등에 대해 내담자가 지금-여기 대상과의 관계에서 반복되는 패턴이 있다는 것을 통찰하도록 해석할 수 있다. 이를 전이해석이라고 한다.

다음은 6세 된 첫째 아들을 보면 참을 수 없이 화가 나서 체벌을 한다는 30대 주부의 사례이다. 둘째 아이는 보기도 아까울 정도로 예뻐하지만, 첫째는 내담자에게 애교도 잘 부리고 동생도 잘 데리고 노는데도 첫째 아들 얼굴만 봐도 밉고 화가 나서 언어적 폭력과 잦은 체벌을 하였다. 내담자는 자신이 엄마로서 문제가 있는 것 같다며 상담실을 찾았다. 상담사는 내담자의 발달사와 결혼생활에 대해 전반적으로 탐색하면서 첫째 아들에 대한 감정이 시아버지에 대한 전이감정이라는 것을 알게 되었다.

내담자 1: 혼자 있으면서 우리 아들에 대해서 생각해 보면 안마도 해 주고, 제 앞에서 애교도 부리고, 놀고 난 다음에 장난감 정리도 스스로 하고…… 착한 아이라는 생각이 들어요. 그런데 저는 얘만 보면 화가 나고 손이 올라가요. (눈물)

상담사 1: 아이에 대한 감정을 이해할 수 없어 더 답답하고 힘드시겠어요. 아이가 어떨 때 그렇게 화가 나나요?

내담자 2: 아이를 혼낼 때 아이가 저를 쳐다보는 눈빛을 보면 참을 수가 없어요.

상담사 2: 그 눈빛을 보면 떠오르는 것이 있나요?

내담자 3: (눈물) 아이의 눈매가 저희 시아버지를 닮았어요. 아이가 저를 볼 때마다 시아버지가 저를 보고 있는 것 같아요. 시아버지의 날카로운 눈빛은 정말 끔찍해요.

상담사 3: 그동안 시아버지에 대한 억눌린 감정이 시아버지와 닮은 눈매를 가진 아들을 볼 때마다 되살아나서 아들에게 화를 내고 있었던 것 같네요. ○○ 씨 생각은 어떤가요?

내담자 4: 시아버지에 대한 감정이 아들에게 향해 있는 줄 몰랐어요. 우리 아이는 시아버지가 아닌데……. (눈물)

또한 해석을 위해서는 내담자의 가정사, 성장과정, 동기, 생각, 감정, 삶의 패턴 등에 대한 정보가 필요하다. 특히 해석은 과거와 현재를 연관 짓기 때문에 현재 문제와 관련된 내담자의 어린 시절 경험 등 성장과정에 대한 탐색이 중요하다. 다음 사례를 보자. 내담자는 어렸을 때 부모 간의 갈등과 폭력으로 인해 부모로부터 제대로 돌봄을 받지 못하고 눈치 보고 위축되며 외롭게 성장하였다. 내담자는 대학을 졸업한 후에 워킹홀리데이, 대학원, 유학 등을 준비한다며 취직하려 하지 않고 있다. 내담자는 자신의 성장과정을 이야기하며 부모가 자신을 잘 돌보지 않아 아직도 부정적 감정이 남아 있다는 것을 확인하였다. 또한 내담자는 폭력적이었던 아버지에게 사과를 요구하였지만 아버지는 전혀 들을 생각을 하지 않아 화가 나 있는 자신을 볼 수 있었다. 상담사는 내담자가 어릴 때 받지 못한 부모의 돌봄을 성인이 된 현재에도 요구하고 있으며 이로 인해 성인으로서 해야 할 경제 활동은 회피하고 있다고 해석하고 있다. 이후 내담자는 자신이 스스로를 돌볼 수 있는 성인으로서의 책임감을 인식하게 되었다.

내담자 1: 아버지는 결과에 대해 인정해 주지 않고 무엇을 하라고만 요구했어요. 학교에서 아이들에게 따돌림을 당할 때도 부모님한테는 얘기할 수 없었어요. 말해 봤자 신경도 쓰지 않고 저만 잘못한 일이 되니까.

상담사 1: 부모님이 ○○ 씨에게 든든한 버팀목이 되지 못했군요.

내담자 2: 부모님이 그러니까 밖으로만 돌았던 거 같아요. 그러면 또 늦게 들어온다고 혼나고 맞고……. 무책임한 부모님을 생각하면 가끔씩 화가 나요. 지난번에는 너무 화가 나서 아버지한테 "다 아버지 탓이에요. 그러니 나한테 사과하세요."라고 했는데 꿈쩍도 안 하세요. 그러면 저도 아무것도 하기 싫어져요.

상담사 2: 어렸을 때는 부모의 지지나 돌봄이 건강하게 성장하는 데 중요하지요. ○○ 씨는 원하는 만큼의 돌봄이나 지지를 받지는 못했지만 대학도 왔고 이제 스스로 미래를 준비해야 할 성인이 됐는데 아직도 부모에게 받지 못한 사랑에 굶주려 있는 거 같네요. 못 받은 사랑을 받기 위해 부모가 자신을 더 돌봐야 한다고 생각하는 것 같아요. 그래서 성인으로서 지금 해야 할 일을 미루고 지금까지도 부모의 경제력에 의지하는 건 아닌가 하는 생각이 드네요.

내담자 3: 억울했던 것 같아요. 제가 힘들었을 때 부모라는 사람들은 도와주려 하지도 않고……. 잘하고 싶지 않았어요. 그 사람들이 좋아하는 게 싫었던 것 같아요. (눈물) 부모로서 나에게 아무것도 하지 않았으니 지금이라도 해야 한다고……. 저는 받고 싶었던 거 같아요. 그러다 보니 지금 이 나이에도 아무것도 안 하고 부모님 탓만 하고 있었던 것 같아요. 그게 결국엔 또다시 저를 힘들게 하는 일인 줄도 모르면서……. (눈물) 저는 아직도 어린아이처럼 살고 있네요.

상담사는 내담자의 현재와 과거 경험이나 성장과정에 대한 정보뿐 아니라 저항, 꿈, 실수, 반복되는 행동 등에 대한 정보를 탐색하고 해석한다. 예를 들면, 상담 약속을 어기거나, 상담시간에 이유 없이 계속 지각을 하거나, 중요한 이야기를 상담이 거의 끝나는 시점에 꺼내서 중요한 주제를 깊이 다루지 못하게 하는 것과 같이 상담의 진전을 방해하고 상담사에게 협조하지 않으려는 내담자의 무의식적인 행동을 저항이라고 한다. 상담사는 내담자의 저항을 알아차릴 수 있어야 하며, 내담자도 자신의 저항이 무엇을 의미하는지 이해해야 상담을 통해 도움을 받을 수 있다. 상담실 가까운 곳에 살면서 상담시간마다 15분씩 늦는 내담자가 있었다. 상담사는 상담시간을 지연시키는 것이 내담자의 저항이라고 이해하고 연장시간 없이 50분 상담시간에 맞춰 상담을 끝냈다. 어느 날 내담자가 자기가 하고 싶은 이야기를 하려고 할 때마다 시간이 부족해서 이야기를 마무리하지 못하는 것 같다고 이야기하였다. 상담사는 매 회기에 내담자가 15분씩 늦는다는 것을 직면하였고, 내담자에게 그 15분이라면 지금 끊긴 이야기를 충분히 나눌 수 있다고 알려 주었다. 그리고 내담자가 이야기하고 싶지만 깊은 이야기를 하는 것을 무의식적으로 막고 있는 것은 아닌지 해석하였다. 이러한 해석이 있은 다음 회기부터 내담자는 정각에 상담실에 도착하여 상담을 진행할 수 있었다.

내담자에 대한 다양한 자료는 해석을 하는 데 도움이 된다. 그러나 무엇보다도 해석을 할 수 있는 풍부한 자료의 원천은 내담자가 이야기하는 내용으로, 효과적인 해석을 하기 위해서 상담사는 내담자의 이야기를 주의 깊게 잘 듣고 이해해야 한다(Hill, 2012).

3. 내담자가 상담사의 해석을 수용하지 않을 때는 어떻게 해야 하는가?

해석은 내담자에 대한 상담사의 관점으로, 내담자는 해석을 받아들이거나 거부할 수 있다. 해석은 직면적 요소가 있어서 내담자에 따라서는 자기이해와 통찰을 하는 데 도움이 됐다고 생각하지만 상담사에게 이해받지 못했다고 생각할 수 있다. 따라서 상담사는 해석한 후 내담자가 해석을 수용했는지 확인해 보는 것이 필요하다. 해석을 한 후 상담사는 내담자에게 "제가 한 말에 대해 어떻게 느끼십니까?" 또는 "○○ 씨는 어떻게 생각하는지 궁금하네요."와 같은 질문을 통해 상담사의 해석이 내담자에게 어떻게 전달되었는지 확인할 수 있다.

해석이 효과적으로 전달되었다면 내담자는 '아하'와 같은 반응을 보이고, 고개를 끄덕인다든지 상담사를 바라보며 긍정적인 비언어적 표현을 전달할 것이다. 또한 해석에 동의하는 내담자는 상담사의 말에 덧붙이거나 통찰한 내용을 말할 것이다. 내담자의 통찰로 새로운 정보가 수집된다면 이때 상담사는 새로운 정보를 바탕으로 다시 재구성된 해석을 할 수도 있다.

그러나 내담자가 해석을 수용하지 않을 수도 있다. 내담자는 상담사의 해석을 이해하지 못할 때, 상담사의 해석이 정확하지 않을 때 그리고 내담자가 들을 준비가 되어 있지 않을 때 상담사의 해석을 수용하기 어렵다. 내담자는 해석을 거부하거나 수용하지 않는다는 것을 언어적 · 비언어적 표현으로 나타낼 수 있다. 비언어적 표현으로는 상담사의 해석 후 침묵하거나, 고개를 갸우뚱하거나, 상담사와 눈 마주침을 피하는 등의 태도를 보일 수 있다. 언어적으로는 "저는 그렇게 생각하지 않는데요." "선생님 말이 잘 이해되지 않아요." "아닌 것 같은데요."와 같은 거부의 표현을 할 수 있다. 내담자가 해석을 수용하지 않으려 할 때 상담사는 더 해석하려고 노력하기보다는 수용하기 어려워하는 내담자의 반응을 인정하고 더 이야기할 수 있도록 질문하면서 주제를 이어 나가면 된다.

상담사: 지금 나의 말에 동의하지 않는 것 같아 보이네요. ○○ 씨는 나의 말에 대해 어떻게 생각하나요?

내담자가 상담사에게 적대적인 모습을 보이거나 해석에 대한 저항이 클 때 상담사는 그 해석의 내용을 다시 검토해 보면서 그 주제를 잠시 접어 두었다가 다시 떠오를 때까지 기다리는 게 좋다. 그러나 해석의 내용에 대해서 확신한다면 저항의 이유를 파악하고 저항을 해석해야 한다. 해석의 내용이 내담자에게 수용되지 않을 때는 내담자를 더 잘 이해하기 위한 탐색 작업에 들어가야 한다.

상담사: 내가 잘못 이해하고 있었군요. 그럼 ○○ 씨가 남자 어른에게 다가가기 어려운 이유는 무엇일까요?

해석된 내용을 내담자가 저항 없이 수용하기 위해서는 내담자가 해석을 들을 준비가 되어 있어야 한다. 내담자가 자신에 대해 이해하고 통찰한 부분을 언급하기 시작할 때가 바로 상담사가 내담자에게 해석을 시도할 수 있는 시점이라고 생각해도 될 것이다. 한 번의 해석으로 내담자가 자신을 이해하는 데 도움을 줄 수도 있지만 그렇지 않은 경우가 더 많다. 따라서 해석은 내담자가 받아들일 수 있을 때까지 반복적으로, 성공할 때까지 시도할 필요가 있다.

연습하기

사례

30대 초반 여성이 연애 문제로 상담실을 찾았다. 상담은 2회기이고 만난 지 얼마 안 됐는데 결혼 얘기가 나오자 불안하다는 것이 호소 문제였다. 내담자는 연애 경험이 그리 많지 않았고 만나는 기간도 짧아서 결혼 얘기까지 나오는 연애는 이번이 처음이었다.

내담자 1: 나이가 적지 않으니 결혼 얘기가 나오는 게 이상하지 않을 수도 있는데 만난 지 얼마나 됐다고 결혼을 얘기하는 건지, 장난치나 싶기도 하고…….

상담사 1: 연애기간이 얼마나 된 건가요?

내담자 2: 처음에 친구 결혼식에서 잠깐 얼굴 보고 제대로 소개받고 만나기 시작한 건 한 달 반 정도 된 것 같아요. 그사이에 만난 건 6~7번 정도?

상담사 2: 한 달 반에 6~7번 정도 만났으면 ○○ 씨도 싫지는 않았던 것 같은데~

내담자 3: 네~ 잘해 주려고 노력하니까~ 근데 연애 초반은 다 그렇지 않나요?

상담사 3: 연애 초반이라서 잘해 준다고 생각하시는 건가요? (네.) 그럼 어느 정도 만나야 결혼 얘기를 할 수 있다고 생각하세요?

내담자 4: 주변 친구들이 4계절은 만나 봐야 안다고 해서 저도 한 1년 이상은 만나야 할 것 같아요.

상담사 4: 그렇군요. 그럼 남친에게 1년 정도 시간이 필요하다고 얘기를 하셨나요?

내담자 5: 아뇨~ 결혼 얘기를 꺼내는 것 자체가 불안해요.

상담사 5: 그럼 ○○ 씨의 불안은 만난 시간의 문제라기보다는 결혼 자체에 대한 문제일 가능성이 있네요.

내담자 6: 말하다 보니 그런 것 같네요. 전 결혼을 떠올리면 불안해져요. 결혼을 하고 싶기도 한데 결혼을 하면 왠지 불행해질 것 같고…… 연애만 하면서 살아야 되나 싶기도 하고…….

상담사 6: 대상이 누구든 결혼을 하는 것에 대해서 ○○ 씨가 아직 확신을 가지지 못한 것 같네요. 이유가 있을까요?

내담자 7: 음……(한숨) 부모님의 결혼생활은 불행 그 자체였죠. 왜 사나 싶을 정도로…… 자식이 이혼을 하라고 했을 정도면 뻔한 거 아닌가요?

상담사 7: 부모님처럼 불행한 결혼생활을 할까 봐 불안하신 것 같은데~ (네.) ○○ 씨가 생각하는 불행한 결혼생활이 구체적으로 어떤 모습인가요?

내담자 8: 부모님처럼 살까 봐 걱정이 되죠. 매일 저녁 소리 지르고 싸우고, 서로 악다구니 쓰고 안 되면 폭력도 쓰고…… 그래서 제가 경찰을 불렀던 적도 있었죠. 그 후로 아빠와는 말을 안 하고 살고 있지만…… 엄마가 왜 이혼 안 하고 사는지 이해도 안 되고…… 결혼은…… 잘 모르겠어요.

상담사 8: ○○ 씨가 보기에 부모님의 결혼생활이 불행해 보였고 또 엄마의 삶도 이해 안 되고…… 엄마처럼 살고 싶지 않은 마음도 있는 것 같고, 아빠 같은 남자 만날까 봐 걱정도 될 것 같고…… 그래서 결혼이 ○○ 씨에게는 참 복잡한 문제로 느껴지겠네요.

내담자 9: 네~ 그렇죠. 막연하게 생각했던 건데 선생님께 들으니 명확해지네요.

설명

내담자는 만난 지 한 달 된 남자로부터 결혼 얘기를 듣고 불안한 마음에 상담실을 찾았다. 처음에는 만난 지 얼마 안 된 시점에 결혼 얘기를 하는 것을 불쾌해하는 것처럼 얘기했지만 탐색한 결과, 만난 시간보다는 결혼 자체에 대한 불안이 있음을 확인하였다. 이후 상담사는 내담자가 결혼에 대해서 불안해하는 뿌리가 부모님에게 있음을 확인했고 내담자는 부모님과 다르게 살 자신도 없고 결혼생활이 행복할 거라는 확신이 없어서 불안해함을, 해석을 통해 전달하였다. 상담사의 해석을 통해 자신이 막연하게 생각했던 결혼에 대한 불안감이 부모님의 결혼생활과 관련이 있음을 명확하게 인지하게 되었다.

▣ 앞의 설명을 바탕으로 상담사 반응별 대안반응 적어 보기

상담사 1:

상담사 1:

상담사 2:

상담사 2:

상담사 3:

상담사 3:

상담사 4:

상담사 4:

상담사 5:

상담사 5:

상담사 6:

상담사 6:

상담사 7:

상담사 7:

상담사 8:

상담사 8:

대안반응 1

상담사 1: 만난 지 얼마 안 됐는데 결혼 얘기를 꺼내는 것이 신뢰가 안 가는 건가요?

상담사 1: 만난 지 얼마 안 됐는데 결혼 얘기를 꺼낸 것이 장난처럼 느껴지나 보네요.

상담사 1: 남자친구는 결혼 얘기를 했지만 ○○ 씨는 아직 확신이 없는 것 같네요.

대안반응 2

상담사 2: 결혼식에서 잠깐 보고 정식으로 소개받았다면 서로에게 호감은 있었던 것 같네요. 어떤 점이 끌렸나요?

상담사 2: 6~7번 정도 만나면서 남자친구에 대한 생각이나 감정이 처음과 비교해서 어떻게 변했나요?

상담사 2: 남친을 정식으로 소개받을 때 남친에 대한 최소한의 정보를 들었을 텐데 ○○ 씨가 생각하는 결혼 조건에 어느 정도 부합했나요?

상담사 2: 6~7번 만났는데 결혼 얘기를 하는 건 성급하다는 생각을 하시는 것 같네요.

상담사 2: 남친이 결혼을 서두르는 이유가 있을까요?

대안반응 3

상담사 3: 연애 초반이라서 잘해 주는 건 당연하게 생각하는 것 같네요. 결혼 얘기를 하려면 얼마나 만나야 한다고 생각하세요?

상담사 3: 연애 초반이라고 잘해 준다고 하셨는데 잘해 주는 게 어떻게 하는 건지 예를 들어 보실래요?

상담사 3: 연애 초반에 잘해 준다고 하셨는데 ○○ 씨는 남친에게 어떻게 잘해 주나요?

대안반응 4

상담사 4: 1년 이상은 만나야 결혼에 대한 얘기를 할 수 있다고 생각하시네요. 혹시 과거에 결혼을 생각했던 대상이 있었나요?

상담사 4: 친구들이 1년 이상은 만나라고 권장했군요. 1년 이상 교제를 해 본 경험이 있나요?

상담사 4: 1년 이상 만나더라도 결혼을 하려면 여러 가지 고려해야 할 점들이 있을 것 같은데 ○○ 씨는 결혼을 하기 위한 조건이 뭔가요?

대안반응 5

상담사 5: ○○ 씨 말대로 나이가 있으니 결혼을 전제로 만날 수 있는데 결혼 얘기가 불안하다는 게 어떤 의미인가요?

상담사 5: 결혼 얘기를 꺼내는 것이 불안하다면 결혼에 대해 어떻게 생각하는지부터 얘기를 나눠 봐야 할 것 같네요.

상담사 5: 이전에 결혼과 관련하여 불안해할 만한 일이 있었나요?

대안반응 6

상담사 6: 결혼이 불행할까 봐 연애만 하고 살고 싶은 마음도 있네요. 결혼하면 불행해질 거라고 단언하는 이유가 있을까요?

상담사 6: 어느 쪽도 ○○ 씨 선택이긴 한데 결혼해서 행복할 수도 있을 텐데 그 가능성은 아예 배제하는 건가요?

상담사 6: 자신의 결혼생활에 대해서 부정적으로 생각하게 된 계기가 있을까요?

대안반응 7

상담사 7: 부모님의 결혼생활이 불행하게 보여서 ○○ 씨도 불행하게 살 거라고 생각하는군요. ○○ 씨와 부모님은 다른 사람인데 똑같은 삶을 살 거라고 생각하는 이유가 있을까요?

상담사 7: 부모님의 이혼까지 권유할 정도로 자식으로서 부모님의 삶을 지켜보기 힘들었던 것 같은데~ 부모님의 불행한 결혼생활이 ○○ 씨에게 미친 영향은 무엇인가요?

상담사 7: 부모님께 이혼을 권유할 만한 계기나 이유가 있었을까요?

대안반응 8

상담사 8: 경찰에 신고하는 것을 결정하는 것도 쉬운 결정이 아니었을 텐데~ 신고하는 ○○ 씨 마음이 어땠을지 궁금하네요.

상담사 8: ○○ 씨가 자신의 결혼생활을 불행할 거라고 생각하는 건 부모님의 불행한 결혼생활과 다르지 않을 거라고 생각하기 때문이네요. 부모님과 같이 불행해질 거라는 생각을 하면 결혼을 주저하게 될 것 같아요. ○○ 씨에게 결혼은 매우 용기가 필요한 일이네요.

셀프 수퍼비전 노트

1. 해석 기술에 대한 셀프 모니터링

- 잘하고 있는 부분

- 개선이 필요한 부분

2. 셀프 수퍼비전을 통한 해석 대안반응 연습하기

- 실제 사례를 가지고 대안반응 작성해 보기

제3부

심리검사 해석

제 16 장

심리검사 해석 시 상담기술 활용

1. 검사신청 동기나 이유에 대한 질문
2. 해석상담
3. 해석상담 후 궁금한 점, 소감, 느낌 나누기
4. 각 검사별 세부 설명

상담사 교육을 하다 보면 심리검사 해석을 상담과 별개의 활동으로 생각하고 있는 상담사들을 종종 만나게 된다. 상담사들 중에는 검사해석을 단순히 검사결과를 설명해 주는 시간으로 생각하는 경우가 있다. 또한 검사결과를 통보하듯 전달하면 안 된다는 것을 알고 있으면서도 막상 검사결과를 해석할 때 어떻게 해야 할지 모르겠다는 말을 자주 한다. 그래서 이 장에서는 상담사들이 검사결과를 해석하고 활용하는 방법에 대해서 설명하고자 한다.

검사해석 경험은 초보상담사들에게 상담기술을 연습할 수 있는 좋은 기회가 된다. 그 이유는 다음과 같다. 첫째, 목적이 분명하다. 내담자가 특정 검사를 실시한 이유를 파악하고 내담자가 궁금해하는 내용을 바탕으로 해석상담을 진행하면 된다. 둘째, 검사에 대해 잘 숙지한 상태에서 검사결과와 관련하여 대화를 나누기 때문에 대화를 이어 가는 데 부담이 크지 않다. 셋째, 내담자의 저항이 적다. 대부분의 내담자는 검사결과에 대해서 신뢰하는 편이다. 그래서 검사결과에 대해서 의문을 갖기보다는 순응한다. 왜냐하면 검사결과가 자신에 대한 객관적인 정보를 준다고 생각하기 때문이다. 넷째, 내담자에 대해서 많은 정보를 탐색하지 않아도 된다. 즉, 검사해석을 위해 필요한 정보만 탐색하면 된다. 그리고 내담자가 검사결과를 어떻게 지각하고 이해했는지 확인하고 마무리하면 된다. 이 같은 점을 잘 이해한 상담사라면 검사해석 시간을 효과적으로 활용할 수 있을 것이다.

지금부터 검사 실시와 해석을 위해 상담사가 숙지해야 할 내용을 살펴보고자 한다. 우선 검사를 실시하거나 해석할 때 내담자가 검사에 대한 비현실적인 기대를 하지 않도록 검사에 대한 구조화가 필요하다. 즉, 상담사는 검사결과가 내담자의 모든 것을 설명해 줄 수 없으며 자기보고식 검사는 자기인식 수준이 검사결과에 반영된다는 것을 검사 실시 전에 설명해야 한다. 많은 자기보고식 검사는 자신에 대한 이해 정도가 낮을 경우 명확한 결과를 보여 주지 못할 가능성이 높다. 예를 들어, MBTI, Holland, TCI 등의 검사들은 자기 상태에 대해서 정확히 이해하고 반응해야 검사결과도 명확히 나타난다. 반대로 자신에 대한 이해가 부족한 경우 성격검사나 진로검사에서 유형이 명확히 나타나지 않는다. 따라서 상담사는 내담자들이 검사에 대해 무리한 기대나 의존을 하지 않도록 사전에 검사에서 얻을 수 있는 정보와 검사의 한계를 명확히 설명해야 한다. 대부분의 내담자는 검사결과에 대해서 수용하지만 자신이 원하는 검사결과나 정보를 얻지 못하거나 검사결과가 명확하게 나오지 않아 의사결정에 도움이 안 된다는 생각이 들 경우, 검사결과에 대해서 의심을 하거나 검사가 자신을 제대로 설명하지 못한다고 불만을 표출할 수도 있다. 이 경우 내담자가 검사결과에 대해 불신하거나 불만족한다고 해서 당황하지 말고 내담자가 검사에 대해서 어떤 기대를 했는지 확인하고 검사결과가 설명해 줄 수 있는 내용과 한계를 다시 설명하면 된다. 그리고 검사에 대해 불신하거나 의존하는 태도가 내담자의 문제와 관련된 중요한 정보일 수 있으니 이를 검사해석 시 활용해야 한다.

검사에 대한 구조화가 끝나고 나면 검사를 실시하고 채점을 한 후 검사해석을 준비하면 된다. 검사해석이라고 해서 상담과 크게 다르지 않다. 검사해석은 1회기로 끝나는 단회상담이라고 생각해도 무방하다. 즉, 검사해석은 1회기 단회상담과 같은 형식을 취하지만 상담의 주제가 검사 내용과 관련된 것이라고 이해하면 된다. 따라서 상담사는 앞장에서 다룬 상담기술들을 활용하여 내담자에게 검사결과를 전달하고 내담자가 검사결과에 대해 갖는 생각이나 감정을 상담주제로 다루면 된다.

상담사가 검사결과를 해석하려면 몇 가지 준비가 필요하다. 첫째, 검사 내용을 잘 숙지하고 있어야 한다. 둘째, 획일적인 내용의 검사해석이 아닌 내담자에게 맞는 해석을 할 수 있어야 한다. 마지막으로, 그 내용들을 내담자가 이해할 수 있도록 전달해야 한다. 검사해석을 위해서 상담사에게 우선적으로 요구되는 능력은 실시한 검사에 대해 잘 알고 있어야 한다는 것이다. 내담자들은 상담사를 검사에 대한 전문가라고 믿기 때문에 상담사가 하는 이야기를 여과 없이 받아들일 가능성이 크다. 상담사가 정확한 정보를 제공하기 위해서는 사전에 검사에 대해서 충분히 학습하고 그 내용을 잘 숙지한 상태에서 내담자를 만나야 한다. 예를 들어, MMPI의 타당도척도와 임상척도가 무엇을 측정하는지 정확히 이해하고 각 척도에 대해 내담자에게 구체적으로 설명할 수 있어야 한다. 상담사들은 자신이 잘 알고 있는 검사를 실시하고 해석해야 하며, 새로운 검사를 실시하거나 해석할 때는 실시방법부터 실시 후 해석에 능숙해질 때까지 검사에 대한 교육이나 검사해석 전에 수퍼비전을 받고 해석상담을 할 것을 권한다. 간혹 초보상담사들 중에는 검사해석 후에 수퍼비전을 받는 경우가 있는데, 이 경우 상담사의 실수를 만회할 기회가 없다. 즉, 내담자에게 검사결과를 잘못 설명하거나 과잉해석을 한 경우, 상담을 계속 받는 내담자라면 잘못 전달한 내용을 정정할 수 있지만 검사해석만 받는 내담자는 수정할 수 있는 기회가 없다. 따라서 상담사의 전문성 향상과 내담자 보호를 위해서 수련 중에 있는 상담사일수록 검사해석 전에 수퍼비전을 받고 검사해석을 진행하길 권고한다. 특히 MMPI는 진단용 검사이기 때문에 검사에 대해서 충분히 설명하지 못하면 내담자는 우울증, 강박증, 조현병과 같은 병명만 기억하고 돌아갈 가능성이 크다. 내담자에게 특정 프로파일의 높낮이로 증상을 말하기보다 내담자가 호소하는 문제와 프로파일이 어떻게 연관되는지에 초점을 두고 설명해야 한다.

상담사가 내담자에게 검사상 나타난 수치가 어떤 의미인지 설명하고 내담자가 검사결과에 대해서 어떻게 생각하고 이해했는지 말하는 시간이 검사해석과정에 포함되어야 한다. 검사결과에 대한 통보식 전달이 아니라 내담자의 생각과 느낌, 경험을 탐색하고 함께 이야기를 나누면서 검사해석이 진행되어야 한다. 그래서 상담과 마찬가지로 검사결과 해석과정에서도 내담자와의 라포 형성이 중요하다. 내담자에게 맞춤형 해석을 하기 위해서는 내담자의 자기개방이 필요한데, 처음 본 사람에게 내면의 이야기를 하는 것이 쉽지 않기 때문에 내담자 입장에서 어디까지 이야기를 해야 하는지 고민이 될 수 있다. 이때 상담사는 내담자가 말하기 주저하는 이유를 알고 있고 모든 것을 다 말할 필요는 없지만, 검사결과를 이해하기 위해서 내담자가 생각하고 있는 것은 솔직하게 말해야 도움을 받을 수 있다는 점을 설명해 주면 된다.

첫 회기에 라포 형성이 어떻게 가능할까 생각하겠지만, 상담사가 안정적인 말투나 태도를 보이고, 내담자의 어려움을 이해하고 공감할 수 있다는 것을 표현한다면 내담자는 생각보다 편안하게 검사해석에 필요한 정보를 제공할 것이다. 초보상담사들의 경우 라포 형성이라는 이유로 내담자에게 할 이야기도 못하고 내담자가 하고 싶어 하는 이야기도 물어보지 못한 채로 화제를 전환하는 경우가 많은데, 상담실에 온 내담자들은 자신이 평소에 하지 못하는 이야기를 하러 상담실에 온 것이니 내담자가 하고 싶은 이야기를 할 수 있도록 멍석을 깔아 준다면 오히려 라포 형성이 더 잘될 것이다.

한편, 상담사는 검사 활용의 목적이 진단이 아닌 내담자 이해라는 것을 명확히 인지하고 있어야 한다. 내담자 이해를 위해 검사를 활용할 때는 검사해석 결과에 대해서 통보하거나 단순 정보를 제공하는 수준에서 끝나면 안 된다. 예를 들어, "MMPI의 2번 척도가 70 이상이기 때문에 우울증이네요."와 같은 기계적인 정보전달은 지양해야 한다는 것이다. 그렇다면 상담사들은 우울증이 예상되는 내담자에게 검사결과를 어떻게 전달해야 할까? 다음과 같은 질문을 통해 내담자와 상담을 진행할 수 있다.

- 우울감 점수가 70 이상으로 나오면 일반적으로 우울증일 가능성이 높은데 검사결과에 대해서 어떻게 생각하세요?
- 왜 이런 결과가 나온 것 같나요?
- 언제부터 우울하다고 느끼셨나요?

- 본인에게 우울증이 있을 수 있다는 것에 대해서 생각해 본 적 있나요?
- 우울하다는 것을 어떻게 알 수 있나요?
- 우울할 때 어떤 증상들을 경험하나요?
- 본인이 우울하다는 것에 대해 생각하면 어떤가요?(메타인지)

내담자에게 우울증이라는 진단명을 전달하는 것보다 언제부터 우울했는지, 우울할 때 어떤 증상이 나타나는지, 우울 증상이 기능하는 데 어떤 문제를 야기하는지, 왜 지금 우울한지 등에 대해 이해하는 것이 더 중요하다.

검사해석 시 상담사가 꼭 기억해야 할 점은 내담자에게 일방적으로 검사결과를 전달해서는 안 된다는 것이다. 상담사의 일방적인 검사해석은 내담자에게 자기이해를 할 수 있는 기회를 제공하지 못할 뿐 아니라 내담자가 수용하지 않을 경우 검사결과 해석은 오히려 해석상담에 대한 반감이나 저항의 구실이 될 수 있다. 객관화 검사는 자기보고식 검사이기 때문에 내담자가 자기 상태에 대해서 지각하고 보고한 그대로 검사결과에 반영된다. 그럼에도 불구하고 왜 이런 결과가 나왔는지, 증상에 대해서 어떻게 느끼고 있는지, 현재 자신의 상태에 대해서 어떻게 생각하고 있는지 등에 대한 내담자의 생각을 확인해야 한다. 내담자가 자신의 상태에 대해 이해하지 못한 채 검사결과를 일방적으로 전달받는다면 내담자는 자신이 환자 취급당했다고 생각할 수도 있고, 검사결과에 대해서 거부감을 가질 수 있다. 투사검사의 경우에는 해석 시 더욱 조심해야 한다. 내담자 자신도 지각하지 못하거나 인정하고 싶지 않은 내용들을 검사해석에서 다루어야 할 때가 많기 때문이다. 따라서 투사검사 해석일수록 상담사는 정확한 근거에 기반을 둔 가설적인 해석을 해야 하며, 내담자가 그 결과를 어떻게 이해하고 수용하는지 세밀하게 살피면서 검사결과를 이해하기 위한 노력을 함께 해야 한다.

정리하자면, 상담사는 검사결과를 해석할 때 내담자에 대한 기본정보, 수검 태도, 검사결과, 현재 경험하는 어려움이나 고통, 기능 상태 등 전반적인 정보를 모두 종합해서 검사결과를 조심스럽게, 가설적으로 해석해야 한다. 단정적인 단어나 말투의 사용을 지양하고 가설적인 의미로 검사결과를 전달해야 하며, 내담자가 검사결과를 수용하거나 거부하는 내용이나 태도에 따라 전달된 내용을 어떻게 이해하고 해석하는지 탐색해야 한다.

검사해석 시 다루어야 할 세부적인 내용은 다음과 같다.

1. 검사신청 동기나 이유에 대한 질문

검사해석에 앞서 검사를 신청한 동기, 검사를 통해 알고 싶은 내용 등을 탐색해야 한다. 내담자가 검사를 통해 무엇을 알고 싶은지 확인해야 내담자가 원하는 정보 중심으로 검사해석을 진행할 수 있다.

- MMPI를 신청하셨는데 이 검사를 신청한 이유가 있나요?
- 이 검사를 통해서 어떤 점을 알고 싶으세요?
- 이 검사를 통해서 어떤 도움을 받고 싶으세요?

2. 해석상담

앞서 설명했듯이 검사해석은 단회상담이라고 생각하면 된다. 많은 검사를 실시했다고 해서 검사별로 50분씩 시간을 할애할 필요는 없다. 종합심리검사(Full-battery)를 했을 경우에도 종합적인 소견을 바탕으로 결과를 설명한다. 내담자가 궁금해하거나 추가적인 설명이 필요할 때는 몇 가지 검사를 선별해서 설명하면 된다. 만일 한 가지 검사만 실시했다면 시간이 충분하기 때문에 해석상담 시간을 유연하게 활용할 수 있다. 즉, 검사결과에 대한 세부적인 설명과 함께 내담자가 세부 검사결과에 대해서 어떻게 생각하는지 더 깊이 탐색할 수 있는 시간으로 활용하면 된다.

검사신청 이유에 대해서 탐색했다면, 그다음으로 검사결과를 세부적으로 설명한다. 내담자가 실시한 검사에 대한 간단한 안내와 함께 검사결과를 설명한다. 설명하는 중에 궁금한 사항이 있다면 중간에 질문할 수 있음을 안내한다. 검사결과를 설명할 때 내담자가 검사를 신청한 동기와 연관시켜 설명하는 것이 효과적이다.

- 지금부터 검사결과에 대해서 설명을 드리겠습니다.
- 이 자료는 MMPI의 결과입니다.
- 검사결과를 설명드릴 텐데 궁금한 점이나 질문이 있으면 중간에 하시면 됩니다.
- 평소 우울감과 무기력감을 느낀다고 하셨는데 그 증상들은 여기 9번 척도 점수와

관련이 있습니다. 9번 척도의 낮은 점수는 우울감과 무기력감, 낮은 에너지 수준을 설명해 줍니다.

- 검사결과에 대해서 설명을 들으셨는데 어떠세요?
- 검사결과에 대해서 궁금한 점이 있으면 질문하셔도 됩니다.
- 검사결과를 통해서 원하는 정보를 얻었는지 궁금하네요.
- 검사결과에 대해서 설명이 더 필요한 부분이 있으면 얘기해 주세요.

3. 해석상담 후 궁금한 점, 소감, 느낌 나누기

검사결과에 대한 해석을 마치고 마무리 단계에서는 상담과 마찬가지로 내담자가 검사 해석과정에서 불편감은 없었는지, 검사결과에 대해서 이해했는지, 궁금한 점은 없는지, 향후 어떻게 문제를 해결할 것인지에 대해 다루어야 한다. 이러한 내용을 다루기 위해서 다음과 같은 질문을 할 수 있다. 다음 질문을 통해 내담자가 검사에 대해서 어느 정도 이해하고 수용했는지 파악하고, 향후 내담자가 자신의 문제를 해결하기 위해서 어떤 노력이 필요한지에 대해서 이야기하고 마무리하면 성공적인 검사해석이 될 것이다.

- 검사결과에 대해서 얘기를 나눴는데 어떠신가요?
- 검사결과에 대해서 설명했는데 궁금한 부분이 해결되었는지요?
- 검사결과에 대해서 얘기를 나눴는데 자신에 대해서 새롭게 알게 된 부분이나 이해된 부분이 있는지요?
- 검사결과에 대해서 이해가 안 되거나 궁금한 부분이 있는지요?
- 혹시 더 얘기를 나눠 보고 싶은 부분이 있을까요?
- 오늘 인정욕구가 많다는 것을 처음 알게 됐다고 하셨는데 알고 나니 어떤 마음이 드세요?
- ~에 대해서 더 알고 싶다고 하셨는데 추가 정보를 얻기 위해서는 △△검사를 실시해야 합니다. 원하시면 추가 검사를 안내해 드리겠습니다.
- 인정욕구와 관련된 문제에 대해 도움받고 싶다면 상담을 받을 수 있도록 안내해 드리겠습니다.

4. 각 검사별 세부 설명

1) 다면적 인성검사(MMPI) 결과에 대한 설명

MMPI 결과를 설명할 때는 다음의 순서로 진행한다.

(1) MMPI가 무엇을 측정하는 검사인지 안내한다

MMPI가 어떤 목적으로 사용하는 검사인지를 간단히 설명하고 검사 수치를 이해하기 위한 기준점에 대해서 설명한다. 예를 들어, 다음과 같이 설명할 수 있다.

> "이 검사는 우울이나 불안과 같은 심리 상태를 측정하고 병원에서는 진단용 검사로 활용합니다. 점수로 심각성 수준을 파악할 수 있는데 정상범위는 30~70점입니다. 일반인들을 대상으로 할 때는 30~65점을 기준점으로 보기도 합니다."

(2) 타당도척도와 임상척도를 설명한다

MMPI의 타당도척도와 임상척도에서 유의하게 높은 척도를 중심으로 설명한다. 타당도척도 분석을 통해 내담자의 방어 수준과 도움 요청 상태를 파악한다. 임상척도에서는 유의하게 상승한 척도(65점 이상)를 중심으로 높은 점수의 의미를 설명한다. 높게 상승한 척도와 내담자가 호소하는 증상, 어려움이 일치할 때는 상승척도 중심으로 해석하면 되지만, 내담자가 호소하는 문제와 상승척도가 불일치할 때는 상담사가 불일치에 대해서 탐색해야 한다. 예를 들어, 내담자가 우울과 불안을 과도하게 호소하는데 MMPI 프로파일에서는 2.7번 프로파일이 정상 수준이거나 낮게 나타난 경우, 반대로 특별히 문제가 없다고 지각하는데 프로파일은 65점 이상으로 높게 뜬 경우 상담사는 실제보다 증상을 심각하게 지각하는 것인지, 아니면 증상이 만성화되어서 내담자가 불편감을 못 느끼는 것인지 등을 탐색해야 한다. 이 같은 과정을 통해 내담자가 자신의 증상을 이해할 수 있을 때 자기인식의 확장과 함께 문제를 해결하기 위한 노력을 시작할 수 있다.

〈상담을 위해 검사를 실시했을 때 MMPI 해석의 예〉

상담사 1: 오늘은 예정대로 검사결과에 대해서 설명 드릴게요. 두 개의 검사를 하셨는데 우선 다면적 인성검사를 먼저 하겠습니다. 검사문항이 많아서 힘들지 않았나요? [안내/폐쇄형 질문]

내담자 1: 네~ 좀…… 비슷한 문제들이 좀 있었던 것 같은데…… 똑같이 답해야 하는지 고민이 되긴 했어요.

상담사 2: 똑같은 문제가 있다는 것을 알아채셨네요. 반응일관성을 측정하기 위해서 비슷한 문항을 넣은 건데…… 그래서 어떻게 응답하셨나요? [정보제공/개방형 질문]

내담자 2: 처음에 신경이 쓰였는데 나중엔 그냥 했어요. (웃음)

상담사 3: 네~ 편하게 하고 싶은 대로 하시면 됩니다. 그럼 지금부터 검사에 대한 얘기를 본격적으로 해 보겠습니다. 상담신청 이유가 최근 우울이 심해져서라고 적으셨는데…… 우울 증상이 얼마나 심해졌는지 말씀해 주시겠어요? [개방형 질문]

내담자 3: 네~ 아무것도 하기 싫어지고 잠도 좀 많아지는 것 같고…… 요즘 식욕 조절도 잘 안 되는 것 같아요. 집에서 먹기만 하는 것 같아서요.

상담사 4: 그렇군요. 증상이 지속된 지는 얼마나 됐나요? [개방형 질문]

내담자 4: 한 2주 정도 된 것 같아요.

상담사 5: 최근에 우울할 만한 일이 있었나요? [폐쇄형 질문]

내담자 5: 네~ 최근에 남친과 헤어지긴 했는데…… 한 달 정도 됐어요. 남친과 헤어진 게 우울증의 원인일 수도 있을까요? 시간이 지나서 괜찮아질 거라 생각했는데…….

상담사 6: 남친과의 이별이 우울감의 원인이 될 수도 있어요. 그렇지만 남친과의 이별이 ○○ 씨를 우울하게 만든 이유인지는 좀 더 얘기를 해 봐야 알 수 있을 것 같네요. 우선 검사결과에 대한 설명 먼저 들으시고 남친 얘기를 좀 더 해 보죠. 설명 들으시면서 궁금한 부분이 있으시면 얘기해 주세요. 먼저 이 앞부분에 있는 내용은 타당도척도라고 하는데 검사를 얼마나 솔직하게 했는지, 검사결과를 신뢰해도 되는지를 설명하는 결과들이에요. 결론적으로 검사에 솔직히 임하신 것으로 나타났어요. 30~70 사이에 있는 그래프는 정상범위에 있음을 보여 주는 거예요. 타당도척도 중에 F척도는 심리적 불편감을 말하는데 프로파일 모양으로 보니(L-F-K 척도) 현재 스트레스로 힘들어서 도움을 요청하는 상태로 나타났네요. 혼자 힘으로 해결할 수 없으니 도움이 필요하다는 의미의 프로파일이 나타났어요. 실제로 도움이 필요한 상태라고 느끼시나요? [정보제공/폐쇄형 질문]

내담자 6: 네~ 이전과 다르게 제가 저를 그냥 방치하는 것 같은 느낌이 이번에는 좀 심하게 들었어요. 혼자서는 해결하기 어려울 것 같다는 생각이 들어서 상담을 신청한 거예요. 이 정도면 심각한 건가요?

상담사 7: 타당도척도는 심리적 불편감이 어느 정도이고 스스로 문제를 해결할 힘이 있는지 정도만 볼 수 있고 증상의 심각도를 알고 싶으면 뒤에 있는 10개의 척도를 봐야 해요. 이 척도들도 30~70 사이에 있으면 정상범주라고 볼 수 있어요. 그런데 일반인 기준으로 65점 이상일 때 의미 있게 해석하기도 해요. 우울증을 궁금해하시니까 우울증을 설명하는 2번과 9번 척도 점수를 먼저 살펴볼게요. 2번 척도는 65점이고 9번 척도는 35점이네요. 2번 척도는 우리가 말하는 우울증을 보는 척도인데 임상적으로 의미 있는 수준의 점수로 나타났네요. 9번 척도는 에너지 수준이나 무기력감을 나타내는데 35점으로 대학생 수준으로 35점은 낮은 점수에 속해요. 다른 사람과 동일한 활동을 해도 쉽게 지치고 무기력해지고 의욕이 없고 우울감을 느끼게 되지요. 심한 경우 주기적으로 우울감을 경험하기도 해요. 지금까지의 설명에 대해서 어떻게 생각하세요? [정보제공/개방형 질문]

내담자 7: 네~ 비슷한 거 같아요. 제가 좀 쉽게 지치거든요. 제가 몸이 허해서 그런 거 아닌가 생각을 했었어요. 이전엔 안 그랬는데……. 그리고 지금은 전보다 몸무게도 늘고 그랬는데 몸은 오히려 더 쉽게 지쳐서 이상하다 생각했어요. 그리고 기분이 좋았다 나빴다 하기도 하는데…… 이것도 우울증의 증상인가요?

상담사 8: 네, 감정기복이 심해지고 식욕이나 수면시간이 늘거나 주는 것 모두 우울증상으로 볼 수 있어요. [정보제공] 최근 증상에 대해서 좀 더 얘기해 주세요. 몸무게는 얼마나 늘었는지, 수면시간은 얼마나 되는지, 식욕은 어느 정도인지. [명료화 질문]

내담자 8: 몸무게를 2주 만에 쟀는데 3kg 정도는 는 것 같아요. 잠은 하루에 10시간 이상 자는 것 같고. 식욕은 예전에 하루 두 끼 정도 먹었는데 요즘은 배가 안 고파도 먹을 것을 찾아요. 간식을 많이 먹는 것 같아요. 이전보다 먹는 양이 많이 늘었어요.

상담사 9: 남친과 헤어진 후 ○○ 씨 생활의 변화가 생긴 것 같은데…… 남친과의 이별이 자기관리가 힘들어질 만큼 큰 영향을 미친 것 같네요. [간접질문]

내담자 9: (8초 동안 침묵, 눈물) 네~ 사실 남친과 헤어질 것에 대한 예측을 전혀 못하고 있었는데 갑자기 헤어지자고 해서 너무 충격이었어요. 버려진 느낌이라고 할까…… 제가 너무 하찮게 느껴져서…… 사실 너무 살기 싫어요.

상담사 10: 살고 싶지 않을 정도로 남친과의 이별이 충격이었나 보네요. [재진술] 얘기를 들으니 우울할 수밖에 없을 것 같네요. [감정반영] 남친이 왜 갑자기 이별을 통보했는지 이유는 알고 있나요? [폐쇄형 질문]

내담자 10: 사실 그것 때문에 더 힘든데…… 남친이 왜 헤어지는지에 대해서 이유를 설명하지 않았어요. 그냥 미안하다면서 헤어지자고 해서 너무 답답하고…… 제가 할 수 있는 게 없다는 것이 더 힘들게 하는 것 같아요.

상담사 11: 이별을 통보받는 입장에서 이유도 모르고 헤어지게 되면 온갖 상상을 하게 될 텐데…… ○○ 씨가 생각하기에 남친의 이별 통보 이유는 뭐라고 생각하세요? [개방형 질문]

내담자 11: 사실 이전에도 남친과 헤어진 적이 몇 번 있었는데 그때도 우울하긴 했어요. 그런데 이번처럼 힘든 건 처음인 것 같아요. 이전에 남친들과 헤어질 때 남친들이 저한테 의존적이라고, 혼자 알아서 하는 게 별로 없는 것 같다고 했어요. 그래서 그 문제를 해결하려고 노력했고 이 사람 만나면서는 제가 더 신경을 썼거든요. 제가 많이 노력했는데도 이렇게 되니까 나란 사람은 안 바뀌나 보다라는 생각도 들고…… 그냥 제가 한심하게 느껴져요.

상담사 12: 이전 남친들한테 의존적이라는 말을 듣고 이번 남친한테는 의존적이지 않으려고 노력했는데 결국 헤어지게 돼서 더 좌절스러운 것 같네요. 그런데 이번 남친도 ○○ 씨가 의존적이어서 헤어진다고 한 건가요? (아니요.) 그럼 다른 이유로 헤어졌을 수도 있는데 안 바뀐다고 생각해서 좌절하는 건 무엇 때문인가요? [감정반영/개방형 질문]

내담자 12: 그렇긴 한데 이 남친과는 좀 오래갈 거라는 기대를 했었던 것 같아요. 제가 노력도 했고…… 남친도 저를 좋아해 주는 것 같아서…… 그런데 이유도 설명하지 않고 헤어지자고 하니 결국 제 문제라는 생각이 드는 것 같아요. 저는 왜 남친과 헤어지면 제가 문제라는 생각을 더 하게 되는지 모르겠어요. 내가 별로여서 나를 버린다는 생각이 들어요. 내가 잘났다면 나한테 이렇게 함부로 하지 않을 텐데…… 제가 맘에 안 드니까 헤어지자고 하는 것 같아요. 다른 사람들도 헤어질 때 이런 느낌인지 모르겠는데…… 저는 사람과 헤어지는 게 너무 힘들어요.

상담사 13: 남녀관계에서 사귀다 헤어질 수도 있는데…… 이별을 내가 버려졌다고 생각하게 되면 너무 힘들 것 같아요. 스스로 본인이 잘나지 않았다고, 매력적이지 않다고 생각하나요? [감정반영/폐쇄형 질문]

내담자 13: 그런 부분이 있죠. 저는 거울을 안 볼 정도로 제 얼굴을 싫어해요. 제 얼굴을 보는 게 싫어요. 어릴 때부터 전 저한테 불만이 많았던 것 같아요. 얼굴도 못생겼고 잘하는 것도 없고 그렇다고 집안이 좋은 것도 아니고…… 그래서 전 저를 좋아하는 사람들을 만났어요. 제가 좋아하는 사람보다…… 저를 좋아해 주는 게 고마워서…….

……〈중략〉……

상담사 70 : 지금까지 검사결과에 대해서 함께 얘기를 나눴는데 어떠신지요?[개방형 질문]

내담자 70 : 저는 괜찮다고 생각하고 싶었지만 남친과 헤어진 것이 제게는 힘든 일이었던 것 같네요. 상담을 받아 보면 좀 나아질까요? 약을 먹고 싶지는 않은데…….

상담사 71 : 현재보다 기능 수준이 더 떨어지고 일상생활의 불편감이 한 달 이상 지속되면 약물을 복용해야 할 수도 있어요. 약물치료가 필요하다고 판단되면 그때 다시 말씀드릴게요. (네) 혼자 변화를 시도하기 어렵다는 생각이 들어서 상담을 신청하셨다면 변화에 대한 동기가 높다는 생각이 드네요. 상담에 와서 얘기하는 것만으로는 변화가 생기지 않기 때문에 일상에서의 노력이 필요하긴 해요. 예를 들면, 생각도 변화시키려는 노력을 하셔야 하는데…… 오늘 얘기를 해 보니 ○○ 씨는 자신이 사랑받을 만한 사람이 아니라는 생각을 하는 것 같아요. (네, 많이요.) 그렇게 생각하시는 이유를 제가 아직은 모르지만 스스로 사랑받을 만한 사람이라는 생각을 하셔야 이성관계를 자신 있게 시작하실 수 있을 것 같아요.[정보제공/제안]

내담자 71 : 네~ 저 스스로 저한테 자신이 없어요. 그래서 누가 나 같은 사람을 좋아할까 생각하는 것 같아요. (한숨)

상담사 72 : 한숨을 쉬시네요.[감정반영]

내담자 72 : 말하다 보니 제가 한심하고 답답하게 느껴지네요.

상담사 73 : 앞으로 상담을 진행하면 지금 말씀하신 내용들을 다뤄야 할 것 같은데…… 어떠세요? (네, 저도 그렇게 생각해요.) 당장 우울증 증상이 사라지지는 않겠지만 남친에 대한 감정을 정리하고 ○○ 씨가 자신감 없는 이유를 탐색하면서 하나씩 해결해 보면 지금보다 좋아질 거라 생각해요. 오늘 검사해석 받은 내용 중에 궁금하신 내용이 있나요?[안내/폐쇄형 질문]

〈검사만 실시했을 때 MMPI 해석의 예〉

상담사 1 : MMPI를 하셨는데 이 검사를 하신 이유가 있으세요?[개방형 질문]

내담자 1 : 최근에 스트레스를 많이 받아서 그런지 우울증이 점점 더 심해지는 것 같아서요. 증상을 얘기했더니 이 검사를 추천해 주셨어요.

상담사 2 : 네~ 우울증이 심해진다는 생각이 들어서 검사를 신청하셨군요.[재진술] 우울증과 관련하여 검사를 받은 것은 이번이 처음이신가요?[폐쇄형 질문]

내담자 2: 네~ 이전에도 우울증이 올 때가 있긴 했는데 검사를 받은 건 처음이에요.

상담사 3: 그럼 이번 우울증은 다른 때보다 좀 더 심하다는 생각이 드신 건가요? [폐쇄형 질문]

내담자 3: 네~ 아무것도 하기 싫어지고 잠도 좀 많아지는 것 같고…… 요즘 식욕 조절도 잘 안 되는 것 같아요. 집에서 먹기만 하는 것 같아서요.

상담사 4: 그렇군요. 증상이 지속된 지는 얼마나 됐나요? [개방형 질문]

내담자 4: 한 2주 정도 된 것 같아요.

상담사 5: 최근에 우울증이 생길 만한 일이 있었나요? [폐쇄형 질문]

내담자 5: 최근에 남친과 헤어지긴 했는데…… 한 달 정도 됐어요. 남친과 헤어진 게 우울증의 원인일 수도 있을까요? 시간이 지나서 괜찮아질 거라 생각했는데…….

상담사 6: 남친과의 이별이 우울증의 원인이 될 수도 있어요. 그렇지만 남친과의 이별이 ○○ 씨를 우울하게 만든 이유인지는 좀 더 얘기를 해 봐야 알 수 있을 것 같네요. 우선 검사결과에 대한 설명 먼저 들으시고 남친 얘기를 좀 더 해 보죠. 설명 들으면서 궁금한 부분이 있으시면 얘기해 주세요. 먼저 이 앞부분에 있는 건 타당도척도의 결과인데, 검사를 얼마나 솔직하게 했는지, 검사결과를 신뢰해도 되는지를 설명하는 것이에요. 결론적으로 ○○ 씨가 검사에 솔직하게 임하신 것으로 나타났어요. 30~70 사이에 있는 그래프는 정상범위에 있음을 보여 주는 거예요. 타당도척도 중에 F척도는 심리적 불편감을 말하는데, 프로파일 모양(L-F-K 척도)으로 보니 현재 스트레스로 힘들어서 도움을 요청하는 상태로 나타났네요. 혼자 힘으로 해결할 수 없으니 도움이 필요하다는 의미의 프로파일이 나타났어요. 실제로 도움이 필요한 상태라고 생각하세요? [정보제공/폐쇄형 질문]

내담자 6: 네~ 이전과 다르게 제가 저를 그냥 방치하는 것 같은 느낌이 이번에는 좀 심하게 들었어요. 혼자서는 해결하기 어려울 것 같다는 생각이 들어서 검사라도 받아 볼까 하고 신청한 거예요. 이 정도면 심각한 건가요?

……〈중략〉……

상담사 70: 지금까지 검사결과에 대해서 함께 얘기를 나눴는데 어떠신지요? [개방형 질문]

내담자 70: 저는 괜찮다고 생각하고 싶었지만 남친과 헤어진 것이 제게는 힘든 일이었던 것 같아요. 상담을 받아 보면 좀 나아질까요? 약을 먹고 싶지는 않은데…….

상담사 71: 현재보다 기능 수준이 더 떨어지고 일상생활의 불편감이 한 달 이상 지속되면 약물을 복용해야 할 수도 있어요. 지금 혼자 변화를 시도하기 어렵다는 생각이 들면 상담을 통해 도움을 받으셔도 좋을 것 같아요. 상담을 원하신다면 상담을 받을 수 있도록 도와드릴 수 있어요. 생각해 보고 말씀해 주세요. [정보제공/제안]

2) 문장완성검사(SCT) 결과에 대한 설명

SCT는 개별적으로 활용하기보다 MMPI와 함께 실시하고 해석하는 경우가 많다. 따라서 SCT를 MMPI와 함께 실시했다면 검사해석도 함께 하는 것이 효율적이다. 두 검사에서 내담자에 대한 유사한 특성들이 나타나거나 내담자의 현재 증상이나 어려움을 이해할 수 있는 정보들을 중심으로 탐색하고 해석하면 된다. SCT의 내용들은 내담자에 대한 많은 정보를 담고 있어 상담에서도 유용하게 활용되는 검사이므로 상담사는 SCT 내용을 잘 숙지할 필요가 있다.

SCT 결과를 설명할 때는 다음의 순서로 진행한다.

(1) SCT가 무엇을 측정하는 검사인지 안내한다

SCT에 대해서 간단히 설명하고 내담자가 기술한 내용을 중심으로 결과를 설명한다. 예를 들어, 다음과 같이 설명할 수 있다.

> "이 검사는 가족, 대인관계, 성적인 부분, 자기개념 등에 대한 ○○ 씨의 생각이나 태도를 알아보기 위한 검사입니다. 각 영역에 대해 ○○ 씨가 작성한 내용을 바탕으로 자기에 대한 지각이나 인간관계에서 공통적으로 경험하는 생각, 감정, 대처방법 등에 대해서 얘기를 나눠 보도록 하겠습니다. 그리고 완성한 문장 중에서 궁금한 내용은 제가 추가적인 질문을 하겠습니다."

(2) 내담자가 반응한 내용 중 내담자의 특성을 잘 드러내거나 좀 더 탐색이 필요한 내용 중심으로 해석하고 의미를 확인한다

앞선 사례에서 MMPI를 실시한 결과, 내담자는 우울감과 무기력감, 대인관계에서의 불편감을 경험하는 것으로 판단된다. MMPI 결과와 동일하게 SCT를 통해서도 내담자가 호소하는 증상이나 대인관계 불편감의 내용을 탐색할 수 있다. 다음에 SCT 결과를 정리한 내용이 제시되어 있다. 내담자가 반응한 내용 중 두려움에 대한 태도와 죄책감에 대한 태도에서 좀 더 탐색할 만한 내용을 찾아보자. 만약 당신이 상담사라면 몇 번 문항에 대한 탐색을 시도할 것인가?

⑨ 두려움에 대한 태도	5. 어리석게도 내가 두려워하는 것은 사람이다. 21. 다른 친구들이 모르는 나만의 두려움은 밤에 혼자 자는 것이다. 40. 내가 잊고 싶은 두려움은 헤어진 남친에 대한 기억이다. 43. 때때로 두려운 생각이 나를 휩쌀 때 생각을 안 하려고 애쓴다.
⑩ 죄책감에 대한 태도	14. 무슨 일을 해서라도 잊고 싶은 것은 무리에 잘 섞이지 못하고 겉돌았던 기억들이다. 17. 어렸을 때 잘못했다고 느끼는 것은 지금 후회해 봐야 소용없다. 27. 내가 저지른 가장 큰 잘못은 솔직하지 않은 것이다. 46. 무엇보다도 좋지 않다고 여기는 것은 버릇없는 행동이다.

5번 문항에서 내담자가 두려워하는 것은 사람이라고 응답하였다. 이는 내담자의 0번 척도가 높은 것과 관련 있는 반응이다. 상담사는 5번 문항의 반응에 대해서 탐색을 시도해 볼 가치가 있다. 상담사는 다음과 같은 질문을 통해 내담자가 언제부터, 어떤 일로 인해 사람을 두려워하기 시작했는지 탐색할 수 있을 것이다.

- 5번 문항에서 두려워하는 것이 사람이라고 했는데 좀 더 설명해 주시겠어요?
- 5번 문항에서 사람이 두렵다고 했는데 언제부터 그랬는지 설명해 주시겠어요?
- 5번 문항에서 사람이 두렵다고 했는데 구체적으로 떠오르는 사람이 있나요?

또한 내담자가 남친과 헤어진 것이 우울 증상과 관련이 있다는 것을 MMPI 해석 시 보고한 바 있는데, SCT의 40번 문항에서도 내담자는 헤어진 남친에 대한 기억을 잊고 싶다고 하였다. 이 같이 검사해석과정에서 내담자가 일관성 있게, 반복적으로 이야기하는 대상이나 내용을 잘 탐색하다 보면 내담자가 어떤 문제로 심리적 어려움을 경험하고 있는지를 좀 더 명확히 할 수 있다. SCT는 내담자에 대한 풍부한 정보를 제공해 주는 검사이기 때문에 상담사는 상담초기에 이 검사를 면밀히 검토하고 상담에 활용할 수 있어야 한다.

〈SCT 해석의 예〉

상담사 1: SCT 결과를 살펴볼게요. (네.) 어떤 내용들을 썼는지 기억이 나세요?[개방형 질문]

내담자 1: 아니요. 그때 생각나는 대로 쓰라고 해서 뭐라고 썼는지 잘 기억이 안 나는데…….

상담사 2: 네~ 괜찮아요. 같이 보면서 얘기 나누면 돼요. 우선 몇 가지 문항에 궁금한 내용이 있어서 질문을 하고 싶은데…… 왜 그렇게 썼는지 설명을 해 주시면 돼요. 여기 5번 문항에서 두려워하는 것이 사람이라고 했는데…….[간접질문]

내담자 2: 아~ 제가 그렇게 썼네요. 왜 그렇게 썼는지 기억이 잘 나지 않는데 아마…….

상담사 3: MMPI에서도 0번 척도가 높게 나와서 사람들을 불편해하거나 회피할 수 있다고 얘기를 했는데 SCT에서도 사람들이 두렵다고 적으셨네요. 사람이 두렵다는 것이 어떤 의미인지 좀 더 구체적으로 설명해 주실래요?[명료화 질문]

내담자 3: 음…… 사람이 불편해진 건 어릴 때부터인 걸로 기억하는데…… 또래들과 잘 어울리지 못했어요. 초등학교 때 이사를 많이 다녀서 그런지 친구들과 사귀는 것보다 헤어지는 것이 더 익숙해요. 사람에 대한 두려움은 중학교 때 왕따를 당하면서부터 심해진 것 같고…… 그 뒤로 좀 괜찮았다가 남친과 헤어지면서 사람에 대한 불편감이 다시 올라오는 것 같아요.

상담사 4: 사람에 대한 불편감이 최근에 경험한 문제가 아니었네요.[요약] (네.) 중학교 때 왕따를 당한 경험에 대해서 좀 더 얘기해 볼 수 있을까요?[개방형 질문]

내담자 4: 그때 무엇 때문에 왕따를 당했는지 사실 아직도 그 이유를 잘 몰라요. 그때 친한 친구가 저를 왕따시켜서 사실 그게 저한테는 더 충격이었어요. 친한 친구가 왕따 주동자가 돼서…… 그래서 사람을 믿으면 안 되는구나라는 생각이 들었던 것 같아요.

상담사 5: 친한 친구가 왕따를 주동하다니…… 충격이었겠네요.[감정반영] 그때 많이 힘들었을 것 같은데 어떻게 견뎠어요?[개방형 질문]

내담자 5: 그냥 학교에 가기 싫다고 맨날 울었던 것 같아요. 학교에 가면 하루 종일 말을 안 하고 혼자 있으니까…… 쉬는 시간에 엎드려 있거나 화장실에 가거나 하고…… 아무튼 학교에 가는 게 너무 싫어서 엄마한테 자퇴하겠다고 얘기를 했어요.

상담사 6: 엄마는 ○○ 씨가 왕따를 당하고 있다는 것을 알고 계셨나요?[폐쇄형 질문]

내담자 6: 아니요. 처음엔 엄마한테 얘기를 하지 않았어요. 얘기를 하면 저보다 더 걱정을 하시니까…… 나중에는 제가 너무 힘들어서 자퇴하겠다고 얘기를 하다가 엄마가 이유를 물어서 왕따 얘기를 하게 됐죠. 그래서 엄마가 전학을 시켜 줬어요.

……〈중략〉……

상담사 45: 40번에서 헤어진 남친에 대한 기억이 두렵다고 했는데……. 그리고 MMPI 해석을 할 때도 남친과 헤어져서 우울한 것 같다고 얘기했어요. 남친과는 헤어질 거라는 생각을 안 한 상태에서 갑자기 헤어지게 된 건가요? [폐쇄형 질문]

내담자 45: 네~ 전 남친과 잘 지낸다고 생각했는데 남친이 갑자기 헤어지자고 해서 너무 놀랐어요. 그래서 제가 뭘 잘못했나 싶어서 너무 힘들었어요.

상담사 46: ○○ 씨가 잘못해서 헤어진 거라는 생각을 하면 정말 마음이 힘들 것 같네요. [감정반영] 그럼 남친에 대한 어떤 기억을 잊고 싶으세요? [개방형 질문]

내담자 46: 그냥 모두 다요. 지금도 남친 얘기를 하니까 별로 말하고 싶지 않긴 한데…… 아무런 이유 없이 헤어지자고 하니 너무 화도 나고, 내가 그렇게 매력이 없는 사람인가라는 생각도 들고…… 버림받는 느낌을 갖게 하는 게 너무 싫어요.

상담사 47: 남친이 이유도 설명하지 않고 헤어지자고 하니 ○○ 씨 입장에서는 답답하기도 하고 화도 날 것 같아요. 남친과의 이별이 우울의 원인이라는 생각을 하니 어떠세요? [감정반영/개방형 질문]

내담자 47: 화나죠. 계속 이렇게 살아야 하나라는 생각도 들어요.

상담사 48: 계속 이렇게 살아야 하나라는 말이 무슨 의미인가요? [명료화 질문]

내담자 48: 그냥 살고 싶지 않다는 생각을 몇 번 했어요. 시도는 하지 않았지만…….

상담사 49: 자살에 대한 생각을 했다는 얘기네요. 자실시도는 하지 않았지만? [폐쇄형 질문]

내담자 49: 네~ 생각만…….

상담사 50: 가장 최근에 자살에 대해서 생각한 건 언제인가요? [폐쇄형 질문]

내담자 50: 상담실에 검사 신청하기 바로 전이에요. 이러다가 진짜 죽을 것 같아서…….

상담사 51: 자살계획을 구체적으로 세운 건가요? [폐쇄형 질문]

내담자 51: 아니요. 그렇게까지는 아니고…… 그냥 차에 뛰어들까 정도로…… 충동적으로만…… 생각했어요.

상담사 52: 자살까지 생각할 만큼 남친과의 이별이 ○○ 씨에게는 힘든 문제였네요. 오늘 검사해석을 받았는데…… 어때요? [감정반영/개방형 질문]

내담자 52: 뭔가 이해받는 느낌도 들어서 좋긴 했는데…… 제가 남친 때문에 우울하고 자살까지 생각했다니 화도 나고 제가 너무 한심하게 느껴지네요. 어떻게 하면 제가 나아질 수 있을까요?

상담사 53: 이별에 대한 상실감으로 우울한 건 자연스러운 감정이에요. 다만 지금 자살을 생각할 정도로 스트레스가 크기 때문에 상담을 받는 것도 좋을 것 같아요. [정보제공/제안]

내담자 53: 저도 그러는 게 좋을 것 같아요. 제가 왜 이러는지 내가 나를 이해하지 못하니 너무 답답해요. 상담을 어떻게 신청하면 되나요?

……〈후략〉……

참고문헌

강진령(2016). **상담연습: 치료적 의사소통 기술**. 서울: 학지사.

윤정숙, 유성경, 홍세희(2012). 상담초기 작업동맹과 상담성과 사이의 자기회귀 교차지연 효과 검증. **상담학연구, 13(4)**, 1903-1919.

이수현, 서영석, 김동민(2007). 상담자 활동 자기효능감 척도 국내 타당화 연구. **한국심리학회지: 상담 및 심리치료, 19(3)**, 655-673.

전용오(2000). 대학상담에서 상담자-내담자 동맹관계와 상담성과 간의 연계적 관계. 서울대학교 대학원 박사학위논문.

천성문, 차명정, 이형미, 류은영, 정은미, 김세경, 이영순(2015). **상담입문자를 위한 상담기법연습**. 서울: 학지사.

Colby, K. M. (1992). **정신치료 어떻게 하는 것인가** (*A primer for psychother-apists*). (이근후 역). 서울: 하나의학사. (원저는 1951년에 출판).

Cormier, S., & Hackney, H. (2007). **심리상담의 전략과 기법: 상담연습을 중심으로**(제6판) [*Counseling strategies and interventions* (6th ed.)]. (김윤주, 임성문, 이주성, 최국환, 안형근, 육성필 공역). 서울: 시그마프레스. (원저는 2004년에 출판).

Egan, G. (1997). **유능한 상담자** [*The skilled helper* (5th ed.)]. (제석봉, 유계식, 박은영 공역). 서울: 학지사. (원저는 1994년에 출판).

Evans, D. R., Heam, M. T., Uhlemann, M. R., & Jvey, A. E. (2000). **상담의 필수기술: 효과적 의사소통을 위한 사례중심 접근법** (*Essential interviewing: A programmed approach to effective communication*). (성숙진 역). 서울: 나남출판. (원저는 1998년에 출판).

Hill, C. E. (2004). *Helping skill: Facilitating exploration, insight, and action* (2nd ed.). Washington, DC: American Psychological Association.

Hill, C. E. (2012). **상담의 기술: 탐색-통찰-실행의 과정** [*Helping skill: Facilitating exploration, insight, and action* (3rd ed.)]. (주은선 역). 서울: 학지사. (원저는 2009년에 출판).

Hill, C. E., & O'Brien, K. M. (2001). **상담의 기술** (*Helping skills: Facilitating exploration, insight,* *and action*). (주은선 역). 서울: 학지사. (원저는 1999년에 출판).

Kiesler, D. J. (1988). *Therapeutic metacommunication: Therapist impact disclosure as feedback in psychotherapy*. Palo Alto, CA: Consulting Psychologist Press.

Mann, J. (1973). *Time-limited psychotherapy*. Cambridge, MA: Harvard University Press.

McWilliams, N. (2018). **정신분석적 진단(원서 2판): 성격 구조의 이해** [*Psychoanalytic diagnosis: Understanding personality structure in the clinical process* (2nd ed.)]. (이기련 역). 서울: 학지사. (원저는 2011년에 출판).

Sperry, L., & Sperry, J. (2015). **상담실무자를 위한 사례개념화 이해와 실제** [*Case conceptualization: Mastering this competency with ease and confidence*]. (이명우 역). 서울: 학지사. (원저는 2012년에 출판).

Yalom, I. D. (1993). **집단정신치료의 이론과 실제** [*(The) Theory and practice of group psychotherapy*]. (최혜림, 장성숙 공역). 서울: 하나의학사. (원저는 1970년에 출판).

찾아보기

인명

내용

저자 소개

이수현(Lee, Su-Hyun)

세종대학교 교육학과 졸업

숙명여자대학교 일반대학원 교육학과 상담심리전공 석사 · 박사 졸업

숙명여자대학교 학생생활상담소 인턴, 레지던트 수료

전 건국대학교 종합상담센터 전임상담원

연세대학교 의과대학 의학교육학과 기초연구조교수

숙명여자대학교 초빙대우교수

가톨릭대학교 학생생활상담소 책임상담원

중앙대학교 학생생활상담센터 선임상담원

현 마음 봄 심리상담센터 센터장

〈주요 저 · 역서〉

심리검사와 상담(2판, 공저, 학지사, 2019)

예비의사를 위한 전공선택 가이드북(2판, 공저, 군자출판사, 2014)

상담과 심리치료란 무엇인가(공역, 학지사, 2013)

〈주요 논문〉

의과대학생의 학업적 자기효능감과 학업 소진의 관계(공동, 한국의학교육, 2015)

학업소진(MBI-SS) 척도 국내 타당화 연구: 의대생 대상으로(공동, 아시아교육연구, 2013)

일개 의과대학 피어 튜터링 프로그램 소개 및 효과분석(공동, 한국의학교육논단, 2012)

수퍼비전 작업동맹척도(WAI-T) 요인구조 탐색(공동, 아시아교육연구, 2011)

수퍼비전 기대척도 개발 및 타당화(공동, 한국심리학회지: 상담 및 심리치료, 2009)

상담자 활동 자기효능감 척도 국내 타당화 연구(공동, 한국심리학회지: 상담 및 심리치료, 2007)

상담자의 애착유형과 상담경험이 공감능력에 미치는 영향(공동, 한국심리학회지: 상담 및 심리치료, 2006)

정서적 공감척도의 타당화 및 차별기능문항 탐색(공동, 교육평가연구, 2006) 외 다수

최인화(Choi, In-Hwa)

성신여자대학교 법학과 졸업

홍익대학교 대학원 교육학과 상담심리전공 석사 · 박사 졸업

숙명여자대학교 학생상담센터 인턴 수료

전 화성시청소년상담센터 상담부장

아주대학교 학생상담센터 특임상담원(수퍼바이저)

서울필심리상담연구소 소장

아주대학교 교육대학원 출강 및 한신대학교 교육대학원 겸임교수

현 의왕시청소년상담복지센터 센터장

〈주요 저 · 역서〉

자기개발과 진로설계(2판, 공저, 학지사, 2020)

진로상담의 이론과 실제(제2판, 공저, 아카데미프레스, 2017)

진로 상담과 서비스: 인지적 정보처리 이론과 실제(공역, 한국가이던스, 2009)

진로사고검사 워크북(공저, 한국가이던스, 2004)

〈주요 논문〉

교사의 진로소명과 직무만족의 관계에서 자기효능감과 직업몰입의 매개효과(공동, 학습자중심교과교육연구, 2017)

청소년상담자의 직무자원과 이직의도와의 관계에서 직무스트레스와 직업몰입의 매개효과(공동, Korea Journal of Youth Counseling, 2015)

범죄피해자 심리지원체계의 구축과 치료프로그램 개발을 위한 연구(공동, 경제 · 인문사회연구회 발간자료, 2014)

청소년 상담자의 직무환경, 자아탄력성, 상담자활동 자기효능감이 상담자소진에 미치는 영향(공동, 인문학논총, 2010) 외 다수

셀프 수퍼비전을 통한
상담기술 훈련(2판)
–초보상담사를 대상으로–
Counseling Skills Training through Self-Supervision (2nd ed.)

2020년 1월 20일 1판 1쇄 발행
2025년 1월 20일 1판 7쇄 발행
2025년 9월 20일 2판 1쇄 발행

지은이 • 이수현 · 최인화
펴낸이 • 김진환
펴낸곳 • ㈜학지사
04031 서울특별시 마포구 양화로 15길 20 마인드월드빌딩
대표전화 • 02-330-5114 팩스 • 02-324-2345
등록번호 • 제313-2006-000265호

홈페이지 • http://www.hakjisa.co.kr
인스타그램 • https://www.instagram.com/hakjisabook

ISBN 978-89-997-3511-0 93180

정가 24,000원

저자와의 협약으로 인지는 생략합니다.
파본은 구입처에서 교환해 드립니다.

MEMO

MEMO

MEMO